W0417638

1 R.S.S. DE MOLDAVIE
2 R.S.S. D'UKRAINE
3 R.S.S.F. DE RUSSIE
4 R.S.S.A. DE KALMOUKIE
5 R.S.S.A. DE KABARDINO-BALKARIE
6 R.S.S.A. D'OSSETIE DU NORD
7 R.S.S.A. DE TCHECHENO-INGOUCHIE
8 R.S.S.A. DE DAGESTAN
9 R.A. DES ADYGES
10 R.A. DE KARATCHAEVO-TCHERKESSIE
11 TERRITOIRE DE ROSTOV
12 TERRITOIRE DE KRASNODAR
13 TERRITOIRE DE STAVROPOL

14 R.S.S. DE KAZAKHIE
15 R.S.S. DE GEORGIE
16 R.S.S.A. D'ABKHAZIE
17 R.S.S.A. D'ADJARIE
18 R.A. D'OSSETIE DU SUD

19 R.S.S. D'ARMÉNIE
20 R.S.S. D'AZERBAIDJAN
21 R.S.S.A. DE NAKHITCHEVAN
22 R.A. DE NAGORNO-KARABAKH

LES RÉPUBLIQUES SOVIÉTIQUES DU CAUCASE
Don
Volgograd
14
3
Novotcherkassk
Volga
Rostov-sur-le-Don
Elista
11
Astrakan
4
Manoutch
Kouban
Stavropol
13
Kouma
Maïkop
Piatigorsk
14
10
9
Sarmakovo
Térek
Tcherkessk
Sotchi
Dombaï
Naltchik
7
Pitsounda
Mt Elbrouz
Makhatchkala
MER CASPIENNE
16
5
6
Ordjonikidzé
Groznii
15
Dargavs
Défilé du Darial
18
Tskhinvali
Mt Kazbek
8
Rion
Tbilissi
Telavi
Batoumi
17
Gori
19
20
Leninakan
Lac Sevan
Kobystan
Bakou
TURQUIE
22
Kars
Koura
Istanbul
Erevan
Stepanakert
Araxe
Mt Ararat
Nakhitchevan
21
IRAN
R.S.S. : République socialiste soviétique
R.S.S.F. : République socialiste soviétique fédérative
R.S.S.A. : République socialiste soviétique autonome
R.A. : Région autonome
Itinéraire routier
Itinéraire ferroviaire
M-L Q-L

# LES MAHUZIER AU CAUCASE

OUVRAGES DE LA FAMILLE MAHUZIER

actuellement disponibles aux Presses de la Cité :

ALBERT MAHUZIER
*L'Albanie entr'ouvre ses frontières* (Collection Coup d'Œil).
*Hiver en Sibérie, id.*
*Douggia, id.*
*40 ans d'Aventure, id.*
*Le Fleuve Amazone, id.*
*Le Livre d'or des Mahuzier* (Album).

LOUIS et ALAIN MAHUZIER
*Au Cachemire, Hassina la petite fille de Noé* (Album Rouge et Or).
*Traditions du Tibet : Ladakh et Zanskar* (Collection Connaissance du Monde).

PHILIPPE MAHUZIER
*Les Mahuzier chez les Indiens Guaraos* (Rouge et Or, Souveraine).
*Les Mahuzier et les Oiseaux migrateurs, id.*

JANINE et LUC MAHUZIER
*Sept Mahuzier sur l'Amazone* (Album Rouge et Or).

YVES et DANIELLE MAHUZIER
*Les fils du Japon éternel* (Collection Connaissance du Monde).

ALAIN MAHUZIER
*L'Enfant du Tour du Monde* (Album Rouge et Or).

Ouvrages disponibles aux Expéditions Mahuzier

4, place des Ecoles, 92100 BOULOGNE

ALBERT MAHUZIER
*Caméra sous la botte* (Collection Coup d'Œil).
*Au pays des Kangourous* (Presses Pocket).
*Les Mahuzier dans l'Orénoque, id.*
*Les Castors de la Vallée du Rhône* (Mahuzier).
*Le Prophète ou les Présidentielles* (Pensée Universelle).

KATIA ET ALAIN MAHUZIER

# LES MAHUZIER AU CAUCASE

le 13 janv 92

PRESSES DE LA CITÉ
PARIS

Nous tenons à remercier tous nos compagnons de voyage, en particulier Janine dont les idées et le travail de relecture ont permis l'élaboration rapide de cet ouvrage.

Photos d'Alain, Katia, Sylvain et Janine Mahuzier
Cartes d'Alain Mahuzier
Dessins de Katia Mahuzier

La loi du 11 mars 1957 n'autorisant, aux termes des alinéas 2 et 3 de l'article 41, d'une part, que les « copies ou reproductions strictement réservées à l'usage privé du copiste et non destinées à une utilisation collective » et, d'autre part, que les analyses et les courtes citations dans un but d'exemple et d'illustrations, « toute représentation ou reproduction intégrale ou partielle, faite sans le consentement de l'auteur ou de ses ayants droit ou ayants cause, est illicite » (alinéa premier de l'article 40).
Cette représentation ou reproduction, par quelque procédé que ce soit, constituerait donc une contrefaçon sanctionnée par les articles 425 et suivants du Code pénal.

© Presses de la Cité, 1982

ISBN 2-258-01027-6

*A nos pères,*

*Ils nous ont laissé en partant des bagages de rêves. Ils nous attendent au-delà du Caucase, des montagnes et des mers pour de plus lointains voyages.*

*C'était le Caucase, c'est-à-dire le théâtre où le premier poète dramatique de l'Antiquité fait passer son premier drame, drame dont le héros est un titan et dont les acteurs sont des dieux... On comprend que les Grecs aient fait descendre le monde de ces magnifiques sommets.*

*C'est l'avantage des pays historiques sur les pays inconnus. Le Caucase est l'histoire des dieux et des hommes.*

Alexandre DUMAS, *le Caucase.*

## AVANT-PROPOS

Chargé d'aura, de mystère, l'étrange Caucase résonnait curieusement dans nos oreilles, comme si un profond et puissant inconscient collectif nous poussait à revenir vers ce probable mais lointain berceau des races humaines.

L'idée d'aller au Caucase n'était pas neuve chez les Mahuzier. Mes parents et aînés (Louis, Jacqueline et Yves) y séjournèrent déjà en 1962, 1963, 1966 et 1971 [1]. Mais nous manifestâmes un regain d'intérêt pour cette région lorsqu'elle s'ouvrit au tourisme individuel automobile. L'intention d'aller dans les républiques caucasiennes réaliser un film destiné au support des conférences « Connaissance du Monde » couvait donc depuis longtemps lorsque les circonstances permirent d'envisager un premier voyage en été 1979.

Nous avions des buts précis : atteindre en voiture la chaîne du Caucase par la Russie méridionale, la franchir ultérieurement et visiter les républiques transcaucasiennes de Géorgie, Arménie et Azerbaïdjan ; vivre la réalité quotidienne caucasienne soviétique et dévoiler au grand public une région bien rarement présentée, que ce soit sur les écrans, dans les conférences ou les livres.

1. Voir les ouvrages d'Albert Mahuzier, notamment celui sur la Sibérie, où il contait ses expériences caucasiennes d'hiver : *les Mahuzier en U.R.S.S.* (1963), *Hiver en Sibérie et Vieille Russie* (1966), *Du Guadalquivir au lac Onéga, la grande aventure des oiseaux migrateurs* (1969), *les Mahuzier en Orient soviétique* (1972). *Le Livre d'or des Mahuzier* (1980) constitue un épilogue à toutes ses aventures soviétiques. (Tous aux Presses de la Cité.)

L'idée maîtresse de ce premier voyage était de retrouver une grande amie de toujours, que nous présenterons plus longuement plus loin : Marie-Jeanne, *alias* docteur Kaufmann, *alias* « Yéti », la plus grande spécialiste internationale de ce fameux problème scientifique et humain de « l'abominable Homme des neiges » qu'elle traque justement depuis des années dans les chaînes du Caucase. Il se révèle que cet être, ni abominable, ni homme et ne vivant pas dans les neiges, était bien connu dans ces régions depuis des lustres. Infatigable et charmante Marie-Jeanne ! Grâce à elle nous avons pu faire le point sur cette question actuelle tant controversée : la survie d'espèces inconnues d'humanoïdes ou « Hommes sauvages », dans les régions montagneuses les plus reculées du monde, que l'on appelle au Caucase : les Almastys.

Enfin, un problème me passionnait en tant qu'historien : retrouver en Ossétie la patrie d'origine de ces barbares Alains qui, ayant envahi la Gaule derrière les Huns, au v^e siècle, m'ont transmis mon prénom.

Nous partîmes donc à sept Mahuzier des plus jeunes générations et en deux équipes. A Tbilissi, Janine, attachée littéraire — interprète et photographe, François, docteur en médecine et spécialisé en dermatologie — cinéaste et chef de la seconde équipe, Brigitte, son épouse — intendante et photographe, et Timothée, leur dernier fils de deux ans et demi, retrouvèrent l'équipe numéro un, partie en reconnaissance par le même itinéraire un mois plus tôt. L'équipe numéro un était composée de Sylvain, l'aîné mâle de la seconde génération des petits-enfants Mahuzier, biologiste, ornithologue passionné — photographe et sonographe, Katia, née de Pins, mon épouse, qui a rédigé la majeure partie de ce récit — cinéaste et photographe, et moi-même, Alain, numéro 9 de la « Famille du tour du monde », archéologue, cinéaste-conférencier et chef d'expédition pour l'occasion, après avoir été le « petit dernier » du premier grand voyage familial, il y a trente ans, en Afrique.

Lors d'un second voyage, effectué en septembre 1980 entre Istanbul et Bakou, ce sera avec mon ami Dominique Genet, photographe, que je partirai en Azerbaïdjan.

Une dernière expédition, en décembre 1981 et janvier 1982 nous permettra, Katia, François et moi, de découvrir la vie hivernale de cet étrange Caucase.

Alain MAHUZIER
Boulogne-sur-Seine, mars 1982.

PREMIERE PARTIE

# CAUCASE DU NORD
# SUR LES TRACES DE L'ALMASTY
# OU « HOMME SAUVAGE »

CHAPITRE PREMIER

## « DOBRO POJALOVAT ! » BIENVENUE EN U.R.S.S. !

Dernières recommandations, portières qui claquent, mouchoirs agités en signe d'adieu. Notre 504 franchit lentement le portail, tandis que les pigeons, dérangés à cette heure matinale, s'envolent, forment une nuée sur la place des Ecoles, pour revenir picorer paisiblement sous les marronniers après notre passage.

Nous sommes partis, enfin, à l'assaut de ces milliers de kilomètres qui doivent nous mener au Caucase ; mot encore un peu mystérieux pour nous, mot grandiose, fascinant, mot magique qui doit nous révéler tant de merveilles !

L'air est doux en ce matin de juin. Nous quittons Paris par la porte de Charenton et, très vite, nous roulons dans la campagne encore noyée de brume matinale.

Alain conduit ; Sylvain, notre neveu, lutte contre le sommeil pour lire la carte. Quant à moi, Katia, à l'arrière, je me bats avec les innombrables paquets qui encombrent la banquette pour conserver mon espace vital. Elle est, en effet, bien chargée, notre voiture : cantine de cuisine et provisions de base, tentes et matériel de camping, valises avec un minimum d'effets personnels pour chacun, sans oublier les nombreuses mallettes de caméras et appareils de photo qui doivent rester toujours à portée de main. Chaque objet a trouvé sa place, la plus rationnelle, après de multiples essais de rangement. Nous deviendrons plus tard experts dans l'art de gagner quelques centimètres cubes ; chaque camp, chaque fouille aux passages frontaliers nous aidant à acquérir une plus grande dextérité dans nos délicates opérations de chargement et déchargement.

Pour l'heure, nous filons rapidement sur la Nationale 4, légèrement inquiets car la voiture semble, au dire d'Alain le chauffeur, flotter un peu. La 504 a pourtant été entièrement révisée avant le départ. Nous nous arrêtons par acquis de conscience au garage le plus proche où un mécanicien l'examine. Surprise ! Les boulons avaient été remontés à l'envers et nous nous apprêtions à perdre nos quatre roues quelques kilomètres plus loin...

C'est bientôt la frontière allemande sous le soleil, puis la visite de Fribourg avec sa splendide cathédrale devant laquelle s'étalent les chatoiements multicolores du marché aux fleurs et la joyeuse animation des rues piétonnières. Nous arrivons un peu plus tard, par les routes sinueuses de la Forêt Noire, sur les rives du Titisee où, pour le premier camp, nous plantons nos tentes au bord du lac.

Le lendemain, les plages du Bodensee et les routes de Bavière nous mènent rapidement aux portes de l'Autriche. C'est l'*Oesterreich :* frontière, change, plein d'essence deviendront un rite désormais.

Vienne, la capitale de l'Autriche, un dimanche tôt le matin, est bien plaisante à traverser. Nous réussissons à nous approcher de la cathédrale gothique Saint-Stefan, sise dans la zone centrale réservée aux piétons, où nous déambulons avec un plaisir d'autant plus grand que nos jambes commençaient à s'ankyloser sérieusement dans la voiture. Aux Champs-Elysées de la capitale, nous dégustons de ces célèbres pâtisseries viennoises dont nous ne démentirons pas la réputation, et c'est « tartinés » de chantilly que nous regagnons notre carrosse. Avec nostalgie nous abandonnons les riantes montagnes de la Basse-Autriche, prélude aux immensités plus sèches et plates de Hongrie.

Des champs de blés et de betteraves se perdent jusqu'à l'horizon et Budapest surgit soudain au bout de la vaste plaine. Les quais du Danube sont noyés de brume. Les silhouettes du Parlement, du château de Buda et de la forteresse de Pest, où se côtoient ruines médiévales et palais du XVIII^e^ siècle, s'estompent dans le gris laiteux du ciel. Construite de palais aux façades ornées de moulures, de bas-reliefs, rehaussées de corniches ou de statues, bâtie de hautes maisons où les colonnades soulignent la sobriété d'une architecture élégante, la capitale de la Hongrie témoigne de sa splendeur passée. Malheureusement, les façades s'effondrent souvent, le crépi s'effrite, laissant apparaître la brique. Un peu partout, des échafaudages de bois s'épuisent à soutenir ces vestiges glorieux d'une autre époque. Les murs lépreux des riches bâtiments finissent par se confondre avec ceux, trop rapidement noircis, des H.L.M. récentes.

Püspokladany, à soixante kilomètres de la frontière roumaine. Notre tente se dresse entre les haut-parleurs d'une piscine et les rails du chemin de fer. Voilà la Hongrie pratiquement traversée d'ouest en est.

Des trombes de pluie saluent, le lendemain, notre passage à la frontière roumaine. Il s'effectue sans encombre et avec un minimum de fouille. Il faut avouer qu'un planton nous a fait doubler la longue file des voitures en attente contre une cigarette. Ajoutons que le fait d'avoir acheté à Paris notre provision de bons de camping et d'essence limite les formalités. Alain est ravi d'avoir réussi à passer nos saucissons d'Ardèche, destinés à notre amie du Caucase, ce qui est strictement interdit et bien notifié dans le règlement que l'on nous a remis à chacun.

Nous découvrons les charmes d'une Roumanie qui semble verdir à chaque goutte de pluie. Des maisonnettes aux toits de tuiles s'alignent sagement sur le bord de la route. Chacune est bordée de son lopin de terre amoureusement cultivé. Dans ces petits potagers se profile la silhouette d'un puits à balancier, ou même souvent d'un oratoire de bois richement coloré. Il n'est pas rare de voir surgir par-dessus une haie un monumental Christ peint qui, tourné vers la chaussée, accompagne de son regard le passage de notre auto. Dans les champs paissent vaches et moutons. Les oies, elles, se dandinent allégrement au bord de la route. Peu à peu, nous nous enfonçons dans les Carpates occidentales avec leurs vallons accidentés et verdoyants, cultivés de maïs, leurs chemins cahotiques mais pittoresques, ombragés de noyers. Du haut de son nid, juchée sur un poteau télégraphique, une majestueuse cigogne nous accueille à l'entrée d'un village. Sur le pas de leur porte, les femmes brodent de fil rouge, bleu ou noir les tuniques de frais coton blanc, et ces délicats ouvrages frissonnent au vent le long des murs de pierre. Des bandes de garçonnets, plus ou moins tondus, accourent pour nous saluer. Quant aux hommes, fourbus, ils rentrent du travail, la faucille à la ceinture, car le soir tombe.

Un cheval passe la tête par la porte du minuscule bungalow que nous avons loué pour la nuit et son hennissement sonore nous tire d'un lourd sommeil. On se lave d'eau de rosée, ou presque, les installations sanitaires ne déflorant pas la nature champêtre et vierge de ce terrain de camping. En hâte, nous levons l'ancre et, sous un ciel noir menaçant, reprenons les routes de plus en plus accidentées des Carpates, véritable joie du conducteur. Dans les petites bourgades, Dej, Bistrita, les maisonnettes ocrées de rose ou de jaune se rassemblent autour d'une église à toit d'argent.

Cahin-caha nous arrivons en Bucovine, entre un archaïque tracteur et une charrette à cheval, ornée de peintures naïves, où s'entasse toute une famille de « Romanos ». Le plus jeune garçon qui, avec un grand sourire, agite ses deux bras dans notre direction, s'est fabriqué des chaussons de fortune avec des chiffons maintenus par des ficelles. On rencontre beaucoup de nomades ici, plus pauvres encore, semble-t-il, que le reste de la population. La « Doulce Bucovine », résidence de Stefan le Grand, aux vallons verdoyants et paisibles, embaume l'herbe mouillée aujourd'hui.

Les nonnes orthodoxes, si dignes dans leurs voiles noirs, nous accueillent avec un large sourire au monastère de Moldavita. De splendides fresques d'influence byzantine, datées de l'an 1537, décorent les murs à l'intérieur comme à l'extérieur. Non loin de là, une muraille bien plantée, charpentée de tours de pierre, protège l'élégante église de Sucevita. Le chapeau de bardeaux, ample et évasé comme les toits des pagodes, abrite encore des fresques polychromes admirablement conservées : l'arbre de Jessé, les anges déployant la toile du ciel et les signes du zodiaque, saint Nicolas, saint Georges, etc.

A deux pas du camp, où nous passons une nuit bien fraîche pour ce premier jour de juillet, se trouve le monastère de Putna, que nous partons visiter avant l'aube. Nous passons sous le mur d'enceinte et pénétrons dans l'église crépie de blanc. A l'intérieur, un pope, à vénérable barbe blanche, officie devant quelques fidèles pieusement recueillis. Nous sommes frappés de cette extrême ferveur religieuse en régime athée. Dans le musée qui jouxte la chapelle, les moines conservent une riche collection d'objets de culte exécutés sur l'ordre du grand Stefan (Etienne III, prince de Moldavie, 1457-1504).

La petite église d'Arbore nous accueille avec le premier rayon de soleil du jour. Nous visitons également le musée local du village, tenu par un septuagénaire jovial dans sa maison de bois fleurant la cire. C'est un joyeux bric-à-brac, où voisinent silex taillés, masques à gaz de 1914-1918, pièces romaines, icônes, dents de mammouths, objets d'artisanat local et même amphores égyptiennes (un peu trop neuves pour être authentiques !). La femme de notre pittoresque conservateur, saisissant l'occasion de notre visite inespérée, file chercher dans quelque coffre à linge toute sa provision d'ouvrages d'aiguille. Elle rapporte ses trésors, serrés précieusement dans un linge, et étale sous nos yeux de vraies merveilles (nappes, tuniques, fourrures...). Pour ma part, je reluque une petite veste ravissante, comme en portent les paysannes roumaines, en peau de mouton retournée, entièrement brodée de guirlandes de fleurs. Fait étrange : rien qu'à la regarder, je me sens toute frigorifiée. Alain, en gentil mari, ne résiste pas très longtemps aux regards implorants de sa coquette de femme qui ressort du musée ravie, pour étrenner sous la pluie sa nouvelle tenue.

Niché au bout de la vallée où coule la rivière portant son nom, se dresse le monastère d'Humor, avec ses magnifiques peintures du XVe siècle, dominées par la tonalité rouge vif des manteaux et des fonds.

Le soleil joue avec la pluie lorsque nous admirons, de tout ce pèlerinage aux monastères roumains, le plus beau, sans conteste : celui de Voronet. L'intensité du coloris avec ses accents rouges et bleus, la splendeur chaude des tons, la grâce et l'élégance du dessin, l'harmonie des proportions, la richesse de l'inspiration, donnent une ampleur singulière à cette église.

Nous ne pouvons nous attarder plus longtemps en Roumanie. Sur notre feuille de route, il est indiqué que, demain, nous devons passer la frontière russe. Aussi gagnons-nous le camp de Suceava. Avant de me coucher, dévorée de puces, je dois asperger d'insecticide, poil par poil, ma fameuse peau de bête. Les antiquités vestimentaires réservent parfois des surprises : sans doute importerons-nous clandestinement en U.R.S.S. quelques puces roumaines.

★

Poroubnoe, la frontière soviétique au petit jour, kilomètre 1708 au compteur ! Une longue barrière métallique qui coulisse électriquement coupe la route. A droite, un soldat russe imperturbable nous observe de sa guérite. Il a l'air d'avoir seize ans. Au bout d'un quart d'heure, la lourde porte glisse sur ses rails. En deçà, s'étend, à droite et à gauche de cet étroit passage, une bande de terre noire, aux sillons bien nets, fraîchement labourée et encadrée, sur toute sa longueur, de deux bandes de barbelés électrifiés. Notre 504, après avoir piqué du nez dans une cuve de désinfectant, au risque de noyer le moteur, approche enfin du bâtiment administratif : haute et massive construction de béton à portes vitrées.

Une hôtesse d'Intourist, la seule agence de tourisme soviétique, nous aide à remplir des formulaires. Nous devons déclarer tout ce que nous pouvons avoir de précieux : argent au centime près, montres, boucles d'oreilles pour moi et même nos alliances ! Cette jeune femme, qui s'exprime dans un français sans accent, est aussi souriante qu'est revêche la douanière moustachue qui nous a pris en main. Cette dernière, en équilibre instable sur d'impressionnants talons à semelles compensées, les formes avantageuses, bridées dans une mini-jupe d'uniforme kaki qui découvre sans pudeur des jambes étonamment poilues, renverse sans grâce le contenu de nos sacs sur une table pour en faire l'inventaire. D'un air soupçonneux, elle louche sur les prospectus de voyages d'Alain (pourtant édités par Intourist !), le manuel d'ornithologie de Sylvain, mon carnet d'adresses et les photos de Romaric, un an, que nous avons dû laisser chez ses grands-parents. Tous ces documents imprimés ou manuscrits, dont notre responsable du service des douanes ne comprend visiblement pas le premier mot, sont mis de côté, jugés suspects, et ne nous serons rendus que trois heures et demie plus tard.

Après avoir versé 85 dollars d'assurance et 20 de droits de circulation, nous rejoignons la voiture, que l'on vient de hisser sur un pont. De jeunes militaires, tapis dans la fosse, s'acharnent à sonder avec des tringles de fer les moindres orifices ou doubles fonds de la 504. Ils demandent à Sylvain et Alain de les aider à démonter les ampoules électriques, les caoutchoucs, les garnitures, et les deux garçons s'évertuent à garder une pointe d'humour. Quant à la fameuse douanière, qui ne perd rien de son énergie, elle nous intime l'ordre de déballer tout notre chargement, soit : deux cantines de nourriture, quatre cartons d'essence, huile et gaz, trois sacs de tentes, le matériel de camping, nos trois valises et six malettes d'appareils de photo, cinéma et son. Tout est passé au peigne fin et nous tremblons un peu pour nos multiples boîtes de films et pellicules, réparties dans nos bagages. Mais notre héroïne s'intéresse beaucoup plus aux crèmes solaires de ma trousse de toilette. Elle dévisse chaque capuchon, hume le contenu du tube et me laisse le soin de revisser les bouchons. L'éternel sourire de Miss Intourist, toujours présente, nous aide à garder le nôtre dans une situation d'autant plus désagréable que la pluie s'est remise à tomber à verse et que le semblant de hangar où nous sommes ne nous protège pas beaucoup, nous et tout ce fatras de matériel qui gît maintenant à terre. Là encore, tout ce que nous transportons de livres, de journaux et de papiers même vierges est mis de côté pour être étudié. Notre véhicule ayant été très méticuleusement « charcuté », nos bagages minutieusement « épluchés », nous obtenons l'autorisation de procéder au rechargement de la voiture.

Quelque vingt-cinq minutes plus tard, nous sommes attablés devant trois yaourts au buffet de la douane, attendant que l'on nous restitue les écrits et photos que l'on nous a confisqués. Mon trouble doit être grand car, au lieu de sucre, c'est du sel que je verse à grandes giclées dans nos petits pots blancs. Après quatre heures d'attente environ, nous quittons le poste frontière. La voiture s'engage lentement dans une vaste allée bordée de parcelles de champs et maisonnettes au style encore roumains. Nous sommes en CCCP (U.R.S.S.), ravis d'avoir pu conserver pellicules, matériel photographique et les fameux saucissons d'Ardèche ! Dans une aire de vingt-cinq kilomètres au-delà de la frontière, il est interdit de prendre une photo, aussi nous contentons-nous d'ouvrir grands les yeux sur l'inconnu.

Tchernovtsy, en Ukraine, la première grande ville : devant l'hôtel Bukovina, rue Lénine, Alain gare le break. C'est là qu'à l'office d'Intourist on peut échanger des dollars en roubles et obtenir les bons d'essence indispensables : ce sont de petites coupures de papier de couleur pour soixante-dix, cinquante, dix ou cinq litres, émis par les différentes républiques (Russie, Ukraine, Géorgie, Arménie...) et valables jusqu'au 31 décembre de l'année dans toute l'U.R.S.S. Alain en fait provision pour cinq mille litres d'essence à 93 octanes (coût : 2 roubles les dix litres soit 1,34 F le litre !). Lors de notre passage, en cet été 1979, le rouble vaut 6,70 F, et le kopeck... cent fois moins [1].

Notre première opération consiste à rebrousser chemin et aller faire le plein à une station-service, remarquée précédemment sur la route. Nous prenons place dans la longue file des camions et des

1. En 1982, le rouble vaut 8,30 F et l'essence 3,32 F le litre !

voitures qui avancent lentement roue contre roue, pare-chocs contre pare-chocs vers les différentes pompes : 72 octanes ou essence très ordinaire pour Jeeps et camions, 93 octanes (1,34 F) ou essence normale pour les voitures particulières, 98 octanes (1,39 F) ou super pour les voitures étrangères, en particulier (cette dernière pompe étant souvent absente ou hors service). On trouve aussi, généralement dans un coin, un poste spécial pour les diesels. Notre tour arrive enfin. Il faut alors manœuvrer rapidement : garer le côté réservoir de la voiture tout contre la pompe (le tuyau de caoutchouc étant assez court), enfourner le pistolet dans le réservoir d'essence, courir ensuite au guichet de la station tendre ses bons de cinq ou dix litres à une femme qui, appuyant sur les boutons de son tableau de bord, actionne à distance la pompe pour le nombre de litres demandés. On revient précipitamment à sa voiture pour maintenir en place le tuyau. Le trafic et la confusion sont grands autour de ces stations. Les rêveurs ont du mal à parvenir jusqu'aux pompes car il est toujours des débrouillards pour profiter d'une minute d'inattention. Les embouteillages cachent la vue à la receveuse qui, derrière la vitre exiguë de son guichet, confond parfois les commandes des automobilistes. C'est ainsi qu'ayant donné des bons pour vingt litres d'essence, vous voyez avec stupeur l'aiguille qui s'immobilise à cinq litres. Il suffira alors d'expliquer votre cas et tout rentrera dans l'ordre. Nous profitons de cette première halte pour remplir nos jerricans car nous savons que les garages sont rares. Il est impossible d'actionner le pistolet pour arrêter le flot d'essence, aussi le passage du réservoir de la voiture au jerrican se fait-il non sans éclaboussures. Lorsque, par hasard, un automobiliste programme plus de litres que son réservoir n'en peut contenir, il se précipite, le tuyau à la main, giclant d'essence, vers un voisin pour lui offrir son trop-plein de précieux liquide. C'est ainsi que les alentours des pompes sont glissants et marécageux. Deux femmes, armées de tringles de fer, sondent la cuve pour en jauger le contenu tandis que nous quittons la station-service.

Le soleil se lève et sèche la boue qui macule notre blanche Peugot. L'océan jaune et frissonnant des blés moutonne jusqu'à l'horizon. C'est la grande plaine d'Ukraine que traverse une route bordée d'arbres, large, rectiligne mais cabossée tant par les rigueurs du climat que par le trafic incessant des poids lourds. Nous suivons à distance un camion qui disperse sur la route une partie de son gravier. Plus loin, c'en est un dont la cargaison de carton s'éparpille au gré du vent. Un autre est arrêté au bord de la route et le chauffeur s'évertue à rehisser à bord de la benne son chargement de longues tringles métalliques qui commençait à hoqueter dangereusement sur le sol. Arrive en face un camion charriant de vieilles carcasses de voitures, puis c'en est un transportant... un autre camion ! Ici notre voiture dérape sur un tas de choux inattendu, là elle trébuche contre une grosse cale de bois ou de vieux cageots. Tout au long de notre voyage, nous croiserons sur les routes d'U.R.S.S. les convois les plus rocambolesques. Les légumes et les fruits sont transportés en vrac, en général, dans des camions non bâchés : ainsi les pommes, poires, pastèques, courges, choux, etc. Ceux du dessus pourrissent lentement au soleil, ceux du dessous, écrasés, sont transformés en compote. La tranche centrale seule demeure récupérable, si ce n'est savoureuse. Ce simple détail donne une idée du gâchis que l'on constate souvent en U.R.S.S., conséquence d'une certaine négligence, due au caractère slave peut-être — « tant que le tonnerre ne grogne pas, moujik ne se signe pas », disait déjà le vieux proverbe — mais surtout due au système.

En revanche, on sera surpris par l'ingéniosité et la débrouillardise de ces transporteurs routiers qui, contre vents et marées, feront avancer leur véhicule même déficient. Nous verrons, un jour, arriver allégrement en face de nous un camion sur trois roues ; un contrepoids palliait sans doute la roue avant droite manquante. Je dois avouer que tant d'audace nous laissa bouche bée !

Les garages sont très rares et chaque conducteur doit savoir remédier lui-même aux incidents mécaniques. Au bord des routes, de nombreux ponts lui permettent de « farfouiller » sous son véhicule tout à loisir et de réparer les pannes courantes.

Alain, dont le dernier voyage en U.R.S.S. remonte à 1971, constate la presque disparition des charrettes au profit des voitures particulières (grosses cylindrées : Tchaïka gaz 6 ou Volga Universal gaz 24-02 à 6 ou 7 places, voitures de luxe des ministères ; moyenne cylindrées comme la Volga gaz 24 à 5 places ou la Lada tchèque et la Jigouli Universal gaz 21-02 à 4 places fabriquée par Fiat ; ainsi que les petites Moskvitch 12 et Jigouli 21-03 ou Polska polonaises) qu'elles appartiennent à l'automobiliste ou lui soient confiées pour son travail.

Notre marche est ralentie par cette intense circulation et c'est tard le soir que nous arrivons à Vinnitsa, une jolie ville, toute tapissée du rouge des panneaux de propagande. On pourrait penser qu'un immense concours aurait été lancé à travers le pays avec comme sujet : dessiner le portrait de Lénine. Le grand homme est présent partout en peinture, dessin, sculpture, fresque, mosaïque, gravé sur les montagnes, planté en bégonias, en noir ou en couleurs, or ou argent, ou néon clignotant et phosphorescent dans la nuit. Son visage, de l'œuvre d'art à la caricature, nous accompagne dès notre entrée en U.R.S.S., ainsi qu'une série stéréotypée de slogans, exaltant le travail, la paix, le courage et la vérité d'un peuple en marche vers le communisme. Si, pour nous, Français, cet affichage politique est aussi nouveau qu'obsédant, pour les Soviétiques, il passe, avec l'habitude, complètement inaperçu. C'est comme si la publicité, autrement agressive de nos pays occidentaux, ne vantait les mérites que d'un seul produit, faisant disparaître ainsi tout effet de surprise.

Nous arrivons donc au terrain de camping de Vinnitsa, où Anatole, le guide d'Intourist, nous reçoit très gentiment et nous propose deux chambres dans un bungalow de bois avec la jouissance d'une cuisinette annexe. Professeur d'anglais durant l'année scolaire, il est heureux d'échanger des impressions avec nous et va nous servir d'interprète. En effet, un sympathique barbu, ne parlant pas un mot de français, guettait notre arrivée, depuis quelques heures déjà, à l'entrée du camp. Il se présente avec une solide poignée de main :

— Vladimir, ingénieur, un ami du docteur Marie-Jeanne Kaufmann, très heureux de vous rencontrer.

Nous sommes touchés de cet accueil pour notre première journée en U.R.S.S. Alain bredouille quelques formules de courtoisie en russe, tandis que Sylvain et moi échangeons avec Vladimir toute notre panoplie de sourires, désolés de ne pouvoir mieux nous exprimer. Il semble que nous ayons oublié soudain le fruit de ces longues heures studieuses, le nez dans l'Assimil ! Heureusement, Anatole, qui nous escorte dans une des pièces du bungalow où nous faisons salon, nous traduit les passionnants propos de Vladimir. Celui-ci a passé huit mois l'année dernière, 1978-1979, à Piatigorsk, pour rechercher avec le docteur Kaufmann, dans les montagnes du Caucase, les traces de cet être étrange nommé en kabardin « Almasty », c'est-à-dire « Homme des forêts », appelé plus vulgairement ailleurs « Yéti » ou « Homme des neiges ». Durant son séjour, il a rencontré une vingtaine de personnes qui disaient avoir, de leurs yeux, vu l'Almasty. Notre nouvel ami excite vivement notre curiosité avec ses échafaudages de constatations et d'hypothèses. Il nous sensibilise à un problème dont nous débattrons plus tard avec Marie-Jeanne, des soirées entières.

La nuit est tombée depuis longtemps sur le camp lorsque Alain raccompagne Vladimir chez lui, en ville. Devant sa porte, ce dernier lui demande de l'attendre. Quelques secondes plus tard, il réapparaît pour remettre à Alain, très précautionneusement, un paquet qu'il tient sous le bras. Curieux, Alain épluche un à un les nombreux papiers d'emballage et en extirpe un moulage surprenant : celui d'une empreinte de pied droit d'Almasty, relevée dans la terre, lors de ses recherches au printemps dernier. La trace est large de douze centimètres cinq, longue de vingt-huit (pour référence, les dimensions du pied d'Alain sont de dix centimètres sur vingt-quatre). Elle n'impressionne donc pas spécialement par sa taille mais par les proportions du gros orteil, de neuf centimètres de long sur quatre et demi de large, et par sa forme, beaucoup plus ramassée et massive que le pied humain. Il s'agit sans doute d'un jeune Almasty, remarque Vladimir, et il raconte :

— Les pas étaient imprimés dans la boue séchée, régulièrement et bien à plat, sur une quinzaine de mètres. Leur pression constante indiquait que l'individu ne courait pas. Or les enjambées, d'un mètre cinquante, étaient trop longues pour être celles d'un homme qui marche normalement. De plus, quel fou marcherait pieds nus, sur la terre détrempée, dans un coin aussi isolé et éloigné de toute habitation ?

Alain quitte son ami sur cette interrogation et ramène au camp son précieux butin. Il retrouve Sylvain et Katia partageant une boîte de corned-beef avec deux jeunes Ukrainiens à la crinière de paille, élégants et très polis. Ils ont frappés, une heure plus tôt, à la porte du bungalow où son neveu et sa femme, un peu exténués, s'apprêtaient à se mettre au lit. Avec un désarmant sourire, ils ont passé la tête par l'entrebâillement de la porte et ont demandé dans un anglais parfait :

— Aimeriez-vous discuter avec nous ? Lui c'est Volodia, il apprend l'anglais, moi, Basile, j'étudie le français. On voudrait s'exercer en parlant avec vous.

Comment refuser ? Nous sommes un peu subjugués par cette soif d'apprendre qu'ont ces sympathiques étudiants qui rêvent, pour beaucoup, de devenir des enseignants. Leurs études vont durer soit quatre années à l'Institut, soit cinq à l'Université. Ceux qui nous rendent visite sont en vacances (trois à quatre mois l'été, presque un mois l'hiver) et gagnent 80 roubles par mois (536 F) en travaillant pour le bureau d'Intourist local. Cela leur permet de parfaire leurs connaissances en langues étrangères en bavardant avec les touristes de passage. Or nous sommes leurs premiers Français de l'été. Ils nous disent leur admiration pour notre pays qu'ils semblent ne connaître, en fait, que par quelques chanteurs importés, Mireille Mathieu, Yves Montand, Joe Dassin, et à travers les films des Charlots, de Funès, Belmondo ou la littérature de Victor Hugo. Basile et Volodia, comme tous les jeunes que nous rencontrerons, ont d'emblée considéré Sylvain comme un véritable ami.

— Nous avons parlé longuement, nous posant des questions sur nos pays respectifs, racontera ce dernier, le lendemain. Ils m'ont expliqué avec une certaine gêne les difficultés énormes qu'ils rencontreraient s'ils voulaient venir en France ; venir à Paris est pourtant leur vœu le plus ardent. Nous avons même eu, sans complexe aucun, une petite discussion à propos des partis politiques en France, dont la diversité les étonnait beaucoup. Au moment de nous séparer, leur sollicitude et leur désir de me témoigner leur amitié les ont conduits à me présenter quelques-unes de leurs compatriotes et à essayer de me persuader coûte que coûte qu'il fallait que je fête ma première nuit en U.R.S.S. en croquant la pomme soviétique !

CHAPITRE II

# PLAINE, O MA PLAINE...

Nous sommes réveillés en musique le lendemain, peu avant 8 heures. Quelques notes de balalaïka précèdent, en effet, les informations diffusées, par des haut-parleurs, à travers tout le camp. Ce sont surtout les nouvelles de l'intérieur du pays qui occupent les ondes, celles des quinze républiques qui composent l'U.R.S.S. Les événements internationaux sont, eux, traités très brièvement.

A peine levés, les Russes qui passent leurs vacances à Vinnitsa s'agitent dans les allées en vigoureux mouvements de gymnastique. J'aperçois une dizaine de lavabos, en rang d'oignons, le long d'un mur. Hommes et femmes viennent se frotter énergiquement le visage, le cou, les mains, les dents, sous l'eau qui gicle, glaciale ! Une toilette sans chichi, sans lotion tonique ni crème de beauté. Nous cherchons les douches mais, malheureusement, elles ne sont ouvertes que le soir, de 16 à 18 heures. En contrepartie, on a mis à notre disposition une petite cuisine et nous apprécions, moi surtout, de pouvoir nous isoler un peu pour nos ablutions. Nous ne sommes pas encore habitués à l'organisation collective de la vie d'ici.

Nous éprouvons, par exemple, le besoin parfois de nous retirer dans ce que nous appelons des « cabinets ». Dans le Larousse : « de cabine, petite pièce située à l'écart ». Dans le dictionnaire étymologique : « chambre intime ». Or au camp de Vinnista, on ne s'embarrasse pas de fausse pudeur ni d'intimité et ces opérations très personnelles se passent en famille, chez les hommes comme chez les femmes. De part et d'autre du couloir sont aménagées des installations à la mode turque, pouvant accueillir une quinzaine de personnes à la fois. Je dois avouer que le spectacle de ces deux rangées d'exécutants qui se font face, accroupis, absorbés, debout, accroupis, absorbés... constitue un ballet pour le moins étrange. Bien entendu, si j'ajoute que ces lieux d'aisances exhalent une odeur proportionnelle au nombre de leurs visiteurs, vous comprendrez aisément pourquoi nous serons atteints, le temps que réclame l'habitude, de constipation chronique, si vous me permettez de m'exprimer ainsi. Une *dejournaïa*, ou femme de service, s'occupe de l'entretien des sanitaires et actionne deux fois par jour les chasses d'eau, coupées le reste du temps. Armée d'une balayette de quelques brins d'osier liés, elle s'approche de moi discrètement et pointe sur mon *tee-shirt* un doigt interrogateur. Aurait-on quelque vêtement à lui céder ? Nous avons dû emporter chacun un minimun d'effets personnels, aussi c'est une *dejournaïa* bien déçue que nous laissons au camp de Vinnitsa.

La voiture passe devant les panneaux qui exaltent la jeunesse sportive communiste et annoncent les jeux Olympiques moscovites de 1980, tant attendus. Nous roulons maintenant vers Kiev, sur une allée à deux voies agréablement ombragée. Les reliefs accidentés de la route (dos d'âne, cassis) et les travaux nombreux ne permettent pas une conduite rapide. Nous avons sagement pris place dans la longue file des camions. Celle-ci soudain s'immobilise ou presque. C'est qu'un poste de *Gaï* (*gouvernatorstvo avtomobile inspektor*) est en vue.

Un généreux semis de camionnettes jaunes, striées de bleu fleurit aux carrefours, entrées, sorties de chaque ville ou village. Un panneau limite alors la vitesse à 40 km/h mais c'est, en fait, à 15 km/h que les véhicules défilent devant les casquettes de la police routière. Alain, qui respecte la discipline locale, est donc fort surpris de ce péremptoire coup de sifflet qui lui ordonne de stopper net. Un « gaï » [1] se dresse devant nous, raide dans son uniforme bleu marine, figé le visage de sévérité. Il examine nos papiers, nous demande de descendre de voiture et nous montre la 504 d'un air fort réprobateur. Nous comprenons que c'est la saleté de notre voiture qui le choque : le code de la route oblige les automobilistes à avoir un véhicule propre en tout temps, avec une plaque minéralogique très lisible. Il est certain que nos 3 244 kilomètres par mauvais temps, et sur terrain douteux, n'ont pas épargné la blancheur originelle de la carrosserie. Nous sortons notre provision de Kleenex et nettoyons avec l'eau de la gourde la plaque d'immatriculation ternie de poussière. La mine du policier se fait plus avenante et nous pouvons repartir. D'un poste de « gaï » à l'autre, nous avons l'impression que notre passage est programmé, contrôlé au jour le jour et que, si la fantaisie nous entraînait sur quelque sentier de traverse, un policier, instantanément averti par le « téléphone arabo-soviétique », viendrait nous remettre sur le droit chemin.

---

1. C'est ainsi désormais que nous appellerons, entre nous, la police de la route.

Nous arrivons à Kiev avant la nuit. A la réception, l'hôtesse qui nous accueille pointe nos noms, bien inscrits sur son épais cahier rouge, et nous indique un emplacement pour nos tentes. L'endroit est agréable, ombragé de pins qui parfument l'air. Tandis que Sylvain et Alain montent le camp, je découvre avec bonheur des douches chaudes (pour la première fois depuis sept jours que nous avons quitté Paris). Les cheveux trempés mais toute ragaillardie par ces ablutions, je décide de partir à la recherche de victuailles pour le souper. Entre l'ombre chinoise des pins se faufilent les derniers traits de lumière. Les tentes dressées, les tables et chaises dépliées, le fil à linge tendu, le camping-gaz branché et les matelas pneumatiques gonflés, les deux garçons décident, avant de filer eux-mêmes sous les douches providentielles, de faire la toilette de notre voiture. C'est avec un peu de nostalgie qu'ils voient disparaître, à grands coups d'éponge, cette carapace de poussière, témoin d'un si long voyage. Dans la paix du soir, reposés, propres et rasés, ils guettent avidement le retour de Katia, car il ne manque plus qu'un bon repas à leur félicité.

— Mais qu'est-ce qu'elle peut bien fabriquer ?

Eh bien, il m'a fallu errer un long moment dans le camp avant de découvrir une échoppe. Grâce à mon petit carnet de vocabulaire, j'ai sans difficulté obtenu pain, œufs durs et une portion de fromage sec. Mais la vendeuse a eu l'air stupéfaite lorsque je lui ai demandé du lait, du beurre, de la viande, des légumes et des fruits. Je me suis alors rendue à la réception pour me renseigner :

— Le lait, les primeurs et les agrumes, vous les trouverez difficilement dans les magasins. Il faut vous arrêter dans les marchés kolkhoziens sur le bord des routes pour vous approvisionner, m'a expliqué une hôtesse d'Intourist, jolie sous son maquillage discret. Il faudra guetter avec vigilance et freiner à temps car ces haltes, au hasard des itinéraires, ne sont pas annoncées par de quelconques panneaux.

Alain et Sylvain, qui rêvaient déjà de steak-salade, regardent piteusement mes maigres provisions et me réservent un accueil très déçu. On se console tant bien que mal avec des boîtes de cassoulet puisées dans la cantine. Nous prenons la résolution de traquer désormais les marchés kolkhoziens. Nous nous offrons ensuite une promenade de fin de soirée à travers le camp. A la cafétéria du coin, la vodka se boit « cul sec » et nous nous mêlons à la jeunesse du dancing qui scande une musique anglaise, numéro un au *hit-parade* international. A 10 heures, une matrone hargneuse et décidée coupe le son et les lumières, et nous regagnons nos tentes. Les accents de *Belfast... Belfast* résonnent encore longtemps dans mes oreilles et j'ai du mal à trouver le sommeil.

Aujourd'hui, dimanche, une heure nous suffit à prendre notre petit déjeuner, démonter les tentes, refaire le chargement de la 504. Après un plein d'essence, nous repassons par le centre ville pour prendre la direction de Kharkov. Nous tombons justement sur un petit marché kolkhozien. Là, quelques paysans vendent l'excédent de leur récolte personnelle. Ils possèdent, en effet, leur carré de jardin, toujours potager, un peu de bétail et surtout des volailles. Les produits qu'ils proposent sont aussi soigneusement présentés qu'ils ont été cultivés avec amour. Les pommes sont vigoureusement astiquées sur un rebord de manche, les cerises, qui remplissent un seau, équeutées une à une ; les poires s'échafaudent en habiles pyramides sur les étalages étroits. Ici des tomates, là d'appétissantes bottes de carottes toutes fraîches. Des betteraves crues, des oignons minuscules et ces cornichons gigantesques, dont les Russes sont si friands, qui marinent dans un vinaigre parfumé d'épices. Pour les soupes, le (*bortsch* (potage à base de choux, betterave, tomate et crème aigre) et le *chtchi* (soupe aux choux), les plats nationaux, des choux blancs et des pommes de terre. Sur les plateaux d'une balance, un kilo de groseilles à 2 roubles fait la tare avec un bocal rempli de framboises. Les comptoirs s'égayent aussi de touffes de verdure, odorantes et parfumées, et d'herbes d'assaisonnement inconnues pour nous, qui vont remplacer pour un temps nos laitues et nos scaroles. Légumes et fruits sont fraîchement cueillis et, si les prix ici sont nettement plus élevés que dans les magasins d'Etat (2 roubles 2 kopecks soit environ 15 F le kilo de tomate au début juillet !), la qualité des denrées, très supérieure, justifie pleinement cette différence de coût. Nous trouvons également chez ces kolkhoziens du lait. Il n'y a pas de yaourt ou fromage blanc mais on peut s'offrir de la crème fraîche. Nous avons eu la précaution d'emporter de France un solide carton. Il nous est d'une grande utilité pour stocker nos provisions. Les distributions gratuites de sachets de papier ou plastique, celles de cartons ou cageots sont un luxe de nos sociétés de consommation. En U.R.S.S., chaque bocal ou récipient est consigné et il est préférable d'avoir son sac à provision, sa boîte à œufs et son pot à lait pour faire les courses.

Nous quittons maintenant Kiev que nous visiterons longuement au retour. La voiture s'engage sur le pont Paton (un académicien russe et non le général américain !), de pur style stalinien, et franchit le Dniepr. De l'autre rive, on découvre la perspective superbe de la ville. Les dômes de la cathédrale Saint-Sophie et de la Laure de Petchersk trouent de tous leurs ors la brume matinale.

★

Derrière le rideau d'arbres qui borde, de part et d'autre, une route large et bien asphaltée, s'étale à perte de vue l'immensité des champs cultivés de blé, maïs ou tournesol. La plaine d'Ukraine. Rien ne vient rompre la monotonie du paysage uniformément plat, ni de cette ligne droite du parcours, qui appelle à la vitesse. Un « gaï » nous siffle à nouveau. Alain joue l'étonnement et l'ignorance devant sa mine sévère. Nous savons bien, en fait, que le palier à ne pas dépasser est de 90 km/h sur tous les itinéraires ouverts aux étrangers. Le policier se contente d'inscrire quelques phrases illisibles sur la feuille de route puis nous laisse redémarrer. Sylvain relaye Alain au volant. Les camions nombreux : camions de marchandises ou camions militaires, crachent leur jus asphyxiant dans le nez des malheureux passagers de side-cars qui se protègent tant bien que mal, un mouchoir en travers de la figure. Les gardiennes de troupeaux font paître leurs vaches et leurs chèvres sur les larges bas-côtés herbus de la route. Assise à la lisière du macadam, une vieille paysanne vend un bocal de cerises. A l'arrière-plan, quelques maisonnettes blanchies à la chaux ont gardé leur toit de chaume. Les toits de tôle ondulée ou de bardeaux deviennent, cependant, les plus courants. Portes et volets sont bleus, de ce bleu, couleur de ciel en août, qui égaye toutes les chaumières que l'on rencontre en U.R.S.S. On nous dira plus tard que c'est en ajoutant à la chaux un peu de lessive que l'on obtient cette céleste couleur.

Le soleil est haut et l'azur infini sur cette immense plaine. Nous trouvons enfin un endroit où pique-niquer. Les petits sentiers de traverse sont rarissimes et il n'est pas aisé de se garer le long de cette route à grande circulation. Nous nous asseyons sur une vieille couverture à l'ombre d'un buisson de noisetiers et découpons de larges tranches carrées dans ce pain de pays à la mie serrée. Nous les tartinons avec ce qu'il nous reste de beurre salé des Charentes, acheté au marché de Boulogne-sur-Seine, et qui, malgré l'aluminium, les linges humides et le soin dont nous l'enveloppons, commence à se liquéfier dangereusement. Nous dégustons aussi un peu de pâté des Landes, mordons dans les fruits, buvons l'eau des gourdes. Devant nous, les sillons d'un champ fraîchement moissonné s'étirent jusqu'à l'horizon. Il ne subsiste, sur le noir tchernoziom, qu'une herbe rase et drue de paille frémissante. Ni paysan, ni habitation dans ce désert blond. On s'apprête à repartir lorsque deux motocyclistes quittent la route pour venir jusqu'à nous. Ils nous demandent si nous n'avons rien à leur vendre (bottes, *blue-jeans, tee-shirts,* lunettes noires...) C'est quotidien, cet affût aux nippes occidentales !

Nous entrons dans Kharkhov, deuxième ville d'Ukraine, sixième d'U.R.S.S. avec 1 444 000 habitants en 1980, et centre industriel sans attrait. A droite de la Moskovsky Prospekt, les lettres en volume du mot Komsomol, Union des jeunesses communistes, ressemblent à des cubes géants posés sur le trottoir. Plus loin, une construction identique célèbre la révolution d'Octobre. La décoration de la vaste avenue est particulièrement soignée. Chaque lampadaire, chaque pylone, où s'ancrent les fils électriques de tramway, s'orne d'une composition originale d'ampoules lumineuses et multicolores : faucille et marteau, étoiles, tour du Kremlin, portrait de Lénine, flamme olympique, fusée...

Dix kilomètres plus loin, au camp de Voussoki, village de Lesnaïa, sur la route de Yalta, de jeunes sourds-muets arpentent le terrain à la recherche de *business*. Leur surprise n'a d'égal que leur enthousiasme de voir arriver les étrangers que nous sommes et surtout leurs bagages. Ces garçons n'ont nul besoin de la parole pour se faire entendre. L'un d'eux sort une liasse impressionnante de roubles de sa poche. Il nous en propose 100 soit 670 F pour un « vrai » *jean* (vrai, c'est-à-dire avec l'étiquette en cuir cousue sur la fesse droite !). Nous ne voyageons pas avec l'intention de faire du trafic et nous le leur disons. Nous n'avons rien dont nous n'ayons besoin. *Nitchevo* ! Nos deux compères s'en vont mais reviennent très vite à la charge : ces Français, ils doivent bien avoir quelque chose à troquer ! Finalement, tant pour me débarrasser de ces deux moujiks plus têtus que Bretons qu'apitoyée par leur air suppliant, je leur extirpe de ma valise mon *jean* neuf sans autre étiquette que celle du « Prisu ». Je me demande d'ailleurs auquel de ces deux olibrius il pourrait aller car nous ne sommes pas du tout, eux et moi, bâtis de la même façon. Le marché est conclu et le pantalon leur appartient pour sa valeur réelle. La joie de nos acheteurs est telle qu'on se prendrait pour le père Noël ! Ils partent en courant, leur acquisition sous le bras. Je me demande toujours s'ils vont jouer ce *jean* aux dés ou le porter à tour de rôle ? Naïve que je suis ! Nous reverrons nos deux sourds-muets faisant, à grands renforts de gestes, de la retape, de bungalow en bungalow, auprès des Russes en vacances et s'évertuant à tirer de leur butin le meilleur bénéfice. Après une bonne douche chaude (nous sommes arrivés juste avant la fermeture) et un plat de spaghetti (nos provisions sont précieuses car nous n'avons pas beaucoup le temps de nous arrêter faire des courses), nous nous pressons vers le dancing. Les échos d'une musique rythmée des « Who » nous en indique le chemin. Pour nous, ces soirées sont l'occasion de discuter avec de jeunes Soviétiques. Nous arrivons dans une salle, vaste véranda ouverte à tous les vents, avec un sol en ciment et des fauteuils en plastique noir bien alignés, qui attendent d'éventuels exténués. Mais les haut-parleurs ne chantent pour personne, les néons n'inondent qu'une pièce vide et n'aveuglent qu'une nuée de moustiques. Faute de pouvoir passer un moment avec les jeunes qui semblent déserter le dancing aujourd'hui, nous regagnons nos tentes pour dormir.

Quel attrait les produits occidentaux et, en particulier, *Made in U.S.A.* exercent-ils sur la nouvelle génération ! Oh, on vous expliquera que le *jean* américain est mieux taillé et surtout plus solide que les imitations faites ici, cousues dans un tissu sans tenue et qui déteint au lavage. C'est sans doute un peu vrai, mais il n'empêche que le prestige, en matière de mode, de ce qui vient des Etats-Unis est grand. Comme dans nos régions, le *jean* est devenu en U.R.S.S. un uniforme de la jeunesse et, ce qui est incroyable, c'est qu'il a fallu se le procurer à coups de combines puisque l'on n'en trouve pas de « vrais » dans les magasins. Quant aux musiques « disco », elles sont enregistrées, en général, sur les radios étrangères (B.B.C., Voix de l'Amérique, Radio Monte Carlo...) qu'un bon poste permet de capter assez facilement. Ainsi tous les jeunes fredonnent-ils les derniers « tubes », numéros un aux *hit-parades* de Londres, New York ou Paris, comme *Boney M. Raspoutine.* Les postes russes, eux, diffusent surtout des airs classiques et d'opéra, des chants folkloriques et des marches militaires.

Nous ne ferons pas de grasse matinée. A 5 h 45 les haut-parleurs tonitruent soudain les informations, suivies d'une musique dynamique qui tire les vacanciers brusquement du sommeil. Le silence qui suit est de courte durée : à 6 h 30 puis 7 heures, le même cérémonial se répète. Le camp s'anime malgré lui. J'avoue que les habitudes locales ne nous réjouissent pas toujours, mais à quelque chose malheur est bon — nous sommes pressés de reprendre la route. A 7 h 30, nous traversons les faubourgs de Kharkov, cherchant la poste, car nous voulons envoyer à François une lettre truffée de renseignements pratiques pour l'équipe numéro deux qui doit nous rejoindre, en août, en Géorgie. Les avenues larges côtoient des espaces verts nombreux et une architecture de style stalinien, carrée, massive, ornée de frises géométriques. Le trafic des bus et tramways est intensif. Ces derniers sont conduits souvent par de toutes jeunes femmes, ce qui surprend d'autant plus qu'il est rarissime encore d'en voir au volant de voitures particulières.

Au kilomètre 4 038 à notre compteur, nous sommes à 350 kilomètres de Rostov. La route, rectiligne et monotone, longe toujours les riches terres noires d'Ukraine, plantées de blé, maïs et tournesol. On s'arrête à Slaviansk pour faire le plein d'essence. La pompe jouxte l'arrêt des autocars. Tout autour se regroupent, comme des maisons de poupées, de minuscules maisonnettes de bois qui servent de magasins. Une délicieuse odeur me guide vers une grande bassine à friture. Une plantureuse matrone, avec coiffe et tablier blanc, fait couler dans l'huile frémissante des rubans de pâte blonde. Je me presse contre les affamés agglutinés là et attends mon tour. Je repars avec une provision de beignets calés dans un cornet de journal et je presse le pas car une large tache de graisse mange progressivement toutes les fibres du papier qui devient mou et translucide. En vain, je cherche du lait et du pain. Plus loin, des kolkhoziennes âgées vendent sur quelques planches, bien alignées, pommes et poires vertes, tomates et cornichons énormes, disposés en petits tas au coût de un ou deux roubles. Sur une table, isolé comme un trésor, un bocal de groseilles à maquereau. Nous remontons dans la 504 et reprenons la route en grignotant les beignets encore tièdes : une sorte de pâte à pain avec un mélange de crème et de fromage à l'intérieur. C'est bien gras et bien bon !

Nous traversons maintenant le bassin minier du Donetz. De petites nacelles, glissant sur leur fil, passent au-dessus de la route, en remontant vers la mine. La verdure garde encore une petite place dans ce décor industriel, mais on sent que la chaleur devient plus sèche et les terres plus arides. Il fait 30° dans la voiture, fenêtres ouvertes. De magnifiques terrils forment des pyramides, visibles de loin dans ce décor de steppes. « Vive le travail dans les mines du Donbass ! », proclame une banderole dès notre arrivée à Antrasit, dénommée ainsi pour ses mines de charbon (du grec *antrax-akos*, charbon). N'oublions pas que la Russie fut au contact des Grecs et des Byzantins pendant vingt siècles. A l'entrée de la ville trône le tableau d'honneur. C'est un grand panneau où sont exposés, à l'admiration publique, les portraits des meilleurs ouvriers du moment, ceux qui fournissent le plus fort rendement ou stakhanovistes. Sous chacune des photos géantes en noir et blanc, figure une inscription mentionnant le nom, l'âge et la qualification du travailleur émérite. Ainsi, dans chaque usine, chaque kolkhoze ou sovkhoze, chaque administration, on s'évertue à la tâche pour figurer à l'affichage, mais cette distinction honorifique ne donne aucun avantage matériel immédiat.

Au kilomètre 4 235 à notre compteur, soit 811 kilomètres de Kiev et 152 de Rostov, commence brusquement la véritable steppe. Ce ne sont plus au loin qu'étendues brûlées d'herbe rase. Un rideau de petits feuillus tente de protéger la route. La tête écrasée de soleil, une quinzaine de femmes retracent les lignes blanches sur le macadam. Seul homme, le chauffeur d'un camion semble veiller d'un œil épanoui sur son harem. Les « cantonnières » posent, à la main, de petits cailloux blancs sur une raie de goudron encore chaud et liquide. C'est la technique ici. Les femmes travaillent toutes et, si on aperçoit peu d'enfants, c'est qu'ils sont confiés aux grands-mères, aux crèches ou aux écoles. Cela m'a frappé, cette « égalité » de l'homme et de la femme en U.R.S.S., ou plutôt cette « identité » pour ce qui concerne les tâches les plus rudes, en particulier. Sur les routes, ce sont souvent des femmes âgées qui manient la pelle et la pioche. Avec cette besogne qui n'exige pas de qualification spéciale, elles arrondissent leur retraite. Il n'est pas de « travailleurs immigrés » pour faire ces travaux à leur place. Il n'est pas de travail qui ne soit considéré et respecté. Rien ne semble rebuter la femme russe, musclée comme un homme, trapue et taillée en armoire à glace, au teint couperosé de froid ou brûlé de soleil. Comment lui reprocher, à cette camarade asexuée, d'avoir perdu toute grâce et toute féminité ?

On gare un instant, pour acheter du pain (*rhlieb*), la voiture devant une monumentale sculpture rouge de faucilles et marteaux, qui borde la route à Novochakhtinsk. Dans la boulangerie, une dame russe — blouse blanche et coiffe de dentelles empesée — contemple ses étalages, bien assise sur sa chaise. Devant elle une assiette de piécettes. Elle ressemble à une « dame-pipi » ! J'hésite entre les nombreuses variétés de pain et gâteaux secs (en fait, ces derniers ont tous le même goût, seule la couleur du papier change !). J'opte finalement pour un gros pain rond à 23 kopecks et un long pain carré à 30 kopecks. On repart en admirant au passage les Abribus, nombreux le long de la route, entièrement couverts de mosaïques : femmes et enfants moissonnant, soldats et combats de la dernière guerre, femme exaltant la beauté des astres et le lancement des satellites.

Les artistes ne sont pas au chômage ici. Olga, une jeune Géorgienne dont le mari est peintre, me l'expliquera en détail. C'est l'Académie des beaux-arts qui assure la formation de l'artiste. A la sortie de l'école, ce dernier peut être « salarié » de l'Etat. Un combinat centralise les commandes et propose des réalisations diverses pour les établissements publics (panneaux décoratifs, art mural, affiches, banderoles, sculptures...). L'artistc est un fonctionnaire à la solde du gouvernement, correctement rémunéré et sage exécutant à la demande. Il peut également postuler à devenir membre de l'Union des peintres. Cette promotion à la liberté conditionnée lui permet de se consacrer exclusivement à son art. On lui vend tout le matériel dont il a besoin et qui est pratiquement introuvable autrement (toiles, tubes de peinture, chevalets, etc.). C'est l'Etat qui organise pour lui des expositions au cours desquelles ses toiles sont vendues. C'est là une bonne situation. Il va sans dire qu'une peinture servant l'idéologie du régime est bienvenue. Avec ce qu'il lui reste de couleurs, l'artiste s'offrira discrètement, de temps en temps, le luxe d'une toile juste pour son plaisir. L'art est un média de la communication et un moyen de transmettre un message visuel, politique, cela il ne faut pas l'oublier. J'ai sous les yeux un gros livre d'art contemporain rapporté de notre voyage. Ici, en équilibre sur deux planches de bois posées dans la boue d'un chantier, de jeunes mariés avancent triomphalement, au milieu des grues et des immeubles en construction. Là, un jeune ouvrier porte dans ses bras comme un enfant une gerbe de tenailles, pinces coupantes, scies et marteaux. Ou encore un bébé agite un drapeau avec l'inscription *Mir* (paix) sur un décor de chars d'assaut et d'usines qui fument. Les sources d'inspiration encouragées sont toujours les mêmes : la guerre de 1941-1945 [2] contre les Allemands et l'esprit patriotique ; les femmes et les hommes au travail, dans les champs ou à l'usine ; le développement de l'économie nationale ; le sport et le dynamisme des Komsomols, enfin les performances spatiales et la paix à venir.

La route quitte la direction sud-est pour piquer plein sud. On double un camion de charbon, on en croise un plein de jeunes ouvrières avec leurs fichus qui claquent au vent. La chaleur est devenue torride et le sol, assoiffé, se craquelle.

2. Hitler envahit brusquement l'U.R.S.S. le 22 juin 1941 sans déclaration de guerre, rompant ainsi le pacte germano-soviétique signé par Staline et Von Ribbentrop le 25 août 1939.

★

Novochakhtinsk. Nous pénétrons dans l'*oblat* (région) de Rostov. Rien ne signale que nous passons de la République socialiste soviétique d'Ukraine à la République socialiste fédérative soviétique de Russie (R.S.F.S.R.). Il est à noter cependant que l'Ukraine (capitale Kiev) et la Biélorussie (capitale Minsk) possèdent chacune, au même titre que l'U.R.S.S., un siège à l'O.N.U. [3]. Novotcherkassk, quelques kilomètres plus loin, est le centre traditionnel des anciens Cosaques du Don. Dirigés par l'ataman Platov, ces derniers parvinrent jusqu'à Paris en 1814. Un arc de triomphe massif, jaune passé, qui célèbre leur victoire sur les troupes napoléoniennes, ouvre le pont qui chevauche le fleuve. A l'autre bout, un monument militaire lui fait face [4].

Notre véhicule avale de nouveau des kilomètres de macadam brûlant, avec les éternels camions, contrôlés de « gaï » et une véritable hécatombe de chiens écrasés. Deux Cosaques à cheval gardent un troupeau de vaches. Ils n'ont plus malheureusement le traditionnel costume et semblent bien pacifiques.

On arrive bientôt aux abords de Rostov-sur-le-Don, fondée par Pierre le Grand et surnommée « la Porte du Caucase ». Un Mig 15, projeté vers le ciel sur un haut piédestal, semble veiller le monument aux morts de la veuve éplorée qui, à l'entrée de la ville, pleure les morts de la dernière guerre. « Personne n'oublie. » « Rien n'est oublié », peut-on lire gravé sur la pierre.

Rostov soigne encore ses plaies et garde un souvenir lourd de chagrin de l'invasion allemande. La ville a été très endommagée par les combats. On dénombre officiellement 40 000 déportés et plus de 50 000 Rostoviens qui dorment dans les fosses communes. On dirait que le souvenir de ces années d'horreur est entretenu auprès de la population soviétique avec un certain masochisme, mais n'est-il pas le meilleur étendard à brandir pour rallier tout un peuple dans une même idéologie antifasciste ? Rostov ne doit pas oublier ses meurtrissures. Aujourd'hui pourtant, avec ses 950 000 habitants dont 40 000 étudiants, c'est la vingtième ville d'U.R.S.S. et le centre industriel et culturel du sud du pays.

Il est encore tôt et, dès notre arrivée au terrain de camping, nous obtenons de faire une visite de la ville. Nous nous serrons pour faire une petite place au sympathique Igor, guide d'Intourist [5]. Excellent élève, il est boursier et touche ainsi 40 roubles par mois (268 F), mais comme beaucoup de ses camarades, il travaille à mi-temps et, pendant

---

3. Sièges attribués pour leur contribution à la victoire sur les Allemands.

4. Dans ses merveilleux livres *Don Paisible* et *Terres défrichées,* l'écrivain Mikhaïl Cholokov, prix Nobel, décrit la vie quotidienne des Cosaques du Don.

5. Igor parlait notre langue avec un vocabulaire et un accent remarquables pour le peu d'années d'études du français qu'il avait derrière lui. C'est d'ailleurs un fait que nous avons remarqué durant tout le voyage : en U.R.S.S., les étudiants en langues sont remarquablement doués !

l'été, nous explique-t-il au cours du trajet. Il nous emmène d'abord voir le *Malaïa Severo-Kavkazskaïa* ou petite ligne du Caucase du Nord. C'est un chemin de fer de quatre kilomètres avec deux trains et deux coquettes gares d'opérette. Il a été entièrement construit par les enfants et ce sont eux qui s'occupent de son bon fonctionnement après leurs cours et les jours de congé. Cette belle entreprise a été efficacement encouragée par les quelque 25 000 travailleurs de la grande usine de Rostov, celle qui produit 220 moissonneuses-batteuses par jour, soit le dixième de la production du pays. Le dernier wagon disparaît, sous une tonnelle de feuillage, avec des rires d'enfants, et on regagne la voiture. On passe sous une large banderole : « Vive la solidarité du peuple et du Parti ! », on contourne le classique monument à la mémoire de Lénine et on arrive à la grand-place de Rostov, celle des parades et des défilés. Là stationne, depuis 1929, un énorme tracteur à chenilles, tout de verre et béton : c'est le Théâtre dramatique Gorki, détruit puis reconstruit après la guerre dans le style « constructiviste », pour symboliser l'industrialisation. Nous n'avons pas le loisir, malheureusement, d'assister au spectacle de l'excellente troupe qui s'y produit. Au retour, on traverse le quartier de Nakhitchevan (la première halte), celui de l'ancienne ville arménienne. Je reste sous le charme de ces vieilles maisons baroques, aux ocres roses frisés de stuc. Arméniens et Géorgiens sont nombreux ici. De vastes espaces verts donnent à Rostov un air de vacances. Avec la mer d'Azov à quarante kilomètres, et le Don pour les baignades, Igor n'éprouve pas le besoin de migrer l'été. Il est cependant assez fier de nous dire qu'on lui offre de partir trois semaines se reposer sur les bords de la mer Noire pour 25 roubles seulement, soit 175 F : c'est la récompense offerte aux étudiants et ouvriers les plus assidus et les plus brillants. Nous le félicitons vivement en le quittant pour dresser nos tentes et nous cuisiner un petit frichti, car nous mourons de faim.

Tôt le matin, nous levons l'ancre, le lendemain, après une nuit troublée par le vrombissement des Tupolevs (le terrain de camping de Rostov est à deux cents mètres de l'aéroport !) et les chants mystiques d'une troupe de baptistes américains, en tournée missionnaire.

Moment euphorique et émouvant !... Sur la grand-place de Rostov, pour la première fois, nous apercevons le panneau tant attendu : *Kavkaz* : Caucase... suivez les flèches ! Nous tentons de faire une prise de vues du moment historique où la 504 passe devant, tâche audacieuse, car les tramways rouges et les bus jaunes qui tournent au rythme d'un manège de chevaux de bois masquent alternativement la voiture, la pancarte et l'objectif de la caméra ! Nous repassons le pont du Don. Je laisse mon regard couler sur les eaux de ce fleuve long de 1 870 kilomètres. Quelques baigneurs folâtrent et jettent des tâches colorées sur le sable gris perle. Plus loin, les marais regorgent d'oiseaux. Bottés jusqu'à la taille, des hommes fauchent les joncs, en ligne. Une colonie de sternes naines à bec jaune piaille, bat de l'aile et s'envole dans une traîne de gouttes d'eau.

A droite de la route, surgissent soudain quatre vifs coursiers, lançant leur attelage à la poursuite du ciel. C'est un splendide monument érigé à la gloire de l'armée Rouge, victorieuse en 1920 de l'armée Blanche, fidèle au tsar, et de l'opiniâtre résistance des Cosaques. Ce souvenir de la guerre civile accompagne notre chemin. De nouveau, à soixante-dix-sept kilomètres de Rostov, la cavalerie défile, sculptée dans la pierre, surmontée d'une statue équestre monumentale. Il nous semble galoper aux côtés de l'armée Rouge sur cette route brûlante. Le thermomètre indique près de 40° à l'intérieur de la voiture, toutes fenêtres ouvertes. Il est midi. Sur la steppe agonisant de sécheresse, les Russes ont réussi à faire pousser maïs, tournesol, betteraves, choux et blé. Ici la terre vient d'être labourée, là on brûle, après la moisson, la frange d'or qui hérisse encore le creux des sillons. Cette vaste culture extensive ne suffit pourtant pas à nourrir la population soviétique. Il semble, disent les spécialistes, que c'est la médiocre qualité des semences plus que les variations climatiques qui est responsable d'un rendement agricole insuffisant.

Le paysage, entièrement plat, ne laisse pas supposer que nous ne sommes plus qu'à trois cent cinquante kilomètres de la chaîne du Caucase et de Piatigorsk, notre première halte en ses monts. Une pancarte annonce tranquillement un restaurant et un poste à essence à quarante-neuf kilomètres. On sent le Midi, ici, et il n'est pas question de s'affoler. Cela dit, notre hâte est grande d'arriver à l'un comme à l'autre. Près de Kropotkin, de grands vergers d'arbres fruitiers nous font une haie d'honneur pour notre entrée dans le Kouban, riche région agricole. Les corneilles mantelées et les hirondelles de cheminée évoluent au-dessus du fleuve du même nom, le Kouban, que nous traversons dans le sillage d'un convoi militaire. Un panneau annonce des travaux. Aussitôt, nous plaquons désespérément toutes nos mains sur le pare-brise, espérant que cette technique permettra d'en éviter la casse. La chaussée est jonchée de débris de verre, et l'expérience malheureuse des autres nous a prouvé la traîtrise des gravillons soviétiques, souvent projetés par des camions roulant à une allure folle.

Une bifurcation à gauche mène à la ville d'Armavir. Le tsar la donna aux Arméniens à la condition que ceux-ci prennent un nom russe et se convertissent à la religion orthodoxe. Ainsi la famille du célèbre écrivain Henri Troyat, d'origine arménienne, prit-elle le nom russe de Tarassov. A peine plus loin, dans la région de Stavropol, vit, réfugiée là depuis les luttes contre les Turcs, une colonie de Grecs. Regroupés au sovkhoze d'Essentoukskaïa, ils parlent un curieux dialecte gréco-russe. Au-delà de l'embranchement vers Stavropol, c'est toujours la même route plate et monotone.

L'après-midi somnole, accablée par la canicule. Derrière les ors d'un champ de tournesol, on perçoit soudain un étroit ruban brun pâle, qui barre l'horizon à gauche : ce sont les premiers contreforts de la chaîne caucasienne. Les carrés où le blé vient d'être moissonné font, avec ceux de terre noire retournée et quelques maigres herbages d'un vert bien timide, un long *patchwork*. Deux femmes courtaudes et trapues, vêtues de robes de cotonnades imprimées, bras nus, et fichus sur la tête, coupent à la faucille les herbes brûlées du bord de la route. A partir de Nevinnomyssk, la steppe s'étire, figée de sécheresse, plus aride, plus plate, plus immense encore.

Nous sommes à quarante-cinq kilomètres de Piatigorsk. Brusquement, les montagnes émergent de la brume, les unes après les autres, devant nous, massives, compactes, sombres et inattendus pains de sucre posés sur la plaine ; on dirait des chats noirs faisant le gros dos sur une lisse et pâle moquette. En réalité, ce sont des « laccolithes », des volcans qui ne sont pas parvenus à éclosion. Ces étranges *tumuli* surgissent autour de nous, comme nous approchons de la ville, tels une éruption de boutons ! Sur certains de ces monticules, la couche sédimentaire qui recouvrait le magma volcanique s'est rapidement érodée, découvrant de riches minerais, exploités à ciel ouvert. Cet état volcanique explique la multitude des sources minérales, brûlantes parfois (quarante-huit sources différentes dans la région) qui font de Piatigorsk une des stations thermales les plus recherchées d'U.R.S.S. Nous laissons à gauche l'aéroport qui dessert toutes les villes d'eau du Caucase, à droite l'Abribus décoré de scènes allégoriques en mosaïques, et nous passons la banderole de « Bienvenue », qui nous accueille à l'entrée de la ville, avec une certaine émotion, celle d'atteindre enfin notre but, ou plus modestement de mettre le pied sur la première pierre de la chaîne caucasienne ! En face de nous, à contre-jour dans le couchant, le mont Machouk nous guide comme l'étoile du Berger.

Car c'est ici, à 4 950 kilomètres de Paris, que nous avons rendez-vous !

## CHAPITRE III

## RENDEZ-VOUS A PIATIGORSK

*Hauteurs azuréennes du Caucase, je vous salue ! Vous avez bercé mon enfance, vous m'avez porté sur vos sommets sauvages, vous m'avez habillé de vos nuées, vous m'avez enseigné la profondeur du ciel ! Depuis ce jour je ne cesse de penser à ce ciel et à vous-mêmes.*

Mikhaïl Iourievitch LERMONTOV.

Notre rendez-vous si important, c'est d'abord avec cette immense barrière de montagnes enneigées qui, sur douze cents kilomètres, chevauche de la mer Noire à la Caspienne, hérisse ses sommets, l'Elbrouz et le Kazbek, à plus de 5 000 mètres, avec cette forteresse naturelle mystérieuse, presque inexpugnable, où une telle myriade de peuplades et d'ethnies chassées par les invasions ont trouvé refuge, que les Arabes l'avaient baptisé : « mont des Langues [1] ».

Mais ce rendez-vous si attendu, c'est aussi avec une amoureuse de ce fascinant Caucase, qui s'est promis de nous le faire découvrir et aimer : le docteur Marie-Jeanne Kaufmann. Elle a rencontré les Mahuzier, il y a presque vingt ans et, depuis, plusieurs voyages en U.R.S.S. ont entretenu entre elle et eux une solide amitié. De nous trois, seul Alain la connaît *de visu*. Sylvain et moi imaginons seulement,

1. Dans la *Géographie* d'Abu al-Fida, historien et géographe arabe (1273-1331).

par les échos familiaux et des lettres reçues, la fabuleuse personnalité de celle que tous, affectueusement, surnomment « Yéti » !

Pour l'heure, à l'entrée de Piatigorsk, nos regards fouillent la route à la recherche du terrain de camping où notre amie doit nous attendre. Or nous sommes perplexes : on nous avait parlé d'un unique camp de toile, accessible à tous, et nous venons d'apprendre qu'un emplacement spécial vient d'être aménagé, exclusivement réservé aux étrangers. Dommage ! nous qui espérions nous mêler à la population soviétique ! C'est au moment où nous nageons dans l'incertitude sur la route à prendre vers l'un ou l'autre camp qu'Elle surgit à l'angle du carrefour. Elle agite avec enthousiasme ses bras comme les ailes d'un moulin à vent. Eh oui, c'est bien Marie-Jeanne *alias* Yéti, que l'on devrait baptiser plutôt Almasty, puisque c'est le nom caucasien qui désigne « l'abominable Homme des neiges » ! Elle au moins ne nous effraye pas ! Au contraire, à peine la voiture arrêtée, on se précipite tous dans les bras les uns des autres. Quelle joie, ces retrouvailles ! « Yéti » n'est pas seule. Une jolie femme brune l'accompagne. C'est Tatiana. Mince, grande, elle nous observe de ses yeux brillants, légèrement bridés, avec une réserve amusée. Quant à Marie-Jeanne Kaufmann, elle est tout à fait telle qu'on me l'avait décrite et que je l'imaginais. De taille moyenne, bien carrée d'épaules et la silhouette un peu épaisse, flottant dans un pantalon de toile brute et les Pataugas aux pieds, elle arbore une veste en *jean* bleu passé, bardée de médailles à droite, de quatre rangées de décorations à gauche, avec des allures décontractées de Don Quichotte. Un bout de foulard vermillon autour du cou égaye cette tenue, quelque peu militaire, d'une note de coquetterie féminine. Oh ! ce n'est pas, certes, par vanité que « Yéti » joue les anciens combattants, en affichant ainsi les récompenses que lui a values son héroïque conduite durant la dernière guerre. Sachez plutôt que tous ces prestigieux rubans sont autant de laissez-passer sur les routes du pays et qu'à les exhiber ostensiblement on évite bien des querelles avec les autorités locales.

Marie-Jeanne nous entraîne au creux d'un talus pour discuter de notre « plan d'attaque » pour les jours à venir. Nous avons un film à réaliser et elle a tant de projets pour nous, de merveilles à nous montrer ! Derrière ses lunettes à double foyer, cerclées d'or, le regard bienveillant de « Yéti » virevolte de la gravité à l'espièglerie, du sérieux à l'ironie, et, dans ce visage très buriné, mille petites rides se plissent au coin des yeux comme des soleils. En principe, nous devons rester basés une quinzaine de jours à Piatigorsk. Cette petite ville d'eau semble charmante et nous la visiterons avec plaisir. Seulement nous ne sommes ici qu'au pied des montagnes, et Marie-Jeanne rêve de nous entraîner, elle, vers les cimes ou dans les vallées sauvages ; celles où elle traque justement depuis si longtemps le fameux Almasty. Les sentiers de traverse ne font pas partie encore des itinéraires proposés aux touristes étrangers : ce sont des pistes de cailloutis, de terre, de boue. Les routes permises, elles, passent à côté du vrai Caucase et n'offrent qu'une vision parcimonieuse et frustrante à notre curiosité. Pourriez-vous affirmer connaître la France quand vous l'avez tout juste « frôlée » d'une autoroute ? Suivre Yéti avec notre blanche 504 sur des chemins interdits, il n'en est pas question ! Nous serions immédiatement renvoyés en France dans nos foyers par des « gaïs » de service. Quant à partir avec Marie-Jeanne, comme elle le souhaite, dans sa grosse Jeep de fabrication soviétique qui passerait sûrement plus inaperçue, c'est aussi téméraire et dangereux pour elle que pour nous. Tatiana tremble rien qu'à l'idée des initiatives fantaisistes de son amie. Elle a travaillé pour Intourist. Elle connaît toutes les interdictions et limites autorisées. Marie-Jeanne, quoique installée depuis quarante-quatre ans en U.R.S.S., l'effraye par cet esprit frondeur et anticonformiste qu'elle garde de ses origines françaises. Tatiana, elle, raisonne en Russe. Elle nous conseille patience et diplomatie. Il faut ménager les susceptibilités pour ne pas, par imprudence, nous voir fermer toutes les portes au début même de notre séjour ici. On décide donc d'aller, dès le lendemain, se présenter au bureau d'Intourist de Piatigorsk et d'essayer d'obtenir une permission très légale de quitter un peu la ville pour se perdre au cœur de la montagne.

Tatiana, qui enseigne à l'Université, habite avec son petit garçon et son mari un appartement en ville où gentiment elle hébergera Marie-Jeanne qui arrive de Moscou. Alain, Sylvain et moi les quittons pour gagner ce nouveau terrain de camping « spécial touristes » à dix kilomètres du centre ville. Un solide gaillard d'une trentaine d'années nous attend à la réception, derrière son bureau. Nous lui remettons nos bons de camping, lui laissons nos passeports, et la lourde chaîne qui barre l'entrée du camp tombe à terre, ouvrant le passage à notre véhicule. A gauche, le restaurant ; les installations sanitaires et le petit village de bungalows de bois ont les pieds dans l'eau. Les dernières pluies ont transformé le camp en un vaste étang où barbotent quelques rares vacanciers : Allemands de l'Est, Tchèques, Polonais. A droite, des lampadaires géants baignent le terrain vague, réservé aux campeurs, des halos blafards de leurs néons. Les travaux d'installation ne sont pas encore achevés. L'herbe a du mal à pousser sur les traces encore fraîches du bulldozer et, sur ce sol, plat comme la main, mare aujourd'hui mais qui peut devenir désert demain, pas un arbre encore pour se protéger de la pluie, du soleil ou du vent. Sylvain et Alain usent de tous leurs biceps pour enfoncer dans le cailloutis un minimum de piquets qui maintiennent en place les deux tentes. Nous essayons de dormir un peu, espérant tout de notre entrevue du lendemain avec les responsables locaux d'Intourist.

Dans le bureau moquetté de rouge de l'Office du tourisme, 26 avenue Kirov, au deuxième étage de l'hôtel Machouk, cinq femmes papotent derrière leurs bureaux. A notre entrée, les conversations s'arrêtent.

On nous dévisage. Les présentations sont brèves ; très vite, on a repéré qui nous sommes. Ils sont rares les Français qui viennent en voiture jusqu'ici. Nous étions attendus et l'accueil est plutôt amical. On nous dirige vers la dame du fond de la pièce ; celle qui semble responsable du service. Elle paraît charmante mais ne parle pas français. On fait appel à une jeune interprète, une brunette pleine d'assurance, Svetlana (la lumière), qui s'exprime dans un français très ar-ti-cu-lé et arbore un sourire poli d'hôtesse de l'air. Punaisées aux murs, des cartes postales et des affiches un peu passées vantent les beautés des cimes avoisinantes. Mis en confiance, Alain expose notre requête. Voilà : nous sommes déçus. Nous avons demandé un séjour de quinze jours à Piatigorsk parce que nous pensions arriver dans une petite bourgade nichée dans la montagne. Nous aimons la nature, sa faune, sa flore et nous sommes férus de sport alpin (surtout après nos longues heures de station assise dans la voiture !). Alain, parallèlement à ses activités de cinéaste-conférencier, est archéologue. Il s'intéresse particulièrement à cette civilisation des Alains, dont il porte le nom, cette tribu barbare qui envahit la Gaule en 406 et dont on trouve encore nombre de traces au Caucase.

C'est dire que le passé historique de la région nous passionne autant que la vie actuelle quotidienne de ses habitants ! Nous sommes ici par amour de la découverte et du voyage, d'abord, mais nous voudrions aussi réaliser un film pour dévoiler à nos concitoyens, au retour, les beautés et les richesses insoupçonnées d'un pays sur lequel ils ont trop souvent des idées fausses. Pour étayer ce dire, Alain présente aux dames de l'Intourist les programmes joliment illustrés des précédentes conférences de la famille, réalisés par son père : *les Mahuzier en U.R.S.S.* (1962), *Hiver en Sibérie et vieille Russie* (1966-1967), la Russie du Nord et la Carélie inclus dans *la Grande Aventure des oiseaux migrateurs, du Guadalquivir au lac Onéga* (1969), *l'Orient soviétique* (1971). Les fascicules passent de main en main. Il est clair que le visage qu'ils présentent du pays est loin d'être désobligeant. Ces dames semblent y prêter un intérêt vif et flatté. Ce ne sont guère des écrits de mauvaise propagande politique ! Alain use de tous ses talents pour séduire ce harem. Sylvain et moi renchérissons de notre mieux. Bref, en quittant le bureau, nous avons bon espoir que notre requête sera agréée. Nous obtiendrons une réponse définitive dans la soirée.

Notre cause plaidée, nous rejoignons tous les trois notre amie Yéti qui nous attend au coin de la rue. Au volant de sa grosse Jeep pétaradante, elle nous précède dans les ruelles calmes et ombragées des vieux quartiers. Les maisons de cure du siècle dernier ont ce charme rococo et suranné de toutes les villes d'eau. On gare les véhicules sous les platanes d'un chemin en travaux. Deux planches en travers du caniveau donnent accès à une sombre gargote en sous-sol. Marie-Jeanne nous guide jusqu'à la pile de plateaux de ce mini *self-*

*service* et nous conseille sur le choix des plats : une soupe épicée où surnagent quelques bouts de poulet, une purée ornée d'une saucisse cramoisie et des boulettes de viande capitonnée de pâte à pain à peine cuite ; le tout arrosé d'un grand verre de jus de fruit, de sirop plutôt, dans lequel trempent quelques fruits. Devant nos plateaux-déjeuners, nous relatons pour Yéti notre entrevue de l'avenue Kirov et nous nous perdons en suppositions quant à son issue. Pour tromper notre attente, notre amie nous entraîne au pied du mont Machouk. Là, deux aigles de pierre gardent l'obélisque érigé à la mémoire de Mikhaïl Iourievitch Lermontov (1814-1841). C'est ici même que le plus romantique des poètes — celui qui sut exprimer avec passion toute l'amertume et la révolte de sa génération — trouva la mort, assassiné. « Ses grands yeux pénétrants brun foncé tournés vers le Betchaou contemplant, inlassablement désormais, la montagne qu'il adorait. »

Nicolas Martinov, un major en retraite fat et ambitieux, aigri, fut l'exécutant d'un complot ourdi, en fait, par une société aristocratique, mondaine et fermée, pleine de ressentiment contre les excentricités et l'humour caustique du poète. Une vaine querelle sentimentale fut prétexte au duel auquel il provoqua Lermontov, le 15 juillet, à 6 heures et demie du soir, au pied du Machouk. L'orage rameutait des nuages noirs. Immobile, le bras droit soudé au corps, Mikhaïl tenait son pistolet pointé vers le ciel. Il ne voulait pas tirer, il ne voulait pas tuer ce pantin de Martinov. Il ne bougea pas. Il tomba sans frémir sous la balle de l'adversaire. Cette rencontre tragique, le poète l'avait décrite, jadis, en véritable visionnaire dans l'une de ses œuvres. Ce n'était pas le rôle du brillant Petchorine mais bien celui du pauvre Grouchnitsky qu'il allait malheureusement jouer !

« Il rougit, il avait honte de tuer un homme sans défense. Je le regardais attentivement. Un instant, il me sembla qu'il allait se jeter à mes pieds en implorant mon pardon, mais comment avouer un si lâche dessein ? Il ne lui restait plus qu'un seul moyen ; tirer en l'air [2]. »

Les éclairs éclaboussaient le ciel ! A vingt-sept ans tombait le plus grand « poète du Caucase ».

*Une balle en plein cœur, je gisais, immobile.*
*La blessure fumait encore dans ma chair,*
*Et mon sang s'écoulait lentement, goutte à goutte.*
*J'étais seul sur le sable, au milieu du désert,*
*Entouré de rochers aux cimes jaunissantes.*
*Le soleil les brûlait et me brûlait moi-même.*
*Mais j'étais endormi du sommeil de la mort* [3].

2. LERMONTOV, *Un héros de notre temps.* Gallimard, collection Folio, n° 586, Paris, 1973, p. 267.

3. LERMONTOV, « le Songe ». Extrait de *l'Etrange Destin de Lermontov,* par Henri Troyat, de l'Académie Française. Librairie Académique Perrin, Paris, 1979, p. 236.

Une gerbe de glaïeuls rouges et blancs s'effeuille devant le buste de Lermontov. Un car arrive. Une nuée de touristes s'en échappe, s'éparpille autour du monument et se bouscule autour de la pierre où est gravée l'histoire du poète. Puis le photographe de service les rassemble sur deux rangs pour la photo souvenir, enfourne sa tête sous l'étoffe noire. Attention ! le petit oiseau va sortir... Nous remettons à plus tard l'ascension du Machouk, car la brume de chaleur brouille la vue, et nous retournons en ville visiter la maison de Lermontov. C'est une coquette chaumière de poupée, crépie à la chaux, aux volets couleur de ciel et à l'épais toit de chaume. Devant la maison, un pastel rose de fleurs fragiles. Derrière, un jardinet où plane l'ombre du hêtre toujours vert qui abritait les pensées et l'inspiration de l'écrivain. A l'intérieur, dans l'entrée, son samovar avec une provision de brindilles et de pommes de pin pour mettre l'eau à chauffer ; accrochée au mur, sa *bourka* noire, cette lourde cape de feutre aux longs poils laineux qu'il jetait par temps froid sur ses épaules. Dans sa chambre, au pied de l'étroit divan, où il vécut avant son duel une nuit d'insomnie, son uniforme d'officier pendu au portemanteau. Sur son large bureau d'acajou, enfin, deux bougies à moitié consumées, l'encrier où trempe une plume blanche, quelques livres et des feuilles éparses noircies de notes inachevées. Notre pèlerinage sur les traces de Mikhaïl Lermontov se termine par le petit musée qui jouxte sa maison, où sont réunis les souvenirs le concernant : brouillons de ses poèmes, lettres, dessins et aquarelles.

Il est 5 heures du soir passé. Alain, Sylvain et moi quittons un instant Marie-Jeanne pour nous précipiter dans les bureaux d'Intourist. Le sourire avec lequel « ces dames » nous accueillent est de bon augure. Elles nous proposent de partir, dès le lendemain, pour Dombaï, une station de sports d'hiver, au cœur de la montagne. Bien sûr, il faudra laisser la 504 au terrain de camping de Piatigorsk. Un car, partant à vide rechercher un groupe de touristes russes, nous emmènera là-bas, sous escorte d'une interprète. Nous serons logés et nourris dans le seul hôtel ouvert qui offre le confort moderne. Sur place, de nombreuses possibilités de promenades et courses en montagne nous seront offertes. Des guides alpinistes seront à notre disposition pour nous escorter puisqu'il n'est pas question de nous laisser nous égayer seuls dans la nature. Le prix, pour cette escapade de trois jours, payable en devises, nous semble exorbitant, mais nous repoussons à plus tard le régime des restrictions, tant nous paraît alléchante cette occasion de sortir des sentiers battus. Pour la suite du programme, on nous suggère de rester quelques jours à Piatigorsk. On nous laisse espérer toutefois une possibilité de départ en fin de séjour vers Itkol, au pied de l'Elbrouz, dans un camp réservé strictement aux Soviétiques en vacances. Mais le projet reste à l'étude, et la réponse définitive nous sera fournie au retour de Dombaï. Nous remercions chaleureusement ces dames puis nous rejoignons notre amie Yéti qui nous emmène, avant sa fermeture, vers le supermarché, car un ravitaillement s'impose, le terrain de camping ne possédant pas encore de magasin. Derrière les portes vitrées, on s'arrache un stock de biscuits à prix bas qui vient d'arriver. Nous entrons et parcourons les rayons de la vaste salle peu éclairée : on trouve des conserves de poissons de la Baltique en quantité, du kéfir, de la margarine, du pain et des petits gâteaux, de la limonade, des œufs, du lard fumé et des cornichons. Nous payons nos achats à la caisse automatique, vérifiée ensuite au boulier, et enfournons nos provisions dans la voiture. Une ondée a purifié le ciel et un arc-en-ciel superbe chevauche le mont Machouk. Marie-Jeanne nous entraîne en hâte dans sa Jeep : il faut absolument monter là-haut avant la nuit pour admirer le panorama de la chaîne caucasienne. Nous abandonnons le véhicule près du monument de Lermontov, déserté maintenant, et décidons d'escalader les 993 mètres qui nous séparent du sommet timide, auquel l'antenne-relais de télévision, lancée vers le ciel, tente, en vain, de donner un soupçon d'agressivité.

La pluie a noyé les brumes. Seuls, quelques nuages roses planent encore dans l'air lumineux. Nous suivons notre amie qui, alerte, grimpe en tête à la recherche du meilleur point de vue. Les rumeurs de la ville sont restées nichées au creux de la vallée et le silence est tel que le bruissement des herbes que nous foulons semble presque indécent. On se tait, saisis par la beauté du paysage irréel qui s'ouvre devant nous. A l'occident, la silhouette massive du Betchaou profile ses cinq têtes sur un ruban d'azur clair et scintillant comme une perle. Plus haut, s'effrangent d'or les sombres nuées, chassées par les vents violents. Du côté de l'orient, au-delà de la ville, le regard plonge sur ces steppes immenses que foulèrent tant d'envahisseurs. Les terres pelées se bousculent en moutonnant jusqu'à l'horizon, dans un camaïeu d'ocre et de brun. Et, très loin, juste où le regard va se perdre, la dentelle étincelante des neiges éternelles ourle le bleu laiteux du ciel. L'Elbrouz majestueux, se dévoile de ses brumes. Sa cime bicéphale semble flotter dans la lumière diaphane. Nous contemplons, sans nous lasser, cet azur nappé de blanc. Nous goûtons ces minutes de paix et de sérénité, après cette folle course qui nous a menés jusqu'ici. Il faut secouer cette extase, mettre en batterie caméras et appareils de photo. Alain, Sylvain et moi, perdus dans les hautes herbes, cherchons les meilleurs angles de prise de vues. Chaque minute apporte un nouvel éclairage à la beauté du décor.

Ces émotions ne nous ont pas, heureusement, coupé l'appétit : on pique-nique au sommet du Machouk. Marie-Jeanne a toujours avec elle ses réserves secrètes. Elle nous prépare une salade de tomates et de concombres toute parfumée d'herbes du pays. Nous partageons avec elle le saucisson d'Ardèche qui a victorieusement passé les frontières. Les nourritures terrestres viennent conforter le moment merveilleux que nous vivons ensemble. La nuit vient effacer les couleurs et les reflets. En bas, Piatigorsk allume des myriades de lucioles.

## CHAPITRE IV

## LES FLEURS DU DOMBAI

Le lendemain, en début d'après-midi, nous roulons vers Dombaï dans le grand car vide de l'Intourist. Alain, Sylvain et moi faisons la connaissance de Zénaïda, l'interprète qui va vivre avec nous ce bref séjour en altitude. Zina, c'est son surnom, est une grande femme rousse. Ses cheveux courts, bouclés, entourent un visage plein. Quelques taches de son rehaussent l'éclat de ses grands yeux verts, ombrés de Rimmel. Très chic dans son pantalon blanc immaculé et ses souliers légers de ville, elle semble un peu inquiète lorsque nous lui parlons de nos projets sportifs, d'autant que son minuscule sac de voyage ne contient sûrement pas un équipement de montagnarde ! Qu'importe, nous lui prêterons les tennis de Sylvain, les chaussettes et les gants de Katia et le pull-over d'Alain ! Nous traversons la ville industrielle de Lermontov. La route devient de plus en plus accidentée. Nous longeons la crête bleuâtre des hauts plateaux jusqu'à la ville de Tcherkessk sur le Kouban. Peu à peu, les cimenteries, l'industrie légère et chimique ont pris le pas sur l'élevage dans la cité qui porte le nom de l'une des plus fameuses tribus du Caucase.

Réputés pour leur beauté et celle de leurs femmes, sveltes et de noble prestance, le visage mat, au profil régulier, les Tcherkesses caracolaient sur leurs splendides chevaux, vivant de guerre et de pillage. Téméraires et courageux, ils redoutaient moins la mort que le déshonneur d'une vie sans gloire. Ils avaient grand souci de leur allure et de leur élégance : sur un pantalon de drap noir, une longue tunique sombre et cintrée, ornée d'agrafes et de cartouchières d'argent, mettait en évidence leur taille de guêpe. Ils arboraient à la ceinture un poignard à double tranchant, au manche d'argent ciselé : le *kindjal* et un sabre gainé de marocain rouge. Coiffés d'une épaisse toque de fourrure, le *papakh,* et drapés dans leur chaude *bourka,* ils pouvaient affronter les plus rigoureuses intempéries. Farouches indépendants, ils ne s'étaient jamais vraiment soumis aux dieux, qu'ils soient musulman ou chrétien. Ils ne plièrent pas non plus l'échine devant l'immense armée russe. Pendant près de cent ans (1780-1864) ce fut une petite poignée d'hommes qui défendit avec l'énergie du désespoir et jusqu'à la mort sa terre et sa liberté.

« Tout d'un coup le prince se lève et dit : Tcherkesses ! Mon peuple de valeureux guerriers, soyez prêts à chaque instant pour le sacrifice de la mort glorieuse ! Prions tout l'univers ! L'heure inéluctable est arrivée ! Pour les Russes, la torture et la mort, ou bien demain je regarderai le soleil se lever pour la dernière fois ! Le prince se tut et tous les hommes répétèrent trois fois ces paroles : les Russes mourront ou alors notre tête tombera séparée de notre corps [1] ! »

Les Tcherkesses qui survécurent à la guerre et aux épidémies abandonnèrent pour beaucoup la terre natale et gagnèrent la Turquie, la Bulgarie, la Thessalie, la Syrie, la Jordanie et la Palestine. Sur 600 000 Tcherkesses, il n'en subsistait que 50 000 environ que les Russes déportèrent au Kouban. Il ne restait plus qu'un territoire désolé là où vit maintenant cette petite ville de Tcherkessk, avec ses maisonnettes et ses fumées d'usines, capitale de la Karatchaevo-Tcherkesskaïa (Département [*oblast*] automne de la région [*kraï*] de Stavropol). On recense aujourd'hui dans cette « Karatchaï-Circasie » une centaine de milliers d'habitants de quatre-vingt-dix nationalités différentes.

Nous traversons le haut Kouban et faisons halte à Ordjonikidzevskiï devant le monument des défenseurs du Caucase, construit par deux architectes géorgiens : V. Davitaya et A. Chikovani. A droite de la route, fichés sur le versant montagneux, de gros blocs de béton dressés marquent la ligne du front de résistance caucasien contre l'invasion hitlérienne de 1941-1942. A gauche, une vaste esplanade mène à un bâtiment blanc en rotonde au fronton orné d'un superbe bas-relief moderne de stuc gris. Deux femmes à l'entrée nous y accueillent : la première, trapue, des yeux noirs perçants, tirés vers les tempes, des pommettes saillantes et des chevaux de jais ramenés en catogan, a un type mongol très prononcé ; c'est une Tatar. La seconde, plus grande, le visage carré, un large front bombé sur un regard clair, le nez légèrement épaté, est une Karatchaï. Quelques boucles châtains dépassent de son fichu bleu. A elles seules ces deux gardiennes du musée donnent une idée de la variété des types phy-

1. Lermontov, « les Tcherkesses », poème traduit par Alexandre Grigoriantz dans *Etrange Caucase.* Fayard, Paris, 1978, p. 20.

siques que l'on côtoiera dans cette région. Elles nous guident avec affabilité à travers les souvenirs de cette rude bataille : photos, films, armes, uniformes, flamme éternelle et même les chants, diffusés en sourdine, des soldats caucasiens. Notre amie Marie-Jeanne fut des leurs et nous regrettons aujourd'hui son absence. Elle nous a promis cependant de nous rejoindre à Dombaï par ses propres moyens et nous savons qu'elle tiendra parole !

Plus loin, nous passons par la bourgade de Karatchaevsk. Là, jadis, le *pater familias* omnipotent choisissait un parti pour sa fille et touchait, lors des noces, une coquette somme d'argent. Si les temps ont changé, certaines traditions subsistent. Les hommes portent encore le poignard à la ceinture et enlèvent leur fiancée. Quant aux femmes, bien qu'ayant légalement des droits, elles restent entièrement soumises à leur mari. L'origine des peuples du Caucase demeure un perpétuel mystère pour les historiens. Il y a plus d'une énigme dans l'histoire des Karatchaïs, ce peuple qui depuis des millénaires habite les montagnes du Dombaï et ses vallées adjacentes. On n'est pas d'accord sur la signification du mot « Karatchaï ». Certains pensent qu'il s'agit de « la tribu vivant près d'un orageux torrent » : *kara* signifiant noir et puissant, tandis que *tchaï* est l'eau, la boisson, la rivière. Pour d'autres, ce nom est lié à celui de Kartcha, l'ancêtre légendaire de ce peuple. Autre version encore : Dans une fable populaire, on appelle l'herbe *karatchaï.* « Chaque herbe chante pour elle-même » et c'est vrai qu'elle semble vibrer, cette riante vallée du Dombaï que nous remontons le long de la Téberda. Cette dernière charrie les eaux des trois torrents qui dégringolent de la montagne : l'Amanaouz, l'Alibeck et le Dombaï-Yolguen pour se jeter ensuite dans la rivière Kouban. Les eaux rapides et transparentes virevoltent sur les galets blancs en pirouettes d'écume. Sur les flancs montagneux, de part et d'autre de la route, moutons et brebis broutent en toute quiétude la grasse pâture sous l'œil vigilant des bergers à cheval.

« L'orge et le blé sont les biens essentiels, l'or et l'argent sont vains », rapporte le proverbe. Mais sur ces hautes terres caillouteuses, soumises aux rigueurs d'un climat changeant, le développement de l'agriculture a souvent réclamé des efforts de titans. De plus, pour maintenir l'équilibre écologique, certaines zones de la région de Téberda sont restées intouchées, et c'est l'élevage qui demeure en pays karatchaï l'activité principale des montagnards ; au rythme des saisons, la transhumance mène les troupeaux vers les pâtures d'altitude. Le mouton karatchaï est très apprécié pour la douceur, l'épaisseur et la longueur de sa toison. L'importation de mérinos a encore amélioré la race. On traite la laine dans les manufactures. Feutres, *bourkas,* vêtements caucasiens ont le renom de la qualité. La viande, quant à elle, se déguste en brochettes. A l'heure du repas, de délicieuses odeurs de chaschliks, grillant sur un feu de bois, viennent se mêler souvent aux senteurs des forêts et des prés. Enfin le lait sert à la confection du fromage et de l'*aïran,* sorte de kéfir (yaourt). Dilué avec de l'eau, l'*aïran* devient une rafraîchissante boisson (le *soussav*). Il peut aussi, salé, être mangé sous forme solide (le *touzlouk*) et c'est une nourriture de base lors des pâtures d'été. N'est-ce pas, dit-on, grâce à cette potion de jouvence que le Caucase conserve de pétulants centenaires ? Les médecins reconnaissent en tout cas qu'en détruisant les bactéries et en facilitant la digestion, l'*aïran* possède d'excellentes vertus curatives.

Le car poursuit sa grimpette en soufflant, de lacet en lacet, sur la route abrupte. Zina nous montre à travers la vitre quelque vieux monastère perché sur un piton embroussaillé de végétation. Au détour d'un virage, en aperçoit Téberda, officiellement ville depuis 1971, mais qui conserve ses allures charmantes de village. Le nom Téberda vient des mots *Teiri* et *beirdi.* Teiri était le prince des divinités païennes karachaï, *beirdi* signifie « a donné ». On raconte que le premier Karatchaï qui parvient ici fut si séduit par la splendeur de cette terre, qu'il l'appela le « don de dieu ». La nature conserve toute la richesse sauvage des temps passés : on pénètre dans la réserve nationale où faune et flore sont protégées. Ce ne sont plus que de sombres forêts fleurant bon la résine, sur ces escarpements déserts, ravinés de torrents.

La cime glacée du Dombaï-Yolguen (4 046 m) réfléchit le dernier rayon du soleil tandis que le Belalakaya (3 861 m), qui ressemble au Cervin, disparaît déjà dans la brume. A 1 600 mètres, la station de Dombaï est comme l'arène d'un Colisée à Rome où la scène d'un théâtre grec à Syracuse. La montagne en gradins couronne la petite clairière, et le cirque des pics enneigés contemple de sa hauteur de géant les quelques estivants venus, comme nous, chercher ici la paix et la beauté. Le car nous dépose devant l'hôtel et nous emménageons dans deux chambres confortables. Un vrai repas au restaurant, un lit avec des draps, une baignoire même, à la tuyauterie sonore, sont autant de luxes savoureux pour les campeurs que nous sommes. Alain, dans son euphorie, prendra, ce soir-là, deux bains successifs pour le plaisir de barboter, avant et après le dîner. Dans sa chambre, à quelques portes des nôtres, Zina dort. Alain, Sylvain et moi nous demandons s'il sera possible à Marie-Jeanne de nous rejoindre. Même pour les voitures soviétiques il faut obtenir des autorités un laissez-passer pour parvenir à Dombaï...

★

Le vendredi 13 juillet nous semble un jour très favorable pour entreprendre l'ascension du Moussa Atchitara (3 207 m) sous la direction d'un petit moustachu à la barbe de faune, noir et ridé comme un pruneau : Igor, guide karatchaï qui nous attend, à la réception, au lever du jour. Le soleil se cache encore derrière un voile de brouillard matinal et nous nous sommes chaudement équipés. Zénaïda, toujours aussi pimpante dans son *jean* de toile blanche, cache son visage enduit de crème à bronzer sous un chapeau de paille, à larges rebords, rose Indien. Elle a enfilé trois ou quatre paires de chaussettes pour ne pas trop flotter dans les baskets, taille 42, prêtées par Sylvain.

La petite troupe se met en marche derrière Igor jusqu'au télésiège qui, en deux étapes successives, nous entraînera vers les sommets. Zina, qui a cru mourir de frayeur en se calant dans la turbulente petite nacelle, se balance maintenant à mes côtés dans les airs, cramponnée à la barre de sécurité d'une main et à son chapeau de l'autre. C'est la première fois qu'elle emprunte un semblable véhicule. Pour ma part, je lutte contre un vague écœurement, saisis ma petite caméra, et tente de réaliser quelques prises de vues, dans cette période d'accalmie ondulante qui court de pylône en soubresaut et de soubresaut en pylône. Assis devant nous, Alain a sorti son appareil de photo et Sylvain traque les rapaces à la jumelle. Le décor est superbe. En levant la tête, on découvre un amphithéâtre hérissé d'aiguilles de givre, pailleté des roses et des ors du soleil levant. En baissant les yeux, on survole une forêt de sapins verts, embaumant la résine et la terre encore humide de rosée. Bientôt des plaques de neige s'agrippent aux versants des prairies. Derrière un éperon rocheux surgit la vallée de Téberda creusée dans la montagne comme une allée royale qui conduirait aux nuages. La rivière s'y blottit, s'y faufile comme une vive anguille traquée par les glaciers.

Le télésiège nous dépose quelques centaines de mètres en deçà du sommet du Moussa Atchitara et la véritable escalade commence. Igor, Alain et Sylvain s'élancent au pas cadencé de l'alpiniste chevronné, dans l'immense tapis multicolore qui se déroule jusqu'au ciel. Zina et moi adoptons un rythme de croisière, émerveillées par cette pluie de fleurs qui éclabousse l'herbe tendre de ses chatoiements. Les buissons, particulièrement vivaces ici, des rhododendrons offrent à la rocaille veinée de mauve ses délicats bouquets de corolles jaunes. Les abeilles butinent à s'enivrer les timides clochettes violettes et les colchiques roses et blanches. Je ne résiste pas à la tentation de ramasser au cours de la marche quelques-uns des joyaux de cette luxuriante nature. J'ignore encore qu'il est interdit de cueillir les quelque 1 180 espèces de fleurs de la réserve de Téberda, introuvables pour la plupart dans le reste du monde : fleurs de Pâques échevelées, pâles jacinthes, éclatantes anémones, ancolies bleu vif, lys majestueux exhalant de suaves effluves, asters lumineux, vénéneux aconits au feuillage sombre, safran, petit crocus qui pointe son nez jaune sous la neige de printemps, ginseng aux qualités curatives valant largement celle de Corée, de Chine ou d'Extrême-Orient, jamais la terre ne m'a paru si richement parée. Il devait y avoir un coin de Caucase au paradis d'Adam et Eve ! Nous foulons une herbe pour « mammouths » dans un jardin créé pour des « géants »! Les garçons ont disparu plus haut. Zénaïda et moi avons, en grimpant, une discussion hachée de longues inspirations. La paix sereine de la montagne favorise la confiance et Zina me parle de sa vie à Piatigorsk.

Elle est divorcée comme beaucoup de femme ici, me dit-elle. Les mariages d'amour ne durent pas. Les jeunes gens tout feu, tout flamme, au début, se heurtent à trop de difficultés matérielles. Alors ce sont les mariages d'intérêts calculés qui sont les plus durables parce qu'ils épargnent les mauvaises surprises. Beaucoup de femmes vivent comme Zina, seules, d'autant que la guerre avec ses morts d'hommes, a déséquilibré, pour les plus âgées, la balance des sexes. Zina enseigne le français à l'Université. Elle a passé d'ailleurs deux années de formation à Grenoble et possède parfaitement toutes les finesses de notre langue, ce qui lui permet d'être occasionnellement « interprète » pour l'Intourist. Avec son salaire de 80 roubles pour 26 heures de cours, elle fait vivre sa fille de dix-huit ans, étudiante, et sa vieille mère. Le S.M.I.C. en U.R.S.S. est à 70 roubles, et les salaires moyens de 100 à 150 roubles. Les travaux rudes sont très bien payés. Les ouvriers du Grand Nord, ceux qui, par exemple, construisent la nouvelle ligne du Transsibérien à cent cinquante kilomètres au nord de l'ancien, le long de la Chine, touchent 500 à 600 roubles par mois! Les fonctionnaires du Parti bénéficient, eux, d'avantages certains comme d'importantes réductions dans les magasins. Les membres les plus hauts placés dans la hiérarchie possèdent, en sus des plus importants revenus, leurs boutiques, leurs voitures, leurs hôpitaux, leurs cliniques réservées. Ainsi du plus bas au plus haut, l'échelle des salaires oscille entre 1 et 100. Il faut savoir aussi, à titre indicatif, que le pain vaut de 30 à 45 kopeks le kilo, le lait 1,32 rouble le litre et la viande 5 roubles le kilo. Quant au prix du loyer, il est dérisoire (4 roubles par mois). Les trois femmes logent dans deux pièces, soit 22 $m^2$, et partagent une petite cuisine avec une famille arménienne. Les deux *babouchkas* se racontent des histoires de grands-mères mais, bien entendu, se crêpent aussi le chignon. Zina a déposé une demande au syndicat, seul habilité à lui fournir un logement plus grand. La réponse tarde à venir et il faut s'armer de patience.

Un groupe de pionniers nous double en riant, avec de grands signes d'encouragement. Elle respire le courage, la camaraderie, la santé, cette jeunesse en vacances! Le sport ici, poursuit Zina, haletante, est une véritable institution, et des écoles d'athlétisme spécialisées accueillent des enfants dès l'âge de sept-huit ans. On apprécie beaucoup le ski, la natation, le basket, le football et surtout le volleyball. Nous nous taisons maintenant. Pour parvenir au sommet du Moussa Atchitara, il faut être avare de son souffle. Au fur et à mesure de la montée, l'air devient plus frais et la végétation change. La haute prairie cède la place à la rocaille. L'écume des lichens mousse sur la pierre et quelques modestes buissons, tapis en boule, étreignent la roche comme pour y puiser la chaleur. Une neige persistante, soudée aux cailloux, a chassé peu à peu la verdure et crisse sous nos Pataugas déjà trempés. Les derniers mètres sont les plus durs mais largement compensés par la griserie du but atteint et la grandeur du décor [2]. Malheureusement le pic Iné (3 462 m), le glacier du Djougoutourloutchat (3 997 m), l'Amanaouz ou gueule du Diable, la dent du Sofroudjou et le Belalakaya ou ceinture brillante semblent décapités par une marée déferlante de nuages noirs. La météo change vite en altitude. Nous ne nous attardons pas, regagnons promptement la station de Dombaï, remercions Igor pour sa sympathique compagnie, nous précipitons dans nos chambres pour soigner nos ampoules et nous écroulons enfin dans la salle du restaurant où une bonne âme a conservé pour nous les reliefs d'un repas froid.

L'après-midi est avancée et déjà un nouveau guide nous attend pour la suite d'un programme durement marchandé à 63 dollars. Derrière la porte vitrée du restaurant nous l'apercevons qui fait les cent pas dans le hall, aussi raide que s'il défilait devant Brejnev ! Une taille et une silhouette de jockey, des mollets nerveux, de petites fesses de matador moulée dans un short kaki, un visage imberbe, doré comme un brugnon où flotte l'acier bleu d'un regard impassible, une coupe de cheveux à ras du crâne qui accentue encore son air juvénile : c'est Vladimir, un Russe de Koursk, aussi silencieux qu'Igor était volubile. Il se propose de nous conduire au pied du glacier Alibeck à six heures de marche environ. Vladimir nous bouscule un peu : il faut arriver là-bas avant la nuit. Zénaïda, paralysée de courbatures et brûlée de coups de soleil, flanche à la perspective d'une si longue excursion. Elle nous abandonne avec de chaleureux encouragements. Alain, Sylvain et moi emboîtons la sportive cadence de notre accompagnateur, tant bien que mal. Nous sommes fatigués ; notre démarche tient de celle de Charlot plus que de celle, aérienne, des fringants chamois qu'on peut rencontrer ici. La nature est si belle cependant qu'elle nous donne toutes les audaces.

On s'enfonce dans les ornières boueuses d'une forêt d'épicéas. Les arbres immenses laissent à peine filtrer la clarté et dessinent au sol des ombres inquiétantes. Une odeur de mousse humide nous picote les narines. Seule, notre respiration oppressée et quelques cris d'oiseaux troublent le silence profond. Bientôt, un trait de lumière, à droite, signale une trouée : c'est un petit cimetière d'alpinistes. Les liserons s'enroulent sur les stèles de pierre où le portrait du défunt, encadré de piolets, regarde croître une vive et folle végétation. Les visages, tous jeunes, d'hommes et de femmes aussi, racontent la dangereuse fascination des sommets alentour.

Après de longues hésitations, devant Alain qui insistait lourdement, Vladimir lui confie dans un souffle et avec une étrange clarté

2. L'œil de lynx d'Igor nous a permis d'apercevoir deux chamois en contrebas.

dans les yeux que, cet hiver, il a pu contempler des traces surprenantes dans la neige, lesquelles, d'après lui, n'appartenaient à aucun animal connu ; c'étaient plutôt des empreintes de pieds nus traversant le cimetière, de quoi avoir froid dans le dos plusieurs mois après...

Plus loin le rideau d'arbres s'ouvre sur des prairies vallonnées. Le sentier étroit chemine à travers les hautes herbes, envahies de clématites, de rosiers, d'azalées, de liliacées. Les lourdes grappes de fleurs roses et blanches soulignent la masse violette des flancs du mont Alibeck, de l'Erzog et du Djalovchat qui se terrent en arrière-plan. L'éclat neigeux des cimes heurte agressivement le ciel plombé d'orage. Vladimir sort de son mutisme pour nous raconter la légende de l'Alibeck et de la montagne avoisinante, le Sulakhat, dont les contours évoquent, dit-on, la silhouette d'une jeune fille étendue sur le dos.

— C'était au temps où les Alains habitaient le Dombaï. Les troupeaux gras broutaient l'herbe tendre et le grain mûrissait au soleil. Les hauts pics comme des sentinelles veillaient sur la clairière, la gardant des ennemis et des esprits mauvais. Un jour, cependant, le destin contraire, le « Malin », trompant leur vigilance, réussit à se frayer une brèche à travers la montagne. De toutes ses forces il se mit à souffler sur les champs et les prés. Son haleine piquante et empestée ne laissait sur son sillage que dévastation, épidémies et famine. C'est alors que Zulika, une ravissante jeune fille, invoqua les dieux : « Que mon corps devienne mur de pierre pour barrer la route aux vents ! » Lorsque, un peu plus tard, son fiancée, qui était parti porter secours à un troupeau d'aurochs en perdition, revint, il trouva sa promise morte, pétrifiée. Son chagrin fut inconsolable. Il versa des larmes à en former un ruisselet puis un torrent, la Téberda, dont les eaux coulèrent longtemps chaudes et salées, intarissables. Aujourd'hui encore, elles sanglotent au creux de la vallée de Dombaï.

Nous poursuivons notre marche sous le charme de ce conte poétique. J'avoue ne pas bien distinguer la sihouette de la belle Zulika dans la découpe des sommets qui se dressent, de plus en plus massifs, devant moi. Il est vrai que l'épaisse couche de neige déforme et nivelle les reliefs. On se rapproche de plus en plus du glacier Alibeck, le plus important de la région avec ses sept kilomètres de long, ses trois kilomètres de large et une épaisseur de glace frôlant parfois une centaine de mètres. Vladimir nous précède maintenant dans une jungle de gigantesques plantes ombellifères. Les larges fleurs nous coiffent la tête de leurs parasols laineux. Pour ne pas nous égarer dans cette inextricable végétation, qui cache la vue à moins d'une coudée, notre guide s'époumone dans un sifflet de boy-scout. Nous le suivons à l'ouïe, si ce n'est à l'œil. Les « tut-tut-tut » de Vladimir, scandés régulièrement, nous amènent pierre par pierre, au bord d'un tumultueux ruisseau qu'il faut traverser à gué sur un tronc d'arbre glissant. L'entreprise est périlleuse et on calfeutre tant bien que mal les appareils de photo et cinéma... à tout hasard ! Moment d'émotion et soupir de soulagement lorsque nos six Pataugas sont en sûreté sur l'autre rive. On se cogne encore quelques minutes aux branches des saules blancs, des trembles, des oliviers de Bohême, des troènes ; on se prend les pieds et les bras dans les osiers, les groseilliers, les arbousiers et les ronces. « Tut-tut-tut ! » Le sifflet, « boussole sonore », nous dirige au travers du fouillis des broussailles. On émerge brusquements des sous-bois en pleine lumière. Le glacier Alibeck est là tout proche comme une mer dans la tempête, blême de colère. Il hérisse ses crêtes, givrées de cristaux, se cabre, se cabosse, s'effondre dans d'inaccessibles crevasses ; et ces vagues en furie, prêtes à tout engloutir, se figent soudain dans un éclaboussement d'écume. La glace a arrêté le temps, a fixé ce raz de marée dont on dirait qu'il n'attend qu'un coup de baguette magique pour déferler dans la vallée.

Le ciel devient de plus en plus sombre. C'est à la nuit, à tâtons et guidé par les inlassables « tut-tut-tut- », que nous trouvons le chemin du retour.

CHAPITRE V

## LA PASSE DE KLOUKHOR

Lors de la construction de l'hôtel Dombaï, on a trouvé de grandes richesses archéologiques et les restes, en particulier, de la civilisation de Koban. Utilisant déjà des outils de fer et de bronze, ouvrageant des bijoux d'or splendides, dès le début du premier millénaire avant notre ère, elle avait développé de solides attaches de culture et de communication avec nombre de régions d'Europe et d'Asie, spécialement avec les peuples de la Méditerranée. Le commerce avec l'ancienne colonie grecque de Dioscurias, fondée par Castor et Pollux, d'après la légende, sur les bords de la mer Noire (l'actuelle Soukhoumi) était florissant dès le VI^e siècle av. J.C. En échange de biens de luxe, les anciens Grecs pouvaient acquérir des esclaves, du pain, de l'or. Le contact entre populations indigènes du Caucase du Nord et les Grecs de la côte était maintenu par ce lien géographique qu'est la fameuse passe de Kloukhor ou Colkhor appelée ainsi en l'honneur du peuple antique de Colkhis. Ce dernier créa un Etat puissant et cultivé au sud du Caucase, la Colchide, pays de la fameuse Toison d'or, dont nous reparlerons en Géorgie.

De curieux cris et souffles nous réveillent matinalement. Penché à la fenêtre, Alain s'esclaffe devant un cercle de canards aux bras levés : c'est la gymnastique quotidienne obligatoire pour les groupes de travailleurs venus ici, grâce à leur syndicat, prendre l'air et le repos ! C'est vers le col de Kloukhor justement que nous nous dirigeons ce matin, 14 juillet, par un soleil magnifique. Un car nous a déposés au village de Sévernyi-Priout (l'Abri du Nord) avec une horde d'Allemands de l'Est, le long de l'ancienne route qui reliait jadis Dombaï à Soukhoumi. Plus tard, cette voie fut fréquentée par les peuples voisins de la Transcaucasie. On conduisait par là les troupeaux au marché. Puis les troupes l'utilisèrent pour la guerre, et, à la fin du XIXe siècle, on en vint à la baptiser « Route militaire de Soukhoumi ».

Aujourd'hui, l'accès est menacé d'avalanches et encombré d'éboulis, aussi poursuivons-nous l'ascension vers le col, à pied, « en coupant » par la montagne. Le groupe d'Allemands et le guide Vladimir grimpent comme des mouflons et nous les voyons bientôt s'éclipser derrière une crête rocheuse. Alain, Sylvain, Zina et moi sommes ravis de cet abandon. Il nous permet de ménager nos courbatures dans une escalade à notre rythme, hachée de pauses pour filmer, photographier et surtout « regarder » cette nature si belle. Devant nous, les pics enneigés crèvent un ciel outremer. On s'arrête au pied d'une superbe cascade qui pulvérise en fine pluie sur nos joues brûlées une rosée bienfaisante. Accrochées aux pierres, des touffes vertes tentent en vain de redresser la tête sous le jet d'eau claire. Plus loin, le torrent s'engouffre sous les cristaux d'une épaisse carapace de glace : un névé qui rappelle l'hiver à l'été ! De lourdes congères collent encore à l'herbe jaunie des rives. Sylvain s'aplatit au sol et tend le cou pour lamper quelques gorgées d'eau pure. Alain en remplit sa gourde. Assise dans les fougères en contrebas, je regarde flotter avec béatitude mes pieds, au fil du courant. Cette halte rafraîchissante nous donne le courage de poursuivre la grimpette au milieu d'herbes si hautes que c'est à peine si on distingue, de temps en temps, dans tout ce vert, le rose éclatant du chapeau de Zina. Nous croisons des géomètres, le théodolite à la main et la mire sur l'épaule, qui, après avoir mesuré le recul du glacier là-haut, redescendent dans la vallée. La végétation se fait plus rase au fur et à mesure de la montée. La neige recouvre des rochers de taille cyclopéenne et des nuages de minuscules fleurs jaunes envahissent le cailloutis qui roule sous nos souliers.

Fichée dans la pierre, face aux neiges éternelles, une stèle rend hommage à l'héroïque défense du Caucase contre l'invasion nazie :

*A ceux qui ont résisté jusqu'à la mort,*
*Ceux du grand pays et du grand destin,*
*De la part de ceux qui sont prêts à renouveler leur exploit.*

Par les raccourcis nous retrouvons bientôt l'ancienne route militaire de Soukhoumi. D'énormes mottes de terre et blocs de pierres projetés sur l'étroit passage forment des barrages très péniblement franchissables. Plus haut, sur la gauche, précédé de cascades et de rapides, le lac de Kloukhor repose dans le roc, comme une émeraude dans son écrin. Sa profondeur moyenne de onze mètres atteint trente-cinq mètres par endroits. Ses douze hectares de surface sont couverts de glace jusqu'en juillet et, au cœur de l'été, on voit les banquises dériver sur l'eau verte. En septembre, il sera à nouveau figé par le gel. C'est là que l'avance hitlérienne vers la Géorgie fut contenue, et on peut y voir encore les lignes de défenses construites durant la guerre. Le col est proche, à 2 786 mètres. Si la brume de chaleur ne noyait pas le paysage, on pourrait, de là, apercevoir l'ancienne Colchide ; et si la route était praticable, arriver comme les anciens, directement, sur la côte géorgienne. Soixante-dix kilomètres seulement à vol d'oiseau nous séparent de la station balnéaire de Soukhoumi, où nous irons plus tard.

Nous sommes sur la pente du retour, lorsque, à la jumelle, Alain distingue une silhouette familière qui se dirige vers nous. D'un piolet rythmant son pas, la casquette militaire en bataille, une frimousse tout étonné : c'est bien notre sportive Yéti ! Et, quand un Français rencontre un autre Français à cinq mille kilomètres de Paris, dans le désert ou presque, et le 14 Juillet encore, quoi de plus normal que de « casser la croûte ensemble ». On rejoint, en contrebas, la voiture, qui a piqué du nez contre des éboulis, refusant d'aller plus loin. On sort le pique-nique et, en grignotant, les fesses calées dans la roche, Marie-Jeanne dit à Zina que c'est pour elle accomplir un pèlerinage que d'être sur ces lieux où, aux côtés des troupes soviétiques, elle a fait la guerre. La sympathie est immédiate et notre guide, fatiguée comme nous, accepte volontiers l'offre de notre amie de nous raccompagner à l'hôtel. Après quelques manœuvres scabreuses pour dégager l'antique Jeep, on redescend en cahotant vers la clairière de Dombaï. Dans la splendide forêt d'épicéas que nous longeons, les avalanches ont laissé leur empreinte dévastatrice. Les arbres déracinés, plaqués à terre, découpent une plaie béante sur le flanc de la montagne. On s'arrête quelques instants au bord du joli lac turquoise de Toumanlygel, profond de trois cents mètres et aux traîtres tourbillons. La baignade y est strictement interdite. Pourtant des voitures officielles sont garées là et quelques personnalités du Parti s'ébrouent comme de gros phoques dans les eaux glacées, sous l'œil admiratif de leurs compagnes. Les « gros bonnets » ont tous les droits, même celui de risquer leur vie ! Marie-Jeanne et Zina sont indignées, autant l'une que l'autre.

A l'hôtel, une délégation nous attend. Le directeur, en grande pompe, nous prie de l'honorer de notre présence à sa table pour le dîner, en ce jour de fête nationale. Juste le temps de nous parer de nos atours les plus sophistiqués, et nous rejoignons, au restaurant, la table officielle, ornée pour la circonstance d'un duo de drapeaux franco-soviétique. Nous ne démentirons pas la réputation d'hospitalité du Caucasien.

— Il ne pose pas de question à l'étranger qui demande asile pour la nuit, et quand la milice le prévient que c'est un criminel qu'il abrite sous son toit, il répond simplement : « c'est mon hôte », raconte-t-on à notre table.

En face de nous, la direction de l'hôtel, au grand complet, lève à notre santé des coupes de champagne russe :

— *Za vachié zdarovié !* A votre santé !

Un vrai festin nous est servi : steaks cuits façon britannique, accompagnés de riz, pommes vertes minuscules et éclairs à la chantilly. Chacun de nous reçoit aussi un dépliant de cartes postales sur les paysages du Dombaï. Nous prenons congé après nous être confondus en remerciements, Zina et moi légèrement euphoriques, Alain et Sylvain titubants et se tenant les tripes. On ne saura jamais si c'est au mousseux de Crimée ou à l'eau des cascades qu'ils durent le souvenir cruel d'un nuit haletante entre leur lit et le cabinet de toilette.

C'est le jour du départ. Le car est là qui doit nous ramener sans escale et avec le groupe d'Allemands à Piatigorsk. Cela nous chagrine car nous aimerions faire une halte à Téberda pour y visiter le musée archéologique et la réserve d'animaux dont on nous a tant parlé. Avec un peu de diplomatie, nous parvenons à convaincre Zénaïda d'accepter l'invitation de Marie-Jeanne de nous ramener en voiture. Quelle aubaine que de modifier un peu le « programme » pour pouvoir filmer les surprises que nous promettent les hasards de la route !

Le musée de Téberda ne contient, en fait, que de très minces vestiges de la culture de Koban et présente un intérêt surtout géologique et zoologique avec une collection d'oiseaux et de mammifères empaillés. Nous préférons traîner dans la réserve naturelle où se conservent les spécimens les plus courants de la faune caucasienne. Les enfants d'une école, foulards rouges d'uniformes autour du cou, se bousculent derrière les grilles des cages à aigles, vautours fauves et buses déchirant les restes d'une charogne. Les petits Kalmouks, anciens nomades des steppes du nord de Stavropol (il existe une République autonome de Kalmoukie, 300 000 habitants, capitale Elista, dépendant de la R.S.F.S.R.) [1], aux cheveux noirs et aux yeux bridés, donnent la main à des blondinets russes aux yeux clairs. Ils sont aussi différents les uns des autres que les Japonais des Norvégiens ! Un vrai bison aux longs poils broute plus loin l'herbe sur son aire. Plus petit que celui d'Amérique, le bison d'Europe (*Bison bonasus*) est cependant un animal énorme qui dépasse les deux mètres de haut sur une longueur de plus de trois mètres et pèse jusqu'à une tonne. Répandu dans toute l'Europe jusqu'aux forêts du Caucase, il fut, depuis les temps les plus reculés, l'objet d'une chasse intensive, comme l'auroch, le taureau sauvage. Le dernier spécimen vivant en liberté fut abattu par les Allemands en 1942 dans la forêt du Biélowiëza, en Pologne orientale. Il avait disparu du Caucase depuis 1927. Heureusement, il en restait quarante, de pur sang, dans les zoos. Ce sont eux qui ont permis de reconstituer l'espèce. En 1948, grâce au don de dix-sept spécimens polonais, l'U.R.S.S. repeuplait ses réserves, notamment

1. République socialiste fédérative soviétique de Russie.

celle de Téberda. Le nombre a augmenté si rapidement qu'au début de 1978 ils étaient 500 en Pologne et un bon millier en U.R.S.S., pour un total mondial de 1 600 têtes !

Plus loin, l'ours, cabotin, « fait du cinéma » pour obtenir des friandises. Un loup et un lynx tournent en rond autour de leur tanière, furieusement, tandis que les cerfs et les biches lèvent vers les visiteurs leur beau regard résigné.

Sur des panneaux, on peut lire Marx : « La culture, si elle ne se développe pas spontanément, ne laisse derrière elle que des déserts... » aux côtés d'un Chateaubriand écologiste, inattendu ici ! « Les forêts ont précédé l'homme, les déserts le suivent » (traduction littérale du russe !). Nous quittons l'endroit un peu déçus d'avoir trouvé des barreaux là où nous pensions voir des animaux et des espaces libres.

La Jeep de Marie-Jeanne cahote sur la route sinueuse. Coincée sur la banquette arrière, je tente d'écrire mes notes entre deux secousses. Nous avons failli tomber en panne d'huile, et Marie-Jeanne a dû pleurer à une station-service providentielle pour en obtenir quelques gouttes. Une denrée bien précieuse, cette huile ! Nous aurons l'occasion plusieurs fois au cours du voyage de faire la vidange de la 504. Il y aura parfois des automobilistes soviétiques pour venir récupérer, en même temps que les bidons métalliques, le liquide noir et visqueux, usé par plus de cinq mille kilomètres de difficile parcours.

Nous nous engageons sur un étroit sentier qui grimpe en zigzaguant au-dessus du village de Nijnaya Téberda. Une forêt de petits feuillus couvre l'à-pic qui nous surplombe. Les lacets se tortillent jusqu'à l'extrême crête d'un escarpement rocheux où résiste au temps, perdu dans les chardons et les orties, le ravissant monastère de Senti. Voûté, à plan en croix, datant du $\text{X}^{\text{e}}$-$\text{XI}^{\text{e}}$ siècle, ses proportions admirables d'harmonie lui donnent un air de minuscule sanctuaire. Une coupole de bardeaux couronne le tambour, crépi de blanc, qui détache sa gracieuse silhouette sur les teintes bleuâtres du décor montagneux. Les murs de l'édifice, aux larges pierres de grès bien agencées, sont ornés d'arcatures aveugles. A l'intérieur, l'abside semi-circulaire ne garde que quelques vagues traces de fresques polychromes. Une épaisse chevelure végétale coiffe la petite chapelle adjacente plus ancienne encore ($\text{IX}^{\text{e}}$ siècle). Ainsi d'Arménie en Géorgie, des bords de la mer Noire jusqu'aux bords de la Téberda, dont on aperçoit dans la vallée le ruban d'argent, le christianisme est venu jusqu'ici s'implanter dans des régions aussi isolées que sauvages. Nous comprenons de mieux en mieux l'importance de cette passe de Kloukhor que nous avons franchie l'autre jour.

Un peu plus loin, le monastère forteresse de Schoanne, du $\text{X}^{\text{e}}$ siècle, ne fait que confirmer cette implantation chrétienne. L'église, bien conservée, repose sur un soubassement rectangulaire de belles pierres. Des ouvertures aménagées sur la façade, on domine la ville en contrebas de Karatchaevsk : un patchwork de jardins potagers semé de maisonnettes. Nous nous reposons un peu, allongés dans l'herbe, à l'abri des buissons de noisetiers. Les vaches qui paissent là, entre les ruines ocre brun essayent d'engager avec nous une amicale conversation.

La Jeep redescend dans la vallée, tressautant à chaque ornière. En bas, c'est la petite bourgade de Kosta Khétagourov, le grand poète des Ossètes, ces descendants des Alains. Les porcs qui semblent bannis de la région, par l'influence musulmane, traînent ici leur groin sur la terre battue ; nous sommes dans un village chrétien. Une femme surgit d'une cour et, accoudée à la barrière, nous hèle vivement :

— Entrez, vous êtes mes hôtes, pour une minute ou une semaine, aussi longtemps que vous le voudrez !

— Mais nous avons du travail !

— Oh, le travail ne s'échappera pas !

Comme elle est souriante et séduisante, cette hospitalité caucasienne ! Si c'était possible, nous accepterions cette invitation. Mais Zina s'inquiète ! Il faut se dépêcher de rentrer. Cette nuit, c'est écrit sur les registres, nous devons dormir au camp de Piatigorsk !

Pauvre Zénaïda ! Pour la rassurer, Yéti appuye un peu plus sur le champignon de l'accélérateur, et la voiture se cabre pour amorcer l'ascension du col de Kourbachi qui, à 2 044 mètres, sépare le Caucase occidental et la mer Noire du Caucase central et de la mer Caspienne. Une ligne de *cuestas* [2], veinée de mauve, ondule, dressant ses à-pics contre le ciel comme une collerette amidonnée. L'ombre des rapaces plane au ralenti. Plus bas, sur le chef pelé et pierreux des massifs, là où la calvitie a épargné quelques touches d'herbe, les bergers à cheval veillent sur les taches blanches et noires d'immenses troupeaux. Ils galopent vers nous et posent pied à terre, tandis que nous contemplons le panorama magnifique qui, dans le flou de la brume de chaleur, s'étend de monts en vallées, à perte de vue. Ils sont heureux d'accueillir des étrangers sur leurs terres. La casquette en bataille, une veste élimée sur de vieux lainages, s'ils conservent l'allure digne et fière de leurs ancêtres, ils n'en ont plus les riches et chatoyants costumes. On croise encore sur la route, lorsqu'on redescend du col, quelques hommes avec leur toque, *chapka,* sur la tête, mais c'est bien le seul reliquat d'un folklore vestimentaire, réservé désormais aux troupes de danses locales. La nuit va tomber. Nous regagnons Piatigorsk, après une dernière halte pour boire à une source d'eau minérale, près de Kislovodsk. L'eau a un goût de Vichy dans laquelle on aurait fait tomber une salière, mais ses vertus curatives sont, paraît-il, excellentes pour remettre d'aplomb les intestins noués d'Alain et Sylvain.

Zenaïda nous laisse à la grille du terrain de camping. Tout est calme. On dresse à nouveau les tentes, on installe le Camping Gaz

---

2. En géomorphologie, mot espagnol synonyme de « relief de côte ».

et on tend la corde à linge. Les deux garçons, épuisés, se couchent, tandis que je gagne le café-restaurant du camp où finissent de dîner quelques touristes. On retransmet ce soir pour les Français, en l'honneur de leur fête nationale, un spectacle de Joe Dassin à la télévision soviétique. Je me souviens d'un jour où dans un « bouiboui », perdue au fin fond des Indes, une chanson de titi parisien, enregistrée par Aznavour, sur un vieux disque rayé, m'avait émue aux larmes. Aujourd'hui encore, une exaltation chauvine m'envahit en apercevant la tête du chanteur qui ondule entre les rayures colorées du poste mal réglé. Le patron du bar tient à m'offrir un café et refuse obstinément le billet d'un rouble que je lui tends. C'est un vrai bon café et je le savoure ! En général, c'est un substitut de café, une décoction à base de glands que l'on vous sert ici. Calée sur ma chaise, je fredonne tout bas les mélodies qui me ramènent en France le temps d'une soirée. L'émission retransmise de l'Olympia ne montre que le chanteur ; les décors, les paillettes, les éclaboussantes mises en scène de carton-pâte de nos émissions de variétés ont été, semble-t-il, gommés du petit écran. Mais quelle surprise de voir le récital du chanteur finir avec cette chanson : *L'Amérique, l'Amérique, je veux la voir et je l'aurai...* quand on sait comme on s'inquiète en U.R.S.S. de l'attraction qu'exerce sur la jeunesse tout ce qui vient des U.S.A... ! Les lumières du restaurant s'éteignent et je regagne mon sac de couchage, avec ce petit pincement de mal du pays qu'une bonne nuit effacera vite.

## CHAPITRE VI

# UN BORTSCH CHEZ TATIANA

*L'or peut acheter quatre femmes.*
*Mais le cheval ardent n'a pas de prix.*
*Dans les steppes il vole comme le vent.*
*Lui jamais n'abandonne et ne trahit.*

LERMONTOV [1].

Les vieilles chansons rappellent les liens éternels qui unissent l'homme du Caucase à sa monture. Il utilise les bœufs pour le travail du trait, les ânes pour porter les charges. Au cheval il réserve son admiration et son amitié. C'est le fidèle et indispensable compagnon de voyage pour parcourir la montagne sauvage. Aussi l'enfant tcherkesse naissait-il cavalier. Adulte, il se targuait de posséder le coursier le plus noble et le plus rapide. C'est à la beauté de ses montures qu'on reconnaissait la richesse d'une famille. Des fêtes équestres donnaient lieu à de grandes réjouissances. Au cours de ces joutes (*djiguitovk*), coursiers et cavaliers rivalisaient d'adresse et de dextérité. Il s'agissait le plus souvent de se disputer, au grand galop, comme dans les *bouzkatchi* afghans, un objet à terre, une piécette de monnaie, par exemple. Le peuple karatchaï, qui n'avait qu'un ou deux mots pour définir le ciel bleu ou les nuages gris, en regorgeait pour qualifier les chevaux. Nulle langue sans doute n'a jamais possédé vocabulaire hippique si riche et nuancé : on parlait d'une bête gris lustré, gris

1. LERMONTOV, *Un héros de notre temps, op. cit.*

louvet, gris fumé, gris-blanc, gris pluvieux, gris lumineux, gris de boue, etc.

En 1899, le comte Stroganoff fut séduit, aux environs de Piatigorsk, par une riante vallée entre les montagnes du Fer, du Lion endormi et du Petit Serpent. L'air y était pur et, sous les prairies d'herbes tendres, ruisselaient toutes les eaux minérales du Caucase. Le comte décida d'élever dans ce cadre privilégié ses quelques chevaux. Ce matin, c'est M. Alexandre que nous sommes venus voir là. Il dirige l'un des cent trois haras d'U.R.S.S. et sans doute l'un des meilleurs du monde : celui de Tersk.

C'est une vaste entreprise d'Etat de 12 000 ha dont 7 000 de terres cultivées (blé, avoine, orge, légumes et primeurs). En plus de ses 500 têtes de chevaux, elle possède 2 500 vaches, 2 000 porcs et 80 000 poules. L'exploitation emploie 800 personnes qui travaillent selon le plan établi par l'Etat. Bien que le rendement agricole soit loin d'être négligé, c'est l'élevage des chevaux qui demeure sa principale activité. Le haras s'est, en effet, spécialisé dans la sélection de la race pur-sang arabe, la plus ancienne du monde, avec ses vingt à vingt-cinq siècles d'existence, la plus belle et la plus élégante aussi. C'est la seule race susceptible d'améliorer n'importe quelle autre race (takehnen, par exemple : race demi-sang croisée, anglaise). Actuellement des chevaux pur-sang arabes sont exportés du haras de Tersk en Amérique, en Hollande, R.F.A., France, Finlande, Suède, Inde, Yougoslavie, Belgique, Afghanistan, et même dans la péninsule Arabe. Chaque année, en juin, une vente aux enchères attire ici des étrangers de tous les coins du monde. Le prix d'un pur-sang arabe, nous annonce M. Alexandre, est au strict minimum de 5 000 dollars.

On fait courir devant nous quelques-unes des plus belles bêtes. Les pur-sang arabes se distinguent par leur courage au travail et leur constante ardeur, nous dit le maître de manège.

— Balzam, trois ans, de mère égyptienne et fils du meilleur étalon de la race, Hassouan, donné par Nasser.

— Kristall, étalon de quatre ans, à la belle encolure et aux tendons solides, qui sera proposé aux enchères cette année. Son cousin germain fut vendu 150 000 dollars aux Etats-Unis.

— Nadom, étalon de trois ans au cou de cygne que les Américains viennent d'acheter 25 000 dollars et qui est promis à une gloire certaine.

— Ton, cinq ans, le vétéran, dans la force de l'âge, à vendre pour améliorer une race.

— Un fils d'Elfour, gris à crinière noire, acheté par des Polonais en juin.

Il faut savoir que les pur-sang arabes naissent bruns, virent ensuite au gris pour recouvrir définitivement une robe brune.

Nous admirons aussi un des meilleurs poulains du haras, un fils de Mouscat, vendu 160 000 dollars aux Etats-Unis. Dans peu de temps il sera un incomparable étalon. Il est impossible de rester indifférent devant un cheval arabe. Gravure vivante, œuvre d'art, il vous séduit par la grâce de ses formes : tête petite, grands yeux expressifs, courbe du profil, belle encolure. Il possède des tendons extrêmement solides, une musculature parfaitement développée, un tempérament vif et un caractère doux. La souplesse des mouvements est dans sa nature même. Aux pur-sang arabes succèdent un ahkaltékain (de l'ancienne race des steppes, à robe sable et crinière noire) et un boudjoni qu'Alain se risque à monter, pour trois tours de piste, sous les applaudissements de la modeste assistance. Il faut dire qu'avant lui la démonstration d'un gros touriste belge sans complexe, qui n'avait sûrement jamais posé les fesses sur la croupe d'un cheval, pour en être follement comique, n'en avait pas moins offensé toute la digne élégance de l'art équestre.

Après une visite aux vastes écuries fleurant bon le crottin, une tape amicale d'adieu à l'encolure des chevaux, nous regagnons le car d'Intourist qui, sous une pluie battante, nous rapatrie au camp de Piatigorsk.

★

*La peur a enfanté les dieux.*

LÉNINE.

Une partie du terrain s'est métamorphosée en lac. Alain creuse en hâte des rigoles autour des tentes, tandis que Sylvain guette sous la toile les traces de gouttières. Je comptais profiter de cet après-midi sans programme pour vaquer à notre grande lessive, mais ce projet tombe à l'eau, c'est bien le cas de le dire. Nous traînons un peu nos bottes dans la boue jusqu'au soir, quand Marie-Jeanne vient nous chercher : son amie Tatiana (qui l'accompagnait lors de notre arrivée) nous attend pour le dîner. L'arrivée de notre 504 dans le pâté de H.L.M. où cette dernière habite avec son grand gaillard de mari et son jeune fils Vania, ne passe pas inaperçue. Des visages se collent aux carreaux, dans l'entrebâillement d'un rideau et tous les gosses du quartier s'agglutinent autour de la voiture. Comme ils sont fiers, ces gamins, lorsqu'ils arrivent à déchiffrer le mot, inscrit en lettres métalliques à l'arrière du véhicule, « PEUGEOT » qu'ils prononcent « PIDJOTT » !

Nos amis viennent d'emménager dans ces immeubles à peine achevés mais qui, déjà, paraissent défraîchis. C'est le manque de finitions, si ce n'est de fioritures, qui donne, je crois, cette impression.

« Jamais, en Russie, un travail ne s'étend au-delà de la nécessité du moment, de la nécessité absolue », disait Alexandre Dumas à propos des problèmes de construction lors de son voyage au Caucase en 1858 !

Nos amis sont ravis de nous accueillir dans leur nouvel appartement qui, sans être grand, est agréable. Le mari de Tatiana est photographe et ses œuvres tapissent les murs, mettant une note très personnelle au milieu de ce mobilier sans style et stéréotypé, le seul que l'on trouve à acheter. D'une terrasse on aperçoit la lumière de l'antenne du relais de télévision, qui met un accent rouge sur le mont Machouk. Une belle table nous attend. Tatiana, aidée de sa charmante voisine, Natacha (son mari vit l'exil du service militaire), nous a préparé un délicieux dîner : un *bortsch*, soupe de choux parfumé d'herbes aromatiques, suivi de grosses courges, farcies de riz et de viande, et des abricots pour le dessert, le tout arrosé de vin de Géorgie et de *kvass* de sa fabrication. Le *kvass* est une boisson brune à base de seigle, très répandue. On en vend par citernes dans les rues. Son goût rappelle un peu celui d'une bière qui serait moins amère, voire légèrement sucrée, à peine fermentée. En été, une grande chope de *kvass* désaltère très agréablement.

Avec Natacha nous parlons l'anglais, avec Tatiana le français et avec son mari le russe. Plaisanteries et rires fusent au milieu de ces conversations cosmopolites. Nous sommes en pleine euphorie lorsque débarque timidement, trois fleurs à la main, un air de planer, entre vingt et trente ans, au-dessus des nuages, une grande asperge blonde : c'est Youri. Il s'installe à mes côtés et, mâchonnant distraitement un bout d'abricot, se met à parler et questionner inlassablement, et avec une sincère curiosité, comme si sa vie même pouvait dépendre de mes réponses. Youri fait des études de cinéma, études seulement théoriques, malheureusement, puisqu'il ne dispose d'aucun matériel spécialisé. Dès qu'il peut se les procurer, il épluche soigneusement toutes les publications occidentales concernant le cinéma. Ainsi, sans les avoir jamais vues, est-il au courant, uniquement à travers les articles et critiques glanés çà et là, de toutes les réalisations cinématographiques. La censure politique et morale (l'érotisme est banni tant de la littérature que du cinéma) ne laisse pas filtrer grand-chose des créations artistiques de l'Ouest. *L'Evangile selon saint Matthieu* et *Jésus de Nazareth* : voilà deux œuvres qu'il rêve de voir (n'ont-elles pas le goût de l'interdit !). Pour lui, la religion est, me dit-il, une entreprise et un commerce d'Etat qui doit être, dans nos sociétés, rentable et prospère. La vie des chrétiens, il se l'imagine mal, leur liberté de croyance encore moins, et l'indépendance de la religion à l'égard du pouvoir pas du tout. Il y a encore une vie spirituelle en Union soviétique, assure-t-il, mais les églises orthodoxes sont sous contrôle d'Etat. Et puis ce sont surtout les personnes âgées qui pratiquent parce qu'elles ont eu une éducation religieuse, ou qu'elles ont peur de la mort. Pour sa part, Youri ne connaît qu'un seul garçon de son âge qui est croyant et pratiquant. Oh ! c'est possible d'avoir malgré tout un enseignement de catéchisme, mais seulement à partir de dix-huit ans et si on rentre au séminaire. Il faudrait croire et devenir pope avant de connaître ce que l'on croit et ce que l'on veut. Quel paradoxe ! Alors comment aurais-je envie, me dit-il, de ce que j'ignore, dont je ne soupçonne une improbable existence que par les échos de quelques musées antireligieux ? Tout le monde n'a pas une *babouchka* et ses souvenirs pour lui parler de Jésus ou de la Bible ! Youri est donc athée mais à travers tous ses propos transparaît une insatiable soif de comprendre. Les représentations religieuses sur les toiles d'Utrillo, Gauguin, Boucher l'ont profondément troublé aussi. Comme il aimerait voyager, sortir des imprimés, des reproductions et des cartes postales et, loin des on-dit, voir de ses yeux ceux qui ont un langage différent de celui que l'on parle ici. Il étouffe d'avoir à se couler dans un moule de série, lui qui sent que ses goûts d'artiste n'ont pas la bonne idée de coïncider avec ceux de l'Etat ou de tous.

Nous aurons plusieurs soirées à passer ensemble à discuter ainsi tard dans la nuit. Viendra le dernier soir, celui des adieux...

Il fait nuit noire déjà. Natacha nous offre, à Alain, Sylvain et moi, un petit carnet de cuir rouge pour consigner notes, adresses, souvenirs de notre voyage au Caucase. On les fait circuler à tour de rôle autour de la table et chacun de nos amis y met un petit mot amical. Youri griffonne sur le mien quatre lignes de russe, à traduire en France, me dit-il. Tatiana met un disque et, sur un air rapide de balalaïka, Sylvain entraîne Natacha dans un rock and roll effréné... pour lui apprendre ! Notre ami photographe montre à Alain ses derniers tirages. Il est temps de regagner le camp et il faut se quitter. Youri semble triste : pour nous, la liberté, l'aventure, le voyage, c'est si facile ! Cet étudiant ne représente pas, bien sûr, la jeunesse d'U.R.S.S. Nous avons rencontré nombre de garçons et de filles bien dans leur peau et dans leur tête et fiers de leur pays « en marche vers le communisme ». Youri fait partie, cependant, de ces êtres marginaux qui, pour remettre en cause des idées qu'ils n'acceptent pas *a priori*, sont condamnés à une silencieuse asphyxie.

« Est heureux celui qui a visité le monde en ces minutes bénies », avait-il inscrit sur mon carnet. Minutes où, sans retenue et sans méfiance, il avait pu dire, lui Youri, et au nom d'aucun parti, ce qu'il pensait, lui, juste lui.

★

Sur Piatigorsk, nous n'avons jeté ici qu'un bien rapide coup d'œil. Aussi Zénaïda se propose-t-elle pour nous servir de guide et lier plus ample connaissance avec la ville.

L'air vif et pur de cette belle matinée d'été nous conduit d'abord, en sa compagnie, au marché. Sur une grande place carrée, légèrement en contrebas, des étalages, alignés régulièrement, forment des rayures multicolores. Les maraîchers papotent dans l'attente des clients. Tous les types physiques des peuples cosmopolites du Caucase sont représentés, du Russe aux yeux clairs, à la forte mâchoire et au teint rose, à l'Arménienne basanée, au nez busqué et aux cheveux noirs que l'éclat d'or d'une boucle d'oreille illumine. Les petites pyramides de tomates, poivrons, oignons, concombres, sont disposées avec soin. De grosses courges jaunes s'empilent à côté des tas de pastèques aux juteux quartiers rouges. Pommes et poires vertes, abricots, framboises, cassis, groseilles, cerises équeutées, rangées comme des berlingots dans un bocal, sont présentées d'autant plus méticuleusement qu'on ne les trouve qu'en parcimonieuse quantité. Les légumes en saumure marinent dans des seaux. Les clients soupèsent les fruits, comparent, hésitent, discutent, avant de faire leur choix, les prix encore hauts en ce mois de juillet.

Au fil des heures, le soleil court au zénith et l'animation se fait plus grande. Photographier et filmer sans se faire bousculer est une vraie prouesse : c'est un défilé bigarré et permanent qui frôle les objectifs. Et puis, ces gens simples n'ont pas l'habitude d'être traqués ainsi par des caméras. Ils posent gauchement quand, d'un geste énergique de la main, ils ne vous intiment pas l'ordre de vider les lieux ! On en est quitte pour se rincer les yeux de cette symphonie orientale et emporter dans sa boîte à souvenirs les clichés de ces petits bouts de femmes qui trônent devant leurs balances, si bien emmitouflées dans leur blouse à manches longues, leur tablier, leur fichu traditionnel brodé ou imprimé de fleurs, qu'on n'aperçoit plus d'elles que leur face ronde et pleine. Dans leurs atours, elles me rappellent les dames-tartines des contes de mon enfance.

On sort du marché en montant quelques marches. Là, surplombant la place, une allée regroupe quelques échoppes. On y vend du pain, des œufs, du fromage, du lard fumé, des conserves de poisson, du kéfir. Il y a pénurie de viande, de beurre et de lait. Les assoiffés s'agglutinent autour d'une citerne rebondie de *kvass* et les affamés cernent la bassine à frire où flottent des *pirochkis* dorés, beignets farcis de viande. On passe à côté du vitrier qui taille, à la demande, ses carrés de verre, et on abandonne ce sympathique brouhaha, pour tomber sans transition dans le silence impressionnant des grottes de Piatigorsk, notre seconde étape.

Dans les entrailles de la montagne, une faille plonge à 40 mètres de profondeur. Au fond du gouffre (*proval*) stagne une eau couleur de menthe bleue qui dégage une odeur forte de soufre : c'est l'eau minérale de Piatigorsk. Selon que le niveau monte ou descend le long de la paroi rocheuse, on peut mesurer le débit qui alimente toutes les maisons de cure de la ville. Par la diversité de ses sources minérales, Piatigorsk occupe l'une des premières places du monde. Sur la quarantaine de sources froides et chaudes qui jaillissent dans son enceinte, plus d'une trentaine sont utilisées à des fins médicinales. Une légende de Kabarda rapporte que le preux Machouk, qui a donné son nom à l'un des cinq pics du Piatigorié, le pays des cinq montagnes, a frappé sept fois de son glaive les montagnes, en souvenir de ses fils tués dans une bataille, faisant jaillir des rochers sept sources de jouvence. Depuis, ces eaux, « breuvage de preux », attirent sur les contreforts du Caucase un public de curistes de plus en plus nombreux. Les syndicats obtiennent même, pour les plus assidus de leurs travailleurs, des vacances à tarif réduit dans ces lieux où l'air, le soleil et les eaux se donnent le rendez-vous de la santé. Le curiste déambule aux abords de l'établissement de soins avec, à la main, l'accessoire indispensable au traitement : une petite cruche de porcelaine à long bec. L'intérieur du bâtiment, une grande salle blanche carrelée et à colonnades, avec, au centre, des éviers surmontés de gigantesques cornues, à l'aspect d'un laboratoire expérimental. Le curiste va d'abord laver son récipient à une petite fontaine. Il se dirige ensuite vers les gros globes de verre où frémit une eau légèrement gazeuse, en remplit sa cruche, s'en rince la bouche, la brasse contre son palais en bruyants gargarismes, puis l'avale ou la crache. Nous aussi, achetons notre pichet blanc, orné d'une décalcomanie, et prenons place dans la file des curistes. Mais l'eau a un goût si détestable que notre cure est de très courte durée !

Nous délaissons l'établissement et sa faune, qui « glougloute » consciencieusement et sans relâche, pour la verdure plus séduisante d'un magnifique jardin public. Zénaïda rentre déjeuner. Nous nous reposons un peu. Il fait très chaud. Regroupés sous les arbres, les joueurs de cartes disputent la partie avec acharnement, sans voir la *dejournaïa* voûtée qui s'évertue, avec les trois poils d'un balai usé, à ne soulever entre leurs bancs qu'un peu de poussière. Des Arméniens d'origine française nous interpellent joyeusement et ne nous relâchent qu'à une condition : aller chez eux à Erevan dans quelques semaines, ce que nous acceptons avec plaisir.

A quelques mètres de là, c'est le coin des joueurs d'échecs qui bénéficient de l'ombre d'une véranda. Sous les treillis de bois vert pomme, une dizaine d'individus attablés devant leurs pions sont si captivés par le jeu qu'ils en oublient l'heure du repas. Sur la colline qui surplombe le lac, plane l'aigle de bronze de Piatigorsk. Les enfants s'amusent à escalader ses larges ailes déployées et le photographe local fait poser entre ses serres les touristes, pour la photo souvenir. De là, on a une vue sur la ville et le Machouk au loin, puis, plus près, sur le théâtre rococo et le musée que nous partons visiter.

Des costumes de guerre tcherkesses du XIXe siècle ; cottes de mailles, heaumes, poignards et des fusils cosaques avec leurs deux mètres de canon, sont suspendus aux murs. Un fouillis d'os de mammouths, d'animaux empaillés et de minéraux en tranches se bousculent sur les étagères. Quelques belles pièces retiennent particulièrement notre attention dans ce fatras : un beau visage de Scythe sculpté sur une pierre plate datant du VIIe-IIIe siècle av. J.-C. Une « baba » de pierre du Xe-XIIe siècle (à son propos, l'ambassadeur de France en Mongolie du roi Louis IX — Saint Louis — disait au XIIIe siècle : « Ces nomades, les Polovstievs, font une petite colline au-dessus des morts et ils y érigent une statue, tournée vers l'Orient, qui tient un récipient dans les mains. ») Enfin une coupelle, trophée d'une victoire hippique, gravée d'inscriptions dans la langue des Alains, et un crâne déformé d'Alain. Deux petites planchettes fixées le long des tempes par des bandelettes serrées provoquaient un allongement en hauteur spectaculaire de la boîte crânienne de l'enfant, entre sa naissance et sa dixième année. On retrouve cette coutume qui obéit à des motifs esthétiques et religieux chez les Egyptiens et chez les Incas.

Le musée ferme ses portes. En lapant des glaces (*morojenoïé* : le premier mot que Sylvain a appris en russe !) qui fondent très vite entre leurs deux gaufrettes, on use nos dernières énergies pour aller jusqu'à la vaste esplanade qui surplombe Piatigorsk et où se dresse à gauche, tournée vers la ville, la statue monumentale de Lénine. A droite, la flamme éternelle brûle en souvenir des morts de la guerre. Là, deux jeunes garçons d'une douzaine d'années, en uniforme, cramponnés à leur fusil dans un irréprochable garde-à-vous veillent sur le monument. A côté d'eux, une fillette grave, en uniforme également, les nattes relevées par deux gros macarons de tulle blanc, régente le cérémonial. Elle prie quelques spectateurs de retirer leurs chapeaux, d'éteindre leurs cigarettes, de rester debout, puis elle va rectifier la tenue à peine débraillée d'un de ses camarades. Au bout d'une demi-heure de ce garde-à-vous figé, la relève arrive, au pas de l'oie, claquant des talons, et guidée par un aîné : ce sont les meilleurs éléments de l'organisation des Pionniers qui sont choisis pour assurer cette permanence devant le monument aux morts. Ils en sont fiers et s'acquittent de cette tâche honorifique avec le plus grand sérieux. Pour les jeunes, en principe, être Pionniers puis Komsomols n'est pas une obligation mais c'est une évidence et tous le sont. Ce serait se condamner à une vie médiocre que de s'exclure de l'organisation des Pionniers. Celle-ci prend en charge l'éducation des enfants, forgeant leurs idéaux, développant leur civisme, formant leurs goûts, encourageant leurs études et planifiant même leurs vacances et leurs loisirs. Une nouvelle équipe de gosses est en faction devant la flamme, aussi imperturbable que la précédente, et qui ne « joue » pas au soldat malgré sa « Kalachnikov » rutilante [2].

---

2. Célèbre fusil soviétique.

CHAPITRE VII

# ELBROUZ

*J'ai vu des chaînes de montagnes,*
*Telles qu'on en voit dans les rêves ;*
*Aux premières heures du jour,*
*Leurs sommets comme des autels,*
*Fumaient dans le ciel bleuissant*
*Des nuages, l'un après l'autre*
*Quittaient leur asile nocturne*
*Et dérivaient vers l'Orient,*
*Pareils à des oiseaux de passage*
*Qui vont en blanche caravane* [1]...

Marie-Jeanne nous attend au volant de sa Jeep. Son projet : nous emmener aujourd'hui au cœur du Caucase qu'elle aime, hors des voies macadamisées, sur ces sentes de hauts pâturages connus des seuls bergers. Alain s'installe à l'avant avec son matériel de cinéma. Sylvain et moi rejoignons sur les banquettes arrière Tatiana et Gregor, le jeune fils de Natacha, qui sont aussi du voyage. Tandis que nous empruntons la route déjà connue d'Essentouki et Kislovodsk, Yéti nous explique simplement l'agencement de ces cinq chaînes parallèles qui, du sud au nord, constituent la barrière caucasienne :

— Le *Grand Caucase*, d'abord, est la ligne de partage des eaux,

1. Lermontov, « le Novice », dans *l'Etrange destin de Lermontov* d'Henri Troyat, *op. cit.*

entre le Caucase du Nord et la Transcaucasie. De petites vallées le séparent de la *chaîne* latérale qui culmine avec les plus hauts sommets, l'Elbrouz, en particulier. « La cime des montagnes de neige est formée de porphyre basaltique, de granit et de syénite. Parmi les porphyres on distingue de belles espèces, bleu tacheté de jaune, ou de rouge et de blanc, rouge oriental et vert. Dans les granits, on trouve le rose, le gris, le noir et le bleu [2]. »

Séparée de la précédente par une large dépression d'une trentaine de kilomètres, la *chaîne rocheuse,* herbue sur ses versants nord, présente ses vertigineux à-pics à celle qui la suit : la *chaîne des pâturages.*

— Enfin la *chaîne des forêts* ou montagnes noires, couverte de tchernoziom. Là une végétation dense de chênes, de hêtres, de frênes et d'épicéas s'épanouit surtout à l'est. Les montagnes noires sont entremêlées de calcaires, de grès marneux et de schistes sillonnés par des veines de spath et de quartz. C'est dans le lit des vallées, creusées par les rivières, que l'on circule d'une chaîne à l'autre.

Au col de Kourbachi, nous quittons la route pour nous enfoncer, à grands soubresauts, sur une piste de terre entre la chaîne des pâturages et la chaîne rocheuse. Très vite nous arrivons au bout du monde. De nos pieds à l'horizon, la montagne se perd dans les nuances infinies d'un camaïeu de verts, de celui sombre des forêts, à la couleur tendre des pâtures, égayées par mille fleurs sauvages. Derrière un talus, des spermophiles, sortes de petites marmottes, jouent à cache-cache dans les pierres. En contrebas, une troupe de vaches alpinistes couronnent le sommet d'un monticule moussu, tandis qu'aux cieux, vautours fauves, buses et faucons crécerelles planent, tanguent inlassablement au-dessus de cet immense plateau de Betchassin, puis, brusquement, tombent dans un creux de relief, comme aspirés par leur proie. Devant nous, à l'extrême lisière d'un champ de marguerites, se profile la silhouette gigantesque des crêtes, déchirées de convulsions volcaniques, givrées de neige. Les vents piquants du matin chassent les brouillards vers les défilés obscurs et les sommets se dégagent de leur chape de nuages. Les deux cimes de l'Elbrouz surgissent, étincelantes. Les rayons du soleil réfléchis par les prismes de la glace prennent les plus brillantes couleurs de l'arc-en-ciel. C'est là, à 5 633 mètres d'altitude, que Zoroastre plaçait le mauvais génie Ariman : il s'élance, disait-il, du sommeil de l'Elbrouz et son corps étendu sur l'abîme semble un pont jeté entre les mondes. C'est là aussi que, selon la tradition biblique, se posa la colombe de l'arche de Noé. C'est là encore que Simourg, l'oiseau géant, du haut de son trône de neige voit de l'œil gauche le passé et de l'œil droit l'avenir, sur plus de mille années. Lorsque Simourg se met à chanter comme un oiseau

2. César FAMIN : *Histoire et description de tous les peuples, Circasie, Géorgie, Arménie,* Paris, Firmin Didot, 1838.

de paradis : « Les nuages s'écartent et laissent apparaître le bleu profond du ciel, les rayons dorés du soleil réchauffent le front resplendissant de l'Elbrouz, les ruisseaux murmurent gaiement et la forêt se remplit du gazouillis des oiseaux et du parfum des fleurs [3]... »

Aux sources du Kouban, qui « glougloute » joyeusement à travers les sapins, pies-grièches écorcheurs et bergeronnettes grises viennent picorer les miettes de notre pique-nique. De ses hauteurs azurées, Simourg daigne émettre pour nous, aujourd'hui, ses sons les plus mélodieux et nous lancer un regard optimiste !

Il faut savoir écouter le grand silence de cette montagne vierge, inhabitée, sans village, où l'on fait des kilomètres avant de rencontrer un enfant pâtre, juché fièrement sur son cheval, qui garde un troupeau de moutons fraîchement tondus, où la taille des ciseaux laisse des reliefs irréguliers.

Le soir tombe lorsque nous sillonnons les décors plus arides et sauvages encore de Kabardino (ou Kabarda). Les vallées s'encaissent plus profondément dans l'obscurité et s'engouffrent dans l'épaisseur de noires forêts, tandis qu'un brouillard dense se tord au tréfonds d'inaccessibles failles. Ces régions boisées, impénétrables à l'homme, sont, nous confirme Marie-Jeanne, des lieux d'habitation privilégiés pour les Almastys. Ils y trouvent de quoi se nourrir, des cavernes pour s'y abriter et les murs rapprochés des vallées les abritent des trop grandes rigueurs du climat.

Il commence à faire froid et nous nous blottissons les uns contre les autres dans la voiture qui brinquebale tant et plus. On longe le plateau du Kindjal, longue table abrupte de pierre karstique, percée de cônes insondables, qui se drape au soleil couchant de pourpre et de mauve. Léopards des neiges, lynx, chacals, loups, martes, blaireaux, ours, mouflons, sangliers, chamois, bouquetins du Caucase aux cornes splendides appelés aussi « tours », aigles sont les seuls habitants ou presque de ces immensités parcourues aujourd'hui : la surface, vaste comme la moitié de la France, d'un fantastique désert montagneux [4]. Nous sillonnons quelque temps la crête des montagnes, nous perdant un peu avant de retrouver la route de la civilisation. La nuit est tombée.

Dans nos phares se profile la silhouette furtive d'un renard. On fixe le sol pour éviter les trous, éblouis par les phares blancs puissants et mal réglés des camions. Nous arrivons bientôt à Kislovodsk, jolie ville d'eau tout en arcades, bien animée à cette heure tardive. Ces messieurs et dames russes, venus en cure aux eaux carbonatées et sulfatées du type Narzan, soigner leur cœur, leurs nerfs ou leur bronchite chronique, prennent le frais avant d'aller dormir. C'est à

3. Alexandre GRIGORIANTZ, *Etrange Caucase*, *op. cit.*

4. Le Caucase du Nord, qui s'étend sur 352 000 km², n'est peuplé que de 12 millions et demi d'habitants.

Kislovodsk qu'est né en 1908 Arthur Adamov, auteur dramatique dont les pièces « évoluent du symbolisme tragique au réalisme politique ». Il appartenait, avec Eugène Ionesco et Samuel Beckett, à cet Anti-Théâtre traitant de la tragédie dérisoire et absurde de l'homme. Un peintre russe également, du groupe des « Ambulants », Nikolaï Alexandrovitch Yarochenko, passa là les dernières années de sa vie.

Encore quelques kilomètres de route, pénibles dans la nuit, et Marie-Jeanne nous raccompagne au camp.

★

Arrive notre dernier soir à Piatigorsk et les adieux aux amis : Tatiana et son mari, Natacha, les enfants, Youri. Avec Zénaïda et Liliane, sa fille, nous levons nos verres et trinquons à la suite du voyage, au Caucase, à l'amitié. La pièce étroite et haute de plafond baigne dans une lumière tamisée par le feuillage collé aux vitres. Le mobilier est simple, un divan, une bibliothèque, quatre chaises et, sur la table dressée pour nous, des gâteaux et la bouteille de vin de Géorgie glacée. Au revoir, « *do svidania* », miaule Mourka, la chatte angora, du haut du réfrigérateur ! Bon voyage, « *chtchlslivovo pouti* » !

★

*Ces masses de neige s'allumaient de lueurs pourpres*
*si ardentes, si joyeuses,*
*qu'on aurait pu demeurer là éternellement* [5].

La 504 roule allégrement vers Itkol. Nous avons obtenu la permission inespérée d'aller planter nos tentes au pied de l'Elbrouz, au camp du Faucon (Sokhol), réservé en principe aux seuls touristes soviétiques. Les villages alignent le long de la route leurs maisonnettes blanches et bleues. Les carrés de jardin s'abritent derrière les grilles de fer forgé, finement tarabiscotées. Installées sur le pas de leur porte, les fesses sur un banc, la tête sous un auvent pour se protéger des insolations, les *babouchkas* potinent en berçant le dernier de leurs petits-fils. D'un œil, elles surveillent les plus grands, des garçonnets au crâne tondu, qui jouent en bandes sur les larges bas-côtés herbus au milieu des troupeaux d'oies. Ici, juchés sur de petits ânes, des gamins chapardent quelques pommes par-dessus la haie du voisin, là, ils agitent les mains avec enthousiasme au passage de notre voiture qui semble les intriguer beaucoup. On dépasse de nombreux attelages de chevaux tirant une carriole basse, de bois, la *tarataïka*.

Plat d'abord, avec çà et là des *tumuli* gazonnés, le paysage devient

5. Lermontov.

bientôt montagneux. On grimpe dans la vallée du Baksan dans un décor de canyons rocailleux. Puis l'air devient plus vif avec l'altitude, et les conifères recouvrent les versants escarpés d'un tapis vert sombre. Une buse variable dessine sur le ciel des cercles parfaits. Vers 5 heures du soir, nous arrivons aux abords d'Itkol. Nous croisons des pionniers, le foulard rouge autour du cou, en colonie de vacances. Au-dessus des pins, les pics neigeux se détachent sur un ciel bleu. La forêt embaume la résine et les écureuils roux et bruns à queue noire argentée courent le long des branches, s'arrêtent à quelques pas seulement de nous pour grignoter leur pomme de pin. Une avalanche a précipité les arbres presque dans le lit du torrent. La route longe les eaux tumultueuses et nous cherchons du regard la pancarte indiquant ce fameux terrain de camping de Sokhol où nous sommes attendus. La veille au soir, la responsable de l'Intourist de Piatigorsk a confirmé notre arrivée, devant nous, par un coup de fil téléphonique. Bientôt, la piste de macadam fait place à un sentier de terre qui vient buter au départ du téléphérique qui, à 4 200 mètres, emmène les alpinistes jusqu'au pied de l'Elbrouz. Nous avons traversé plusieurs petits villages de vacances : Elbrouz, Itkol, Tegenekli, Terskol... sans qu'aucun panneau n'annonce le fameux terrain de camping soviétique. On rebrousse chemin, on se renseigne en vain auprès de Pionniers, de campeurs sauvages, de touristes. Personne ne semble connaître ce camp du Faucon. C'est finalement à la nuit tombée que nous plantons nos tentes sous les pins entre la rivière Baksan et un petit hôtel à la sortie d'Elbrouz. On pense trouver là l'endroit présumé d'un terrain de camping n'existant, en fait, que sur les prospectus officiels d'Intourist et qui n'a pas encore vu le jour. L'hôtelier d'à côté, très aimable, met à notre disposition une salle de bains. L'ombre des montagnes abrite notre repos. La musique des eaux en cascade berce les rêves de notre première nuit. Nous sommes en Union soviétique et jamais nous n'avons été plus merveilleusement libres et près de la nature, loin des « gaïs », des guides, des interprètes et des circuits organisés.

*La montagne s'endort dans le ciel obscurci,*
*Les vallons sont muets et trempés de rosée*
*La poussière s'étend sur la route embrasée*
*La feuille est immobile et le vent adouci* [6].

Le temps radieux du lendemain nous invite à la balade. Nous chaussons nos Pataugas, coiffons nos chapeaux d'explorateurs, pour remonter la vallée sauvage et encaissée de l'Azaou. Des falaises abruptes, impressionnantes, surplombent le torrent qui, à travers les éboulis de pierres volcaniques, se fraye un passage difficile. Au

---

6. Lermontov, « Gornaia Verchina » dans *le Caucase*, par Alexandre Dumas, p. 103.

fond du défilé, sertie dans la paroi des gorges sombres où niche un couple de passereaux rouges et gris (Tichodromes échevelettes), la tache éblouissante des neiges éternelles brille comme un joyau. Sous le soleil de midi, les eaux impétueuses étincellent d'éclats de platine et d'argent. A quel rendez-vous courent-elles si vite ? Elles charrient, depuis les glaciers de l'Elbrouz, un sable noir d'une extrême finesse. J'en recueille quelques poignées dans mes poches pour ma belle-sœur Jacqueline qui collectionne tous les sables des rivières, des déserts et des mers. Notre progression devient de plus en plus difficile, d'autant que caméras et appareils de photo entravent un peu nos mouvements. Les rochers noirs pailletés de mica, gris aux reflets bleus, roses piquetés de carmin ou mouchetés de vert forment une épaisse muraille, ne laissant passer, par endroits, qu'un étroit filet d'eau.

Soudain, juste derrière nous, avec un bruit d'apocalypse, un pan de la falaise s'effondre dans le lit de l'Azaou. Pouillots véloces, bergeronnettes et rouges-queues s'envolent en piaillant. Pendant quelques secondes la poussière envahit tout : la terre, les cieux, nos yeux et nos bouches. Tandis que le fracas assourdissant de l'avalanche se répercute dans la vallée, longtemps encore, d'écho en écho. Dès que la vue s'éclaircit et que l'air devient respirable, on rebrousse chemin sans tarder, le cœur battant la chamade et les jambes flageolantes d'avoir, de si près, frôlé la catastrophe.

Neuf heures du matin : nous nous apprêtons à prendre le téléphérique quand un strident coup de klaxon nous fait sursauter : comme toujours Marie-Jeanne a su retrouver nos traces et nous sommes bien heureux, Alain, Sylvain et moi, de la revoir, alerte, souriante, sa casquette à la Lénine jetée sur ses cheveux en broussaille. Notre amie est tout excitée par ce qu'elle vient d'apprendre. Aujourd'hui même, quinze cents alpinistes grimpent en haut de l'Elbrouz, ceci pour fêter les cent cinquante ans de la première ascension du volcan éteint [7]. On ne fait ni une ni deux, on s'enfourne tous les quatre dans la benne qui, en deux paliers successifs, nous amène au pied du géant. En haut, l'animation est intense car une équipe d'alpinistes s'apprête à partir tandis qu'une autre, exténuée, redescend des sommets. De leurs visages, protégés par un mouchoir blanc avec juste deux trous pour les yeux, on ne voit pas grand-chose. La réverbération est intense et les lunettes de soleil indispensables. La longue cordée s'ébranle en file indienne et disparaît bientôt derrière une crête blanche. Après une étape au chalet des Onze pour la nuit, elle repartira demain aux aurores pour les dix à seize heures d'escalade finale.

Devant nous, les deux têtes de l'Elbrouz paraissent toutes pro-

7. L'Elbrouz, la « Crinière de Glace » (du balkar [tatar] *Yol-bouz*), la « Sainte Montagne » ou « Cime des Bienheureux » des Tcherkesses, fut escaladé pour la première fois par le Kabardin Killar Khachirov le 11 juillet 1829. Les Occidentaux ne reconnaissent que la « seconde » avec le Balkar Akhiia Sottaev, ainsi que les alpinistes anglais Freshfield, Moore et Tucker et le guide français Devouassoud, de Chamonix, le 31 juillet 1868.

ches. Celle de droite, arrondie (5 621 m), celle de gauche, plus accidentée (5 643 m), se profilent sur un ciel bleu marine. A la jumelle, on aperçoit, sur les flancs éclatants de blancheur, les minuscules points noirs des cordées qui, comme des traînées de pucerons, progressent vers leur but. Nous sommes entourés d'un cirque majestueux de montagnes. Les cimes immaculées se teintent d'ocre vers le bas des glaciers. Partout les eaux de fonte des neiges déferlent en cascades et torrents joyeux. Le marchand de brochettes s'active devant les braises de son barbecue et sert les alpinistes fourbus au teint couperosé et tanné par les vents, qui rentrent affamés de leur ascension. On visite rapidement le musée, inattendu ici, qui rappelle que, le 21 août 1942, les Allemands allèrent planter eux aussi sur l'Elbrouz le drapeau de la conquête à croix gammée. Si la température ne fraîchissait pas, en cette fin d'après-midi, nous resterions des heures encore à contempler un décor si beau qu'il coupe autant le souffle, que l'altitude la parole, plonge dans la paix et transporte d'une joie profonde.

De retour au camp, je suis en train de rédiger mon journal de bord, allongée sur un tapis d'aiguilles de pins parfumées, quand j'aperçois les deux soubrettes de l'hôtel voisin qui, timidement, en se poussant du coude, s'avancent vers moi avec un plateau. Elles tiennent à nous offrir le dîner : des œufs sur le plat, des tomates, des cornichons et une bouteille de vin de fleurs (délicieuse boisson où les baies et les fleurs remplacent le raisin). Je suis vraiment touchée de cette gentille attention. Je n'ai que quelques paires de collants à donner pour les remercier, mais ce petit cadeau provoque de véritables transports d'enthousiasme chez nos deux nouvelles amies. Après le souper et une périlleuse vaisselle dans les tourbillons du torrent qui nous vole deux assiettes, on se regroupe autour de Marie-Jeanne. A la lueur de la lampe à gaz, elle nous raconte les histoires fabuleuses de l'Almasty. Demain, c'est décidé, elle nous emmènera à Sarmakovo, petit village à cent soixante kilomètres d'ici environ, où elle a établi le quartier général de ses recherches sur cet être étrange qui nous intrigue beaucoup et sur lequel nous aimerions en savoir plus.

★

La brume fume sur la rivière, s'accroche aux branches des sapins, s'élève vers les montagnes, s'évapore vers le ciel. Il est encore tôt quand nous repartons avec la Jeep.

Nous longeons la vallée rocailleuse et désertique du Baksan qui, en contrebas, coule dans un dédale de pierres. Le décor, aussi sauvage qu'inhospitalier, rappelle celui du Daghestan. De vraies falaises de roches ocres, roses, jaunes et grises surplombent la route. Au printemps, avec la fonte des glaces, d'énormes blocs de pierres s'effondrent parfois et des avalanches de boue dévastent les villages. A

Tyrnyaouz, petit centre industriel où on traite le tungstène et le manganèse, les vaches nous font massivement escorte jusqu'à la sortie de la ville. Nous atteignons bientôt la *cuesta* de la chaîne rocheuse par une piste de terre se dirigeant vers Gundelen. Le chemin suit le filet d'eau qui sinue dans un impressionnant défilé. Les reliefs jurassiens calcaires se superposent en strates horizontales comme les couches d'un gigantesque millefeuille. Des chapelets de cavernes creusent schistes et calcaires de la muraille vertigineuse, déjà tailladée de maintes rides. Chaque promontoire a l'air d'une forteresse désespérément défendue par quelques touffes de noisetiers qui résistent à la soif et aux vents brûlants.

La succession des bulbes montagneux, secs et érodés, de cette vallée à ours s'étire de Jankhoteko à Gundelen, joli village balkar. Les balcons en dentelle de fer forgé ornent les maisonnettes roses et bleues. Des femmes, aux yeux tirés vers les tempes, assises sur des bancs devant leur porte, filent et cardent la laine. Les tombes musulmanes surmontées d'un croissant de lune voisinent avec celles ornées de l'étoile rouge, du marteau et de la faucille, dans le cimetière du bout du village.

Le canyon s'élargit ensuite et la verdure renaît avec le chant des cascades et des oiseaux : chardonnerets, martinets à ventre blanc, huppes, traquets pâtres et linottes. Des forêts de conifères ou de feuillus couronnent les pitons escarpés. Près de la rivière, un ânon avec son chargement d'orties a perdu une roue de sa carriole. Nous aidons son jeune maître, un gamin d'une dizaine d'années, à remettre l'attelage d'aplomb ; opération qui nous vaut d'être couverts de cloques et dévorés de démangeaisons. Nous croisons encore un apiculteur affairé devant ses ruches et quelques pêcheurs, puis la présence humaine disparaît à nouveau. Seuls, planent sur nos têtes vautours fauves ou moines et autours des palombes. Des failles dans la falaise abrupte, couvertes de fiente, indiquent les nids des charognards. Un long moment nous les observons à la jumelle avant de repartir.

« Ne te fourre pas dans l'eau sans connaître le gué ! », dit le proverbe russe. Pourtant Sylvain le Téméraire s'élance pour sonder la profondeur du torrent qui nous barre la route. C'est positif ! A sa suite, la Jeep pique du nez dans les violents tourbillons. Au-delà, quelques mètres encore de piste détestable conduisent à un cul-de-sac engorgé de terre. Des chevaux sont attachés à la porte d'un bâtiment préfabriqué récent. Sans doute sommes-nous arrivés par hasard à l'une de ces mines d'uranium que l'on commence à exploiter. Il est préférable de ne pas s'y attarder. Nous rebroussons chemin jusqu'à Gundelen, remontons sur les hauts plateaux couverts de pâturages jusqu'à la vallée de la Malka où nous retrouvons la route de Kaminamosk avec ses *tumuli* et sépultures alains, puis Sarmakovo enfin, le domaine de Marie-Jeanne.

On s'arrête dans l'un des deux magasins d'Etat de ce village de 6 000 habitants, aligné le long de la route sur plusieurs kilomètres. La vitrine réfrigérée est vide et nous ressortons avec juste quelques nouilles et soupes en sachet. On élève alentour pourtant vaches, moutons, et une fromagerie emploie une partie des gens de Sarmakovo. Malheureusement, nous explique Marie-Jeanne, la production de viande et de fromage est intégralement expédiée vers les grandes villes comme Moscou. La population des campagnes et des banlieues organise, en fin de semaine, des excursions dans la capitale dans le seul dessein de s'y approvisionner, et les cars font halte devant les magasins d'alimentation plus longtemps que devant les musées ! Officiellement le prix d'Etat du mouton est de 1,80 rouble le kilo. Dans la réalité, on ne déguste de mouton à Sarmakovo que lorsque quelqu'un égorge le sien et accepte de vous en vendre au prix de 7 ou 8 roubles, dans le meilleur des cas.

La Jeep passe la barrière, où se pavane une jolie huppe rousse, et s'engouffre dans une cour poussiéreuse, semée de graviers. A droite : une maison en construction. Sur une base de gros cailloux ronds colmatés de ciment, s'échafaudent des murs en épaisses briques de terre séchées, agencées en quinconce. Un tas de tuiles, à proximité, attend sa future charpente. C'est la maison de Khabbas, le fils aîné d'Ali. Khabbas s'est tué récemment en voiture, laissant une femme, Fatima, et deux charmantes fillettes, Marina et Madina. Depuis ce drame récent, les travaux ont été interrompus, mais les amis de Khabbas réunissent une à une les tuiles pour achever bientôt le toit. Ali, le *pater familias*, a lui-même construit les bâtiments qui abritent ses proches : sa femme Tata, son second fils Khatchi, ses deux brus et leurs quatre enfants. Les maisonnettes de plain-pied, badigeonnées de bleu de lessive, coiffées de tôle ou de tuiles, encerclent la cour au milieu de quelques acacias. Marie-Jeanne a la jouissance de l'une d'elle, la doyenne, avec ses cent ans passés, celle des parents d'Ali. Elle a le charme d'une chaumière de Blanche-Neige, malheureusement les soubassements s'affaissent, le toit se détache, les murs s'effondrent, le torchis se fissure de toutes parts, et on ne peut plus ouvrir les fenêtres tant les châssis sont de guingois. Marie-Jeanne a bourré les failles de vieux chiffons, calfeutré les ouvertures de journaux et placé deux poutres verticales en guise de béquilles pour soutenir la vieille carcasse de son antique demeure et lui donner un dernier répit.

L'intérieur de la maison est tout aussi surprenant de pittoresque. Il y règne un sympathique désordre de foire à la ferraille. Marie-Jeanne glane au fil des occasions les objets les plus hétéroclites, ceux qui éventuellement « pourraient servir un jour ». C'est que le pays peut être soudain envahi d'un produit qui, quelques jours plus tard, deviendra introuvable. Cet été, par exemple, on trouve à profusion de la confiture de fraises et rien que de la fraise. Cela faisait des lustres que notre amie n'en goûtait plus ! Autre exemple que nous raconte Yéti :

— Depuis des années j'étais à la recherche d'une louche. Or cet ustensile courant semblait avoir déserté l'Union soviétique et j'en avais fait mon deuil. Un jour, cependant, le miracle se produit et c'est tout un arsenal de louches que j'aperçois sur un étal du marché. Du coup, j'en achète une dizaine en pensant aux amis et à la bonne surprise que je vais leur faire. Le soir même, justement, un groupe de camarades débarquent chez moi à l'improviste, brandissant triomphalement un paquet-cadeau pour moi. Devinez... ? Une louche ! Oui, une louche parfaitement identique à celles que je venais d'acquérir, ce trésor dont ils savaient que je rêvais depuis si longtemps !

Au milieu de cet incroyable bazar donc, on remarque quelques souvenirs de France : un drapeau tricolore, un calendrier, des cartes postales et une bibliothèque pleine à craquer, où sont rangés ces fameuses pièces et rapports soigneusement accumulés durant trente années de laborieuses recherches sur l'Almasty par Marie-Jeanne Kaufman *alias* Yéti. Une tête sculptée de l'être étrange contemple d'un regard mort la table de travail où s'installe notre amie. Cette dernière a classé tous ses documents sur fiches mécanographiques perforées, permettant ainsi des recoupements rapides et une synthèse claire de son étude. Alain branche le magnétophone, dirige le micro vers le bureau et je vous retransmets, en direct, cette interview aussi étonnante qu'inédite ou « le point sur le problème de l'abominable Homme des neiges. »

## CHAPITRE VIII

# AVEC MARIE-JEANNE KAUFMANN, ALIAS « YETI » LE POINT SUR LE PROBLEME DE « L'HOMME SAUVAGE » OU ALMASTY DU CAUCASE

*Nous ne comprenons pas pourquoi vous ne voulez pas nous croire. Pourquoi nous accusez-vous d'inventer ce que nous racontons ? Est-ce que nous inventons d'autres bêtes ou d'autres oiseaux ? Alors pourquoi mentirions-nous en parlant du « Yéti » ? Pourquoi les Occidentaux disent-ils qu'il n'existe pas, seulement parce qu'ils ne l'ont jamais vu ?*

Propos d'un Sherpa himalayen [1]

*L'incrédulité est la fille de l'ignorance : elle est faite du manque d'information* [2].

— Marie-Jeanne, la dernière fois que nous nous sommes vus, c'était à Moscou en 1971, lorsque nous rentrions d'Orient soviétique !

— En effet ! Je vous avais accueillis à l'arrivée et au départ. Je vous vois encore arriver tous. Je m'étais portée à votre rencontre et vous débarquiez avec de gros *arbouz* (pastèques) et des melons !

---

1. Propos relatés par Charles Stonor, dans Carlo GRAFFIGNA, *l'Enigme du Yéti*, Julliard, Paris, 1962.
2. Carlo GRAFFIGNA, *idem.*

— Oui, notre avion en était plein ! Nous avons fait votre connaissance en été 1962 au terrain de camping de Kiev. Et je me souviens encore de toutes les histoires d'Almastys que vous nous racontiez à Yalta, en Crimée !

Si vous nous parliez d'abord un peu de vous, Marie-Jeanne, poursuit Alain.

— Oh, c'est très simple, vous savez, je suis d'abord de nationalité française. Je suis née, en effet, au cœur de Paris, boulevard Saint-Michel. La Providence m'a projetée en Russie depuis bien longtemps. J'ai fait la guerre en tant que volontaire et, connaissant déjà le Caucase à l'époque, en tant qu'alpiniste, j'ai été versée dans les troupes de montagnes qui ont fait toutes les campagnes du Caucase.

Chirurgien des hôpitaux de Moscou, j'ai travaillé dans les laboratoires de l'Académie des Sciences de l'U.R.S.S. Il y a une vingtaine d'années, j'ai été élue membre de la Société géographique de l'U.R.S.S., pour mes nombreux voyages, et ma participation à des expéditions scientifiques, notamment dans le Pamir, le Tien Chan et le Caucase.

Depuis que le problème de « l'Homme des neiges » a surgi en Union soviétique, où il a d'abord été examiné par le Præsidium de l'Académie des Sciences, j'y consacre l'essentiel de mes activités. Il avait été créé en 1958 une Commission Spéciale près le Præsidium de l'Académie des Sciences de l'U.R.S.S., commission spéciale d'enquêtes sur le problème de l'Homme des neiges. A titre de chirurgien, de médecin, de biologiste, et d'alpiniste, faisant partie de la Société géographique, de l'Académie des Sciences, j'en ai été aussi élue membre.

Cette commission de l'Homme des neiges s'est désagrégée petit à petit, surtout avec la disparition de ses membres, tous des personnages assez âgés. Et, en somme, je crois que c'est aujourd'hui moi le patriarche de ces recherches, que je n'ai cessé de conduire depuis vingt ans dans le Pamir d'abord, puis par suite de son accessibilité, au Caucase, que je connaissais depuis ma jeunesse.

Tandis qu'elle se cale bien dans son fauteuil, Alain continue son interrogatoire tout en vérifiant les boutons du magnétophone :

— Quand on parle d' « Homme des neiges », la première question qu'on pose généralement est toujours : « Y croyez-vous ? ».

— ... A quoi je réponds immanquablement : « Ce n'est pas une question de foi, on peut croire en Dieu ou au Diable, mais en science, on sait ou on ne sait pas. Il n'est pas question de croire qu'il existe, il s'agit de disposer d'une certaine quantité de données scientifiques, d'informations, qui permettent de supposer l'existence ou de la considérer comme impossible. Le dossier qui s'est accumulé depuis des années, aussi bien chez les chercheurs étrangers qu'ici, notamment au Caucase, ne laisse aucun doute, tout au moins sur la nécessité de poursuivre l'étude de ce problème, sans affirmer qu'il puisse exister actuellement, en étant le plus prudent possible. Dans la recherche scientifique, il ne s'agit pas de croire, mais de savoir. Je dispose d'une quantité de preuves qui me permettent de savoir.

— Mais alors cet « Homme des neiges » a-t-il déjà été rencontré par quelques bergers du Caucase ? Avez-vous des témoignages dignes de foi, de personnes qui ne soient pas des fabulateurs ?

— Je vais vous donner un aperçu du dossier caucasien. Je dispose de centaines de descriptions, par des témoins oculaires, de ces êtres rencontrés dans les différentes régions du Caucase, que ce soit en altitude, dans les avant-monts ou même dans les plaines du Nord qui précèdent la chaîne. Ces documents proviennent de personnes différant totalement quant à la nationalité, la religion, la langue, les coutumes, les origines sociales, l'âge. J'ai des bergers kabardiens, j'ai des cueilleuses de thé géorgiennes, j'ai des instituteurs, des médecins, des militaires azerbaïdjanais, du Daghestan, karatchaïs, abkhazes...

Chez toutes ces populations, j'ai entendu à peu près le même récit, les mêmes descriptions, bien que l'appellation sous laquelle est désigné cet être varie évidemment selon les langues. Mais généralement, traduite en français ou en russe, cette appellation veut dire « Homme des forêts ». Jamais, bien entendu, il n'a été question d' « Homme des neiges ». « Homme des neiges » est un surnom ridicule qui a été donné tout à fait par hasard et qui s'est maintenu. Il a été question, pendant un certain temps, parmi les chercheurs français, américains ou russes, qui échangeaient leurs informations, d'essayer de modifier ce nom d' « Homme des neiges » qui ridiculise le problème. Malheureusement, il est déjà bien entré dans les esprits, dans la littérature courante et même scientifique, de sorte qu'on est obligé d'y avoir recours, bien que cet être n'appartienne ni à l'humanité, ni à la faune des neiges. Dans toutes les régions caucasiennes, il s'appelle donc « Homme des forêts » ou bien « Homme sauvage » ou « Homme velu ». En géorgien, c'est *Tsirskatzé,* en azerbaïjanais, c'est *Méchéadam,* en karatchaï, c'est *Agashkishe* et en kabardien *Almasty.*

Il est difficile de supposer que des informateurs d'origines aussi diverses, parmi lesquels nous comptons des Russes qui, eux, ne sont pas imprégnés des coutumes ou des religions locales, des étrangers à la population (alpinistes, par exemple, touristes de passage au Caucase), qui n'avaient aucune idée de ces êtres et demeuraient stupéfaits de ces rencontres, soient tous des fabulateurs ! Les données se joignent en un faisceau qui réunit aussi bien des détails morphologiques que des détails sur la biologie, sur l'écologie... Prenons les données morphologiques : chaque détail communiqué par le témoin oculaire est vraisemblable en lui-même. Quand on parle d'arcade sourcilière très prononcée, d'arcade sus-orbitaire, on me dit : « J'ai pensé que c'était une visière de képi ! » Or ce vieux berger n'a aucune idée de l'expression « visière sus-orbitaire » qui caractérise les crânes de paléanthropiens ! On me dit : « Il a les pommettes très saillantes comme un Mongol, un Chinois, même plus que le Chinois. » En me décrivant le menton, on me dit : « Il n'a pas ce menton pointu que nous avons, nous les hommes. » En me parlant du front, on me dit : « Il a un front très bas, très fuyant ; son crâne est très plat et il a une grosse figure qui lui fait comme une tête de bête. »

Si vous réunissez ces détails, qu'il s'agisse de la forme des orbites, des pommettes, de la visière sus-orbitaire, de ce menton, de ce crâne... que vous preniez toutes ces données séparément : elles sont vraisemblables, biologiquement pensables, anthropologiquement parlant authentiques. Nous connaissons en anthropologie des visières sus-orbitaire, des pommettes saillantes... Mais si l'on poursuit l'analyse, la présence de chacun de ces détails anatomiques est dictée obligatoirement par l'existence d'autres détails, ici présents également ! C'est-à-dire que, par exemple, ayant un front de cette forme, on doit s'attendre à avoir une forme crânienne correspondante — et effectivement cette forme est présente ! Avec ce front, avec ces visières sus-orbitaires, avec ces pommettes saillantes, il serait ridicule de s'attendre à ce que ce sujet ait une éminence mentonnière prononcée : il ne l'a pas !

Autrement dit, les corrélations dictées par les lois, les canons de l'anthropologie, de la crâniométrie sont respectées ici. Alors supposer quoi ? Que chacun de ces centaines d'informateurs, pour la plupart illettrés ou peu cultivés, sachant à peine lire, soit versé dans des questions d'anthropométrie et d'anthropogenèse ! Cette version tombe d'elle-même.

Affirmer, comme le font certains de nos adversaires, que tous nos informateurs sont des menteurs, des fous, des malades, des gens craintifs : je ne le dirais pas, à voir vivre ces gens dans la montagne, seuls pendant des mois. Cela ne correspond à rien non plus, parce qu'on peut admettre qu'il y ait effectivement quelqu'un de malade, un autre de menteur, mais que de tous ces mensonges d'origines diverses converge une description qui soit authentique au point de vue anthropologie, c'est absurde également !

Le plus simple est quand même d'admettre que la description correspond à l'observation d'un être réel.

— Quelle méthode de classement utilisez-vous pour votre travail de recherche ? questionne Alain, en parfait universitaire, lorgnant l'épais dossier que Marie-Jeanne vient de sortir de sa bibliothèque.

— Je possède des centaines de rapports sur le Caucase du Nord, l'Azerbaïdjan... tous classés, fichés, catalogués. J'ai extrait de tous ces procès-verbaux et j'ai classé sur fiches perforées, mécanographiques, tout ce qui concerne chacune des descriptions. C'est rangé par catégories. Il y a d'abord l'année de la rencontre, le mois, le moment de la journée : nuit, matin, après-midi, soir ; le sexe, qui n'est pas présent dans toutes les descriptions. Elles sont très inégales évidemment. Certaines sont formulées en quelques phrases à peine, d'autres couvrent des pages entières. Tout dépend des circonstances de l'observation, du moment de la journée, de la durée, de la distance, de l'état d'âme de l'informateur au moment où il était en train d'examiner le sujet, de la peur qu'il a ressentie...

Généralement la première rencontre inspire beaucoup de crainte, et puis les gens s'y habituent assez facilement. Et surtout ils savent très bien que l'Almasty est un être absolument inoffensif et qu'il ne faut pas en avoir peur. Le principal est de ne pas lui faire de mal, parce qu'à ce moment-là il devient dangereux. Mais cela ne vient à l'idée de personne de lui faire du mal, bien au contraire ! Les informateurs ne peuvent jamais donner une description complète, et ce serait d'ailleurs suspect si tout le monde racontait la même chose ! L'un m'a dit : « Ecoute, c'est exactement un homme ; la seule différence, ce sont les oreilles. » Le fait qu'il soit velu, qu'il ait un tout petit crâne pointu, qu'il ait de grands doigts... cela ne l'a pas marqué. Ce qui l'a impressionné, c'est la forme des oreilles. Je lui ai dit alors : « Mais il était recouvert de poils ! » « Bien sûr, il était recouvert de poils ! » Mais cela n'avait aucune importance, l'essentiel, c'était que les oreilles étaient assez pointues.

L'un remarquera les oreilles, un autre les yeux, le menton... Finalement, lorsque vous avez des centaines de descriptions, vous pouvez extraire tout ce qui vous intéresse. Alors je le porte sur les fiches, et en quelques instants, je peux vous trouver toutes les femelles rencontrées, par exemple, en 1948. La clef de ces fiches est la suivante : le sexe vient en premier lieu, homme, femme, enfant, femme avec enfant, sexe indéterminé. (Je répète ce que disent mes informateurs, il ne s'agit, pour nous scientifiques, ni de femmes ni d'hommes, mais de mâles et de femelles.) Ensuite, les années par décennies, à partir de 1920-1930 ; plus près de nous, ce sont des périodes de cinq ans. Ensuite l'époque de l'année, l'heure de la journée, la hauteur : plaine, avant-monts, région de Sarmakovo, haute montagne ; les endroits où ont lieu les rencontres. En Azerbaïdjan, elles ont très souvent lieu près de l'eau. Par ici, c'est plutôt dans les bergeries, ou même dans la campagne, les jardins, les propriétés personnelles. Ont-elles lieu sur l'initiative — si j'ose dire — de l'Almasty, ou bien sont-elles absolument fortuites ? Même une rencontre fortuite est intéressante. Dans la plupart des cas, on peut dire que, si l'Almasty demeure passif, il a entendu et vu l'homme s'approcher. Il l'a laissé s'approcher sans chercher à se dérober. On peut dire que c'est la grande majorité des cas, sans parler des rencontres où toute l'initiative appartient réellement à l'Almasty qui, de son propre chef, vient, entre dans une bergerie, prend du pain, s'approche d'un feu de bois, ou défile sous le nez du berger assis à contempler la nature ! Il est très rare que l'Almasty soit pris à l'improviste. Cela arrive seulement quand il dort dans la journée. Son sommeil est très profond, comme pour toutes les bêtes nocturnes qui dorment la journée. Même des bêtes aussi prudentes que le loup se laissent souvent approcher au cours de leur sommeil diurne.

Ensuite viennent les descriptions de la morphologie : la taille, l'ensemble des impressions qu'il donne, l'odeur, qui est souvent très forte, le corps, son poids, sa couleur, son épaisseur, les cheveux sur sa tête. Puis la description du crâne, des membres supérieurs, des membres inférieurs, les mouvements, son attitude, les sauts, les sons qu'il émet, les cris, le grognement qui est si fréquent, espèce de meuglement, de gémissement, de sifflement. Ce qu'on l'a vu manger, etc.

Vous voyez, les données sont multiples et, en quelques instants, je peux répondre à n'importe quelle question même si je ne peux pas le faire de mémoire.

— Vous disiez qu'il y a quelques années les vieux bergers voyaient beaucoup plus d'Almastys que maintenant. A combien d'individus estimez-vous actuellement l'espèce ? demande alors Sylvain.

— C'est une question à laquelle je me refuse de répondre. L'erreur se situerait dans une marge vraiment inadmissible. Il s'agit au moins, évidemment pour le Caucase du Nord, de quelques dizaines d'individus. Il y a quelques années, j'aurais peut-être pu formuler d'autres chiffres. Maintenant, nous constatons un nombre décroissant de rencontres. J'attribue cela surtout aux changements radicaux qui ont surgi dans l'économie rurale, dans le paysage sociologique, dans la géographie humaine ; aux bouleversements qui ont renversé tout l'équilibre qui existait entre l'homme et cet être.

— Sans vouloir offenser l'Almasty, reprend Sylvain, on ne peut s'empêcher d'évoquer l'ours des Pyrénées, que nous avons vainement guetté avec Grand-Père, et qui, pour des raisons comparables, va se raréfiant.

— Sous mes yeux je vois se transformer le pays, poursuit Marie-Jeanne. D'abord, il y a un essor démographique très puissant ; ensuite, un bouleversement total anthropogène du paysage, de ce que les Allemands appellent le *Landschaft*. Des vallées, qui étaient, il y a encore une vingtaine d'années, très fréquentées par l'Almasty, se transforment de fond en comble. C'étaient des vallées couvertes d'herbes et d'arbres fruitiers sauvages. Maintenant, ce sont d'immenses champs parcourus nuit et jour par des dizaines de gros camions. Les vieilles bergeries que j'ai trouvées encore en arrivant ici, étaient des huttes à moitié enfouies dans le sol, recouvertes de branchages et de terre. Les bergers, d'ailleurs, n'y couchaient pas : ils restaient dehors par peur des loups. Le troupeau était cerné par une espèce de barrière formée de quelques pieux et d'une ficelle.

Les bergers dormaient dehors sur leurs grandes capes, les fameuses *bourkas*. Ça, je l'ai encore vu en arrivant. Maintenant, à la place, vous trouvez les bergeries aperçues lors de nos déplacements. Ce sont des constructions en béton où l'on a installé l'électricité ! Les moutons ne sont plus à l'air libre, ils sont rentrés dans des grands hangars et gardés par une dizaine de chiens. Les bergers regardent la télévision le soir ; des camions-citernes ramassent le lait de grand matin ou après la traite de 20 heures. Enfin, c'est une animation permanente. Beaucoup de bruits, beaucoup de voitures, de camions, camions-citernes, bulldozers, tracteurs...

— Et pourtant, en passant, nous avions l'impression que l'endroit était complètement désert !

— C'est très relatif, mais cela a cependant changé. Là où nous sommes passés en voiture, en quelques heures, pour faire ce trajet-là, j'avais mis trois semaines avec des attelages de bœufs il y a quinze ans !

— Cela expliquerait que l'Almasty ait reflué vers des zones plus sauvages. Mais existe-t-il encore ?

— Les Almastys ont été très nombreux. La population est unanime : les vieux me disent toujours : « Pourquoi es-tu venue si tard les chercher ? Il fallait faire ça il y a cinquante ans ou au moins trente ans ! » Avant la guerre, il y en avait des foules, des masses, partout (ce sont les expressions qu'on emploie). Toute la génération qui s'en va maintenant, ceux de soixante-dix, quatre-vingts ou quatre-vingt-dix ans, sans parler de ceux de soixante, à ma question : « Combien de fois l'as-tu vu ? » se mettaient à rire et me répondaient : « On ne peut pas compter, je ne sais pas, moi, tout le temps ! » Une vieille femme me disait : « Chaque fois que j'allais chercher de l'eau à la rivière, j'en rencontrais quelques-uns ! »

A côté de Kourkoujin, une vallée s'appelle « Almasty-khro ». *Khro* en kabardin veut dire vallée. Faisant la niaise, j'ai demandé aux habitants : « Pourquoi cette vallée s'appelle-t-elle ainsi ? » « Parce qu'il y avait ici autrefois tellement d'Almastys, qu'ils étaient presque plus nombreux que les habitants de notre village », répondirent-ils. « Cela nous ennuyait énormément, parce que c'était le chemin le plus direct pour aller à la petite ville de Zayoukovo, où il y avait un marché. A cause de ces sales Almastys, on était obligé de faire un grand détour, car nous n'osions pas passer à travers leur village. » « Dans leur village ? Alors ils avaient des huttes, des... » « Mais non, seulement ils étaient très nombreux ! Ils habitaient dans la broussaille, se creusaient des trous, des espèces de refuges recouverts de broussailles. Et ça faisait un bruit ! ça faisait un potin ! Ils étaient tout le temps à se battre, à se chamailler, à pousser des cris, à s'arracher des touffes de poils (comme les singes). On en rencontrait des familles entières. Alors il y avait le père, la mère, des enfants plus ou moins adultes, des tout petits, cinq, six, sept quelquefois. »

— En famille ? Les mâles avec les femelles, à l'inverse de beaucoup de mammifères, des plantigrades, par exemple ?

— Probablement, parce qu'on a observé des couples qui, pendant de longues années, ne se séparaient pas. C'était toujours le même mâle et la même femelle. Les ours n'ont pas de famille.

— On a donc l'impression qu'actuellement les Almastys sont terriblement dispersés ?

— Effectivement, il ne demeure actuellement que quelques individus. Nous assistons évidemment à la fin de l'espèce, ce qui est extrêmement dramatique, et intéressant du point de vue biologique, parce qu'on voudrait bien connaître les raisons pour lesquelles ils s'éteignent si rapidement. Le niveau critique est dépassé depuis longtemps. Je pense donc qu'il subsiste peut-être quelques individus dispersés sur les immensités que vous avez là sous les yeux. Une des grandes difficultés de la recherche ici est que ce sont des nomades qui n'ont jamais de points fixes. Même dans ce village, ce n'étaient jamais les mêmes : certains arrivaient et d'autres repartaient. Ce qui est caractéristique pour toute l'espèce, trait que l'on peut dire spécifique, puisqu'il est valable aussi bien pour les « Saskatches » ou « Big Feet » du Grand Nord américain et de la Californie, que pour le « Yéti » de l'Himalaya, les « Almas » de Mongolie ou « Almastys » du Caucase, c'est leur caractère nomade. Ils sont en perpétuel déplacement. Et je dis paradoxalement à mes amis qu'un Almasty vu aujourd'hui à tel endroit n'a pas besoin d'être suivi ni guetté parce qu'il n'y reviendra peut-être que dans deux ans, dans trois mois, mais certainement pas demain.

— Ces Almastys que les anciens côtoyaient journellement, comment les considéraient-ils ?

— Au Caucase, l'influence de l'Islam fut assez importante. L'emprise de la religion est si forte et Allah si grand que l'on ne se pose pas de question, notamment sur l'Almasty : « *Inch Allah !* Dieu l'a voulu, c'est ainsi, on n'est que des pauvres êtres qui n'ont pas de comptes à demander à Allah ! »

La nature de l'Almasty, qui ressemble tellement à l'homme, les intrigue cependant beaucoup ; mais jamais je n'ai entendu dire que c'était un homme ou un animal. Pendant des années, j'ai terminé mes interviews en leur posant toujours la même question : « Bon, Mahmed, toi qui l'as vu plusieurs fois, beaucoup de fois, qui lui as donné à manger, lui as jeté des morceaux de pain, jeté des morceaux de fromage, qui l'as vu très souvent, à ton avis, qu'est-ce que c'est ? Un homme ou une bête ? » Le pauvre Mahmed ne s'est jamais posé cette question. Pour lui, un Almasty, c'est un Almasty ! Il est un peu perdu et inévitablement, j'ai toujours entendu la même réponse : « Comme un homme, c'est comme un homme. » Aussitôt, je déclare : « Moi, dans mon carnet, j'inscris que tu estimes que c'est un homme. » « Wai ! non, ce n'est pas un homme, bien sûr ! » « Alors, soit, c'est une bête. » « Eh non, sœur, ce n'est pas une bête ! » « Alors c'est un homme... » Alors le pauvre Mahmed est complètement perdu, et il dit : « Bon, c'est un Almasty ! Ce n'est pas un homme, ce n'est pas une bête, c'est un Almasty. » « Et qu'est-ce que c'est qu'un Almasty ? » Il me dit alors : « Oh, ma sœur ! c'est pas bon, c'est quelque chose de pas bon, c'est un diable, un Saïtan. »

Comme vous le savez, on est entouré de djinns et de Saïtans (Satans), de diables et d'esprits. Les uns sont les djinns blancs, qui sont bons pour l'homme ; les autres, les djinns noirs, sont très méchants. On ne voit ni les uns, ni les autres, ils sont invisibles. Mais, alors là, la théorie varie selon les régions : en Azerbaïdjan, j'ai toujours entendu dire que l'Almasty était un homme méchant qui, après sa mort, avait été enterré, que la terre n'avait pas reçu et qu'Allah n'avait pas laissé entrer au paradis. Il erre autour de son village. Forcément, il est tout nu, ses vêtements ont disparu et, petit à petit, il s'est recouvert de poils. *A priori*, c'est un homme méchant. Ici, au Caucase du Nord, j'ai entendu les mullahs m'expliquer à plusieurs reprises que c'était un djinn malade, infirme, trop vieux, qui avait perdu la faculté, pour une raison ou une autre, de se rendre invisible, et qui apparaissait à l'homme dans toute sa réalité satanique. Les gens éprouvent quand même de la compassion pour lui : c'est une pauvre créature qui n'a rien pour s'habiller.

Les Kabardiens me disaient : « En hiver, quand une Almasty arrivait dans la cour d'une ferme, on la voyait entrer, il faisait très froid, tout était recouvert de givre. Elle était là, grelottante, avec un petit bébé sur les bras. Nos femmes avaient pitié d'elle et on lui jetait une couverture ou un vieux *kaftan*, une vieille capote de soldat, par exemple, dont elle s'emparait immédiatement en sachant très bien s'en servir. Elle enveloppait le petit et s'en allait. » Elles leur donnaient aussi à manger du pain. Les Almastys, imitant l'homme, le mangeaient. Ils ont une capacité d'imitation tout à fait simiesque.

— Ils imitent l'homme ? Ils nous observent donc fréquemment ?

— Bien évidemment, ils passent leur temps à nous observer. Ils nous connaissent beaucoup mieux que nous ne les connaissons. Ils ne s'approchent pas de n'importe quelle personne, de n'importe quel berger. Ils choisissent, comme un chien qui sait très bien celui qui lui donnera une caresse ou celui qui lui donnera un coup de pied.

— Avez-vous déjà eu des signalements d'Almasty à Sarmakovo ?

— Eh oui ! C'est bien pour cela que j'ai choisi Sarmakovo ! Evidemment, le village d'aujourd'hui ne ressemble en rien à ce que j'ai moi-même connu jadis.

— Combien y a-t-il d'habitants ?

— Il doit y avoir dans les six mille habitants. Ici les villages sont très étirés en longueur parce qu'ils ont très peu de place entre la rivière et les versants de la montagne. Sarmakovo s'étire ainsi sur sept kilomètres. Certains villages, avec des maisons uniquement de chaque côté de la rue principale, sur une seule rive, se traînent sur une vingtaine de kilomètres tout le long de la vallée. Ma maison est située en plein centre de Sarmakovo, près de la poste et de l'hôpital. C'est plus simple, de temps en temps, pour se reposer, prendre des forces ou un peu de nourriture.

— Que donnent vos recherches dans la région ?

— Il y a quelques années, je m'étais mise à rechercher non pas les Almastys en général, mais je m'étais employée à cerner les individus, à les reconnaître dans cette masse. Et effectivement, j'étais arrivée à identifier quatre Almastys, dans les environs de Sarmakovo et dans le village même, qu'on ne pouvait confondre : le premier était une grosse femelle très sans gêne qui se baladait dans les potagers et venait cueillir des fruits dans les jardins de Sarmakovo. Le deuxième était une petite fille très timide d'environ seize ans à l'échelle humaine, qui habitait à quelques kilomètres dans une petite vallée. Le troisième était un mâle, grand, maigre — ce qui est rare — et qui, plus rare encore, avait un pelage de couleur noire, alors que dans la majorité des cas, celui-ci est de couleur brune comme chez l'ours. Quant au quatrième, je n'ai pas pu déterminer son sexe, mais je connais l'endroit où on le rencontrait. Or je pense que celui qu'on a vu ici il y a quelques jours [3] était justement ce dernier. C'est une vieille connaissance : c'est sa manière de se déplacer et il revient régulièrement au même endroit dès la tombée du jour. On le voit souvent. C'est le seul qui semble rester des quatre que je connaissais.

— Et si vous nous lisiez maintenant quelques-uns de vos fameux rapports ?

Marie-Jeanne, qui feuillette distraitement son énorme dossier calligraphié en russe, s'interrompt avec un sourire le doigt sur une tête de chapitre :

(*Chourkou Mohammed, Kabardien, maçon, au village de Kyzbouroun.*)

« C'était vers 1939 ou 1940, en été. Nous habitions à ce moment-là à Baterr, en face de Beunodar. D'où était-elle venue, je n'en sais rien, mais un jour une Almasty fit son apparition dans notre jardin potager et s'établit dans le maïs. Elle s'y était fait une litière avec de vieux chiffons et de l'herbe. Elle vécut chez nous une semaine, restant tout le temps dans notre potager. Elle mangeait du maïs vert. Son corps était couvert de poils et sa tête de cheveux très longs ; ses mamelles étaient étirées, elles pendaient comme chez une femme, mais très bas. Ses ongles étaient longs, ses yeux bridés et rouges ; ses dents paraissaient plus grandes que celles de l'homme et ses lèvres minces comme celle des singes. Dans la journée, elle restait toujours couchée, mais elle se retournait tout le temps : elle ne gardait pas longtemps la même position. Beaucoup de gens venaient chez nous pour la voir.

3. A la mi-juillet 1979.

Si plusieurs personnes s'approchaient à la fois, l'Almasty s'inquiétait, s'asseyait, criait, se levait, s'arrachait les cheveux. Elle criait très fort, comme une femme. Quand elle se calmait, si quelqu'un se tenait à proximité, elle s'en approchait tout doucement et se mettait à le lécher comme un chien. Quand on la quittait, on avait la manche de chemise toute mouillée.

« Avez-vous un chien ? », demandai-je.

« Nous en avons un, bien sûr ; il est vrai qu'il habitait du côté de la cour, pas du potager, mais quand même, dès que l'Almasty fit son apparition, mon père ordonna d'attacher le chien très fort, parce que ç'aurait été une pitié pour l'Almasty, le chien l'aurait mis en pièces. Pendant tout le temps que l'Almasty a vécu dans notre potager, le chien était très excité et ne cessait d'aboyer. »

— Vous avez dit que vos informateurs étaient principalement des bergers ?

— En majorité. Leurs récits sont très intéressants car ce sont des personnes habituées à détailler la nature, à la contempler. *(Le dénommé Marhof Nour entre par hasard dans une cabane de berger, alors qu'il était à la chasse, en hiver 1939)*, résume Marie-Jeanne à voix basse :

« Lorsque j'ouvris la porte, une Almasty était assise par terre près du poêle, elle se grattait. Quand j'entrai, elle se leva. Elle était de très haute taille, avec des épaules larges et un bassin étroit... Elle était entièrement couverte de poils roux. Ses cheveux lui descendaient à la ceinture. Fait étrange : étant grande, forte, robuste, elle avait une tête petite, étroite, en forme d'œuf, un front fuyant, mais le nez et les oreilles de formes humaines. (Vous voyez, l'autre informateur m'affirmait que c'était les oreilles qui l'avait frappé, parce qu'elles ne ressemblaient pas à celles d'un homme !)... La peau du visage était noire, les mains comme celles des gens, mais avec des doigts beaucoup plus longs et un pouce au contraire plus court. Elle marchait un peu voûtée. »

— Les cabanes de bergers sont des lieux de rencontres privilégiés, comme il apparaît dans ce témoignage d'un paysan de soixante-sept ans, Koumouk Kosta :

« C'était dans les années 30, dans la direction de Kastan, au-delà de la Nauzidzé (la Nauzidzé, c'est une petite cime à deux dents, à Jouargen). C'est un endroit rocailleux où les cavernes abondent. Les Almastys vivaient nombreux dans cette région. On les voyait toujours seuls, jamais en groupe, et d'âges différents, avec en général plus de femme que d'hommes. Je n'ai jamais vu de tout-petits, de nouveau-nés, mais je les ai entendus souvent pleurer. Les vieillards disent que les femmes se les attachent sur le dos avec de grandes herbes.

« Les Almastys sont comme les gens : ils ont des bras, des

jambes, seulement ils sont velus. Le poil est comme celui de l'ours, foncé. Je les ai toujours vus déshabillés. Ils ne savent pas parler, ils ne font que marmonner ou meugler. Ils n'ont pas peur des hommes, seulement des chiens. Ils courent très vite.

« Ils venaient toujours le matin ou une fois le soleil couché lécher le sel près de notre abri. A côté des bergeries, on dépose toujours de gros blocs de sel gemme pour les bêtes. Ils venaient quand les moutons étaient partis avec les chiens.

« A deux reprises, à cette époque, j'en ai vu de très près, continue Koumouk Kosta. Un jour, je m'en revenais au village, qui était très loin. J'avais un peu de nourriture dans mon sac : du pain, du fromage et un morceau de mouton. Vers le soir, il se mit à pleuvoir très fort. J'entrai dans une caverne, allumai un feu de bois, étendis ma cape. La nuit, la pluie augmenta. Tout d'un coup, entra dans la caverne quelqu'un de très grand, sur deux jambes, recouvert d'épais poils roux. Le premier instant, j'ai cru que c'était un loup. Mais non, je constatai aussitôt que c'était un Almasty. J'ai eu très peur, je n'étais pas armé, je n'avais que mon couteau. J'étais assis de profil par rapport à l'entrée de la caverne. Je fis semblant de ne rien voir, mais je l'observais du coin de l'œil. Puis je me calmai petit à petit et je me souvins que les vieilles gens disent toujours que si on ne lui fait pas de mal, l'Almasty ne touche jamais l'homme. Cependant, il s'installa près du feu, de côté : c'était une femelle, je le remarquai quand elle se mit à extirper l'eau de ses poils, car elle était trempée ; elle faisait comme cela. (Alors Koumouk prend une mèche imaginaire dans ses poings et la fait glisser entre ses paumes.) Puis l'Almasty se rapprocha du feu, lui offrant tantôt un côté, tant l'autre. Enfin elle s'affala presque sur mes pieds. Je les retirai doucement et rampai un peu de côté, mais elle s'adossa de nouveau sur mes pieds. Finalement, de cette façon, elle me repoussa tout à fait du feu. J'étais complètement calmé, parce que je voyais bien qu'elle n'était pas méchante. Je lui dis quelques mots en kabardien, en russe, en balkar, mais elle ne faisait que marmonner des sons incompréhensibles. J'avais envie de dormir, mais je n'osais pas ; enfin je me mis à sommeiller. La nuit, je l'entendis mastiquer bruyamment et mâcher quelque chose. Je pensais : cela doit être mes provisions, mais je n'osais rien lui dire.

« Le lendemain, je me réveillai très tôt, mais déjà elle n'était plus là. Mon sac était dénoué et il était vide. Les os de mouton qu'elle avait grignotés étaient soigneusement rangés près du sac. Elle avait tout mangé, « la cochonne », et ne m'avait rien laissé !

« L'autre fois, cela se passa ainsi : j'étais parti avec deux ânes démolir une vieille cabane abandonnée, non loin de notre ferme, dans les broussailles. Nos quatre chiens, de grands bergers caucasiens, m'avaient suivi. C'était le soir. Au moment où nous approchions, les chiens se précipitèrent tout à coup en avant et se mirent à courir

*L'Almasty, tel qu'on peut l'imaginer d'après les témoignages.*

autour de la cabane en aboyant très fort. Je me suis dit : « il y a quelque chose dans la cabane ». Je m'approchai de la porte et l'ouvris avec précaution. Au milieu de la cabane se tenait debout un Almasty. Je restais à l'entrée de la porte. L'Almasty me regardait. Ses lèvres bougeaient très vite. (C'est un mouvement simiesque que l'on rencontre très souvent chez l'Almasty quand il a peur.) Des mots désordonnés sortaient de ses lèvres. Il serait resté, je n'aurais pas permis aux chiens de lui faire du mal, bien sûr, mais il avait probablement très peur. Il sauta brusquement vers la porte et se sauva, me heurtant à l'épaule gauche. J'ai failli tomber, et pendant un mois, j'ai eu mal à l'épaule. Il courait sur ses deux jambes très vite en criant d'une voix très aiguë et très forte comme une femme quand elle voit une souris. J'essayais de retenir les chiens, je les appelais, je les grondais, mais pas moyen. Les chiens revinrent deux ou trois heures après, fatigués, la gueule et les pattes ensanglantées et pourtant sans une égratignure. Donc ils l'avaient mis en pièces, celui-là. »

— Vos observateurs sont-ils parfois des femmes ?

— C'est assez rare que ce soient des femmes qui fassent des rencontres, parce qu'elles sont plus ou moins confinées dans les villages ; la majorité de mes témoins sont des bergers ou des gardiens de troupeaux. J'ai cependant ici le témoignage d'une femme, qui provient d'un village situé à environ vingt-cinq kilomètres de Sarmakovo sur un plateau, pas très loin des haras de la région. Je lis son rapport :

« La première fois que j'ai vu l'Almasty, en 1946, je ne me souviens pas des détails. » (Vous voyez comme cela l'a impressionnée : elle ne se souvient même pas des détails !)

« La deuxième fois c'était en 1948, je crois. Je m'étais approchée de la rivière. J'avais pris quelques gorgées d'eau et je me rinçais les mains, quand j'ai entendu tout d'un coup un grognement qui paraissait exprimer du mécontentement. Je me suis retournée : près de moi était assise une Almasty, une femme, qui lavait quelque chose dans l'eau. J'ai eu peur et je me suis sauvée sans rien regarder.

« La dernière fois, j'ai vu l'Almasty le 19 ou 20 juillet de cette année. (Le procès-verbal est dressé le 1er août, c'est-à-dire dix jours après.)

« Cela s'est déroulé ainsi. Avec mon fils de douze ans, j'étais allée chercher du bois dans le ravin qui est à environ six kilomètres du haras. C'est là que nous allons chercher habituellement du petit bois. Mon fils était resté sur le bord du ravin, sur le plateau, là où commencent les noisetiers. Moi, j'étais descendue d'environ huit mètres, pas plus, je peux vous montrer l'endroit, et j'avais commencé à ramasser du bois. Il m'a semblé entendre une espèce de grommellement, mais l'idée ne m'est pas venue que ça pouvait être un Almasty. Mon fils me demande d'en haut : « Qui parle là-bas ? » Je lui dis : « C'est de l'autre côté du ravin des gens qui font la fenaison, des voitures circulent et le vent nous apporte des bribes de conversations ! » Puis je remarque un tas de branches sèches qui forme comme un petit mur. Je me penche pour tirer une branche de ce tas, brusquement quelqu'un se lève de derrière et se secoue comme un chien. J'ai très peur : je vois tout de suite que c'est un Almasty, mais j'essaye encore de conserver le petit espoir qu'il s'agit d'une bête quelconque. Je n'ose pas relever les yeux. Mon regard est dirigé vers le bas puisque je me suis penchée. Tôt ou tard il faudra bien se relever. Je lève tout doucement la tête et j'aperçois d'abord des mains couvertes de poils et dont les doigts bougent lentement. Puis mon regard remonte : j'aperçois une poitrine très puissante, des épaules très larges, très développées, et puis un visage et, à ce moment-là, mes yeux se sont retrouvés dans ses yeux. Ils sont rougeâtres et bridés. (L'informatrice fait les gestes de décrire les yeux, leurs formes et leur rapport avec le nez.) Il me regarde fixement. Je n'ose pas détourner mes yeux de ses yeux, et je ne peux même pas vous dire comment étaient ses oreilles, sa bouche, son front, son nez. »

— Ils ont les yeux rouges, effectivement, rougeâtres, c'est une adaptation à la vision nocturne, explique Marie-Jeanne. Je lui posai quand même la question : Qu'est-ce qu'il y a de rouge dans ses yeux ?

« Je ne peux pas dire ce qu'il y a de rouge ; je sais que des yeux rouges me regardent fixement. Je ne supporte pas cette tension. Je me sens tomber lentement à terre et perds, sans doute pour une seconde, connaissance. Puis, je me relève et le regarde de nouveau dans les yeux. Je me rappelle que les gens disent que si tu n'as pas peur de lui, il ne te touchera jamais. J'ai une hache à la main droite et je me dis que s'il se jette sur moi, je lui donnerai un coup de hache. Mais je n'ose pas me retourner. Il est si près que je pourrais le toucher si je tendais la mains. Il reste absolument immobile. Seuls ses doigts bougent. De la main gauche, je continue à tirer la branche sur laquelle je me suis penchée, et je continue à la tirer, presque de dessous ses pieds. Je veux lui montrer que je n'ai pas peur de lui. Et je dis bien fort, comme s'il y avait beaucoup de monde là-haut : « Eh, qu'est-ce que vous faites là-bas ? Venez ici ! » Pendant ce temps, en reculant, je m'écarte lentement de lui. Lui, il reste sans bouger. Ce n'est que quand j'ai reculé assez pour ne plus le voir, que de nouveau j'entends quelqu'un grommeler comme s'il n'était pas content. J'ai travaillé encore un peu, mais au-delà de mes forces. Je continuais à ramasser des branches sèches. Mon fils m'a demandé encore une fois : « Qu'est-ce qui parlait ? » Je lui ai répondu pour ne pas lui faire peur : « Eh bien, c'est un oiseau qui a une voix presque humaine. » Puis je suis revenu à la maison et j'ai raconté cela à mon mari pour qu'il le dise à la police, pour qu'on te prévienne toi, mais il ne l'a pas fait. Plusieurs jours je suis restée couchée, je me sentais mal. Et puis ensuite on est allé à plusieurs, quelques jours après, ramasser ce tas que j'avais vu. A l'endroit où il était, nous avons trouvé la peau d'un petit animal, genre rat peut-être. Probablement était-il en train de le manger quand je l'ai dérangé. Je me souviens encore que cet Almasty était couvert d'un poil de la couleur de ces *bourkas,* ces capes de bergers, mais d'une vieille cape qui a roussi au soleil. »

— ... C'est d'ailleurs une comparaison assez fréquente. Cette brave femme, quel courage quand même ! Elle a continué à lui tirer de dessous le pied la branche sur laquelle il était, pour lui montrer qu'elle n'avait pas peur de lui !

Captivés autant par la simplicité de ces récits que par le ton de conteur de notre amie, nous ne pouvons nous empêcher de trouver ces témoignages fantastiques. Je me hasardai encore :

— Avez-vous des descriptions d'accouchements ?

— Oui, c'est extraordinaire, j'ai des descriptions d'accouchements, et de bébés nouveau-nés. Là j'étais vraiment sidérée, car il s'agissait de jumeaux. Ils étaient exactement comme ceux de l'homme, mais tout petits. C'est un brave paysan qui me les décrivait. Ils ne naissent pas poilus, comme les singes et chimpanzés. Cela m'a étonné : « Mais ils avaient bien des poils ? Mais non, ils étaient tout nus, rougeâtres et très laids. Ils étaient comme des humains, mais pas gros, pas plus d'un kilo, comme des souris ! »

— Sur des petits, on doit arriver beaucoup mieux à distinguer la forme de la face, les traits, les oreilles, qu'en a-t-il dit [4] ? »

— Vous savez, il n'a pas demandé son reste, le bonhomme, il s'est sauvé !

— Justement, comment se terminent d'habitude ces rencontres ?

— En général, c'est l'homme qui s'en va et laisse l'Almasty sur place. Non seulement il s'en va, mais il fuit ! Il n'y a jamais eu de cas d'agression de l'Almasty, mais plutôt des cas d'agression de l'homme, par peur uniquement : par réflexe de défense, l'homme prend une pierre et la lui lance à la figure.

— Mais que mange donc l'Almasty ? lance Sylvain dont l'estomac commence à crier famine.

— Il mange des ordures, des chevaux crevés, de la charogne, de l'ellébore, plante assez fréquente ici. J'ai entendu les vieux le dire et j'ai constaté moi-même qu'ils en font une forte consommation.

— De la charogne, cela m'étonne, je pensais qu'ils étaient surtout végétariens, dis-je.

— Ils sont surtout végétariens, mais d'abord omnivores. Vous avez vu qu'ils mangeaient du maïs vert, mais aussi des petits rongeurs. Ils ne détestent pas non plus jouer de mauvais tours aux

---

4. Voir le roman prophétique de VERCORS : *Les Animaux dénaturés,* le Livre de Poche, n° 210.

bergers en s'appropriant leur nourriture. L'un d'eux me raconta l'histoire de ce mâle solitaire qui venait régulièrement pousser la porte de sa laiterie, au milieu de la nuit quand tous dormaient, sauf ce malheureux berger souffrant d'insomnie. L'Almasty se dirigeait droit vers les pots à lait, les ouvrait un à un, vidait le plus plein à grandes gorgées, remettait les couvercles et repassait devant notre homme terrifié, qui faisait semblant de dormir sur sa paillasse !

— Il chaparde, mais tue-t-il et mange-t-il des animaux ?

— Je n'ai que très rarement entendu parler d'activités de chasse de l'Almasty, au contraire des témoignages canadiens ou himalayens. Je pense que c'est dû à la sécurité parfaite qu'il a, en matières de nourriture, ici. Très rarement, il est cité mangeant des rongeurs : on l'a vu grignoter des écureuils, des espèces de rats, des chauves-souris même. Un vieux berger me racontait ceci : il gardait son troupeau à côté d'une grande bergerie abandonnée l'été, où il y avait beaucoup de chauves-souris, qui dormaient dans la journée pour sortir le soir. De temps en temps, il voyait rappliquer un Almasty, le même toujours, qui connaissait parfaitement l'endroit, et qui, très tranquillement, entrait, cueillait une ou deux chauves-souris, les mangeait et repartait. Et chaque fois qu'il avait besoin de protéines, il venait manger sa chauve-souris !

Dans la nature, il a facilement de quoi se nourrir. Celle-ci offre nombre de plantes nutritives, utilisées également par les habitants, beaucoup de racines comestibles, une profusion de fruits sauvages, pommes, poires, abricots, de mûres, d'églantines... Regardez, les sangliers se nourrissent tout l'hiver, de même l'ours qui pratiquement n'hiberne pas au Caucase ! L'ours est omnivore et l'on constate beaucoup de points communs entre sa nourriture et celle de l'Almasty : ils sont tous les deux omnivores avec prédominance végétarienne.

— L'a-t-on jamais vu faire du feu ?

— Evidemment non, parce qu'il faudrait des allumettes ou un briquet, ou connaître le système des silex ou des bâtons frottés, mais on l'a vu entretenir du feu allumé par des hommes.

— On ne l'a jamais vu utiliser un outil, une pierre pour casser un os, des pierres taillées ?

— Il se sert de pierres qu'il projette avec beaucoup de dextérité et de précision. Et on l'a vu quelquefois avec un bâton mais seulement à des fins défensives contre les chiens.

— Une question me brûle les lèvres : avez-vous des preuves tangibles de l'existence de l'Almasty en dehors de ces récits ?

— Nous avons quelques données objectives, notamment des empreintes de pas qui correspondent à la description du pied qui nous est donnée dans de multiples témoignages oraux : un pied très lourd, massif, très plat. Nous avons trouvé des déchets, des litières avec de petites provisions de nourriture faites dans des coins absolument inaccessibles à tous les autres animaux.

Par exemple, j'ai trouvé à l'endroit où l'on m'avait signalé un Almasty, le lendemain même de son passage, dans une petite grotte, perchée sur un mur vertical, une litière faite avec des herbes arrachées quelques centaines de mètres plus bas, et, sur cette litière, au fond du mur, un petit tas de nourriture : deux pommes, deux citrouilles encore vertes — c'était au mois de juillet — deux tournesols pas mûrs non plus, et qui avaient été grignotés, non seulement les graines, mais aussi l'assiette plate, très juteuse ; deux épis de maïs verts également, et des fruits d'églantiers qui poussaient à côté.

Evidemment, ces provisions n'avaient été faites ni par un ours, un sanglier, un renard, une vache ou un quelconque animal. La seule hypothèse possible aurait été de penser que ces provisions aient été faites par un homme. Mais on ne voit pas très bien un homme grimper avec deux citrouilles sous le bras, des épis de maïs... tout un assortiment de légumes absolument pas mûrs et tout à fait immangeables. D'autant qu'au milieu je remarquais aussi quatre petites boules de crottin de cheval. Or, en Kabardie, on m'a toujours dit que l'Almasty ramasse le crottin sec des chevaux, qui n'est peut-être pas mauvais au goût ! Comme pour tous les animaux sauvages, cela lui sert de sel. Cette découverte me semblait exclure autant l'homme que l'animal.

Et puis nous avons des empreintes qui ont été relevées à plusieurs reprises, trop rarement malheureusement. La plus belle série a été fixée au printemps dernier (mars 1979), dans une des vallées de la Malka. C'est une série de treize empreintes. Le laboratoire de la police criminelle de Moscou, auquel je les ai remises, les a authentifiées. La falsification est écartée à première vue, bien que ces moulages de plâtre prélevés avec Igor, que vous avez rencontré à Vinitsa, soient d'assez mauvaise qualité. Vous l'avez constaté de vous-même puisqu'il vous en a donné un exemplaire. D'après ces traces que j'ai extirpées avec leur terre après les avoir photographiées, les coordonnées de cet être sont à peu près les suivantes : environ deux cents kilos de poids, et une taille de près de deux mètres ! L'étude anthropologique de ces empreintes n'est pas encore terminée, et rien pour le moment n'a été publié.

D'autre part, en Amérique, en 1966, l'histoire de l'être pris dans un bloc de glace [5] a fait beaucoup de bruit. Depuis, à en croire les Américains, il y a une quantité d'empreintes et de moulages faits aux U.S.A., mais les Anglais et les Français, dont Bernard Heuvelmans, doutent beaucoup de leur authenticité. Car ils ont très peu de signalements de rencontres. En outre, il se vend de fausses empreintes de « Big Foot » en caoutchouc qui ont été à l'origine de nombreuses

---

5. Voir le livre de Boris PORCHNEV et Bernard HEUVELMANS : *l'Homme de Néanderthal est toujours vivant !*, Plon, Paris, 1974, qui est l'ouvrage le plus complet sur ce sujet.

Caucase du Nord.

LES TÊTES
D'AFFICHES

Brejnev à
Rostov-sur-le-Don

Lénine à
Kiev.

Staline à Tsei
(Ossétie du Nord).

Pionnier de Piatigorsk.

En 1942, l'extrême limite de l'avance allemande : Ordjonikidzé.

5 642 m : la cime bicéphale de l'Elbrouz.

Neiges éternelles du Caucase.

Pionniers kalmouks
(origine mongole).

Cavalier balkar
(origine turque).

Marché kolkhozien
de Piatigorsk.

Moulage d'une empreinte de pied supposée d'Almasty.

Le docteur Marie-Jeanne Kaufmann, alias « Yéti ».

La route de Kloukhor (Karatchaevo).

Conseil des Anciens, Fazikaou (Ossètes d'origine iranienne).

Hauts plateaux de Kabardie.

Le temple de Rekum, à Tsei.

Le défilé du Darial.

Berger kabardien (origine caucasienne).

Univermag d'Ordjonikidzé.

Face au Kazbek (5 033 m), la tombe d'un jeune Géorgien avec offrande de sok, mandarines et chocolats.

Le pope de Djvari.

Les églises d'Ananouri.

Tbilissi.

Cueilleuse de thé d'Abkhazie.

La plage de Soukhoumi, sur la mer Noire.

Enfants abkhazes en costume national.

Les fringants centenaires du Caucase.

Le doyen d'Etchmiadzin (Arménie).

Le baptême d'Yvon à Hripsimé.

Le temple de Garni.

Khatchkars de Guégard.

Le Temple du Feu de Sourakhany (Azerbaïdjan).

Exploitation de pétrole en mer Serebrovski.

Kobystan : deux bouquetins affrontés

Mariage à Bakou.

Place Lénine : vitrine de l'Univermag

erreurs et de signalements douteux. Il y a un décalage incompréhensible, trop important, entre traces et rencontres aux U.S.A., donc falsifications !

— Mais personne n'a jamais réussi à le photographier ou le filmer de par le monde ?

— Filmer, si ! Car je suis persuadé que le film de Paterson est authentique. Il a été pris sur le vif en 1967 par deux Américains, des *cow-boys*, Paterson et Jimley, qui avaient reçu un appel des ouvriers d'une exploitation forestière au sujet de traces fraîches, constatées le matin, et de taille impressionnante, qui les avaient apeurés. A cette époque, dès le mois d'août, ils se sont rendus sur les lieux. En octobre, l'exploitation était arrêtée. Dans la montagne, ils chevauchaient à deux, côte à côte dans le lit desséché d'un torrent saisonnier, seule possibilité d'accès dans ce territoire très accidenté et couvert d'une épaisse forêt qui rappelle les paysages d'ici. Le lit de ce torrent était encombré de grosses pierres, d'arbres abattus, charriés par les eaux, et la progression était difficile. Brusquement, vers 2 h 30 de l'après-midi, donc en bon éclairage, les chevaux se sont cabrés de façon si inattendue, que, tout bons cow-boys qu'ils étaient, ils ont vidé les étriers. Paterson a eu le temps de voir la cause de l'effroi de sa monture. Avec un esprit d'à-propos magnifique, digne d'un cosmonaute, en tombant, il a pu tirer de sa housse sa caméra rangée dans une sacoche. Quand il s'est retrouvé sur pied, il avait sa caméra au poing ! En criant à Jimley de le protéger à tout hasard, il s'est précipité sur la bête, ce qu'aucun cinéaste n'aurait fait, en la filmant. Sans chercher le diaphragme ni la mise au point, en appuyant sur le bouton. A ce moment-là, la bête, l'être, la créature — c'était une femelle — était occupée à farfouiller dans une mare stagnante dans le lit du torrent desséché. Elle s'est levée et sans se presser, elle a traversé une clairière, puis remontant le cours du torrent, elle s'est dirigée vers la forêt. Les premières images sont troubles, car Paterson courait comme un fou en sautant les troncs d'arbres, écartant les branchages et évitant les pierres, tout saute sur l'écran. C'est à peine si on aperçoit la silhouette. Puis il s'est immobilisé, et on voit très bien la tête, mais assez floue, car il n'avait pas mis au point la distance. Elle n'a pratiquement pas de cou, la tête semble posée directement sur les épaules. Il a repris sa course, car l'être, quoique se déplaçant à vitesse constante sans se presser, faisait des pas d'un mètre et demi, mais l'a bientôt vue disparaître. Paterson s'est remis à courir et, à ce moment-là, on ne voit plus rien. Puis à nouveau on aperçoit une haute silhouette vue de dos, qui s'en va d'un pas cadencé et tranquille, se retourne de tout son corps, puis s'éloigne définitivement. Les cow-boys ont attaché leurs chevaux et se sont lancés à sa poursuite, mais bien entendu le film était terminé ! Ils ne s'en sont rendu compte qu'une fois arrivés à l'orée de la forêt. La bête s'était mise à courir à grands bonds et ils ont compris qu'il était impossible de la rattraper dans cette jungle inextricable. Ils n'étaient pas très rassurés, car cette dame avait deux mètres de haut. Et les calculs ont montré qu'elle devait peser dans les trois cents kilos !

Quand ont filtré les premières photos et les premiers récits de ces deux cow-boys américains, j'ai eu l'intuition que cette histoire était vraie. Ils n'avaient aucune connaissance des études faites sur le problème, et leur récit avait des traits frappants de ressemblance avec ceux concernant l'Almasty !

Premièrement, les chevaux : dans 10 % de mes informations, la rencontre a eu lieu grâce au comportement du cheval. Comme vous le savez, le cheval est un animal très nerveux, très sensible, craintif, et il réagit immédiatement à quelque chose d'inconnu. Dans beaucoup de mes récits, le cheval se cabre, les cavaliers sont sur le point d'être projetés, désarçonnés. C'est un trait caractéristique des observations faites au Caucase, et que ces Américains ignoraient.

Deuxièmement, de la part de l'Almasty, le comportement est exactement le même : il s'en va sans se bousculer, mais à un moment, il se retourne, comme tous les animaux, avec ce mouvement de regard jeté en arrière : un lièvre qui détale, s'arrête au bout de cinquante mètres et se retourne ; le renard de même : sans doute par curiosité et pour s'assurer de ses arrières.

J'ai vu ce film en couleurs apporté par un Canadien qui s'est lancé dans l'étude de l'Almasty et a passé un mois à Moscou. Vous imaginez que le premier soir, nous nous sommes réunis le cœur battant, et avons contemplé ces images qui ont suscité les sentiments les plus divers. Personnellement, j'étais remuée par son authenticité. Il y a une chose qui m'a frappée terriblement, c'est, en dépit de l'énormité de la créature, très lourde, forte, puissante, presque monstrueuse, sa ressemblance avec l'homme. On la voit de côté, assez bien de trois quarts, de dos, puis elle se retourne et on la voit de face. Je ne m'attendais pas à une similitude aussi frappante, aussi directe. J'ai relu ensuite mes centaines de communications, qui toutes parlent d'un être « comme un homme », à la seule différence qu'il est poilu, voûté, avec les bras longs, ballants et les jambes fléchies. C'est un bipède en position verticale, à la démarche glissante, féline, surprenante pour cet énorme poids. Je me suis rappelé, stupéfaite, l'expression littérale d'un de mes interlocuteurs caucasiens. A la question « Quelle est sa démarche ? », il avait répondu : « Il a une façon de se déplacer qui est comme celle d'une bête fauve qui s'attend à être attaquée. » Mais sa démarche est humaine. C'est en voyant ce film que j'ai compris à quel point mon informateur s'était exprimé avec une authenticité extraordinaire !

Les autres épisodes qui m'ont frappée, outre cette ressemblance avec l'homme, cette démarche féline, la façon de se retourner, ce sont des détails : notamment les mouvements très souples qu'elle fait avec les bras. Les bras sont assez écartés et elle les lance en avant et en arrière avec de grands mouvements. On voit que c'est une femelle au moment où elle se retourne : elle a de grandes mamelles très puissantes et développées, mais ne tombant pas au bas du ventre comme celles des Almastys d'ici. J'ai repris mes récits de descriptions de femelles du Caucase, notamment d'une très grosse, aperçue il y a quelques années : elle avait la même démarche, balançant très fort les bras nettement écartés du corps, probablement un système d'adaptation pour tenir en équilibre son corps massif [6].

— Mais n'aurait-on pas dû trouver des Almastys morts, des squelettes, des ossements... ?

— Le Caucase pullule de sangliers, de loups, de renards, de lièvres, d'une multitude d'animaux. Trouvons-nous leurs cadavres ? Eh bien sûr que non ! Un cadavre, c'est une aubaine qui disparaît immédiatement. Nous en avons fait l'expérience et je connais celle des chasseurs. Même un cadavre d'ours disparaît en quelques heures. Tout est éparpillé sur des dizaines de mètres. Vous voyez des bouts de fourrure un peu partout, d'os rongés ; les rapaces arrachent un morceau de cuisse et s'en vont avec. J'ai observé au Pamir le cadavre d'une chèvre sauvage qui avait été précipitée d'un rocher par un de nos Kazakhs qui l'avait attrapée à l'*arco* (au lasso) par les cornes. Tous les matins, j'occupais un emplacement dans les rochers à cent mètres de cette pauvre bête. Avec mes jumelles et mon appareil-photo, j'enregistrais sans bouger, à plat ventre sur mon sac de couchage, l'apparition de tous les animaux. Les premiers étaient les chocards.

— Lorsque nous guettions les vautours dans les Pyrénées, c'étaient en effet les petits charognards, les pies, les corvidés, qui arrivaient les premiers pour la curée sur nos brebis, bien avant les vautours ! rajoute Alain. Constatant que sa bande de magnétophone va se terminer, et qu'il commence à être très tard, il pose les dernières questions :

Un ultime problème qui nous intéresse : y a-t-il plusieurs races ou variétés d'Almasty ?

— Je n'oserais absolument pas émettre la moindre affirmation à ce sujet, répond Marie-Jeanne en refermant son volumineux dossier, mais effectivement on note certaines disparités entre les créatures que l'on vous décrit. Il y a le type classique de l'Almasty : voûté, de taille moyenne, correspondant approximativement à celle de l'homme, le pied très lourd, la plante de pied large... Dans l'ensemble, c'est un être assez doux, timide quoique sans gêne comme tous les animaux quand ils voient qu'on n'est pas sévère avec eux. Ils se tiennent à l'écart et ne sont pas agressifs en tout cas.

---

6. Le 20 décembre 1981, le Soviétique Youri SENKEVITCH aurait filmé en Himalaya le fameux Yéti (film présenté le 6 janvier 1982 à la TV de Moscou, canal 1, lors de l'émission *Le Club du voyage*.

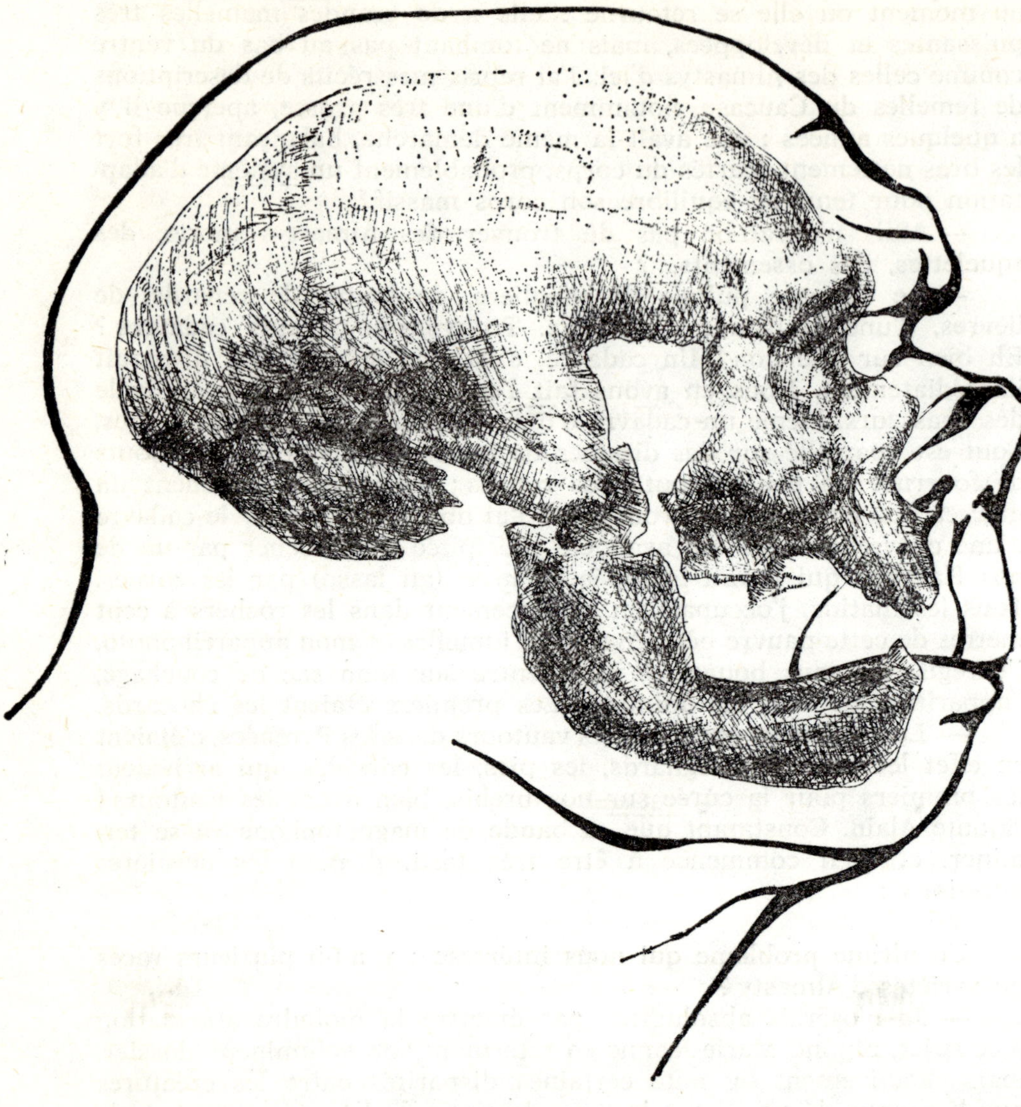

*Reconstitution du profil d'un Néanderthalien d'après le crâne de l'Homme de la Chapelle-aux-Saints (Corrèze), 50 000/45 000 ans.*

A côté, on rencontre des créatures beaucoup plus puissantes. Il s'agit surtout d'hommes mâles qui se montrent extrêmement agressifs, hargneux et irritables. S'agit-il de vieux adultes qui changent, comme on le sait, de caractère et de comportement pour des raisons hormonales avec l'âge, ce qui arrive aussi bien avec les humains ! Les chasseurs connaissent ces vieilles bêtes, ces vieux sangliers, ces vieux loups, ces vieux ours — mâles toujours — qui ont un caractère épouvantable et représentent un certain danger même pour leurs congénères... S'agit-il alors pour les Almastys de vieux adultes de ce genre-là ou carrément d'une espèce différente ? Il ne serait pas scientifique d'affirmer quoi que ce soit.

— La dernière question qui se pose inévitablement est la suivante : Mais alors qu'est-ce qu'un Almasty ?

— Il est indubitable que cet être est plus évolué qu'un australopithèque, qu'il s'agit d'un préhominien, d'une variété dont nous avons les analogues sous forme de fossiles, et qui sont réunis sous le nom de paléanthropiens (= néanderthaliens) ou peut-être d'archanthropiens (= pithécanthropiens), parce qu'il suffit de quelques millimètres de différence sur un disque crânien pour le verser dans l'une ou l'autre catégorie.

Il serait prématuré et imprudent de préciser le diagnostic sans avoir le crâne entre les mains ou le spécimen vivant, et d'affirmer péremptoirement qu'il s'agit précisément d'un Néanderthalien.

★

Les lumières de Sarmakovo se sont éteintes depuis longtemps lorsque nous nous couchons cette nuit-là. Nous avons débouché une bouteille pour fêter, ce 23 juillet, l'anniversaire de Marie-Jeanne. Dans nos lits de camp, sous le plafond crevé, au milieu de bidons vides (Alain y reconnaît les bidons d'huile de vidange Renault donnés à Yéti en 1962 à Kiev !), de roues de secours, d'ossements d'animaux, de crânes déformés d'Alains découverts alentour dans des cavernes, nous poursuivons, dans nos rêves un peu fous, un homme de Néanderthal qui serait toujours vivant...

## CHAPITRE IX

## UN CRI DECHIRANT DANS LA NUIT...

Les cocoricos d'un coq matinal nous réveillent sans ménagement le lendemain. Tandis que leur mère prépare des bocaux de fruits, Marina et Madina, qui balayent la cour entre dindons et poulets, nous lancent d'espiègles œillades. Ali, avec son bienveillant sourire, nous emmène au potager. Sa femme, un tuyau à la main, arrose les jeunes plants, accroupie entre deux sillons, les cheveux prisonniers d'un foulard bariolé. Ali va à l'arbre le plus lourd et y cueille ses plus belles pommes. Il nous les offre pour la route avec, en bon musulman, mille invocations pour qu'Allah nous protège.

La Jeep en crachotant démarre vers les hautes pâtures qui surplombent Sarmakovo. Après avoir quitté la Malka, en un endroit où fut signalé il y a quelques années le passage d'un Almasty, nous croisons des bergers qui rentrent chez eux au grand galop. Marie-Jeanne les connaît bien, ces fiers cavaliers de Kabardie, et ils s'arrêtent pour la saluer et échanger les dernières nouvelles. Derrière un champ de fleurs et une forêt de noisetiers, s'escarpent les flancs de montagnes trouées comme un gruyère. Alain, Sylvain et moi abandonnons pour quelques heures Marie-Jeanne et son véhicule pour aller y jeter un œil.

Les sangliers ont tracé un étroit sentier à travers les broussailles, que nous suivons pour arriver à la première grotte. Le sol sableux est tout piétiné d'empreintes d'animaux venant se réfugier dans ces abris naturels. Les bergers parfois aussi y cherchent refuge. Nous longeons l'à-pic de la paroi rocheuse, aplatis contre la pierre, pour aller d'une grotte à l'autre. La lampe électrique fouille l'obscurité, mais ce n'est pas encore aujourd'hui que nous trouverons des traces de cet Almasty que l'on vit rôder récemment ici, si ce n'est les restes d'une veste dérobée à un berger par un de ces individus, et que Marie-Jeanne avait déjà repérée. Le ciel s'assombrit et se strie d'éclairs. Dans la vallée, les gardiens de troupeaux talonnent le bétail pour le rentrer avant que n'éclate l'orage. En hâte, nous rejoignons notre amie venue à notre rencontre.

Les vallons sauvages d'il y a dix ans, où l'Almasty se faisait souvent remarquer, sont maintenant couverts de champs qui ondulent des verts maïs aux lourds tournesols jaunes. Deux tracteurs jumelés avancent, charriant, le long du câble tendu qui les relie, une masse énorme de paille de blé. En route pour notre camp de Sokhol, nous atteignons bientôt à nouveau la vallée du Baksan. Les géologues ont prospecté dans le défilé, laissant de larges tranchées béantes sur leur passage. Avec les militaires, ce sont les privilégiés du régime quant aux moyens et possibilités matériels mis à leur disposition. Nul doute qu'on découvrira au Caucase des trésors miniers. Pour l'heure, l'immense massif possède encore intacte sa beauté de nature vierge et sauvage pour le plaisir des yeux.

Tout est calme, lorsque, au soir, nous parvenons à Elbrouz. Les tentes sont là, les pins embaument, les eaux rapides « glougloutent » et personne ne semble s'être inquiété de notre longue absence. Nous nous réunissons autour d'un bol de soupe pour continuer notre conversation sur l'Almasty.

Soudain, un cri puissant et répété nous fait lever brusquement la tête. Deux heures auparavant, nous l'avions déjà entendu, mais étouffé par les mille bruits de la vallée : le chant d'une veillée de Pionniers, le pas des alpinistes ralliant leur camp, le crépitement des feux où dorent les *chaschliks*. Nous n'y avions pas prêté spécialement attention. Ce pouvait être un berger rameutant son troupeau, un meneur de jeu de piste, un randonneur hélant un camarade. De toute façon, nous étions pris par les préparatifs du dîner et le bruit des casseroles et des gamelles couvrait bien les autres.

Mais là, dans la paix de la nuit, la voix rauque, hurlante, brutale, glace le sang ! « Eh... oh... eh... oh... eh... oh ! » Nous arrêtons de parler et tendons l'oreille comme pour scruter le silence et les ténèbres. Tout près de nous, la clameur du torrent brouille les pistes ! On voudrait arrêter la course des eaux pour localiser cette plainte vive qui continue de trouer la nuit et ressemble bien à un appel au secours :

— Eh !... oh !...

Elle semble bien venir d'en face, de l'autre rive. Quelqu'un est en danger sans doute, depuis de longues heures déjà, peut-être coincé dans ces éboulis de rochers qui secouent ici la montagne. Il faut aller voir, et vite, ce qui se passe. Une chance que Marie-Jeanne soit chirurgien ! Alain, Sylvain et elle, au pas de course, traversent le pont et balayent l'obscurité de leurs torches. Je reste seule dans la tente à « garder les affaires », l'oreille à l'affût et le cœur battant. On n'entend plus que la rumeur de l'eau roulant ses cailloux, et puis la plainte reprend : « Eh... oh... eh... oh ! », plus violente, plus angoissante que jamais, espacée de quelques secondes ou de quelques minutes, lointaine et brouillée par le vent ou claire et proche comme à portée de main. Une demi-heure déjà qu'ils sont partis ! Mais chaque instant me semble éternité. Ce cri résonne, régulier, que je tremble d'entendre faiblir et s'épuiser. Quelle énergie du désespoir anime donc cet homme ! Il ne tiendra plus longtemps ; il doit être à bout ! Et cette nuit noire sans lune et sans pitié qui noie tous les reliefs !

Des lumières soudain dansent dans la pinède et se rapprochent des tentes. C'est Alain et Sylvain, en nage malgré la fraîcheur du soir. Je m'attends à un drame. Dehors, la voix appelle toujours... Les deux garçons sont si essoufflés qu'ils en bafouillent :

— Vite, le magnéto ! C'est incroyable, les cris n'ont rien d'humain. Il faut être de l'autre côté du torrent pour s'en rendre compte... Ce n'est donc pas un homme et on ne voit vraiment pas de quel animal il pourrait s'agir. Tous, nous avons la même idée secrète : si c'était un Almasty ?... Si c'était un Almasty ?... J'ai à peine entre-aperçu Alain et Sylvain, qu'en trombe, déjà, ils ont disparu. Je reste là, sous la tente, un peu sidérée, mais tellement soulagée de leur certitude qu'il n'y a pas d'homme en danger.

Les *dejournaïas* de l'hôtel voisin, intriguées, tant par le fameux cri que par nos allées et venues précipitées, viennent aux renseignements et me harcèlent de questions en russe. Elles ont l'air fort inquiètes, craignant qu'un accident ne nous soit arrivé. Par gestes et balbutiements bredouillants, je leur explique que les absents sont juste partis voir l'origine de l'étrange appel, que bientôt ils vont revenir dormir au bercail. Rassurées, les jeunes femmes vont reprendre leur service. Les « Eh... oh... eh... oh... » s'espacent un peu mais ne perdent rien de leur intensité. Pour tromper mon anxiété et mon impatience, je prépare un chocolat pour le retour des « chasseurs d'Almasty ». Mais mon breuvage a bien le temps de refroidir ! Je passe les heures à sortir de la tente, à guetter les lueurs dans la nuit, à rentrer parce qu'il fait frais et à réchauffer le chocolat. Depuis un moment, c'est le silence, mais j'ai l'impression que mes oreilles résonnent encore du son qui s'est enfin tu. Je reste aux aguets.

Enfin nos trois héros reviennent de leur escapade, triomphants et bien excités ! C'est non loin d'un camp d'alpinistes, au pied de cette forêt de sapins drue qui couvre une montagne escarpée quasiment inaccessible, qu'ils se sont postés. Près d'eux, soudain, les branches ont craqué : l'être mystérieux était tout proche. Juste pour quelques secondes ; ses déplacements étaient rapides. Comme il s'éloignait, Marie-Jeanne, pour maintenir avec lui le contact, imitait son appel : « eh... oh... eh... oh... ». Il répondait à sa voix. Cet étrange dialogue, nous l'écoutons tous maintenant, nous quatre et le personnel de l'hôtel vite accouru, groupés sous la tente autour du magnétophone. L'enregistrement est impressionnant. A qui attribuer ce cri sauvage, légèrement bêlant, aboyant, hurlant, trop fort pour une cage thoracique d'homme, à quel animal caché ?

Nous nous glissons dans nos sacs de couchage pour quelques heures de sommeil. Aux premières lueurs de l'aube, le même appel « eh... oh... » nous tire du sommeil. Il nous faut trente secondes pour passer de la tente à la voiture et commencer trois cents mètres plus loin notre battue. Dans la terre humide, les traces d'animaux sont si nombreuses qu'il est impossible de repérer quelque chose d'intéressant. On croise un intellectuel de Moscou qui campe là, aux premières loges. Hier soir, bien sûr, les cris l'ont empêché de dormir. Toute la nuit et ce matin encore il les a entendus, mais il s'est rassuré comme il pouvait en se disant que c'était sans doute un renard blessé. Avec le jour bien levé maintenant, la bête se tait, au grand regret des garçons et à mon grand soulagement : je savoure enfin la paix d'une accalmie trop brève malheureusement. Ce que je redoutais arrive : « Eh... oh... eh... oh... » avec le crépuscule, les hurlements reprennent et parcourent à nouveau la montagne. Cet après-midi, nous avions tenté une expérience. Sur les traces présumées de l'animal et à sa façon, Sylvain et Alain avaient lancé des « eh... oh... » à s'en faire claquer cordes vocales et poumons. Restée près de la tente je n'avais perçu de leurs efforts que quelques décibels à peine audibles, rien à voir avec ce son « stressant » amplifié par l'écho qui s'obstine à hanter la nuit.

Alain sort vivement la tête des draps, hirsute. Je suis furieuse, il est ravi. Il enfile à l'envers un gros pull-over sur son pyjama, attrape mes chaussettes parce qu'il ne trouve pas les siennes, s'empare à la hâte de l'appareil de photo, du magnétophone, bondit hors de la tente pour s'engloutir avec Sylvain dans l'obscurité épaisse. Marie-Jeanne n'est plus avec nous. Elle a dû malheureusement regagner Sarmakovo et je tremble pour les deux garçons qui n'ont qu'une idée : non contents de l'enregistrer, ils veulent donner la chasse à l'être énigmatique qui ne se lasse pas de « gueuler ». Cette poursuite dans une montagne de rocaille, de torrents, de broussailles, couverte à mi-hauteur de forêt sous la neige, n'est-elle pas pleine d'embûches ? De plus, un animal, en principe inoffensif, ne devient-il pas agressif lorsqu'il se sent traqué ? La clameur rauque et stridente vrille régulièrement les ténèbres, entrecoupée parfois de silences aussi inattendus que lourds d'angoisse. On entend le bruit sourd des énormes blocs de pierre qui tombent de temps en temps dans le lit du torrent. J'ai la tête pleine de bruits. Combien de temps va durer cette cauchemardesque attente ? Je n'ai pas eu le courage de suivre les détectives en herbe mais commence à regretter d'être restée seule. J'en suis à grignoter nerveusement mon second paquet de biscuits, à me précipiter hors de la tente au moindre frisson de vent, à livrer à mon imagination mille histoires troublantes, de *Tintin au Tibet* à ce récit d'un « Homme des neiges » congelé et exhibé aux Etats-Unis [1]. Lorsque, trois heures plus tard, rentrent enfin tout fourbus mes deux chasseurs, je dois les accueillir avec la tête d'une victime de roman policier !

— Alors raconte ! ?

— Eh bien, *ils* n'étaient pas un mais *deux !* dit Alain.

— C'était sans doute un mâle appelant sa femelle, affirme Sylvain. Il cavalait devant nous et, guidés par son cri, nous le pourchassions, quand soudain, dans un bruit de branches piétinées, juste derrière nous, un hurlement identique nous a fait sursauter. Une autre bête répondait en écho à la première. A quelques pas de nous, c'était, après deux jours et deux nuits d'une cour assidue et tonitruante, les heureuses fiançailles du couple. D'ailleurs, le silence qui suivait ponctuait la fin de l'histoire. J'appuyai sur le déclencheur de mon appareil de photo. Le flash portait à trente mètres au maximum de puissance, mais dans le désordre des sous-bois, je n'ai absolument rien vu, laisse tomber Alain.

— Moi, j'ai aperçu des yeux rouges et les oreilles pointues d'un quadrupède jaunâtre qui filait dans les ronces, annonce Sylvain.

— Alors, ce n'était pas des Almastys ? Je suis horriblement déçue, presque autant que les garçons.

— On pense que ce pourrait être des chacals, admettent-ils, penauds et dépités, d'autant que, lorsqu'ils étaient proches de nous, ils nous ont semblé japer, voire même aboyer à la façon des chiens, à la différence d'hier.

« Pendant la nuit, ce silence des neiges éternelles est interrompu par les cris du chacal. On dirait un signal de départ que se donnent les démons pour les régions élevées où, de temps immémorial, la crédulité populaire a établi leurs assemblées nocturnes [2]. »

Alamastys, chacals, démons ? Le mystère reste clos !

Alain, au retour de cette nuit-là, découvrira avec stupeur que le micro du magnétophone s'est débranché pendant la course et que la pellicule photo, que j'avais mal enclenchée, n'a pas été impressionnée ! Le seul document qui subsiste est donc l'enregistrement des appels du premier soir. Aucun de nos amis n'y a jusqu'à présent reconnu la voix d'un quelconque animal. Mais qui sait, peut-être, lecteur, es-tu spécialiste en zoologie et nous apporteras-tu tes lumières ?

---

1. Voir PORCHNEV et HEUVELMANS, *op. cit.*
2. César FAMIN, *op. cit.*

## CHAPITRE X

# ORDJONIKIDZÉ, REINE DU CAUCASE

Une tribu de spermophiles [1], assis tout droit sur leur postérieur, nous regarde quitter Elbrouz. A regret, nous transhumons de la montagne vers la ville. Pour arriver à Naltchik, capitale de la Kabarda-Balkarie, il faut redescendre la vallée du Baksan sous escorte de vautours moines et autres charognards, genre pies-grièches écorcheurs, puis tourner à droite sur la grand-route Piatigorsk-Ordjonikidzé, qui file au milieu d'étendues plates et pelées. Dans les rues ombragées de Naltchik, les élégantes déambulent en mini-robes fleuries, perchées sur d'épais talons compensés, « la mode dernier cri ! ». Sur la place, où la maison du parti communiste jouxte le théâtre moderne, une statue, coiffant un bas-relief, célèbre l'alliance de la Kabardie et de la Russie [2].

A quelques pas de là, nous visitons le musée municipal, riche de documents tant d'histoire ancienne que contemporaine. Au rez-de-chaussée on y présente l'époque d'avant la révolution : cottes de mailles, boucliers, épées voisinant avec le crâne oblong à la Néfertiti d'un guerrier alain. A l'étage supérieur, c'est l'apologie de l'ère post-révolutionnaire et moderne. On nous offre un résumé sous verre de la vie en Kabardie. Faune et flore se disputent les vitrines. Pour tous ceux qui sont, comme lui, des écologistes passionnés de nature, Sylvain transcrit la liste des animaux de cette région : perdrix grises, chats sauvages, écureuils roux, gris, gerboises, martres des sapins, huppes, sangliers, geais, bécasses, lynx, faucons, bouvreuils, cerfs, bouquetins,

1. Rongeurs voisins de la marmotte.
2. La Kabarda-Balkarie a 12 000 km² et 600 000 h, c'est une république autonome dans la Fédération de Russie depuis 1936.

lagopèdes, perdrix rouges, tétras-lyres, vautours moines, grives, chocards, fouines, blaireaux, faisans, circaètes, corneilles noires, merles, faucons crécerelles, étourneaux, mésanges bleues et charbonnières, pics verts, pies-grièches grises et écorcheurs, rouges-queues de Güldenstadt — le plus rare !

Sous une cloche translucide, on peut voir aussi la reproduction en plastique de tous les légumes et fruits de Kabardie. Pour les ménagères qui auraient des velléités d'aller faire un jour leur marché là-bas, je dresse la rubrique du consommateur : grosses courges, radis noirs et roses, aubergines, pommes de terre, carottes, poivrons, piments, tomates, raisin, pommes, fraises, poires, prunes, groseilles à maquereau, cerises jaunes. Quelques maquettes enfin donnent une idée de l'architecture intérieure d'un appartement moderne type. Conçu pour trois ou quatre personnes, l'aménagement de style H.L.M. ne s'encombre d'aucune fantaisie et sacrifie volontiers l'esthétique au confort.

Avant de quitter cette agréable ville, nous flânons dans l'artère principale. Une rétrospective, de 1927 à 1978, des œuvres du peintre Michel Alexandrovitch Vannak attire notre attention. La montagne y est représentée avec un réalisme polychrome un peu mièvre. D'autres artistes mineurs ont, dans la galerie, quelques toiles en dépôt. Ce sont surtout des huiles très figuratives de paysages. La volonté de ressemblance supplante en général l'interprétation subjective. Je reste en arrêt devant une illustration fraîche et chatoyante. Elle montre la « libération de Prague » par l'armée soviétique en 1968. La population tchèque en liesse accueille les chars russes dans sa capitale ; les enfants jettent des pluies de fleurs et les femmes embrassent les soldats. Comme quoi, chacun, par conviction ou nécessité, a sa version de l'Histoire !

Nous abandonnons les beaux-arts pour chercher un peu de ravitaillement. Les queues sont longues dans les magasins. On se bouscule devant un nouvel arrivage de choux. Aussi préférons-nous faire une halte chez les kolkhoziens du bord de la route. La chaleur moite colle à la peau, la sécheresse à la gorge et quelques tomates sont les bienvenues.

Nous admirons, juste avant le pont de Térek, le minaret de briques d'El Khotovo, à ne pas confondre avec une cheminée d'usine. Sa silhouette effilée, du XIVe siècle, se dresse, solitaire et anachronique, en lisière de la route macadamisée [3]. Là se trouvait, pensent les historiens, Madjari, la capitale de l'Etat des Alains. Conquise et islamisée par les Tartares de la Horde d'or, elle fut détruite au XVe siècle. Les gamins du coin y ont établi leur quartier général. Du sommet de cette merveilleuse tour de guet, ils observent notre 504 qui s'éloigne, diminue après le passage de l'impétueuse rivière, s'aplatit sous la

3. En janvier 1982, ce monument avait disparu...

barbiche du Lénine géant peint à flanc de colline, n'est bientôt plus qu'un point qui file sous les quatre visages casqués du monument aux morts de 1942, puis s'évapore en direction d'Ordjonikidzé sur la ligne d'horizon.

★

La montagne tient avec précaution dans ses paumes puissantes l'ancienne Vladicaucase, la reine du Caucase, qui s'éveille. Dans notre chambre du motel Darial, construit dans les faubourgs de la cité, Alain chauffe patiemment dans un gobelet l'eau pour le Nescafé du matin, avec une petite résistance électrique, outil artisanal mais bien pratique. A califourchon sur le lit, je grignote un quignon beurré de margarine et un bout de fromage. La radio, branchée en permanence, grésille bizarrement. On peut en baisser le son au maximum, mais non l'éteindre — et j'avoue avoir refréné cette nuit une sainte envie d'en arracher les fils. Un de nos voisins doit faire ses ablutions car l'eau gargouille à grands soubresauts dans les tuyauteries. Par la fenêtre, Sylvain guette en vain la Stolovaïa Gora ou montagne de la Table, toute proche, et les blancheurs éblouissantes du mont Kazbek. Un gris laiteux s'obstine à noyer la vue magnifique, vantée par le prospectus déposé sur la table de nuit. En bas dans le hall, Ludmilla, une opulente brunette de Samarcande, nous accueille au nom d'Intourist pour la classique visite de la ville, incluse dans le prix de la nuit d'hôtel. On se serre dans la 504 qui roule maintenant vers le centre urbain.

En 1747, une ambassade ossète vint à Saint-Pétersbourg pour réclamer son annexion à la Russie. Mais ce n'est qu'en 1774 que l'Ossétie lui fut rattachée en fait, par le traité de Koutchoukaïnardjé. C'est là, sous la couronne éblouissante des neiges du Kazbek (5 043 mètres) que, dix ans plus tard, Catherine II fondait une forteresse et l'offrait à son favori le comte Vorontsov avec ces mots : « *Vladeï Kavkazom !* » ou « soit le maître du Caucase » ! Une ville rapidement déborda les murs d'enceinte. En 1860, Vladicaucase était une place éminemment stratégique bouclant le défilé du Darial et commandant ainsi, par cette « route militaire de Géorgie », l'accès à la Transcaucasie. En 1918, le pouvoir soviétique fut proclamé à Vladicaucase mais non sans heurts. L'armée Blanche de Denikine occupait la ville et ce fut le révolutionnaire géorgien, ami de Lénine, Ordjonikidzé qui, à la tête de la XIe armée Rouge, chargée de liquider les émeutes nationalistes, écrasa les troupes du tsar. En 1931, on rebaptisait, six ans avant que le grand général ne se suicide sur ordre de Staline, Vladicaucase du nom d'Ordjonikidzé. Aujourd'hui, c'est la capitale de l'Ossétie du Nord, une république autonome, depuis 1936, et multinationale de 8 000 km² et 600 000 habitants, dépendante de la Fédération de Russie. A Ordjonikidzé même se côtoyent les représentants de trente-sept nationalités. Sa population de 295 000 habitants regroupe 60 % d'Ossètes, ces fiers descendants des Alains, 37 % de Russes, des Géorgiens, Arméniens, gens du Daghestan, Allemands, etc. Derrière le drapeau décoré de trois ordres de l'Union soviétique : ordre de Lénine, de la révolution d'Octobre, de l'Amitié des peuples, c'est donc une véritable mosaïque de types physiques, de coutumes et de mœurs [4] que l'on entrevoit là, où les Slaves restent minoritaires.

A côté du théâtre dramatique russe, le théâtre dramatique ossète sauvegarde une langue particulièrement compliquée avec onze cas et un système difficile de déclinaisons. Les noms propres et géographiques ossètes sont communs aux Mongols alors que le reste de la langue est dérivé du nord-iranien. Il ne faudra pas s'éloigner très loin de la ville pour rencontrer des paysans ne possédant pour héritage que le langage de leurs parents et ignorant totalement le russe. Ordjonikidzé, que nous visitons dans le sillage des trolleybus, par quelques aspects, ressemble pourtant a bien d'autres villes de l'Union soviétique. Les rails mènent de la place Lénine à la place de la Liberté et de la place de la Révolution à la place de la Victoire. Au centre de cette dernière, un char T 34 fixé sur un piédestal rappelle que la cité ferma ses portes à l'ennemi hitlérien, lui barrant ainsi la route vers la mer Caspienne.

Ludmilla nous guide du palais des Pionniers au Comité régional du Parti, du palais des Sports au palais de la Culture, de la statue de Lénine à celle de Kosta Khétagourov (1859-1906), peintre, dramaturge et grand poète du peuple ossète, mort en exil. Comme à l'accoutumée, les Soviétiques ont eu le bon goût de réserver une large place à la verdure avec nombre de squares, de pelouses et de parcs. Le plus beau de tous, celui de culture et de repos Khétagourov, sur la rive droite du Térek, borde de ses ombrages et de ses plans d'eau la vieille ville. En flânant dans les ruelles flanquées de longues maisons basses aux nuances roses, ocre et vertes de pastel un peu fané, nous découvrons, nichée dans une cour frissonnante de fleurs vives et légères, l'église des Arméniens datant de 1843. Deux petits vieux, tout de noir vêtus, ratatinés devant le parvis, sur des chaises de paille, évoquent leurs souvenirs. Leur bon sourire d'accueil illumine de mille rides leur visage mat. Nous visitons l'église, décorée, dans un style très oriental, de frises rouges et bleues agrémentées de filets d'or, et d'une profusion d'icônes et images pieuses. Les offices sont nombreux comme les fidèles qui chaque dimanche viennent se recueillir devant l'autel. On compte encore à Ordjonikidzé deux églises chrétiennes orthodoxes ouvertes au culte.

Notre guide, qui contemple avec un air d'indulgence résignée

---

4. Voir dernier paragraphe de ce chapitre...

ces lieux, pourtant bien beaux, a hâte de nous entraîner loin de ces « antiquités ».

— N'est-il pas temps, aujourd'hui, de reléguer au passé ces bâtiments décadents pour s'enorgueillir des buildings, des magasins, des écoles, construites ces quinze dernières années sur la rive gauche du Térek ?

Passons donc le pont, où flânent les passants lapant de crémeuses *morojénoïés* à la vanille. Le fleuve bouillonnant, chanté par Pouchkine et Lermontov, coule ici des eaux paisibles.

Un dernier édifice d'avant la Révolution marque, face au flambant neuf hôtel Vladikavkaz, la frontière de la ville moderne : c'est la mosquée sunnite Djuma, commanditée par un riche propriétaire de Bakou et construite en 1908, au bord de l'eau, pour les ablutions des fidèles, par l'architecte polonais Yousef Plachko sur les plans de la Grande Mosquée du Caire. A l'époque, on comptait deux tiers de chrétiens et un tiers de musulmans. Cinq fois par jour, du haut du minaret à colonnades rococo, le muezzin appelait ses ouailles à la prière. Le mullah, tourné vers La Mecque, traduisait en langue ossète les versets du *Coran*. Nous nous engouffrons sous le fronton de briques rouges, émaillées de motifs géométriques bleus et blancs et pénétrons dans le sanctuaire. La lumière qui filtre à l'intérieur par les minuscules hublots de la coupole et les vitraux chatoyants de la façade, éclaire une mosaïque d'enluminures multicolores à la trame si serrée que l'œil s'y perd comme dans les touches en pointillé d'une toile de Seurat. Alain, qui connaît un peu l'arabe pour l'avoir pratiqué au Soudan, déchiffre sur les murs les inscriptions sur fond vert, la couleur sainte, à la gloire d'Allah. Le balcon en mezzanine, qui autrefois accueillait les femmes, surplombe le carrelage bleu parsemé d'étoiles de la salle. La coutume voulait jadis qu'à la mort d'un fidèle, la famille du défunt offre à la mosquée un tapis — et le sol alors en était tout couvert. Aujourd'hui l'édifice, restauré deux années durant, en 1968 et 1969, est déserté, à l'exception de quelques touristes, qui du haut du minaret, viennent admirer la vue sur la ville et la blancheur des montagnes. Un pendule saugrenu, au centre de la vaste salle de prière, « pique du nez » vers le sol. Du haut de son fil à plomb fixé à la verticale de la coupole, il tente encore de prouver de façon un peu dérisoire que la science se passe de l'existence de Dieu pour démontrer le monde, et rappelle qu'en 1937 la mosquée des sunnites fut transformée en musée antireligieux.

A l'heure de la sortie du travail, en fin d'après-midi, les quartiers résidentiels de la ville neuve s'animent. Le long de la grande avenue, sillonnée par le trafic incessant des tramways, la foule se presse sous les lettres rouge vif du grand magasin *Univermag*. Protégée par de larges vitres, la salle dallée du rez-de-chaussée a un faux air de parking souterrain. L'éclairage parcimonieux de quelques néons fatigués surprend un peu nos yeux, habitués à l'éclaboussement agressif et chatoyant des lumières de nos *Prisunic* ou *Printemps.* Le libre-service d'alimentation est littéralement assailli par une horde de ménagères qui se bousculent sans égards, derrière un arrivage de saucisses. Je suis venue avec un cabas dans l'intention de faire mon ravitaillement mais la file d'attente est si longue derrière les caisses que j'y renonce. Au-dessus de cette marée de têtes coiffées de fichus, j'aperçois les éternelles pyramides de boîtes de conserves de poissons de la Baltique, empilées comme pour un jeu de massacre. Je m'éloigne de la mêlée pour gagner avec Alain et Sylvain les calmes étendues de l'étage supérieur, accessible par un large escalier de ciment. Assises derrière leur boulier, les vendeuses attendent le client. Ici, c'est le rayon des vêtements. Les élégantes essayent des chapeaux de feutre coloré. Là, sur un tissu cramoisi, bien alignés côte à côte : deux sachets d'épingles à chignon, quelques peignes, une brosse, cinq ou six tubes de pâte dentifrice, lames de rasoir et crèmes de beauté illustrent le stand des cosmétiques. La marchande de lingerie fine expose une liasse de soutiens-gorge taille unique qui me paraissent profonds comme des parachutes et des bas qui doivent être merveilleux pour affronter les rigueurs de l'hiver en Sibérie, mais nous sommes en juillet ! A côté, on arpente nu-pieds les allées pour chercher chaussures à son pied parmi les escarpins, sandales et bottes éparpillées sur les rayonnages. Au comptoir des souvenirs, on peut choisir entre cinq poupées, quelques statues de Lénine, des assiettes ou tasses décorées, un baromètre, un thermomètre et quelques bibelots en métal repoussé ou du style de ces boules de plastique translucides que l'on agite pour voir le Sacré-Cœur ou Notre-Dame sous la neige. Parapluies, châles et foulards aux fleurs vives mettent toutefois une joyeuse touche de couleurs à l'angle de la pièce. A proximité, c'est l'étalage des tissus qui, mieux achalandé, paraît avoir grand succès. Une charmante brunette débite au mètre, à une cadence accélérée, pour les couturières habiles, ses cotonnades fleuries. Nous nous mêlons quelques instants au groupe de militaires qui, le regard rivé sur l'écran des rares postes de télévision noir et blanc en vente du magasin, vivent avec passion le déroulement d'une manifestation sportive. Un peu à l'écart, deux guitares se battent en duel avec trois radios, genre poste à galène d'avant-guerre. Comme toujours le stand des disques déborde d'une excellente production musicale classique ou de variétés bon marché et de bonne qualité, mais les tourne-disques se font rares et chers à Ordjonikidzé.

Nous sortons du magasin avec une vague impression de malaise ; malaise devant ce manque de choix, de décor, de clinquant, cette vision de grisaille, cette atmosphère de hall de gare ! malaise lorsque nous mesurons les facilités et le luxe effarants qui font le quotidien de notre vie occidentale, que nous avons pris l'habitude de trouver naturels, que nous goûtons du bout des lèvres, avec parfois même « le culot » de faire la grimace ! Un mot de Voltaire me trotte dans la tête : « Le superflu, chose nécessaire ! » Eh bien, force m'est de constater que leur superflu à eux, citoyens soviétiques, commence bien en deçà de notre indispensable à nous, citoyens français.

Durant ce séjour à Ordjonikidzé, nous découvrons les mille facettes de cette ville à la fois ambitieuse pour son avenir et son essor industriel essentiellement métallurgique (la région, riche en zinc et en plomb, est exploitée en partie par la Société belge minière et chimique de Liège, Alagir) et fière de son passé prestigieux. Au musée régional, le chef du Département d'Histoire ancienne (ou d'avant la Révolution) nous accueille pour nous raconter la fantastique épopée du peuple alain, l'histoire de son pays [5].

★

Les rivalités entre Ossètes et Ingouches ont provoqué, en octobre 1981, de violents incidents à Ordjonikidzé. L'antagonisme entre ces deux peuples aux traditions guerrières est très ancien. Alors que les Ossètes demandaient leur rattachement à la Russie au XVIII^e^ siècle, les Ingouches opposaient une forte résistance jusqu'au milieu du XIX^e^. Ces derniers manifestèrent violemment leur antisoviétisme durant la Guerre Civile, à l'opposé des Ossètes. Durant la dernière guerre, les Ingouches d'Ossétie, qui voyaient dans les Allemands leurs libérateurs, leur furent favorables, alors que les Ossètes combattaient par milliers l'envahisseur nazi. Les collaborateurs furent exilés vingt-cinq ans dans le désert du Kazakhastan. En 1977, le retour des survivants fut autorisé, et les vieilles querelles tribales se ranimèrent à Ordjonikidzé.

Un funeste jour d'automne dernier donc, un chauffeur de taxi Ossète se rend responsable dans un malheureux accident de la route de la mort d'une jeune fille Ingouche. Il est aussitôt exécuté par la famille de la fille, qui promène dans toute la ville sa tête coupée en criant vengeance. Les Ossètes réagissent en brûlant toutes les voitures d'Ingouches, puis, se rendant à la Maison du Gouvernement, ils exigent des mesures répressives contre leurs voisins. Comme le Premier ministre tergiversait, furieux, les parents du chauffeur de taxi commencent à tout casser et brûler. La révolte s'étend. On entend des cris « Dehors les Russes » et le Comité Régional du Parti est attaqué. L'Armée Rouge doit intervenir après trois jours d'émeute il y eut des centaines de blessés et peut-être des morts, on ne saura jamais combien ! Les Ingouches d'Ossétie furent finalement expulsés dans leur république de Tchétchéno-Ingouchie voisine.

La coutume de la vendetta, si chère aux Caucasiens du temps de Dumas, est donc restée vivante après soixante années de régime soviétique ! On voit dans cette histoire l'application de la tradition stipulant que les parents doivent tuer l'assassin et apporter sa tête à la famille de la victime. La devise « Famille-Cheval-Kindjal » n'a pas changé pour les Ingouches, si ce n'est que le cheval-vapeur a remplacé un peu l'animal !

---

5. Voir l'histoire des Alains en annexe n° 1.

CHAPITRE XI

# AU CŒUR DE L'OSSÉTIE : LA VILLE DES MORTS

Le 27 juillet, tôt le matin, nous partons à la recherche de la «Cité des Morts ». Certains la qualifient de nécropole alane du V-X$^{e}$ siècle, d'autres de cimetière ossète avec des sépultures du XVI$^{e}$-XVIII$^{e}$ siècles. Nous verrons bien !

Des lambeaux de ciel bleu trouent de plus en plus nombreux la chape des nuages, augurant une belle éclaircie. La route s'engouffre dans une vallée verte et sauvage, celle de Gizel. De hautes parois rocheuses percées de grottes surplombent le mince ruisseau du Gizeldon. Nous bifurquons à droite pour voir au loin se profiler les toits du village de Koban, d'où proviennent des bronzes fameux du II$^{e}$-I$^{er}$ siècle av. J.-C. Puis le chemin s'engage dans un défilé étroit qui débouche sur une plate-forme en cul-de-sac, point de départ d'un funiculaire. Tout est calme, aucun bruit de moteur ne trouble le silence. Le petit chemin de fer de montagne ne fonctionne pas encore à cette heure matinale. Pour tromper notre attente, nous décidons de grimper à pied le long des rails, l'ascension des quelque cinq cents mètres de déclivité de la paroi verticale est exténuante. Je suis rapidement distancée par les deux garçons mieux entraînés. Nous sommes à mi-pente lorsque, dans un cliquetis strident, la cabine rouge s'annonce. Elle s'agrippe farouchement aux rails et nous refoule régulièrement dans les broussailles et les orties à la cadence de ses va-et-vient. Au sommet de la crête où, suant sang et eau, nous parvenons enfin, derrière les quelques bâtisses d'un centre aéré de vacances, la vue s'étale, splendide, comme une merveilleuse récompense de nos efforts sportifs.

Le rio ruisselle d'argent sous le soleil et, bercé par les pentes douces et moussues de la vallée, serpente jusqu'aux cimes enneigées du Kazbek, qui flottent dans l'azur outremer sur un tapis de brume pâle. Nous marchons d'un bon pas le long du torrent pendant de longues heures, doublant un groupe de touristes russes guidés par un Ossète d'origine allemande s'exprimant dans la langue de Gœthe d'une voix à faire fuir les vautours à cinq cents mètres à la ronde ! A notre droite, des chevaux sauvages s'ébrouent sur le duvet moussu des contreforts montagneux. Plus haut, des touffes de forêt sombre se chapeautent de nuages. Seul le chant des cascades anime l'austère beauté de ce paysage perdu.

Soudain, au détour d'une boucle d'eau, le spectacle est saisissant : sur la rive d'en face, à flanc de colline, des dizaines de petits édifices pointus surgissent, posés comme un jeu de cubes fragile, dans le cirque grandiose des montagnes. Bâties en dalles de pierre blanchies à la chaux, les *sappads*, constructions avec leur long toit en escalier d'ardoises, à double pente, pyramidaux ou coniques, rappellent les *chörtens* du Ladakh tibétain [1] ou les *stoupas* de l'Himalaya. C'est là donc que les Ossètes venaient enterrer leur famille et leurs héros ! Un grand silence enveloppe les lieux. Le cœur serré par l'angoisse, nous nous approchons d'un des deux ponts qui franchissent le haut Gizel : l'un de bois est en ruine, l'autre de ciment n'est pas terminé ! Les pieds encore humides, nous atteignons une des sépultures, la contournons et aplanissons quelques ronces pour nous hisser jusqu'à la minuscule ouverture aménagée dans le mur à hauteur d'homme.

Il faut quelques instants à nos yeux pour s'habituer à l'obscurité et quelle n'est pas notre stupéfaction, alors, d'apercevoir des rangées de momies, bien alignées les unes à côté des autres aux différents stades de la décomposition ! Certaines ont conservé leurs cheveux, leurs plus beaux costumes et même leurs bottines pointues bien lacées ! D'autres ne sont plus que squelettes desséchés, os blanchis, crânes chauves et rictus édentés. La peau parcheminée qui se tend encore sur ce pauvre corps racorni d'enfant, là, juste sous mes yeux, semble bien prouver que ces tombeaux ont servi jusqu'à une date récente. Alain capte, à l'aide d'un petit miroir, un trait de lumière pour filmer la scène un peu macabre de ce dernier sommeil. Toutes les tours ainsi habitées sont très ventilées. Est-ce là le secret de la conservation, air sain et vent sec ? Soudain les pétarades d'une grosse Jeep russe nous ramènent brusquement à la réalité. C'est l'arrivée bruyante de Marie-Jeanne qui nous hèle en contrebas et nos joyeuses retrouvailles au milieu des ossements. Le soleil commence à décliner tandis qu'une légère brise agite pervenches et camomilles au pied des tombes. Nous laissons dormir en paix les morts et regagnons le

1. Voir l'album de Louis et Alain MAHUZIER, *Traditions du Tibet, Ladakh et Zanskar*, collection « Connaissance du Monde », Presses de la Cité, Paris, 1980.

motel par la route de Karmadon, encore tout émus par cette impressionnante visite de la nécropole du peuple ossète.

Nous décidons quelques jours plus tard de revenir sur nos pas, pour tenter une approche de ces *aouls* ossètes, pittoresques villages, nichés sur les pentes caucasiennes comme des nids d'hirondelles et aussi rares que difficiles d'accès. Notre 504 s'essouffle sur la route qui grimpe en épingle à cheveux au-dessus des défilés jusqu'au joli bourg de Karmadon, à peine entrevu l'autre jour. Les maisons, aux murs de pierres posées sans liant, les unes sur les autres, s'accrochent en escalier sur le versant rocheux. L'endroit semble désert. Une cheminée pourtant laisse échapper une fumée bleuâtre et des chiffons de couleur sèchent sur une corde à linge. On arrête le moteur. Aussitôt une nuée inattendue de gosses fond sur notre véhicule. Ils commencent, sans complexes, à en tripoter tous les accessoires ; le rétroviseur, le bouchon du réservoir, la plaque d'immatriculation les subjuguent. Ils se poussent du coude, la mine réjouie, l'air déluré, jouant d'audace et tentent même d'ouvrir les portières pour s'installer sur les banquettes. Ces enfants qui nous dévisagent comme des demi-Martiens voudraient bien savoir à qui ils ont affaire !

— Nous venons d'Europe... de France... nous sommes Français... autant de mots inconnus pour eux ! Alors, un peu excédés par cette meute harcelante :

— Nous sommes Chinois ! leur crie Alain.

— Des Chinois ! des Chinois ! s'exclament ravis les gamins en s'ébattant gaiement. Mais la vue d'un inoffensif appareil de photo fait fuir en un clin d'œil tous nos jeunes amis. Cachées derrière le battant des portes, les femmes d'ailleurs battent le rappel de leur progéniture d'un regard aussi furieux que farouche. Il paraît bien difficile de lier connaissance avec une population aussi sauvage.

La route qui s'élève dans des décors de plus en plus grandioses nous invite à tenter plus loin notre chance. On s'engage dans une succession de gorges encaissées ; puis la vue se repose enfin sur les étendues paisibles d'une immense prairie toute semée de fleurs. L'herbe est si haute qu'on distingue à peine la petite ligne bleue ourlant le vert d'une rangée de ruches de bois. A côté, la tête d'un apiculteur émerge de sa cabane à notre passage. N'est-ce pas là l'occasion rêvée d'engager la conversation avec des gens du pays ?

L'accueil est chaleureux. Nous sommes aussitôt installés à califourchon sur une ruche vide devant un pain de cire dégoulinant de nectar blond. On suce le miel avec délectation et on recrache la cire. L'apiculteur nous sert une infusion brûlante d'herbes de la montagne, tandis que son camarade insiste pour me glisser délicatement sous le postérieur son vieil anorak puis court chercher une bonne bouteille de vodka. Nous refusons poliment l'alcool mais nous nous régalons de pain trempé de miel délicieux, tandis que la brume, qui tombe, fait friser les cheveux. Mais nos hôtes ne sont pas Ossètes !

Ils viennent de Russie, juste pour l'été, à la recherche de cette flore caucasienne qui fait le miel si parfumé ! On nous fait l'honneur des installations. Sur les cadres de bois, criblés d'alvéoles, les insectes s'affairent à leur précieuse fabrication. Une centrifugeuse mécanique permet de récupérer d'un côté le miel liquide, de l'autre les alvéoles de cire intactes. Avant le départ, notre apiculteur tient à nous montrer sa « reine » dont il extirpe fièrement le corps long et lourd, d'une minuscule boîte d'allumettes. Cette halte gourmande nous a tout ragaillardis. Le palais et l'estomac en fête, nous gagnons Dargavs où nous espérons entrer en relation avec de vrais Ossètes.

A droite, nous laissons la cité des morts pour grimper jusqu'à la superbe tour carrée de Mansour datant du Moyen Age qui surplombe, sur sa butte, le village aux maisonnettes de bois bleues. Toute la route du Caucase vers la Géorgie est ainsi hérissée de ces hautes tours de guet, sentinelles vigilantes à l'écoute des envahisseurs. Au pied de celle-ci, qui domine la vallée et semble veiller sur la nécropole ossète, nous nous trouvons nez à nez avec une petite vieille, escortée de deux enfants. Quelques mèches blanches dépassent du foulard fleuri qui enserre son visage rond et ridé, éclairci par deux anneaux d'or. Elle s'affaire péniblement à hisser le seau qui, coulissant à l'aide d'un archaïque système de cordes et de poulies, permet d'acheminer l'eau de la rivière située à une trentaine de mètres en contrebas. Avec un sourire un peu las, elle nous dit en ossète quelques mots d'explication au sujet de la tour, que le plus jeune garçon nous traduit dans un russe approximatif. Profitant de ce premier contact, Marie-Jeanne commence à bavarder avec la femme qui devient rapidement très volubile. Elle ne doit pas avoir souvent l'occasion de confier ses soucis, la pauvre ! Oh ! elle est bien triste : elle a un fils unique et il s'est marié avec une fille méchante. On comprendra bientôt que, n'étant pas Ossète, cette bru ne peut être agréée par sa belle-mère ! La jeune épousée ferme sa chambre à clef lorsqu'elle s'en va ! Vous vous rendez compte ? Nous acquiesçons devant le désespoir évident qui affecte la brave grand-mère. Par hasard on apprendra beaucoup plus tard que cette dernière a également quatre filles, mais elles sont mariées, et les filles, cela compte si peu ! Et puis les malheurs s'enchaînent. Comme elle se sent fatiguée ! L'autre jour, elle est tombée et depuis elle peine tant pour aller puiser l'eau ! Relevant sa robe, elle découvre son genou tout tuméfié. Une aubaine que Marie-Jeanne *alias* Yéti et *alias* docteur Kaufmann soit médecin, chirurgien même ! Aussitôt mise en confiance, la vieille paysanne insiste pour que nous la suivions dans sa chaumière. Sylvain, les deux petits-fils et moi restons derrière la tenture qui isole la chambre où Marie-Jeanne donne sa consultation. En attendant, je détaille la minuscule pièce où nous nous tenons dans la pénombre : un tapis élimé tendu sur le mur, une paillasse, un tabouret, une table où s'empilent de larges galettes dorées. La demeure est pauvre mais propre et la cour devant la porte vient d'être balayée. Marie-Jeanne réapparaît la mine soucieuse. Le résultat de l'examen est assez navrant. Outre l'abcès qui entame le genou de sa malade, c'est un kyste énorme que le docteur a découvert. Nous donnons ce que nous avons de pommades ou de gaze. Nous avons droit à des remerciements touchants. La maîtresse de maison nous découpe de larges parts de ses savoureuses galettes fourrées d'onctueux fromage. A boire elle nous donne des verre de *pivo* [2], bière à base de seigle qu'elle a elle-même fait fermenter. Restés à l'écart, en observation, les jeunes garçons semblent perdre petit à petit de leur timidité. Nous bavardons un peu avec eux. Ils sont chez leur grand-mère le temps des vacances. Seul le petit va à l'école : c'est lui notre interprète osséto-russe. Lorsque nous leur offrons deux modestes Bic, c'est le bonheur qui illumine les visages. L'aîné, d'une quinzaine d'années, range le sien dans sa chemise comme un trésor.

Il est tard, nous nous apprêtons à prendre congé. Le docteur Kaufmann insiste bien pour que sa petite vieille profite de la visite du médecin du village, quelques semaines plus tard, pour redescendre en ville se faire hospitaliser. On embrasse la malade, on serre les mains des enfants. Je remarque un petit cœur maladroitement dessiné au Bic sur le bras du plus grand. On caresse le chien. On est presque partis... mais les voisins arrivent... et la conversation repart !

— Ne nous quittez pas ainsi ! Restez manger, dormir ! Quels amis meilleurs que nous peuvent donc vous attendre ailleurs ?...

Alors on se laisse encore séduire par cet accueil. On parle du temps, des récoltes et des animaux avec les paysans du coin.

— Oh ! nous avons bien des problèmes ici pour protéger nos troupeaux. Il faut se méfier de tout : des rapaces, et surtout des ours !

— Les ours ! s'exclame-t-on en chœur.

— Sûr qu'ils ne sont pas loin ! Ils se cachent là, juste derrière la crête. L'année dernière il y en a un qui a brisé l'échine de mon jeune veau !

— Mais les avez-vous vus ?

— Pour ça, oui ! J'en ai poursuivi un avec mon bâton pas plus tard qu'il y a un mois. Il a détalé à toute allure debout sur ses deux pattes. Il courait si vite que je n'ai pas pu l'attraper. J'étais furieux contre moi.

— Il courait debout ?

— Et comment donc ! Même qu'il avait une drôle de tête d'ours ! C'était plutôt comme une figure de vache avec de longs cheveux !

Nous nous regardons avec un demi-sourire, perplexes. Car des ours, il y en a, c'est vrai, dans les vallées trouées de grottes qui entourent le village. Mais un ours qui marche et court debout, même sur ses pattes de derrière, on n'a jamais vu ça !

2. Prononcer PIVA.

— ... Et si c'était l'Almasty ? rumine notre amie Yéti sur le chemin du retour...

Au sortir du village de Fazikaou, les Ossètes du troisième âge, assis en brochette sur le pas des chaumières, se rappellent leurs histoires d'anciens combattants. Leurs chapeaux aux larges bords de feutre blanc les protègent de l'humidité qui tombe avec le soir.

« *Je me souviens des visages graves et burinés des vieillards assis le soir sur le seuil de la porte, au clair de lune, et de l'éclat des fourreaux décorés de leurs longs poignards*[3]. »

L'un de ces vénérables vieillards, apprenant que nous sommes Français, se lève péniblement sur ses deux cannes, et d'une voix éraillée et un peu bègue — que ses voisins moins impotents nous traduisent en riant — apostrophe Alain en lui confiant :

— Vous êtes Français ? Paris, la tour Eiffel ! Je connais bien la France ! J'étais volontaire dans l'armée envoyée par le tsar sur le front français en 1915 ; engagé volontaire, car j'étais trop vieux pour être appelé ! Ah, la France !...

Notre Ossète, calcule Alain, doit bien friser la « nonantaine » comme diraient les Belges ! Et s'il n'a plus toutes ses dents, il a encore toute sa tête !

Nous remontons la vallée voisine de Kourtatin, noyée de brume. Un cheval pleure son maître sur le monument aux morts de Fiacdon. Puis c'est le buste de Staline aux ors écaillés qui, perché sur son rocher, semble avoir été oublié là... encore deux tours de guet. Plus loin se dresse dans les fougères cinq stèles décorées, de taille décroissante. Elles racontent l'histoire tragique de cinq frères, malencontreusement empoisonnés en 1875. Les travaux des champs donnent soif, et ils s'étaient précipités sur la cruche qu'avait remplie leur jeune sœur, sans savoir qu'un serpent maléfique s'y était introduit et y avait craché son ignoble venin ! On voit à quelques pas la stèle de la sœur, morte de désespoir...

Ainsi, au gré de ses sentiers, le Caucase nous raconte son Histoire : la grande et la petite !

★

Le lendemain, avec André et Sacha, un demi-siècle à eux deux, universitaires ossètes distingués, qui nous servent de guides, nous embarquons dans la Jeep de Marie-Jeanne, plus brinquebalante que jamais. Direction : Tsei.

La route enjambe le Gizeldon et se perd dans des étendues de vergers à pommes, en ligne bien droite. On croise pourtant une voiture en compote ! Rien d'étonnant. Bien qu'il soit formellement interdit à tout conducteur de boire une goutte d'alcool, la vodka reste le

---

3. LERMONTOV, *Un héros de notre temps, op. cit.*

vice national. Le traditionnel monument aux morts orne les bas-côtés. Celui-ci est particulièrement esthétique avec ses sept cygnes en envolée lyrique vers le ciel (une malheureuse veuve qui a perdu ses sept fils à la guerre !). A gauche, les champs de chanvre ourlent la montagne en direction d'Alagir. A droite, la plaine s'étend jusqu'à la Chine, sans obstacle... ou presque ! Un petit bouquet vert sombre se dresse, comme un accident. C'est un bois sacré, nous révèle André.

— Un jour, Khegag, héros légendaire ossète, revenait seul d'une expédition lorsqu'il fut attaqué par une troupe de brigands. Perdu sans défense dans cette immensité désespérément plate, sans possibilité de trouver un refuge, il invoqua saint Georges. Il fut aussitôt entendu. Des montagnes, une forêt se détacha qui vint vers lui. Khegag s'y cacha, tandis que, découragés, ses ennemis prenaient la fuite. En signe de reconnaissance, le héros immola un cerf. Depuis, chaque année, en juillet, les Ossètes se réunissent dans ce bois de Khetatzezoua, à trente-trois kilomètres d'Ordjonikidzé, juste avant Zouada, village musulman. (Environ un tiers des Ossètes sont restés musulmans.) Au cours de grandes agapes, on égorge les moutons et les libations durent tard dans la nuit.

Nous arrivons sur les lieux juste après ces festivités. Des centaines de chiffons votifs de couleurs, accrochés aux branches ou aux troncs des arbres, flottent au vent. Dans la clairière, les grandes tables sur tréteaux conservent les reliefs du festin. Quelques fruits commencent à moisir. Les fourrures des bêtes sacrifiées, clouées aux troncs des arbres, font figure de bannières, et les tas de bouteilles de *pivo*, de vin, vodka ou cognac, par terre, témoignent de la qualité de l'ambiance. On met une piécette de monnaie dans la tirelire qui, en même temps qu'elle reçoit la participation des convives, exauce, assure Sacha, tous les vœux formulés. Nous faisons pour nous celui de revenir un jour ici, mais à temps pour participer à la fête. Sylvain s'apprête à faire une photo souvenir familiale. André bondit et d'un geste l'arrête la main sur l'objectif. Surtout pas de cliché de lui ! Il travaille dans une usine d'armements et frémit à l'idée d'être reconnu avec des étrangers ! Une maladie bien soviétique : « l'espionnite ».

Nous remontons maintenant la vallée de l'Ardon, à flanc d'énormes blocs rocheux stratifiés comme des mille-feuilles. Les à-pics vers la rivière, à gauche, sont impressionnants. Des effluves de sources sulfureuses empestent l'air. On double à grand-peine un premier camion qui perd ses bûches et le suivant qui sème son grain. Puis nous empruntons un tronçon de la fameuse transcaucasienne qui, passant en tunnel sous le col de Roki, reliera bientôt le Caucase du Nord à la Géorgie, même l'hiver. Elle sera l'unique voie de passage lorsque le col de la Croix sera bloqué par la neige (plus de six mois par an). Nous progressons en pleine région minière, et on se fraye un passage difficile entre les éboulis et les engins à chenille. Sur les contreforts du macadam un tas de charbon forme un remblai continu entre la route et le précipice. Les fourmis peuvent venir ici faire leurs provisions d'hiver. L'antique tour de guet qui, de son éperon, domine toujours la situation, se redresse d'indignation devant tous ces changements. Sa voisine de la vallée de droite comme celle de la montagne de gauche, avec qui elle est en relation, en sont tout aussi offusquées. Et que dire de Nural, une ville en plein chantier, noyée dans le ciment, le béton, les bouts de canalisation et les morceaux de tunnel ? Avouons que les statues de Lénine devant la maison du Parti, du bon étudiant devant l'école et du bon travailleur sur les chantiers, toutes ces statues peintes en doré, dans cet univers sinistrement noirâtre, sont d'un effet particulièrement saisissant, très « kitsch », dirait-on aujourd'hui !

A Tsei, centre alpin, 1 900 mètres d'altitude, nous abandonnons la voiture pour partir à pied, vers le sanctuaire de Rekum ; construit avant le XVIe siècle, on en ignore la date exacte. Sacha et André nous précèdent à travers l'épaisse forêt, sur un étroit sentier boueux cabossé de pierres et de racines. Après une trentaine de minutes de cette progression heurtée, dans les branchages, nous débouchons sur un flanc de vallée. A nos pieds, des touffes de fleurs blanches défient le ciel d'orage. A droite la massive silhouette en pain de sucre du Moine se distingue à peine dans la brume. Les montagnes, assombries de sous-bois, dessinent d'inquiétantes ombres chinoises. En contrebas, dans la rocaille, on aperçoit enfin la chapelle, dédiée à saint Georges ; batailleur, chasseur, protecteur des guerriers et des voyageurs. On dirait exactement un chalet alpin !

C'est sans doute sur l'ancien emplacement d'un temple païen dédié à Oustardji, le Georges le Blanc ossète, que l'église fut construite en rondins d'if très résistants, à la façon des isbas. Le toit de bardeaux à deux pentes inégales se prolonge de chaque côté par des auvents qui n'existaient pas autrefois. De grosses pierres posées dessus çà et là empêchent les tuiles de bois de s'envoler. Il est frangé d'une série d'arabesques en figure de proue, ornées de colombes. Un élégant clocher, disparu aujourd'hui, abritait jadis la superbe cloche qu'en signe de bon voisinage le roi de Géorgie offrit au XVIe siècle aux Ossètes. Un monceau de crânes, d'ossements, de cornes d'animaux sauvages s'amoncelle pêle-mêle au pied du sanctuaire et s'entasse sur les étagères disposées à cet effet sur la façade : vestiges des offrandes faites au saint patron par les chasseurs ossètes. Ils déposaient là en général leurs plus beaux trophées : les cornes du premier tour, les bois du premier cerf, abattu au début de la saison, qui devenaient, en ces lieux sacrés, objets de culte et d'adoration. Chaque année, les Ossètes célébraient une grande fête à Rekum. On y sacrifiait brebis et bœufs, qui étaient ensuite mangés par les fidèles. Le prêtre, *dzoarlag,* recevait les dons et seul pénétrait à l'intérieur de la chapelle tapissée d'ex-voto. Les femmes n'étaient pas admises et possédaient leur propre lieu de culte ; un autre temple de bois construit sans un clou, qui s'appelait Maïran. La célébration religieuse se prolongeait ensuite par toutes sortes de manifestations sportives : concours hippiques, courses, jeux de lutte ou compétitions de tir à l'arc.

La nuit tombe. La pluie aussi. On se réfugie dans la Jeep où Marie-Jeanne se débrouille avec une vieille cartouche de Butagaz pour nous faire un peu de café brûlant. Sacha sort de sa besace un morceau de fromage de brebis savoureux. Quant à André, il nous propose des galettes, l'une fourrée d'une mixture à l'oseille : la *Tsakharadjin*, l'autre d'une sorte de fromage blanc salé : la *Kabushkadjin*. Cela nous cale bien l'estomac, toute cette pâte à pain. Nous nous rendons compte seulement que nous sommes à jeun depuis l'aube.

Un peu plus bas, un portrait de Staline peint sur un rocher à la gloire du centenaire de sa naissance, attire notre attention. Nous apprenons alors que les Ossètes considèrent le dictateur comme étant originaire d'Ossétie du Sud : cela explique l'attachement de ces régions à sa personne. Son nom, Djaougatchvili serait composé d'un nom purement ossète et d'un nom géorgien. Il est vrai qu'en dehors de la Géorgie et des Osséties, le culte stalinien a fortement diminué depuis quelques années...

La route du retour nous paraît bien longue dans la totale obscurité et c'est exténués que nous nous effondrons sur nos lits.

DEUXIÈME PARTIE

# GEORGIE, ARMENIE ET MER NOIRE

CHAPITRE XII

# LE DARIAL OU LA ROUTE DES ENVAHISSEURS

*Le Kazbek se tourna vers l'horizon polaire :*
*Il y vit s'agiter, de son regard perçant,*
*D'hommes et de chevaux comme une four-*
[*milière,*
*Avec un bruit toujours croissant.*

*Du Danube à l'Oural, ce n'étaient que pous-*
[*sières*
*S'élevant sous les pas de rouges cavaliers*
*Que bataillons suivant le cours des rivières,*
*Froissement de fers et d'aciers.*

*Alors il murmura : « Que le ciel me pro-*
[*tège !* »
*Jeta sur le Caucase un regard attristé,*
*Et, tirant sur ses yeux son bachelik de neige,*
*S'endormit pour l'éternité*[1].

La journée s'annonce sous le signe conjugué de la nostalgie et de l'enthousiasme. Nostalgie, car notre amie Marie-Jeanne nous abandonne pour poursuivre son incessante recherche de l'Almasty dans les vallées du Nord. Enthousiasme, car nous prenons la route pour la Géorgie et nous apprêtons à franchir les fameuses « Portes caucasiennes » qu'ouvrent pour nous les anciens et les poètes.

1. LERMONTOV, « la Dispute », dans Alexandre Dumas, *le Caucase.*

« Le Caucase, cet énorme rempart naturel jeté à l'extrémité de l'Europe sur les confins de l'Asie, laisse pourtant deux passages... Ce sont les défilés de Derbent et celui du Darial. Ce dernier divise l'isthme caucasien en deux parties à peu près égales. L'encaissement d'une double chaîne de montagnes escarpées qui court du sud au nord forme une gorge étroite, sillonnée par le fleuve Térek et ses affluents. De temps immémorial, les peuples voisins se sont attachés à défendre ce passage par des fortifications que la disposition des localités rendait formidables à peu de frais. Ces débris de murs, de bastions, de fossés, et de forteresses, ont donné lieu à la fable de la fameuse muraille qui bordait la crête du Caucase depuis le Pont-Euxin [2] juqu'à la mer Caspienne. C'est au-delà de ce rempart que le prophète Mahomet place les descendants maudits de Gog et de Magog, prédestinés à ravager la terre peu de temps avant la fin du monde. Voici ce que dit le *Coran* de ces peuples cruels, les Yadjoutes et les Madjoutes (sans doute les Scythes moeotes des Grecs) : — Zoul-Carnaïn, arrivé au pied de deux montagnes, y trouva des peuples qui ne comprenaient qu'à peine le langage oral. Ces hommes s'adressèrent à lui :

« O Zoul-Carnaïn, les Yadgougs et les Madgougs ravagent la terre ; nous te paierons un tribut si tu veux élever un mur entre eux et nous. » Il répondit : « Les dons de Dieu sont préférables à vos désirs. Apportez-moi du fer et entassez-le jusqu'à la hauteur de vos montagnes. » Puis il leur dit : « Soufflez pour embraser le fer et apportez-moi de l'airain fondu, afin que je l'y verse. » Les Yadgougs ne purent ni franchir ce mur ni le percer. Cela a été fait par la grâce de Dieu. Mais quand l'époque sera venue, il renversera ce mur, et Dieu n'annonce rien en vain. »

« Les historiens de l'Hégire rapportent :

« Les Yadgougs et les Madgougs sont des géants de taille prodigieuse. Ils ont des griffes et des dents incisives comme les animaux carnassiers dont ils partagent les goûts et les habitudes. Le mur élevé contre eux est construit en briques de fer et de cuivre, soudées ensembles et recouvertes d'une couche d'airain fondu ; mais quel que solide que soit ce rempart, il tombera comme un palmier frappé par la cognée, quand le temps sera venu où les enfants de Magog devront se répandre sur la terre et y porter la destruction, l'incendie et la mort, jusqu'au jour où la matière sera anéantie et l'humanité jetée, tremblante et désarmée, aux pieds de son Créateur.

« En attendant, les gardiens de ce mur viennent de temps en temps frapper à grand coups de marteau sur ses portes d'airain et ce retentissement sonore fait savoir aux Magougs que le pays est bien gardé [3]. »

Dans cette barrière naturelle qui isolait des peuples essentielle-

2. Ancien nom de la mer Noire.
3. César Famin, *Histoire et Description des Peuples,* Firmin Didot, Paris 1838.

ment différents de mœurs et de langage, la brèche du Darial fut le passage par lequel s'engouffrèrent tous les envahisseurs.

La tradition a conservé le nom de Marpésie à un rocher du défilé du Darial où l'évêque Jordanès assure que cette reine des Amazones fit construire des fortifications. Qu'on ne s'étonne pas d'entendre parler des Amazones ! Les écrits d'Hérodote, le père de l'Histoire [4], de Diodore de Sicile, d'Etienne de Byzance, comme de Pline, rapportent les récits de ces femmes guerrières. Il serait absurde de supposer que ces Amazones aient vécu en république sans hommes ou de croire, sans doute, qu'elles se mutilaient le sein (*a-madsos*, en grec ancien, signifie « sans mamelle ») pour être plus aptes à tirer à l'arc. On peut penser, en revanche, qu'une colonie de Scythes belliqueux, émigra du pays des Moeotes (bords de la mer d'Azov), traversa le Caucase par le Térek pour s'établir dans les plaines de Themiscyre, en Cappadoce. Les principaux guerriers de cette armée furent taillés en pièces par les peuples voisins ou réduits en esclavage. Leurs femmes, conservant dans le malheur le souvenir des mœurs natales, prirent alors les armes pour défendre leurs enfants et leurs propriétés ; car toute l'Antiquité s'accorde à nous présenter les femmes scythes comme habituées à combattre journellement à côté de leurs époux et aussi habiles qu'eux à manier l'arc, la hache et la lance. Elles firent donc quelques expéditions au cours desquelles elles élevèrent dans le Caucase des fortifications, laissant planer sur la région cette légende des Amazones.

Ce passage du Darial, les historiens rapportent aussi qu'Alexandre le Grand l'avait fermé d'une lourde porte de fer. En fait ce conquérant glorieux ne visita jamais le Caucase. Mais, lorsque le pays était occupé par les Huns, on raconte que les monarques byzantins payaient à ces Barbares un fort tribut pour la garde de cette porte. Cabadès, roi de Perse, contemporain de l'empereur Justinien, fit élever un mur sur ce passage à l'effet d'y arrêter l'incursion des Barbares dans les domaines de la Perse et de l'Empire romain. Les Russes, enfin, élevèrent une forteresse dont nous verrons bientôt les vestiges. C'est cette brèche encaissée dans des rochers granitiques si élevés et rapprochés les uns des autres que, dit le poète, on s'y croirait au fond d'un puits, que nous avons la prétention de franchir aujourd'hui.

La 504 est à nouveau chargée de tous les bagages et l'espace vital pour nous d'autant plus réduit... Alain est au volant. Sylvain sort un recueil de poèmes et nous commente en vers les méandres de la route. Quant à moi j'essaye de me maintenir en équilibre à l'arrière entre une caisse de provisions et la valise de la caméra. En route pour la Géorgie !

---

4. HÉRODOTE, *Histoires*, IV 110-117, IX, 27.

*Lieu de bonheur, magnifique contrée,*
*Colonnades d'arbres serrés,*
*Course cristalline des sources*
*Au lit de galets bigarrés*[5].

déclame Sylvain, le nez dans son bouquin. On passe le petit bourg de Balta, flanqué à notre gauche de la Stolovaïa Gora, la montagne de la Table, celui de Tchmi puis de Lars, qui s'étire tout en longueur dans une vallée large et caillouteuse, ombrée de montagnes boisées. Un énorme rocher de granit, qui a déboulé lors d'une avalanche d'un glacier du Kazbek, barre le lit du torrent et se dresse là comme une sentinelle pour protéger l'accès du passage. Au kilomètre 30, nous quittons, sans nous en rendre compte, l'Ossétie du Nord pour la République de Géorgie. Au kilomètre 32, la voiture, après un tunnel, franchit le pont du Diable et s'engouffre dans le défilé du Darial sombre et sauvage, où le soleil ne darde que quelques parcimonieux rayons. En contrebas, dans cette gorge taillée comme un tombeau dans la masse caucasienne, le fleuve s'engouffre en bouillonnant :

*Le Térek méchant, sauvage,*
*Bordé par des rochers énormes*
*Sa plainte ressemble à l'orage,*
*En mille embruns ses larmes volent*[6].

déclame Syvain, de nouveau le nez dans Lermontov. Pour l'instant, ce qui vole « en mille embruns » devant nous, ce sont les crachouillis des gaz d'échappement du camion poussif que nous suivons !

La circulation est, en effet, intense sur cette Route militaire de Géorgie. Relier Vladicaucase à Tiflis[7] était une éprouvante expédition de plus d'un mois encore au début du siècle. Les treize kilomètres de la traversée du Darial étaient particulièrement redoutés. Eboulements et avalanches bloquaient fréquemment le sentier accidenté qui s'enfonçait à ras du tumultueux Térek. Depuis, pour son intérêt stratégique et économique, cette unique voie de passage a été élargie et domestiquée. Taillée à flanc de montagne, elle surplombe maintenant le torrent d'une cinquantaine de mètres. Là-haut, le bruit du trafic vole aux rugissements du Térek quelques décibels. Avec un macadam détérioré, tant par les intempéries que par le poids des véhicules, et de nombreux étranglements le long des précipices, la route reste dangereuse, même si elle « impressionne » moins qu'au-

---

5. Lermontov, « le Démon », fragments traduits par Charles Dobzynski dans *la Poésie russe*, Seghers, Paris, 1965.
6. Lermontov, « le Démon », *op. cit.*
7. Ordjonikidzé et Tbilissi, à notre époque.

trefois. De gigantesques escarpements de roches noires et mauves, coupés de rides profondes, s'accrochent aux chevilles des bracelets de brouillard. L'haleine froide des nuages plonge dans l'abîme par cette étroite lucarne qu'entre les cimes on aperçoit. La ronde incessante des rapaces plane sur le sombre puits.

*Comme un lion de Térek bondissait ;*
*La bête des monts, et l'oiseau*
*Tournoyaient dans l'air azuré*
*Guettaient le verbe de ses eaux* [8].

déclame Syvain le nez dans son bouquin. Il dénombre grâce à son « Peterson [9] » neuf vautours fauves et même un percnoptère au long cou décharné.

Bientôt ce sont les corneilles mantelées qui nous guident en troupe dans ces profondeurs humides. Elles ornent, à droite, les murs couverts de graffiti d'un inesthétique fort russe du XIX^e^ siècle, lourd et massif qui fait trempette au beau milieu de la rivière. Au-delà de l'eau, d'autres de ces austères volatiles se découpent en ombres chinoises, perchés sur les ruines d'une tour à flanc de montagne. La tradition rapporte que la reine Tamar, aussi cruelle que belle, érigea là une forteresse et s'y installa à la seule fin de détrousser les voyageurs. Lorsque l'un d'eux avait le malheur de lui plaire, elle le gardait auprès d'elle, le comblait de dons et de caresses, usait tous les pouvoirs de sa séduction, s'abandonnait à lui puis, sans cérémonie, le précipitait ensuite dans les flots du Térek, sinistre sort pour cet amant d'un soir !

*Les tours des châteaux sur les crêtes*
*Par la brume épiaient, hostiles.*
*Ce sont de géantes vigiles*
*Montant la garde aux grilles du Caucase* [10].

clame toujours Sylvain. Alain, qui esquinte ses amortisseurs sur la route défoncée et se trouve soudain au milieu de vaches dont on se demande ce qu'elles peuvent faire là dans ce décor minéral, se sent l'âme moins poétique !

Sur les origines du mot « Darial », les avis sont partagés. Certains pensent qu'il vient du tatare et signifie « défilé » (de *dar*, étroit et *jal*, route). D'autres lisent *Dar-i-Al* pour *Dar-i-Alan* ou la « porte des Alains » en langue persane. Pline parlait des « Portes caucasiennes... ouvrage étonnant de la nature, qui a brisé en cet endroit d'immenses

8. LERMONTOV, « le Démon », *op. cit.*
9. Le « Peterson » est l'indispensable *Guide des oiseaux d'Europe*, toujours édité chez Delachaux et Niestlé.
10. LERMONTOV, « le Démon », *op. cit.*

rochers. L'on y a placé des portes en poutres garnies de fer. Sous ces portes, coule le fleuve Dyriodoris (le Térek) ». Il citait ensuite le château de la reine Tamar : « Sur un rocher de ce côté-ci est un château appelé Cumania, que l'on a beaucoup fortifié pour défendre ce passage contre une foule de peuples divers. » Tandis que Ptolémée nommait le Darial « Portes samartiques » [11].

Un regard encore vers la cascade qui dessine un trait d'argent dans la montagne et la vue s'élargit soudain sur le vaste lit du Térek qui s'étend, enfin libre, hors de son univers carcéral. La voiture sort du défilé, s'engouffre dans un dernier tunnel et grimpe allégrement les derniers kilomètres qui nous séparent de Kazbégui, sur la rive gauche du Térek. Nous entrons dans ce village, jadis résidence de Kazi-beg ou beck, officier chargé de la garde du défilé, par un chemin de gros cailloux. Des gamins, beaux, la peau mate et les yeux clairs, se précipitent pour nous réclamer du *chewing-gum*, en riant. Un téléphérique monte jusqu'au petit sanctuaire de Tsminda Sameba (la Sainte Trinité) de Gergéti, avec son campanile du XVI^e^ siècle qui, sur son piton, fait une jolie tache ocre rose sur la masse enrubannée de brume du mont Kazbek, le Mquinwari ou pic Gelé des Géorgiens [12]. Ce dernier semble bouder aujourd'hui et, mal réveillé, pointe son nez grognon dans le brouillard. Selon la mythologie, Prométhée ravit le feu du ciel et le cacha dans un roseau creux pour le donner aux hommes. Vulcain, furieux de tant d'audace, l'enchaîna au sommet du Kazbek avec des chaînes de diamant. Prométhée devait agoniser là trente mille ans, tandis qu'un vautour, fils de Typhon et d'Echidna, lui dévorait le foie. Mais, au bout de trente ans, Hercule tua le vautour et délivra enfin le « Dieu prévoyant ».

De nombreuses grottes, accrochées aux flancs de la montagne volcanique, presque inaccessibles, anciens repaires de brigands puis lieux de retraites de pieux ermites, ont suscité mille légendes merveilleuses chez les superstitieux montagnards du Caucase. Dans l'une d'elles on voit voltiger une colombe d'or. Dans une autre est suspendue une chaîne de fer à l'aide de laquelle on peut grimper par un soupirail jusqu'au tombeau du Christ, et se promener sous les palais de cristal qui, élevés sur la montagne, absorbent la lumière et ne reflètent que les couleurs de l'arc-en-ciel. Qui sait si ces « grottes de Bethléem » ne recèlent pas dans leurs profondeurs secrètes quelque précieux butin, caché là à 4 000 mètres d'altitude contre les razzias des envahisseurs ?

11. Voir l'étude de Jean Potocki sur le Darial en 1798, *Voyages au Caucase*. Réédition Fayard, Paris, 1980.

12. Escaladé par les mêmes vainqueurs de l'Elbrouz (voir note 7 du chapitre 7) ; l'altitude du Kazbek ou mont Blanc (Ours-kokh) des Osses varie, selon les sources consultées, entre 5 047 et 5 033 mètres, cette dernière étant la plus probable. Le premier conquérant en serait un habitant de Saint-Stephan (aujourd'hui Kazbégui), Joseph Mochievi, au XVIII^e^ siècle. Un autre Géorgien, Kirikachvili, aurait fait quatre-vingt-cinq fois l'ascension du Kazbek !

— Et pourquoi cette chasse au trésor ne serait-elle pas le but d'un prochain voyage ? suggère ironiquement Alain sur le chemin d'Archa et Karbani.

Les habitants de ces bourgades cherchent l'ombre sur le pas des portes et papotent avant le repas. Il fait chaud et la population vit dans la rue. C'est le Midi ici ! Je suis frappée par le nombre des enfants. Ils m'avaient semblé un peu absents des paysages d'Ukraine, de Russie et d'Ossétie du Nord. Sans doute les Géorgiens accordent-ils une valeur plus grande à la vie familiale.

A Sioni, une ravissante fillette aux longues boucles brunes tient son petit frère par la main : frimousse d'abricot doré et grands yeux de châtaigne. Elle nous entraîne par un sentier sur la colline herbue au-dessus du village jusqu'à l'église qui lui a donné son nom et dont son papa est gardien. L'intérieur de cette basilique à trois nefs, construite au tournant des IXe-Xe siècles, est désert. Seul un autel minuscule, tapissé de rouge et d'or, trône au milieu des fresques récentes, un peu trop « léchées », de la clôture du chœur. Le chancel [13] de pierre se compose d'une série de colonnades élancées, couronnées d'arcs et artistiquement décorées. Il reste un des rares exemples de ce type en Géorgie, d'autant plus précieux qu'il est admirablement conservé. Dehors, la lourde cloche, que soutient, à l'air libre, un quatuor de colonnades dressé aux angles d'une tour de pierre, sonnait le tocsin dans la vallée lors des incursions d'envahisseurs. Elle servait d'échos sonores aux signaux optiques qu'émettait la superbe tour de gué pyramidale à quatre étages qui lui fait face.

Toute la vallée du Térek était gardée ainsi par une chaîne de maisons-tours fortifiées où les feux de bûchers de promontoire en piton annonçaient l'approche de l'ennemi. La route longe toujours le Térek. A droite, des rochers ciselés en tuyaux d'orgue surplombent le lit caillouteux des eaux, tandis que devant nous, la vallée moutonne, verdoyante, entre les tuiles rouges des hameaux dispersés. Des murs de pierres, empilées les unes sur les autres, bordent la chaussée. Edifiés comme protection contre les avalanches, ils portent graffiti et inscriptions aux rondeurs tout orientales de la langue géorgienne. « Vive Staline ! » peut-on lire sur l'un d'eux ! Alors que l'alphabet russe, aménagé et diffusé chez les Slaves par saint Cyrille, au IXe siècle, est issu directement de l'alphabet grec, l'écriture géorgienne, dérivée de l'araméen et du phénicien, fut mise au point dès les premiers siècles de notre ère.

On atteint bientôt Kobi puis Almassiani. Là on abandonne le Térek pour la Baïdar.

— Almassiani ou coin des Almass : du mongol *al*, l'homme et *mass*, sauvage qui a donné *Almasty* en kabardien ; Marie-Jeanne a dû passer par là ! fait remarquer Alain.

---

13. Balustrade qui ferme le chœur d'une église.

Le défilé grimpe rudement vers le col, à travers nombre de tunnels qui s'escriment en vain à protéger ce qu'il reste d'asphalte. La chaussée est délabrée, creusée par les éboulements et ravinée par le dégel. Nous mettons plus d'une heure pour franchir les vingt-neuf kilomètres qui nous séparent du fameux col de la Croix, sis à 2 395 mètres d'altitude. C'est David le Constructeur, ancien roi de Géorgie, oncle de la reine Tamar, qui érigea au XIe siècle la croix de bois (de pierre aujourd'hui) qui, à quelque cinq cents mètres à gauche de la route, marque le sommet du col.

A 6 148 kilomètres de Boulogne-sur-Seine, nous passons de l'Europe à l'Asie. Le panorama est splendide. La brume noie les arêtes aiguës et, comme une gaze légère, flotte sur les alpages infinis, moussus et sillonnés de ruisseaux. Des milliers de moutons se rassemblent au pied des montagnes comme des flocons de neige.

On amorce une descente au ras des précipices, aussi rapide qu'impressionnante. Un rai de lumière vive perce les ténèbres du ciel d'orage et lance son dard au cœur du défilé plein d'ombre jusqu'à l'Aragvi Blanche, ruban d'argent, serpent d'écailles luisantes qui ondule avec grâce sur les grès et les laves. A la suite des torrents, les tunnels nous entraînent vers les riantes prairies, semées de ruches et de maisonnettes qui nous rappellent celles du sud de la France, veillées encore çà et là par quelques tours de guet. Les lacets se déroulent jusqu'au village de Mleta où les « gaïs », dans leur cabane, sont toujours vigilants. J'achète à une jolie bergère un fromage de brebis bien blanc qui me semble fort appétissant. Idée malencontreuse ! Il est si salé qu'il est immangeable ! A la sortie du bourg, la route est toute défoncée et un ruisseau qui fait l'école buissonnière traverse sans complexe la route nationale. On se méfie de la conduite sportive des Géorgiens qui foncent à tombeau ouvert sur ces chemins mal carrossés. A Dragbéti, les enfants cueillent encore des cerises le 31 juillet. La région est un luxuriant potager et les arbres fruitiers poussent à profusion.

Kvesheti, ancien gîte d'étape, après le passage du col, marque le relais au milieu des vergers. Sur les bords de l'Aragvi presque à sec, les parcelles de champ se regroupent autour des meules de foin. Vaches et moutons paissent l'herbe tendre, non loin des maisons à un étage, étirées en longueur, ornées d'élégantes vérandas à colonnades et couvertes d'un toit à quatre pentes de tuiles rouges. De ravissantes églises pointent leur clocher dans ce paysage paisible et champêtre. Une femme aux yeux clairs et aux cheveux noirs, très belle, ramène son cheval dans la lumière du soir.

La chapelle de Tchockheli plante ses arceaux dans les galets de la rivière, sur la rive droite, un peu avant Passanaouri, ravissante bourgade au cœur des montagnes boisées. Elle se situe exactement au confluent de l'Aragvi Blanche et de l'Aragvi Noire. Alain filme, amusé, cette rencontre de deux eaux de densité différente qui coulent côte à côte, sans se mélanger, dans le même lit, pendant quelques centaines de mètres. Cela lui rappelle « en miniature » le confluent de l'Amazone et du rio Negro près de Manaus, au Brésil. Mais à l'inverse du phénomène amazonien, c'est ici l'eau sombre qui l'emporte et engloutit sa boueuse compagne.

Les maisons coquettes et accueillantes des villages de Tchartali, Dolaskédi, Tsikhisdziri, les places ombragées où les enfants s'égayent, les fontaines de pierre aux eaux fraîches s'égrènent sur les rives du fleuve et chantent la joie de vivre. L'air est plus doux, le ciel semble plus bleu, même l'état de la chaussée s'améliore dans cette région au charme méridional.

*Je vis un jardin plus splendide que tous les lieux les plus plaisants,*
*Le chant des oiseaux s'entendait plus doux que le chant des sirènes,*
*C'étaient des fontaines sans nombre, des bassins emplis d'eau de rose* [14].

Sur les flancs d'une colline boisée, la splendide forteresse d'Ananouri, des XVI^e^-XVII^e^ siècles, domine de ses ocres délicats l'Aragvi et le village en contrebas, noyé dans une luxuriante végétation. Un sentier rude et caillouteux y grimpe. Il ondule entre les treilles serrées qui protègent du soleil terrasses et potagers. On passe devant toute une famille de cochons, délicieusement vautrés sous le porche d'une chapelle abandonnée, bien au frais contre la pierre. Des gosses se faufilent devant nous et leurs mères, qui montent l'eau dans des seaux, nous précèdent d'un pas lent jusqu'aux murs épais de la citadelle. Dans l'enceinte armée de tours crénelées, se dressent un campanile, une tour et deux églises à coupoles polygonales. La plus grande, édifiée en 1689, revêtue de pierre de taille, a magnifique allure. La plus petite, qui est aussi la plus ancienne, construite en briques, garde une apparence plus modeste. La grande tour carrée à plusieurs étages, située au point le plus haut, servait d'habitation aux *eristavs* [15] d'Aragvi, les maîtres de la gorge et l'une des plus puissantes lignées féodales du pays. Curieusement enserrée entre les deux églises, une tour à toit en escalier rappelle les tours des morts de Dargavs.

La journée est déjà bien avancée et nos estomacs crient famine. Ma visite à l'épicerie du coin se révèle infructueuse et il nous faudra attendre l'arrivée à Tbilissi pour nous mettre quelque chose sous la dent. En route pour ces soixante-dix kilomètres de creux et de bosses qu'il nous reste à parcourir ! Les rocs rougeâtres, couronnés de massifs vert vif d'aunes et d'érables, surplombent les virages en épingle à cheveux qu'attaque gaillardement la voiture. On atteint bientôt Jinvali, anciennement fortifiée, aujourd'hui petit village aux maisons modernes de préfabriqué blanc. Un chemin part vers l'est,

14. Chota ROUSTAVELI, *Le Chevalier à la peau de tigre,* NRF, Gallimard, collection Caucase, 1964, vers 341-343.
15. Hauts dignitaires géorgiens.

qui mène, à quelque cent kilomètres, sur le versant sud du Grand Caucase, à Chatil, fief des Kevsours, « les gens de la Gorge ». Cette tribu, parmi les plus étonnantes de la région, conserva jusqu'à une époque récente ses coutumes originales et son costume moyenâgeux. Une cotte de mailles recouvrait entièrement la tunique et le pantalon de drap noir dont les Kevsours étaient vêtus. Des jambières de cuir aux mollets et un casque sur la tête, formé d'une calotte de fer cerclée de cuir, d'où pendait un filet de mailles métalliques protégeant le visage et la nuque, complétaient cette tenue, même en temps de paix. Leur religion mêlait paganisme et christianisme. Des croix de Malte retrouvées sur les objets et leurs longues capes ainsi que des inscriptions telles que *Ave Mater Dei* font penser qu'ils seraient les descendants d'anciens croisés. Bien qu'ils soient apparentés aux Géorgiens, leur origine se perd dans la nuit des temps. Leur hospitalité était légendaire. La jeune fille de la maison devenait la *tatsali* de l'invité. Sa tâche était de le servir, de le guider, de lui manifester sa tendresse et même de dormir dans sa couche. Mais ce rôle d'épouse occasionnelle ne devait pas dépasser le stade des baisers et des caresses. L'invité, de son côté, par sa maîtrise et sa chasteté, devait prouver à ses hôtes qu'il était digne de leur totale confiance. Les Kevsours avaient des règles morales très strictes. Ils pratiquaient la régulation des naissances et c'était une honte pour eux que d'avoir plus de deux enfants. La pauvreté de leurs montagnes presque inaccessibles explique que, ne pouvant nourrir une population nombreuse, ils aient eu recours à ces coutumes de survie. Aucun étranger n'avait pu les atteindre jusqu'à l'arrivée des Russes en 1813. On en comptait encore cinq à six mille au début du siècle autour de Chatil, isolés ainsi à l'abri des invasions et du temps.

La vallée maintenant s'élargit. Sur les reliefs adoucis apparaît bientôt la première vigne. Puis les ceps envahissent la plaine. « Le Géorgien passe directement du lait au vin ! » murmure-t-on. Tsinandali, akhaskeni, teliani, moukouzani, gourdjaani, khvantchkara, kindzmaraouli, tetra, tsolikaouri, akhméta, bachbukmelikoff : la litanie des vins vibre comme l'hymne national. Un bon Géorgien boit toujours plus que son voisin et, comme dit le proverbe : « il naît ivre et meurt ivre ! ». Nous comprendrons bientôt, en goûtant ces nectars, pourquoi Bacchus est roi en ce pays !

On aperçoit la cahute des « gaïs », postée, comme il se doit, au carrefour de la route qui part vers l'ancienne province de Kartalynie, à Doucheti, capitale, au XVIIIe siècle, des princes d'Aragvi. Nous ralentissons. Un peu plus loin, à droite, se dresse un relief de « pudding alluvionnaire », troué de grottes, refuges lors des invasions, à l'époque de Tamerlan notamment. Les porcelets s'ébrouent à Iatakhary autour des maisons de galets. Les lits sont installés sur les terrasses pour la nuit qui s'annonce chaude. On laisse à droite la grand-route qui relie la Caspienne à la mer Noire par Gori et Soukhoumi, peu avant l'arrivée à Mtskhéta, au confluent de l'Aragvi et de la Koura, ancienne capitale du royaume d'Ibérie pendant près de mille ans (IVe siècle av. J.-C.-Ve siècle ap. J.-C.). Les silhouettes de ses belles églises médiévales se détachent sur le ciel au couchant du soleil. Il est trop tard pour visiter Mtskhéta maintenant mais nous y reviendrons bientôt.

Quelques kilomètres encore d'un décor de garrigue pelée et, soudain, au détour de la route, c'est Tbilissi « la Chaude ». L'antenne du relais de télévision domine, de la colline d'en face, les buildings et les H.L.M. Nous nous engageons, côté sud, dans les larges avenues des quartiers modernes, pour gagner, à la nuit tombée, le centre ville, l'hôtel, un lit et un sommeil réparateur. Longs jadis étaient les verstes qui reliaient Vladicaucase à Tiflis, longs sont encore aujourd'hui les kilomètres d'Ordjonikidzé à Tbilissi.

## CHAPITRE XIII

## TBILISSI LA CHAUDE

L'hôtel Ivéria, le plus moderne de la capitale géorgienne, dresse ses seize étages, en plein centre ville, à l'angle de l'avenue Roustavéli, poète du XIIe siècle. De la terrasse de nos chambres 317 et 319, le panorama est splendide. A droite, la multitude des toits rouges se presse, au milieu des bouquets de verdure, sur les rives de la Koura. Plus loin, les tours blanches des quartiers modernes se profilent sur la masse sombre des montagnes. Sous nos fenêtres, le long de la large avenue, le trafic est intense. Les taches jaunes des trolleybus et celles, multicolores, des voitures particulières nombreuses se profilent derrière le lourd feuillage des platanes. A gauche, la vue grimpe sur les pentes verdoyantes de la Mtatsminda, depuis le Grouzougal, bâtiment massif de pur style stalinien avec un faux air d'exotisme et départ du téléphérique, jusqu'à l'aiguille rayée, rouge et blanche, du pylône de télévision perchée au sommet du plateau. Notons qu'il y a quatre chaînes de télévision ici. Sur la première et la deuxième, le journal est présenté en géorgien, mais les émissions sont toutes en russe. Les bulbes d'argent de l'église Saint-David surplombent les maisons en terrasses qui étagent les ocres de leur façade ouvragée. Les Géorgiennes hument l'air matinal, s'affairent, étendent le linge, vont et viennent sur les vérandas de bois aux gracieuses colonnades, qui courent d'un bout à l'autre de leurs habitations. On surnomme Tbilissi : « la Florence du Caucase ». Avec ses teintes nuancées de l'or pâle à la terre brûlée, dans l'harmonie parfaite d'une nature luxuriante comme un jardin potager, la capitale de la Géorgie, qui s'éveille dans la lumière superbe de ce premier matin d'août, n'a rien à envier à l'élégance aristocratique et au charme de l'Italie. Du haut de ce balcon, mon coup de foudre pour elle est immédiat et j'ai hâte de mieux la découvrir.

On nous a promis la visite officielle de la ville à 14 heures. Cela me laisse un bon moment pour flâner le long de l'avenue Roustavéli, les Champs-Elysées de Tbilissi. Je quitte donc ma chambre d'hôtel « de luxe », parcours quelques dizaines de mètres de moquette douteuse jusqu'au bureau au bout du couloir de la *dejournaïa* de service, dont la fonction, à chaque étage, est de prendre les clefs et de rendre les clefs. Je fais le pied de grue devant l'ascenseur moderne. Les voyants multicolores clignotent allégrement mais la cabine semble me narguer et ne s'arrête jamais devant moi. Tant pis ! Je dégringole à pied quelques milliers de marches, passe devant les différents restaurants où la foule des touristes en voyage organisé peut déguster tout ce qu'elle souhaite, même du bœuf strogonoff, et atterris dans le hall. C'est une vaste volière internationale. On y trouve quelques spécimens des peuples frères : Allemands de l'Est, Polonais, Tchèques, Roumains, Hongrois... et une centaine d'oiseaux bariolés, déguisés « mode soviétique », parmi les plus exotiques des U.S.A. Je me fraye un passage difficile au milieu de ces volatiles jacassants jusqu'à la sortie, traverse l'esplanade du parking et tourne à gauche dans la large avenue sous le regard de Staline, sculpté sur le fronton de l'Institut de marxisme-léninisme. Staline le Géorgien, qui évita à son pays les horreurs de l'occupation nazie et contribua à sa prospérité, reste encore en catimini le héros national [1]. Pour l'heure, les feuillages des arbres chatouillent les narines du grand homme et m'empêchent de le photographier. Il faudra attendre l'automne.

Sur le trottoir d'en face, j'aperçois derrière les hautes glaces d'un grand magasin des mannequins bruns et roux drapés d'étoffes fleuries. Les premières vraies vitrines depuis mon arrivée en Union soviétique ! Je me précipite pour traverser la chaussée et les admirer de plus près. Le coup de sifflet strident d'un « gaï » me rappelle à l'ordre et m'ordonne de remonter la rue pour emprunter le passage souterrain. On ne plaisante pas ici avec l'ordre public ! Après quelques tâtonnements, je suis enfin côté pair et longe les magasins. Devant moi, de jeunes coquettes dans leurs courtes robes de cotonnades oscillent gracieusement sur des talons compensés, si haut qu'on dirait des échasses. Les jeunes gens secs et sveltes, en *jean* souvent, la chemise légère ouverte sur la poitrine, vont en bandes, se tenant par le bras. Géorgiennes et Géorgiens, au rythme des vacances, se baladent, un air de fantaisie aux coins des lèvres. Je remarque qu'ils s'habillent avec plus de goût que nulle part ailleurs en U.R.S.S. D'ailleurs, ici, la recherche de l'esthétique est partout présente : dans

---

1. Voir annexe n° 2.

l'architecture, la composition des massifs de fleurs, le décor des étalages et jusque dans la présentation des plats !

Je farfouille dans les rayons d'une grande librairie, j'en ressors avec quelques poèmes des auteurs modernes géorgiens : Galaktion, Tabidzé, Matchariamé, le plus jeune, et des reproductions de peintures de Toïdzé, Pirosmani, Goudiachvili et David Kakabazé. « Tous les Géorgiens sont des artistes ! » nous dira bientôt Olga. Je m'attarde plus loin devant un bazar qui offre aux regards une foule d'objets hétéroclites : vélos sans pneus, jeux d'échecs, casques de motocyclistes, etc. A côté, se tient la boutique de souvenirs avec des bijoux de pacotille en plastique et fer blanc. Je déplore qu'on trouve si peu d'objets d'artisanat. Les plus beaux s'achètent dans les *tsitsinatellas* (ou vers luisants) en Géorgie, les *bériozkas* (ou bouleaux) en Russie, mais en devises seulement. Ils sont donc réservés aux touristes.

La chaleur de midi, tamisée par les verts ombrages, reste supportable et je poursuis ma promenade. Ici, un *self-service* offre un grand choix de bouteilles de vin. On se noie dans les étiquettes tant sont nombreux les crus ! Là, un marchand de fruits et légumes côtoie le charcutier. C'est si nouveau, cette orgie de victuailles que, dans l'enthousiasme, je décide de faire mon marché. Je repère une sorte de mortadelle, une roue de fromage alléchante et prends place dans la rangée des clientes. C'est bientôt mon tour et je passe commande. On me remet un ticket mais on refuse le billet que je tends pour payer Le système est plus compliqué : je dois prendre le ticket et refaire la queue à côté pour la caisse. Encore vingt minutes d'attente. Je règle enfin l'addition et m'arme de patience pour la dernière file d'attente qui me permet de récupérer enfin ma marchandise. J'achète aussi un peu de ce raisin noir aux gros grains sucrés et, mes paquets sous le bras, m'engouffre dans un salon de thé pour m'asseoir et souffler un peu. Les gens sont tous attablés devant des glaces crémeuses, ce qui me semble de bon augure. Je me rapproche du comptoir et la serveuse, très digne en coiffe blanche, de remplir ma coupe à grandes louches en me fixant d'un air interrogateur lorsque celle-ci commence à déborder. Je comprends alors que c'est au poids qu'est vendu ce « parfum vanille » et que la jeune fille est effarée devant ma goinfrerie. Je l'arrête prestement, me demandant avec angoisse comment je vais ingurgiter une telle quantité de glace. La coupe dégoulinante saupoudrée de granulés de chocolat, arrosée de sirop d'orange, passe sur la balance. Je paye le prix fort et m'affale sur une chaise pour la dégustation !

A travers les baies vitrées de la terrasse, je suis des yeux le mouvement des passants, quand un attroupement aussi soudain qu'inattendu se forme à quelques pas de moi. J'engloutis rapidement les dernières lampées de crème fondue et me précipite avec curiosité, pour voir ce qui se passe. Il s'agit simplement d'un arrivage de chaussures tchèques et hongroises, plus belles et meilleur marché que les russes. Dans une incroyable bousculade, c'est à qui agrippera le plus grand nombre de boîtes possible. Nul ne se soucie d'en connaître le contenu : souliers d'hiver, sandales d'été, d'hommes, de femmes ou d'enfants ; quelle qu'en soit la couleur, la forme ou la pointure, chacun attrape, achète et verra après combien il peut revendre son butin. Car c'est uniquement pour le *business* que ce jovial Géorgien paye 10 roubles une paire de chaussures qu'il s'empresse de proposer au coin de la rue 15 ou 20 roubles, cinq minutes plus tard, au compatriote malheureux qui n'a pas eu la chance d'être là cinq minutes plus tôt !

Ma prochaine halte, un peu plus loin, est pour la maison du gouvernement de Géorgie, ou siège du Soviet suprême. Devant les colonnes élancées de la façade, de part et d'autre de l'entrée, les statues d'un jeune couple lèvent la main comme pour vous dire d'entrer sous les arcades du long et profond bâtiment de tuf rose. Je passe encore devant un journal, un marchand de sirops multicolores, l'ancien palais du comte Vorontsov, aujourd'hui palais des Pionniers, le théâtre russe et un grand magasin avant d'arriver place Lénine. Les voitures qui débouchent de sept artères différentes forment là devant une mairie pseudo-mauresque, un superbe embouteillage. Je rebrousse chemin, loin des gaz d'échappement, sur l'avenue Roustavéli, en direction de l'hôtel. Côté impair, cette fois-ci, point de magasins : musée d'Histoire, galerie de peinture, hôtel, théâtre, opéra et leur architecture du XIX^e^ siècle classique, parfois un grain fantaisiste.

Je m'assieds quelques instants, dans la fraîcheur d'un petit square, sous la statue d'un maître à penser. Drapé dans sa toge et un livre à la main, il semble aussi absent qu'un Bouddha. De temps en temps, un coup de vent éparpille en fines gouttelettes les jets d'eau d'un bassin. De mon banc, j'observe, amusée, le spectacle de la rue. Sur le trottoir, à quelques mètres, une petite vieille propose aux passants son archaïque balance. Et les clients sont nombreux. Pour quelques kopecks, on a la certitude qu'il faut « dès demain » commencer son régime. La scène est tragi-comique : lorsqu'une frêle jeune fille monte sur le plateau, la vieille sourit de toute sa mâchoire édentée, quand elle aperçoit la silhouette plus rebondie d'un gros Géorgien, elle lorgne, d'un regard affolé, les rondeurs superflues et guette anxieusement la résistance de son instrument de travail.

Je resterais volontiers plus longtemps à mon poste d'observation mais il est presque 2 heures, les autres doivent m'attendre, aussi je presse le pas jusqu'à l'hôtel Ivéria. Devant l'entrée stationne une étincelante Volga noire, digne d'un roman policier, avec son chauffeur à casquette et son interprète Intourist. Olga est une ravissante brune aux yeux verts, une fille bien du pays et fière de l'être :

*Les astres clairs comme prunelles d'une fille de Géorgie*[2] *!*

---

2. LERMONTOV, « le Démon », *op. cit.*

En route pour le tour officiel de la ville, en deux heures ! Olga, en chemin, nous raconte la légende de Tbilissi ou Tbilis Kolakis qui, en géorgien, signifie « la ville aux eaux chaudes ».

— Vakhtang Gourgassali, roi d'Ibérie au V^e^ siècle, était à la chasse lorsqu'il blessa un cerf magnifique. Mortellement touché, l'animal se traîna, perdant son sang, jusqu'à une source et se jeta à l'eau. Le miracle alors se produisit ! Sous les yeux émerveillés de ses poursuivants, le cerf, instantanément guéri de ses blessures, s'envola comme une flèche. Le roi décida alors de bâtir, sur les lieux du prodige, sa capitale et, dès lors, les bains de Tbilissi, dont on aperçoit les coupoles dans la verdure des jardins, devinrent les plus réputés de tout le Caucase pour leurs vertus curatives. Pouchkine les tenait pour les plus beaux de tout l'Orient. Aujourd'hui, on soigne dans deux cent soixante-dix stations de cure les maladies cardio-vasculaires ou rhumatismales, grâce à ces eaux sulfureuses qui jaillissent en frémissant à 47° de la terre.

La Volga passe d'ailleurs maintenant devant le panneau monumental de mosaïque qui illustre la légende, et arrive bientôt devant la statue équestre du fameux roi Vakhtang Gourgassali qui se dresse sur une esplanade à côté de l'harmonieuse église de Métekhi. Celle-ci, construite par Démétrius II, au XIII^e^ siècle, agrippe ses absides semi-circulaires saillantes sur une langue de terre rocheuse, juste au-dessus de la Koura.

— On trouve une multitude d'édifices religieux à Tbilissi, nous dit Olga : églises catholiques, orthodoxes, arméniennes, synagogues, mosquées et même les restes d'un vieux temple perse des adorateurs du feu.

La basilique la plus ancienne, Antchiskhali, domine à 1 000 m d'altitude toutes les autres de son toit vert. Juste en face de Métekhi, sur la rive opposée du fleuve, se dresse l'ancienne forteresse de Narikala ou « l'imprenable ». Elle protège encore de ses ruines une partie de la vieille ville accrochée à flanc de colline.

Mais comme toute bonne guide d'Intourist, la charmante Olga désire surtout nous présenter les quartiers modernes et les réalisations post-révolutionnaires ! On part de la place Lénine, où chaque 1^er^ Mai l'armée défile, pour faire la tournée des théâtres (il y en a 12), des hôpitaux (avec 41 médecins pour 10 000 habitants : le chiffre le plus élevé d'Europe !... mais nous sommes géographiquement en Asie !), des instituteurs, des écoles et de la cité universitaire (58 étudiants pour 1 000 habitants ont une formation supérieure. Les études commencent à six ans en russe et en géorgien, langues obligatoires). On longe l'hippodrome, on passe devant le stade Dynamo avec ses 85 000 places, qui vient d'être restauré. Olga nous rappelle qu'un quart des Géorgiens pratique un sport : football, basket, tennis, et que le pays s'enorgueillit de compter aussi des champions du monde d'échecs. On arrive enfin avenue Vavakchanela, principale artère du tout nouveau quartier de la balle. Il y a moins de trente ans, là où se dresse la tour de Svanétie, il n'y avait ici qu'un terrain vague où les gamins shootaient dans un ballon. Olga est fière du travail des architectes qui ont construit immeubles et maisons en terrasses puisque la ville enserrée dans les montagnes, avec ses quarante-neuf kilomètres de long et ses sept kilomètres de large, ne pouvait s'étendre davantage. J'essaye de prendre poliment part à l'enthousiasme de notre guide, mais j'avoue préférer au béton le délabrement des petites ruelles qui entourent Métekhi, ou la beauté des antiques demeures aristocratiques de Sololaki, près de la place Lénine.

Pour clore en beauté cette promenade, Olga nous propose de monter au sommet de la Mtatsminda, « la montagne sacrée », déjà admirée de mes fenêtres, d'où la vue sur Tbilissi (1 060 000 habitants en 1979) est, nous dit-elle, splendide. A la gare du Grouzougal, place Roustavéli, on s'installe pour 10 kopecks dans la benne du téléphérique. En attendant le départ, je fais plus ample connaissance avec Olga. Mariée à un peintre de l'Union des artistes, elle a trois enfants, ce qui, me dit-elle, est un maximum actuellement en Géorgie. Comme la plupart des femmes, elle rentre chez elle pour le déjeuner et s'occupe beaucoup de ses petits garçons personnellement.

La benne se met en branle et frôle le faîte des sapins et des cyprès. On aperçoit à mi-pente, sur la gauche, le Panthéon où sont enterrés poètes et hommes célèbres. La mère de Staline y repose non loin du grand écrivain russe, géorgien d'adoption, Alexandre Griboïédov (nom qui signifie « le mangeur de champignons »). A côté se dresse la chapelle Saint-David. La légende raconte que lorsque saint David, l'un des treize mille pères syriaques, vint évangéliser la Géorgie au v^e^ siècle, une partie de la population était déjà chrétienne, tandis que l'autre pratiquait toujours le culte du feu. Kosrov, un des plus fervents zoroastriens, furieux de voir saint David gagner à la foi chrétienne des adeptes des adorateurs du feu, résolut de l'évincer. Sa colère était d'autant plus terrible que son propre fils, Moussa, était amoureux de Maria, une jeune chrétienne. Kosrov utilisa alors toutes les ruses pour encourager la jeune fille à « fauter » avec son fils, et, lorsqu'il ne fut plus possible de cacher la grossesse de Maria, il proclama partout que David était le responsable de ce drame. La population, outrée, alla chercher l'ermite dans sa grotte et le traîna dans l'intention de le lapider, les pierres à la main, devant la pécheresse. Alors le saint, s'approchant d'elle, mit sa main sur le ventre rond et dit très haut :

— Enfant, dis-nous qui est ton père ?

Devant la foule suffoquée, on entendit l'enfant répondre :

— C'est Moussa, fils de Kosrov !

Les pierres qui devaient lapider le saint servirent à la construction d'une église et, depuis ce miracle, saint David est le protecteur des femmes qui l'invoquent pour trouver un mari ou attendre un enfant.

Au sommet de la Mtatsminda, un vent léger agite les feuillages du parc de la Victoire et les noirs cheveux de la belle Olga. De l'esplanade, le panorama est, en effet, admirable. La Koura se faufile entre les toits et la verdure comme pour atteindre les cimes du Kazbek qui barre l'horizon. Olga doit nous quitter maintenant. Nous lui disons *madlopth* (merci en géorgien) et décidons de retourner avant la nuit à Métekhi.

Pendant qu'Alain filme la petite église agrippée au rocher et la vue alentour, que Sylvain discute avec un militaire en retraite qui passait là, je m'enfonce dans ce dédale de rues qui grimpent en zigzaguant vers les hauteurs du vieux quartier d'Avlabar. La vigne entrelace ses sarments sur les balcons de bois, les réunit parfois au-dessus de ma tête dans une unique treille tant les maisons sont rapprochées. Les bambins jouent dans les courettes intérieures sous les acacias et les cordes à linge. On y aperçoit des escaliers extérieurs, taillés en dentelle, ou d'exubérants mini-potagers. Les femmes, sur le pas de leur porte, refont, en discutant, les matelas de la famille. Elles vident les housses de leur contenu, étendent sur le sol la laine tassée, l'aèrent en l'agitant à l'aide d'un bâton puis, lorsque les fibres sont bien sèches et ont pris tout le soleil et toutes les odeurs de l'été, elles bourrent et recousent à nouveau les matelas, parés pour l'hiver. Il est environ 6 heures du soir et, à la lumière rasante, les hommes, installés au milieu de la chaussée sur des tabourets, jouent aux dominos. Plus loin, dans la ruelle, assis sur le pavage de galets, un groupe de jeunes gens joue aux dames. Bien sûr, je ne passe pas inaperçue et suis bien vite entourée.

— *Ot kouda ?* D'où êtes-vous ?

— *Iz Frantsia !*

Ah, on les aime bien les Français, me dit-on avec les plus jolis sourires.

— *Tkvéni sakhéli ?* Quel est ton nom ? me demande-t-on en géorgien.

— *Me mkvia Katia !*

J'ai à la main ma caméra 16 mm de poche mais, lorsque je veux faire un plan, tout le monde s'en mêle. Les hommes se figent au garde-à-vous, les femmes arrangent leur fichu et me fixent avec un sourire coincé ! Quant aux enfants, qui ont la beauté des gosses heureux et libres de vivre au soleil, on se précipite pour les débarbouiller, dès que je fais mine de les filmer. Tant pis ! Je rejoins Alain et Sylvain, pauvre en images mais riche de cet accueil et de cette amitié si spontanés.

Pour rentrer, nous décidons de prendre le métro, car Tbilissi en possède un avec dix-sept stations. A la caisse, on change des pièces de 5 kopecks, puis on franchit le portillon sans barrière après avoir introduit une pièce. Dans toute l'U.R.S.S., le métro n'est pas cher : l'équivalent de 35 centimes. Mais une dame est là qui contrôle l'entrée. Un téléphone à portée de main la relie à une collègue qui, en bas des marches, a charge d'arrêter les fraudeurs. On s'enfonce alors très profondément sous terre par un escalier roulant, à vive allure, éclairé d'une double rangée de lampadaires blafards. Une rame arrive et on s'engouffre dans le wagon, caméra au poing, sous l'œil un peu interloqué des passagers. Avec les secousses, nul doute que nos images seront un peu floues ! Les stations spacieuses sont décorées de fresques, de bas-reliefs et de sculptures à l'effigie des grands hommes de la révolution.

La nuit est tombée lorsque nous débouchons du métro place Roustavéli. Nombreux sont les passants et les clients attablés dans les cafés mais c'est en vain que nous cherchons un restaurant. Deux jeunes océanologues remarquent notre embarras et se proposent de nous piloter dans une endroit où nous pourrons goûter quelques-uns de ces plats typiquement géorgiens. C'est finalement devant le restaurant qui coiffe le mont Mtatsminda que leur Jigouli rouge s'arrête, sans doute le plus renommé et le plus cher de la ville ! En contrebas, c'est toute la féerie des lumières qui scintillent jusqu'à l'horizon. Nous nous apprêtons à pénétrer dans le hall éclairé avec nos nouveaux amis mais ceux-ci, par discrétion sans doute, prétextent un empêchement et nous laissent entrer seuls dans la vaste salle éclaboussée de néons. Ils viendront nous rechercher d'ici quelques heures pour nous reconduire à l'hôtel. Nous sommes confus devant tant de délicatesse. Un peu impressionnés, nous prenons donc place à table au milieu des convives qui semblent déjà baigner dans l'euphorie des agapes, tandis que l'orchestre fait éclater la « sono ».

Devant la carte on hésite longuement entre la *mtchady :* galette au fromage, le *satsivy :* poulet à la sauce aux noix, le *khinkaly :* viande en croûte et le *pkaly :* mélange d'herbes avec des piments et des noix. On passe enfin commande et on attend — en observant nos voisins qui festoient joyeusement. Le garçon arrive enfin et dépose sur la table... une bouteille de champagne ! Nous n'en avons jamais demandé, mais le serveur explique que c'est la table d'à côté qui nous l'offre ! Ravis, nous nous levons pour remercier ces généreux donateurs et, d'un large geste, Vitali, le *tamada,* nous intime l'ordre de prendre place parmi ses copains, une douzaine de garçons et filles déjà un peu éméchés, et de souper avec lui. Déjà, il remplit nos coupes et lève très haut son verre à la santé de ses amis français. Le *tamada* est un chef de table élu pour la soirée. Chaque invité lui doit obéissance comme au roi. C'est lui qui choisit plats et crus, décide de la capacité des estomacs, porte les toasts, prononce les discours, donne la parole aux convives à tour de rôle, orchestre en bref toute la soirée. Il peut aussi donner un gage, fort apprécié, puisqu'il s'agit en général de vider cul sec une chope de vin. Chacun pioche dans les plats disposés sur la table : viande grillée en brochettes, cornichons, tomates, concombres, melons, pêches, etc. Ce n'est pas tant la partie solide que la partie liquide qui fait le succès du repas géorgien :

« Le convive ou l'étranger qui s'assied, je me trompe, s'accroupit à une table géorgienne, toujours maître de ce qu'il mange, n'est jamais maître de ce qu'il boit ! » constatait déjà Alexandre Dumas [3].

Les mœurs n'ont guère changé. Vins et champagnes coulent au rythme des toasts qui se succèdent et, en fin de soirée, j'avoue que plus personne n'est capable de compter le nombre de bouteilles vides qui roulent sous la table !

Le réveil du lendemain manque un peu de dynamisme mais l'air est si pur et le temps si beau que le soleil gomme vite les cernes d'une nuit de fête. C'est aujourd'hui que l'équipe numéro deux doit nous rejoindre à Tbilissi dans une 504 jumelle de la nôtre.

Cela fait plus d'un mois que nous n'avons pas de nouvelles, aussi Alain, Sylvain et moi avons hâte de les voir arriver à l'heure du rendez-vous. L'impatience aidant, nous décidons d'aller à leur rencontre sur la route d'Ordjonikidzé. Nous flânons, caméra en main, jusqu'à Passanaouri, nous rinçant les yeux de cette nature exaltée par un riant soleil, goûtant à pleines dents la Géorgie heureuse.

*L'éclat, la vie, le bruit des branches*
*Les voix parlant leurs multimélodies,*
*L'exhalaison de mille plantes*
*L'ardeur exquise du Midi,*
*Et sur les fleurs la rosée odorante* [4].

Et puis vers le soir un bruit de moteur familier : ce sont eux ! Titi surgit de la portière, la tignasse blonde ébouriffée, sa petite valise de jouets à la main, suivi de Brigitte, Janine et François. On rit, on s'embrasse. Quelle joie de se retrouver ainsi sur un bas-côté d'herbes jaunes à presque 6 500 kilomètres de Paris !

C'est un joyeux cortège qui arrive au motel Ouchba de Tbilissi où loge l'équipe numéro deux. Titi, immergé dans un bain, shampooiné, frictionné, mis en pyjama et bordé dans son lit, dort bientôt du plus profond sommeil. Nous nous retrouvons au restaurant du motel dans l'euphorie des retrouvailles, et l'or d'un tsinandali fruité coule dans les verres de l'Amitié.

★

Dring, dring, dring : c'est l'heure de la récréation ; j'essaye de me frayer un passage, pour quitter la classe, au milieu des élèves.

3. Alexandre DUMAS, *le Caucase,* 1858.
4. LERMONTOV, « le Démon », *op. cit.*

Mais j'oubliais que je suis un oiseau ; d'un coup d'aile je vais franchir la fenêtre ! Dring, la sonnerie retentit, toujours plus aiguë. Je m'éveille en sursaut et en nage, lance mes mains dans le noir à la recherche du téléphone, fais tomber au passage le réveil de la table de nuit et saisi enfin l'écouteur. La voix guillerette de Brigitte achève de me sortir de mon rêve. L'équipe numéro deux est déjà à pied d'œuvre et part pour son tour de ville. Elle nous rejoindra ensuite. Nous nous habillons en hâte ; en effet, nous sommes, nous, attendus par le sous-directeur du Musée national. C'est un ami du professeur Ranov, cet archéologue remarquable de Douchanbé qui, en 1971, avait tant aidé mon beau-père pour la réalisation du film *l'Orient soviétique*.

M. Djavakhishvili, svelte, distingué, un visage aux tempes grisonnantes, taillé à la serpe à la façon des portraits du Gréco, a, pour nous recevoir, l'élégance aristocratique des princes de Montherlant. Il s'exprime dans un français légèrement chantant, lent et académique mais irréprochable. Il nous présente au directeur même du musée, M. Touchabramishvili, spécialiste des temps anciens, qui tente de nous communiquer sa passion pour le néolithique avec beaucoup de gentillesse. Pointes de flèches en obsidienne qui foisonnent en Géorgie, armes en os puis en bronze, statuettes d'animaux, phallus de basalte, céramiques noires décorées de ronds de feu, voisinent avec un superbe crâne d'ours des cavernes. M. Djavakhishvili nous entraîne à son tour dans la salle classique, celle qui correspond à nos époques gréco-romaines et qui contient de splendides collections de bijoux, de monnaies et d'inscriptions grecques et latines. Les statues de bronze ou d'argent des dieux de la mythologie antique, Bacchus-Dionysos, en particulier, font bon ménage avec celles, en fer, de dieux locaux moins illustres.

Mais le « clou » du musée Djanachia, ce sont ces pièces d'orfèvrerie en or, gardées au secret derrière une lourde porte blindée qu'entrouvre pour nous notre *cicerone*. Moelleusement alanguis sur un velours grenat, rutilent les plus beaux joyaux de l'art géorgien. Dans la première vitrine, le trésor de Trialeti présente, outre des parures de femme, deux gobelets, l'un en or, incrusté de pierres précieuses, ornés de filigranes, l'autre d'argent avec des scènes cultuelles : orants, dieux, cervidés (1500 av. J.-C.). A côté, les pendants d'oreilles à protomes de chevaux et les chaînes d'or à têtes de félins du trésor d'Akhalgari, proviennent d'une chambre funéraire. La vitrine suivante renferme le trésor de Vani (v^e siècle av. J.-C.) : boucles d'or moulé à têtes de béliers, plaque d'or repoussé avec représentation de lions et sangliers provenant d'un diadème, enfin long pendentif aux émaux cloisonnés géométriques ou zoomorphes. C'est dans la nécropole des *eristavs* d'Armaziskhevi à Mtskhéta qu'on a fait les plus fabuleuses trouvailles : plaquettes de ceintures incrustées de rubis ou d'améthystes, boucles d'oreilles, bracelets polychromes, fibules, chaînes d'or ornées de pendentifs, de camées ciselés dans l'agate ou l'anéphryte représentant chien ou dauphin, colliers soutenant de minuscules boîtes, l'une en forme de cœur ourlé de perles, l'autre à tête de bélier ciselé dans l'améthyste et entouré de pierres de couleur, de grènetis d'or et liée par une fine chaînette à un précieux flacon à parfum : une grenade d'or constellée de rubis.

Mes deux belles-sœurs et moi reluquons ces bijoux du IIe et IIIe siècles que nous porterions bien volontiers au XXe. François, Alain et Sylvain ont déballé dans la pièce exiguë tout leur matériel et ils filment maintenant ces richesses admirables. Le pauvre professeur tremble, lui, pour ses collections, devant la chaleur que dégagent les projecteurs. Quant à Titi et ses deux ans et demi, ils ne tiennent plus en place et se fichent éperdument de toute cette quincaillerie. Je laisse donc les cinéastes opérer et j'accompagne dehors Brigitte et son bambin. L'air de l'après-midi, tout chaud et parfumé d'arômes, baigne l'étroite ruelle. Derrière les balcons, embroussaillés de vigne et qui semblent s'encastrer les uns dans les autres au-dessus de nos têtes, les volets clos abritent l'heure bénie de la sieste. Bien calé dans sa poussette, Titi se repose enfin. Nous l'emmenons, à sa grande joie, au café de la famille Vodolagidzé, avenue Roustavéli, où il se goinfre de beignets bien poisseux, arrosés d'un grand verre de *sok* (jus de fruit). Brigitte et moi trempons nos lèvres dans ces cônes profonds où flottent des sirops colorés qui, mélangés à l'eau gazeuse, donnent la plus parfumée et désaltérante des boissons.

Le soleil est couché lorsque nous rejoint, sur les rotules, la vaillante équipe des cinéastes-photographes. Pour la récompenser, Janine et Brigitte emploient tout leur art culinaire et mijotent une ratatouille fondante, une omelette au lard et une onctueuse compote de pommes. Elles ont subrepticement installé sur le balcon du motel Ouchba, leur Camping Gaz, en principe pour réchauffer les purées de Titi, mais ce soir, c'est avec une joie gloutonne que, tous, nous profitons de leur audace.

Arrive le dimanche, et nous décidons de nous séparer en deux groupes, tant est chargé le programme. Alain et moi allons faire quelques prises de vues au long des rues. Nous nous occupons aussi de prendre des places pour un spectacle de chants et de danses de Géorgie offert, le soir même, par l'ensemble Roustavi. Brigitte, Janine, François, Sylvain et Titi vont, pendant ce temps-là, se sanctifier, en assistant à la messe orthodoxe de la cathédrale de Sion, siège du catholicos. L'église à trois nefs, couverte de tuf jaune de Bolnisi, avec une coupole portée par quatre piliers, souvent restaurée, date cependant de Vakhtang Gourgassali.

Voici, raconté par Janine, le récit de leur matinée :

— Les fidèles entrent et sortent, un cabas à la main, font un signe de croix, allument un cierge, écoutent les chants un moment, papotent, repartent... C'est un self-service divin de 10 à 12 heures. Quand on ne connaît pas la liturgie, on peut s'étonner de ce va-et-vient permanent, de la longueur des prières et de la disparition des prêtres derrière l'iconostase. On a un peu l'impression que ceux-ci font cuisine à part et abandonnent à lui-même le troupeau. Brigitte en déduit, elle, que la prière est plus individuelle et la religion plus personnelle. Les popes sont revêtus d'habits rutilants. Ils nous bénissent parfois des deux bras, et nous nous signons six fois. L'église est pleine, de femmes et de jeunes surtout.

A midi, Sylvain a rendez-vous sur la place Lénine avec Mégui, charmante jeune fille qui nous a guidés un soir dans les rues de la capitale. Elle arrive toute pimpante, escortée de son frère Zoura. Il est chanteur de métier et s'apprête à partir pour Palerme avec son chœur. C'est lui qui, très galamment, insiste pour payer nos places de « Kokotcha ». « Kokotcha », c'est le nom du train bleu miniature qui circule dans le parc de Mouchtaïet. Ce sont des pionniers qui s'occupent du trafic ferroviaire. Contrôleurs et chef de gare sont tous des enfants. Seul le machiniste est un vieux bonhomme. Titi est ravi de son tour de train. Il se précipite ensuite vers le manège et reste tranquille dans la carriole qu'il a lui-même choisie. Le tour de manège est long. Pour en finir plus vite, le patron secoue énergiquement son sablier ! Mégui offre encore à Titi une promenade en bateau sur un minuscule bassin. Quelle belle matinée, au milieu des bambins, des bonnes d'enfants et des... militaires ! Car il y a aussi des balançoires pour adultes, et les conscrits, en grands enfants, s'y prélassent avec délices.

Au même moment, Alain et moi, fatigués par nos errances à travers la ville, avons établi notre Q.G. place Lénine, dans une *stolovaïa* ou « table chaude », genre de snack-bar soviétique. Au menu : choux en salade, viande hachée saupoudrée d'une sorte de fécule, beignets bien bourratifs, froids, arrosés de bière tiède. Sylvain nous rejoint bientôt et nous faisons nos plans pour l'après-midi. Notre objectif est d'atteindre cette statue colossale de la « Mère Géorgie » qui se dresse comme une vigie au-dessus de Tbilissi. Elle remplace celle de Staline, aujourd'hui déboulonnée, filmée par mon beau-père en 1963.

Nous cherchons longtemps, presque à la boussole, comment atteindre le plateau et la fameuse allée Komsomol où elle se dresse. Après nos égarements dans le dédale des ruelles, une longue course à travers un large et frais souterrain qui troue la montagne, une ascension d'arbre rare en arbre rare et de cascade en pont, à travers le jardin botanique, nous nous écroulons enfin au pied de la statue qui ruisselle de soleil. Œuvre du sculpteur Amachoukeli (1958), elle est formée de plaques d'acier rivetées par des milliers de boulons et ressemble ainsi à une fusée défiant le ciel. Cette femme gigantesque tient d'une main une épée et de l'autre une coupe. C'est le symbole de l'esprit indomptable du peuple géorgien, redoutable pour l'ennemi, accueillant pour l'ami. Elle rappelle aussi, me dira Olga, le culte que l'on a dans son pays de la femme et de la mère surtout :

— Ne dit-on pas ici « femme et mari » pour « mari et femme » chez vous, Français ? Ne parle-t-on pas de la ville maternelle, de la maison maternelle et du pilier maternel dans la pièce principale du logis ? Cette Mère Géorgie n'a pas l'air tendre ni câline, avouons-le, mais elle est impressionnante de grandeur, de dignité et de gravité, cette œuvre nickelée de l'art spatial !

Après s'être désaltérés aux fontaines, être redescendus le long du jardin aux mille essences rares, avoir croisé un « gaï » furibard qui repêchait d'indisciplinés Géorgiens faisant trempette dans l'eau d'une cascade, avoir repris, en sens inverse, notre souterrain, nous rentrons en nage pour sauter dans la piscine étroite du dernier étage de l'Ivéria. La chaleur nous fait trouver délicieuse l'eau trouble de ce bouillon de culture où flottent quelques touristes. Il est presque 7 heures du soir lorsque nous rejoignons l'équipe numéro deux au motel Ouchba.

On se régale en vitesse du délicieux « frichti » préparé par Janine et Brigitte sur leur Camping Gaz et on file vers Métekhi où sont dressés, en plein air, les tréteaux du Ballet national de Géorgie. La température est d'une agréable douceur et le cadre splendide. La petite église, illuminée sur son piton, sert de toile de fond au spectacle et la lune, à sa droite, participe à l'éclairage de la façon la plus romantique.

Le chœur des hommes apparaît, sous le feu des projecteurs, qui ouvre la soirée. Groupés en arc de cercle, ils ont fière allure, gainés dans leur tunique de drap noir à double rangée de cartouchières. Le flûtiste, seul en tenue grenat, tire de son instrument le chant du rossignol et accompagne les voix vibrantes et profondes de ses compagnons. La mélodie nostalgique devient bientôt plus rythmée et presque dissonante. Un soliste lance des interpellations sonores, reprises par le chœur qui tient la note jusqu'à ce que le chant meure dans la nuit. Avouons-le, ces Géorgiens ont une luette étonnante et parcourent la gamme des notes, des plus basses à la tyrolienne, avec une aisance extraordinaire.

Apparaissent les danseurs qui, nichés dans les rochers, attendaient de faire leur entrée sur scène. En costume de Tcherkesses, ces fabuleux artistes, surnommés « diables noirs et anges bleus », nous entraînent de plain-pied dans les traditions caucasiennes avec un style de danse où se mêlent étroitement la violence barbare et un goût très raffiné. C'est un festival de sauts et de ruades, exécutés à même les orteils qui ne sont soutenus, dans la botte de cuir très souple, par aucun chausson. C'est le galop des chevaux, le pas d'une armée dans la plaine, la fière parade d'un galant courtisant sa belle. Toute la prouesse technique traduit une volonté déterminée d'élévation morale, un désir de surpasser, un farouche orgueil nationaliste.

Deux musiciens accompagnent les solos, les pas de deux ou les chorégraphies de groupes. L'un joue de l'accordéon caucasien, l'autre tape avec ses doigts sur un petit tambour : le *doli*. Mais ce sont aussi les danseurs eux-mêmes qui, frappant dans leurs mains, scandent le rythme de leurs mouvements.

A la danse du sabre ou *parikauba,* succèdent les évolutions de danseuses pleines de charme. Les Géorgiennes ne sont-elles pas, dit-on, les plus belles femmes du monde : celles qu'on s'arrachait à prix d'or au marché de Tiflis pour fournir les harems de l'Orient ; celles « qu'il est impossible de regarder sans les aimer », avec ce profil « d'une pureté géorgienne, qui est la pureté grecque plus la vie », disait Dumas ! Elles avancent, ces danseuses altières, fondues en une ligne parfaite ; elles glissent sur le sol comme une liane qui s'enroule et se déroule inlassablement. Les gestes gracieux des bras et des mains accompagnent les ondulations de leurs corps. Leurs longues tresses brunes s'échappent du voile qui ceint l'ovale de leur visage, frôlent les pans des longues robes blanches qui courent sur le sol en frémissant. Elles s'égrènent comme les perles d'un collier, se soudent à nouveau le long d'un fil invisible. Tout n'est qu'harmonie dans ce spectacle de ballet, entrecoupé de chants et de musique folkloriques, sans aucun temps mort.

Une noce géorgienne clôt la représentation et c'est dans une apothéose de sauts de biches, d'entrechats et de « ronds de genoux » éblouissants que les artistes de la troupe Roustavi (ils n'auront pas de rhumatismes à quarante ans !) nous saluent dans un fracas d'applaudissements. Ma voisine m'offre gentiment des graines de tournesol que je mâchonne sans respect humain pour lui exprimer mon contentement. Dans la nuit tiède, nous redescendons la butte de Métekhi. Devant nous la forteresse de Narikala raconte aux étoiles sa grandeur passée.

## CHAPITRE XIV

## « AUX SOURCES DE LA SAINTE GEORGIE »

Le brouillard matinal du lendemain se dissipe à peine lorsque nos deux breaks grimpent sur la colline brûlée que coiffe le monastère de Djvari, élevé par Adarnase entre le VIe et le VIIe siècle. Une cuirasse d'échafaudages couronne malheureusement les pauvres murs et le toit en tuiles de la petite église malade. Une équipe d'artisans, détachée par le ministère des Arts et de la Culture, s'occupe de la restaurer. Charpentiers et tailleurs de pierres s'affairent avec leurs instruments du Moyen Age, sous l'œil attentif du pope et d'un couple romantique de grives musiciennes. L'intérieur même de la chapelle est inaccessible : c'est une véritable toile d'araignée de planches et de madriers. La pierre est de la même couleur que la falaise, elle-même de la même teinte que l'eau de la Koura, boueuse, qui serpente en contrebas. De là-haut, on aperçoit, à côté d'un anachronique camp militaire, l'ancienne capitale de Kartlie, nichée dans une boucle du fleuve.

Mtskhéta qui était, à l'âge du bronze, une petite agglomération, devint, à la période hellénistique, le centre de la Géorgie jusqu'à ce que Tbilissi la supplante au Ve siècle. C'était la résidence des rois de Géorgie, de leur famille et des plus hauts dignitaires : les *éristavs.* La production artisanale y était fort développée. La ville possédait ses architectes, ses orfèvres, ses lapidaires et même un « premier peintre ». Armes, bagues, boucles d'oreilles, bracelets ornés de pierres précieuses et de camées, coupes et plats d'argent, céramiques, émaux et verreries, retrouvés dans les sarcophages des souverains d'Ibérie, témoignent du goût délicat, du sens artistique et de la culture de cette société antique.

Deux cloches sont hissées au linteau d'entrée de la forteresse épaisse qui encercle Svetitskhoveli, la cathédrale de « l'Arbre de Vie », reconstituée au XIe siècle sur le plan cruciforme d'une église de bois du IVe siècle. Le clocher polygonal domine les lignes pures et élancées des arcatures aveugles dans une parfaite harmonie. La légende dit qu'Arsoukidzé, architecte de l'ouvrage, a été cruellement puni : on lui a coupé la main droite pour avoir osé faire mieux que son maître, le vizir du roi. Sur le fronton de la façade ouest, un Christ, sculpté dans la pierre ocre, est représenté en majesté entre deux anges. Entre les frises roses de lourdes grappes de raisin, saint Georges caracole sur son cheval à côté d'un tendre couple de colombes qui scelle l'amitié gréco-géorgienne. A l'intérieur, dans le chœur de l'église, un Christ peint jette un regard mélancolique sur le baldaquin de pierre, trône des monarques, décoré de scènes de l'Evangile. Et, sous les dalles sombres de la cathédrale, entre les lourds piliers de pierre, reposent les rois de Géorgie.

A quelques mètres de Svetitskhoveli, on passe un porche pour admirer l'ancien monastère des femmes de Samtavro. Une minuscule chapelle au toit de tuiles bombées, couverte de fresques, et un antique clocheton à trois étages émergeant des broussailles, jouxtent l'ancien couvent.

Le soleil est haut lorsque nous repartons par un chemin de montagne, qu'ignorent tant les camions que les touristes. La terre sèche et craquelée se couvre, à flanc de roche, de jeunes arbrisseaux et de chênes noueux. La route sinue dans un relief de *cuestas* et bute bientôt contre une falaise crayeuse, haute et majestueuse, trouée comme un gruyère. Entre ciel et terre, ces grottes, apparemment inaccessibles, servaient aux ermites du monastère de Chio-Mgvimé qui, au pied de la paroi abrupte, se confond presque avec la pierre.

Deux percnoptères d'Egypte [1] planent au-dessus de nos têtes. Seuls le chant des grillons et le bruit de nos pas sur le sentier caillouteux crissent dans le silence. On s'achemine, Titi en tête, vers l'église de Saint-Jean-de-la-Croix. Une partie de l'édifice à coupole, du VIe siècle, et un clocheton du XIe siècle subsistent. Les autres toits sont en zinc. A droite, on peut voir les cellules des moines, aujourd'hui désertées et couvertes de graffiti en langue géorgienne. Chacune d'elles possède son foyer, un placard, et une fenêtre. Janine transformerait volontiers l'endroit en gentil motel pour voyageurs épris de calme. Un gardien, épris, lui, de solitude, y a installé son gourbi. Une église à proximité est apparemment en pleine activité. Elle a été restaurée à la fin du siècle dernier et les expressions des visages, peints « à la fresque », ont perdu toute intériorité. Ils sont même d'une mièvrerie sulpicienne. Un chien noir qui grignote un malheureux geai terrorise Timothée qui se blottit en hurlant dans les jupes de sa mère. Un peu

1. Vautours.

plus haut, dans les fouillis de la végétation, je découvre un autre bâtiment d'habitation en ruine. Une véranda ornée de fer forgé et un balcon délabré disparaissent sous les herbes folles. A l'intérieur, un rai de lumière illumine des débris de carrelage, un pressoir, les traces d'un feu. Les arbres commencent à envahir la maison. Quelle quiétude, quel romantisme !

C'est encore sous le charme de ce monastère de la Belle au bois dormant que nous décidons d'aller pique-niquer à la rivière proche. Mais la route est si mauvaise que nous n'osons pas nous y aventurer en voiture. C'est à pied que, le panier à la main, nous arpentons la rive à la recherche d'une ombre d'arbre suffisante pour nous sept. Les plus courageux prennent un bain d'eau glacée, puis nous faisons bombance avec nos provisions, non loin de Soviétiques qui, comme nous, sont venus déjeuner sur les bords de la Koura. François savoure une petite sieste, la tête dans les osiers, et un brin d'herbe entre les dents, avant de reprendre le volant.

Nous nous dirigeons maintenant vers Gori ou plus précisément vers l'église de Samtavissi. Au moment où nos deux voitures s'engagent en cahotant sur le chemin qui y mène, un coup de sifflet strident nous fait sursauter. Alain appuye plus à fond sur l'accélérateur, suivi de François qui, lui aussi, fait la sourde oreille. C'est à peine si j'ai le temps d'apercevoir, dans la vitre arrière, un pantin en forme de « gaï » qui gesticule ! Bien sûr, cette route merveilleuse, une fois de plus, est interdite. On arrive bientôt à l'entrée du village, aux murs d'enceinte du monastère. On pousse la lourde grille d'entrée, engoncée dans le porche de pierre et surmontée d'un élégant clocheton, pour pénétrer à l'intérieur d'une cour pavée de tombes. Au centre, se dresse l'église voûtée à plan en croix qui date de l'an 1030. Sur les conseils d'un villageois averti, Alain part chercher la gardienne à l'autre bout du village poussiéreux. La vieille « fée Carabosse » qui nous escorte sort de ses hardes un trousseau de clefs rouillées pour nous en ouvrir la porte. Nous sommes en train de contempler les fresques, splendides bien que très abîmées, quand le « gaï » de tout à l'heure surgit derrière nous comme un diable. Il n'a pas hésité à faire du *stop* pour venir nous arracher à notre ferveur esthétique. A la fureur du policier, nous offrons nos mines ébahies et nos papiers, qu'il est incapable, bien sûr, de déchiffrer. Le village est en émoi : c'est l'attraction de la semaine. On cherche un interprète : un médecin, qui baragouine trois mots d'anglais, propose ses services. Le policier, penché sur le capot de la 504, noyé dans les passeports, transpire sur le rapport, le plus difficile à rédiger, sans doute, de toute sa carrière.

Il est impossible, après cet incident, de s'attarder plus longtemps à Samtavissi. Timothée, devenu en quelques instants la coqueluche de tous les gamins du quartier, s'amuse comme un fou. Il est furieux de partir, commence une colère et nous offre un concert gratuit de pleurs et hurlements pour le trajet du retour.

A l'hôtel Ivéria, une douche fraîche nous remet d'aplomb pour la soirée. Nous avons, Alain et moi, rendez-vous avec Vitali, le *tamada* de la Mtatsminda, et ses copains. Trois jours plus tôt, après le dîner, on s'était séparé en s'embrassant, à grands renforts de claques dans le dos et de *quenatsvallé,* mot magique qui signifie, au moins, « pour le meilleur et pour le pire ». Pourtant, les heures s'égrènent sans qu'ils n'apparaissent et il faut bien se rendre à l'évidence : nous ne reverrons plus ces amis. Quelques jours plus tard, deux océanologues également nous poserons « un lapin ». Eux qui semblaient si désireux de nous revoir et nous avaient quittés avec des roses ! L'expérience m'apprendra qu'il est relativement facile de passer une soirée à boire et discuter avec des Géorgiens rencontrés fortuitement (hors des hôtels d'Intourist, cependant, car les Soviétiques ne sont pas admis dans les chambres des étrangers et s'afficher avec eux dans la salle du restaurant leur est vivement déconseillé). Mais force me sera de constater, lorsque je lierai connaissance, amitié même, avec des Soviétiques, que la crainte pour certains des préjudices encourus, condamne à l'éphémère presque toutes relations.

★

Alain avait envie de visiter les vignobles du sud-est de la Géorgie. La route est interdite aux voitures particulières étrangères (on se demande pourquoi ?) mais, moyennant 68 roubles, nous obtenons la possibilité de louer un mini-car avec un jovial chauffeur, Rezzo, et une guide-interprète, Marina, pétulante brunette d'une trentaine d'années. C'est ainsi que, ce jour-là, à 9 heures, nous quittons l'hôtel Ivéria pour les 159 kilomètres qui, à travers la Kakhétie, doivent nous conduire à Telavi, la « ville des tilleuls ».

C'est samedi et, bien que Marina nous ait parlé de l'activité des 729 kolkhozes et des 382 sovkhozes recensés en Géorgie, personne aujourd'hui ne travaille aux vignes qui s'étendent à perte de vue dans la plaine. D'ailleurs le raisin ne sera mûr que d'ici un mois. Nous traversons de ces villages qui ont donné leur nom aux cinq cents cépages de la République et produisent quelques grappes des 408 700 tonnes de raisin récolté chaque année.

La première halte que nous offre l'équipe Intourist est pour une fontaine avec monument aux morts et arbre à pendus symbolique. Sur une stèle, une citation de Staline, en russe, géorgien et anglais. Au-dessus, en bas-relief, le profil du vénéré Petit Père des peuples. Sur les stèles voisines se bousculent les noms des soldats morts pour la patrie. A quelques pas de là, en dépit du congé, des femmes récoltent les haricots et François se précipite pour les filmer.

Le deuxième arrêt-fontaine est peuplé d'échoppes. On y vend qui des petits pâtés à la viande et aux épices, qui des glaces, qui de bourratifs gâteaux. Des vieilles femmes, au bord de la chaussée, écoulent à la sauvette leur stock de maïs. Il est vendu en épis grillé et même salé, s'il vous plaît ! Et l'eau de la fontaine fait passer tout cela. Pour la troisième fois, le car s'arrête devant l'imposante statue du « Père des héros ». L'homme du monument de Gourdjaani possède un faciès d'Almasty plus qu'un visage humain. Mais si Marina a entendu parler du *Tohlit-Scast*, ou Homme des neiges en géorgien, elle n'en a jamais rencontré et, dans la forêt de Chouamta, elle m'assure qu'il n'y a que des cerfs, des loups et des renards. Entre figuiers et cyprès, un hangar se dresse, perdu dans les vignes ; c'est le sovkhoze Aracheni qui produit le fameux vin rouge du même nom. Rezzo, de bonne grâce, fait marche arrière : le fossé n'est que buissons de mûres juteuses et parfumées. Trois personnes récoltent, entre les ceps, leurs pommes de terre. A notre approche, elles s'enfuient à l'ombre du magnifique vignoble de Moukouzani qui produit un fameux vin rouge. Janine amadouera ces Géorgiens, tout intimidés par nos caméras, en leur offrant une photo Polaroïd. Cette image d'eux en couleurs les fera rosir de plaisir.

Au loin commencent à apparaître des montagnes bleues. C'est le Caucase de Kakhétie, me dit Marina. Le prochain village, Tsinandali, donne à la Géorgie son meilleur vin blanc sec. Nous commençons à avoir soif, à suivre ainsi la route des vins, sans y goûter ! Le seul que nous boirons peut-être, avance Janine en plaisantant, sera-t-il le vin de messe d'une vieille église ? Elle ne croyait pas si bien dire ! Mais revenons à Tsinandali, où Marina tient à nous faire visiter la maison du grand poète et homme politique géorgien, le prince Alexandre Tchavtchavadzé.

Un ravissant domaine apparaît au bout du chemin. Une pelouse à l'anglaise, noyée de massifs de dahlias jaunes et roses, s'étale devant la maison de style colonial, construite en 1820 et transformée aujourd'hui en musée. Titi tend l'oreille : « Des cigales ? » répète-t-il, ravi. *Djirdjina !* murmure Marina en écho. Le long de la véranda de bois qui court autour de la façade, s'accrochent les corolles rouges des tekomas, fleurs originaires d'Amérique du Sud. Les douze hectares de bois apportent une fraîcheur merveilleuse à l'intérieur de la demeure. L'arôme des fleurs de magnolia et l'âpre senteur des cyprès, mêlés, s'engouffrent sous les tentures d'or des hautes fenêtres donnant sur le parc et embaument le grand salon. Un piano à queue, signé Alphonse Blondel et venu de Paris, trône au milieu du classique mobilier Louis XVI et des potiches bleues de Chine. Suit le petit salon, meublé Second Empire et tendu de velours grenat. A travers l'enfilade des pièces du premier étage, le seul entretenu et visité, des tableaux retracent l'histoire de l'illustre famille des Tchavtchavadzé.

Fils d'ambassadeur, Alexandre, destiné à la carrière militaire, sut apparemment concilier l'idéal des armes et la passion de la beauté. Marina le définira comme le peintre du patriotisme et de l'amour ; le vrai fondateur du romantisme géorgien. Baptisé par Catherine II à Saint-Pétersbourg, il y fit des études à l'Académie militaire et ne s'établit en Géorgie qu'en 1811. En 1813-1814, il repoussa Napoléon jusqu'à Paris. Une aquarelle naïve le représente avec ses troupes, caracolant devant Notre-Dame. Marina décline ensuite toutes les glorieuses campagnes du prince, et nous passons aux portraits de famille. Alexandre eut un fils, qui épousa une Bagration, et trois filles, Nina, Catherine et Sophie. L'aînée eut un destin tragique, mariée à seize ans, veuve à dix-sept. Par la seconde, des descendants du poète et de l'illustre maréchal Murat vivent encore à Paris.

Une grande toile, qui couvre tout un mur du salon, illustre la lecture du poème « le Malheur de l'Esprit ». Mais l'œuvre la plus connue de l'écrivain, celle que les écoliers apprennent par cœur à l'école est, thème romantique à souhait : « le Lac Gotchia ». Ajoutons que ce fin lettré traduisit aussi en géorgien les *Fables* de La Fontaine. Une immense peinture rappelle que la maison de Tsinandali était avant tout un salon littéraire. Alexandre Tchavtchavadzé reçoit en la circonstance Pouchkine. Mais vinrent ici également Lermontov, qui apprit du prince à aimer le folklore caucasien, le poète Griboïédov, les écrivains Honoré de Balzac et Alexandre Dumas, qui décrivait Tsinandali comme « un palais de fée : les fleurs, les raisins, les grenades, les citrons, les oranges, les chèvrefeuilles, les roses y poussent, y éclosent, y mûrissent pêle-mêle. L'atmosphère y est un immense parfum composé de vingt parfums réunis », s'exclamait-il encore.

Toutes ces odeurs enivrantes nous conduisent à travers le parc jusqu'aux immenses jarres de terre cuite, enterrées jusqu'au col, où, déjà du temps du prince, on conservait le vin pendant des décennies. Dans le bâtiment d'époque, le pressoir est toujours en activité et les tonneaux ne désemplissent pas. En quittant ces terres bucoliques, Marina nous raconte la fin tragi-comique du prince, victime à soixante ans d'un stupide accident de la circulation ; il fallut qu'une femme jette par la fenêtre le contenu de son pot de chambre, juste au moment où passait la voiture d'Alexandre. Le cheval, affolé, s'emballa et l'illustre poète se brisa le crâne.

Il est moins dangereux apparemment de circuler en mini-car Intourist. Notre chauffeur suggère d'aller à Télavi acheter de quoi déjeuner. C'est une symphonie orientale de couleurs et d'odeurs qu'offre le marché de la ville des tilleuls. Les comptoirs regorgent de fruits et légumes. Le vendeur de melons ne sait plus où empiler ses ballons juteux et la marchande de poules compte ses kopecks avec satisfaction. Foulards fleuris retenant la masse noire des cheveux des femmes, mouchoirs noués aux quatre coins, chapeaux de gendarmes en papier journal ou calottes de feutre noir typiques de la Kakhétie pour les hommes : chacun selon sa fantaisie se protège des rayons du soleil de midi ; ce soleil qui tanne les joues, rend cramoisies les tomates, dore les pêches, cuit les prunes, fait reluire les poivrons, astique les pastèques et roussit les fanes.

— *Ra guirs ?* Combien ça coûte ?

Brigitte se précipite sur les aubergines :

— Un rouble les trois kilos, ce n'est vraiment pas cher !

— Mais ça ne se mange pas cru et vous êtes à l'hôtel ! s'écrie Marina interloquée !

— C'est pour notre cuisine en camping, après-demain, lorsque nous aurons quitté l'Ouchba, rétorque Brigitte en un pieux mensonge.

Son intention est bel et bien de nous mijoter, dès demain, une fondante ratatouille, sur son Camping-Gaz. Pour se décider à acheter des haricots verts, Janine fait trois fois le tour du marché et les obtient à un prix défiant toute concurrence, ainsi qu'une botte de gros radis qui emportent la bouche. Sans qu'on s'en aperçoive, Titi a volé une de ces pêches, vendues un prix si exorbitant qu'on avait renoncé à en prendre. Mais il a déjà mordu dedans et on l'entraîne la bouche dégoulinante de jus pour pique-niquer sur la colline, dans le frais petit bois de Chouamta. Nous déballons nos provisions sous les noisetiers. Brigitte sort ses derniers fromages de chèvre et un reste de pâté, importé de France. Quant à Rezzo, il découpe pour nous de larges quartiers de pastèque cramoisie et des tranches de concombre. Nous terminons ce festin avec des carrés de chocolat.

C'est aussi un régal des yeux que nous nous offrons. En effet, en face de nous se dressent les trois ravissantes églises de Dzavéli-Chouamta : un bijou de basilique du V$^{e}$ siècle, rose, tétraconique [2], avec des compartiments latéraux et une jolie coupole ainsi que deux chapelles du VII$^{e}$ siècle, admirables de proportions. Une longue prairie y mène, où un homme retourne son foin. Je pénètre à l'intérieur du sanctuaire le plus ancien. Une petite lucarne en ogive éclaire les piliers de la clôture du chœur. Une jarre de terre gît au sol. Dans ces lieux désaffectés, une femme au beau visage aigu, les cheveux blancs, tirés en catogan, et le regard d'un bleu lumineux, prie. Ses enfants l'entourent, tenant maladroitement des cierges allumés. A ma vue, elle ne manifeste aucune surprise. Tapie contre l'épais mur de pierre, je contemple la ferveur de cette vieille femme. Soudain, celle-ci s'anime, saisit une cruche, fait le tour de l'église, asperge d'un peu de vin chaque angle de la nef, puis, à nouveau, s'immobilise pour prier. Devant elle sont posées sa cruche et une large galette dorée. Au bout de quelques instants, elle se tourne vers moi, me verse un verre de vin blanc et me découpe une part de galette, fourrée de pommes et de noix. Je n'ai plus faim mais accepte ce présent offert avec un sourire si doux. J'apprends que cette Géorgienne a fait un vœu (je n'ose demander lequel), et qu'elle a promis à Dieu de venir aujourd'hui offrir à tous, à Chouamta, le vin et le pain faits de ses mains. Alain, Sylvain, François, Brigitte, Janine et même Titi, l'aident avec enthousiasme à accomplir son vœu, eux aussi, en se régalant.

2. A quatre absides.

Cette coutume nous enchante. Marina nous précise cependant que, dans sa région d'origine, pour honorer un vœu, on égorge plutôt un agneau : expression nettement moins poétique !

Une autre surprise nous attend avant de quitter Dzavéli-Chouamta. Un photographe astucieux s'est installé avec tout son attirail de costumes nationaux au bord de la route. Les touristes se font ainsi portraiturer en authentiques Kakhétiens. Pantalons de drap noir, redingotes cintrées, bordées de cartouchières, pour les hommes, flottent au vent, sur les cintres, aux côtés de longues tenues de princesse, toutes de tulle et satin, ou de robes sombres, brodées de rouge, et cliquetant de médailles, plus folkloriques. Les sept Mahuzier, qui ont sans doute la nostalgie des Mardi gras de leur enfance, trépignent d'impatience à l'idée de se déguiser. Le propriétaire des costumes n'est pas là et Rezzo intervient pour amadouer le gardien à qui il a confié ses riches vêtements. C'est vrai que nous lui arrachons un peu le pain de la bouche à ce photographe absent, mais il ne le saura pas !

En trois minutes nous sommes tous métamorphosés en élégants Géorgiens du XIXe siècle, réunis sur deux rangs pour un bout de film et une photo souvenir. Janine sourit dans ses voiles de princesse, Brigitte, en Tcherkesse, a changé de sexe ; François ressemble au prince Tchavtchavadzé ; Alain, le *kindjal* à la main, a l'air du plus farouche cavalier, comme Sylvain, dont les yeux disparaissent sous une toque trop grande ; Katia, couronnée d'un diadème, se prend pour la reine Tamar ; quant à Titi, il a fière allure, un coin de bermuda à fleurs dépassant de sa tunique de guerre, un *papakh* de laine de mouton lui tombant sur le nez, et les doigts dans la bouche !

Non loin de là, en poursuivant notre tour, nous apercevons, à l'entrée de Novo-Chouamta, monastère construit au XVIe siècle par les moines de Dzavéli, avec de belles peintures murales très linéaires, un étalage identique de déguisements. Le photographe est là cette fois-ci, qui attend les clients amateurs de portraits de famille, devant l'église conventuelle où fut enterré le prince Alexandre.

Surprenante, en rase campagne, dans la large vallée du fleuve Alazani, se trouve, à dix-huit kilomètres de Télavi, la cathédrale d'Alaverdi, qui lance vers le ciel son haut tambour et sa coupole, avec une splendide élégance. C'est la plus haute (76 mètres) de toutes celles conservées en Géorgie. D'épaisses fortifications, construites à la suite d'invasions arabes, forment un mur d'enceinte auquel s'adossent, à l'intérieur, les bâtiments d'habitation des popes.

Une fresque relativement bien conservée sous la galerie ouest rappelle qu'Alaverdi, qui date du XIe siècle, est consacrée à saint Georges. Les façades de l'église triconque [3] sont ornées d'arcs aveugles et, sur le côté est, de niches et de rosettes. Comme les autres cathé-

---

3. A trois absides.

drales kakhétiennes, celle d'Alaverdi produit une impression de parfaite harmonie, sobre dans ses ornements architecturaux et blanchie à la chaux, selon la tradition locale. L'intérieur de l'église qui était entièrement peint a subi, au siècle dernier, le vandalisme de l'occupation russe et été badigeonné également à la chaux ! Il ne subsiste, dans le chœur, qu'un fragment d'une vierge à l'enfant datant de l'édification d'Alaverdi.

Un prêtre, cheveux longs ondulants sur les épaules, barbu, moustachu et l'appendice nasal bien développé, nous accueille. Une lourde croix bat sur sa robe moirée d'or. C'est Georges, le sympathique moine-curé de la cathédrale. Il entreprend, dans la nef, de nous prouver l'existence de Dieu par des explications très cartésiennes comme l'ordre du Monde ou la notion de Parfait. Marina, qui nous accompagne, est tout émue par ce discours inconnu pour elle, élevée sans religion. Le père Georges nous apprend ainsi qu'après l'Arménie la Géorgie fut la seconde région après Rome et Constantinople à se convertir au christianisme. Saint Georges aurait été martyrisé sous Dioclétien et les trois cents soixante-trois morceaux de son corps dispersés dans le pays, ce qui explique le nombre des sanctuaires qui lui sont consacrés ici. Le curé d'Alaverdi nous invite ensuite chez lui. La sacristie est une minuscule pièce sombre, aux murs couverts de tableaux et représentations de la Bible. Dans un coin, une grande cuvette blanche émaillée, hissée sur un trépied : ce sont les fonts batismaux. Dans un autre, des lutrins couverts d'étoles bleues et or. On se serre sur un petit banc. Le père Georges disparaît derrière une tenture, qui doit masquer son garde-manger, car il réapparaît avec un énorme melon, des poires, des pommes, un long pain en forme de lune, spécial à la Kakhétie et surtout une impressionnante dame-jeanne de vin de messe.

Il se déclare *tamada* et nous sert d'office de grandes rasades d'un rouge du pays digne du plus fruité des bourgognes. A tour de rôle, il nous faut porter un toast et boire cul sec. De l'amitié franco-géorgienne à l'œcuménisme, longue est la litanie qui rythme la cadence des verres bus. Timothée, qui a lui aussi porté son toast « aux enfants de Géorgie », est complètement « paf ». Marina est ravie. En bonne Géorgienne, elle tient le litre, mais elle nous dit qu'aujourd'hui sept à huit litres d'affilée sont une dose correcte. Autrefois le Géorgien se vantait de boire onze à douze litres de vin sans rouler sous la table. Quant à Georges, notre hospitalier curé, son nez est devenu le phare qui éclaire notre assemblée !

*Ah ! vrai Dieu ! les beaux nez que les nez de la Géorgie !*
*Les robustes nez, les magnifiques nez !*
*D'abord il y en a de toutes les formes :*
*De ronds, de gros, de longs et de larges.*

4. Alexandre DUMAS, *op. cit.*

*Il y en a de toutes les couleurs :*
*De blancs, de roses, de rouges et de violets...*
*Vous n'avez qu'à les presser entre deux doigts*
*Et du plus petit coulera une pinte de vin*[4] *!*

Dans le car qui nous ramène de cette virée au pays de Dionysos, l'ambiance est au paroxysme de la gaieté. Le chauffeur Rezzo qui, discipliné, n'a rien bu, est le plus déchaîné de tous. Il fait, avec Marina, des duos d'opéra géorgien tandis que nous hurlons des pots-pourris assez discordants de vieilles chansons de France. François déclame sans se lasser le même couplet de *Chevalier de la Table ronde.* Exténués par les rires et les fous rires nous nous écroulons, morts de fatigue, sur nos lits, à 11 heures du soir. Un peu plus tard, pour Brigitte et Janine, qui découvrent avec fureur à leur arrivée au motel Ouchba qu'on leur a confisqué le Camping-Gaz et qui doivent user leurs dernières cordes vocales pour le récupérer !

*Dzili nebissa,* bonne nuit les Mahu ! Demain, déjà, c'est le grand départ pour l'Arménie.

CHAPITRE XV

# CAP SUR EREVAN

A 8 h 30, le 6 août, les bagages sont bouclés. Titi a rangé ses voitures dans sa mini-valise. En route pour Erevan, capitale de l'Arménie, à 283 kilomètres ! La sortie de Tbilissi, encombrée de camions, a paru longue. Nous roulons maintenant dans un décor de collines pelées. D'immenses cheminées d'usines surgissent dans ce désert : c'est la zone des villes-champignons, comme Roustavi, ce grand centre moderne de l'industrie lourde. Un incroyable enchevêtrement de fils électriques, perchoirs pour tous les rolliers d'Europe, parcourt les ondulations de la steppe brûlée. Le foin jaune et ras qui tente de subsister ne doit pas être grasse pâture pour les quelques troupeaux de moutons que l'on croise.

Une dizaine de kilomètres plus loin, cependant, la verdure reprend ses droits. La vigne et les champs, protégés par des haies de peupliers, couvrent les étendues plates, de Kéchalo à la frontière azerbaïdjanaise où nous arrivons à 10 heures. Celle-ci se trouve sur un magnifique pont du XII^e^ siècle qui enjambe la Koura, mais qu'il est, bien entendu, interdit de filmer. Les « gaïs » en contrôlent l'entrée et la sortie.

C'est par une route ombragée d'acacias que nous pénétrons dans la république la plus vaste (86 000 km²) et la plus peuplée (5 117 000 habitants) de toutes celles de Transcaucasie. Nous aurons, cette fois-ci, à peine le temps de l'effleurer, mais Alain y reviendra lors d'un prochain voyage.

De se voir dépassés par une, puis deux longues voitures inconnues et identiques, la vieille femme, à califourchon sur les herbes de sa charrette, et les deux petits ânes gris de l'attelage, n'en croient pas leurs yeux ! Au bord du chemin, les vignes alternent avec des cimetières musulmans à l'abandon. La religion islamique est un lien national puissant en Azerbaïdjan qui ne compte plus que seize mosquées ouvertes, mais quatre millions de fidèles, à majorité chiites, comme leurs voisins et frères d'Iran. Au-delà des hautes stèles de pierre, frappées du croissant de lune et gravées des arabesques de l'écriture persane, se profilent l'impressionnante forêt des derricks de l'or noir. Quelques mètres de friches seulement séparent l'ère du Prophète de celle du pétrole !

Les villages s'entourent d'oasis de vignes et d'agrumes. Les enfants, qui vendent leurs fruits au bord de la route, se précipitent sur nous pour arrêter la voiture lorsque nous passons. Puis le paysage devient sec et escarpé à nouveau. Au creux des montagnes désertiques, la retenue d'un lac artificiel se noie de brume de chaleur sous l'aile déployée d'une cigogne noire.

Les feuilles de tabac, qui sèchent sur leurs fils, marquent le passage de la frontière arménienne. Une usine crache ses fumées aussi jaunes que le paysage desséché. Après Kazak, la route s'encaisse dans la vallée boisée de l'Aghsteu : c'est la « Suisse arménienne ». Les flancs des montagnes noires de pins, d'ifs, d'ormes, de noisetiers et de chênes baignent d'ombre le romantique lac Parzlitch, « le Limpide », sur les rives duquel nous pique-niquons, dans un parfum de résine. La montée sinueuse au cœur des gorges du défilé de Dilijan est pénible jusqu'au col de Sévan, à 2 122 mètres. Un cortège de voitures officielles, qui descend à tombeau ouvert en face de nous, refoule nos 504 sans égards vers le fossé ! Quelques mètres plus haut, c'est une pauvre femme éplorée que nous croisons au milieu de la route. Les lourdes Volgas noires des dirigeants du Parti viennent d'écraser sa plus belle oie !

De lacet en lacet on arrive vers les sommets. Ruches et moutons s'égaillent sur le dos rond des montagnes dorées qui, piquées d'une multitude de poteaux télégraphiques, ressemblent à des gâteaux d'anniversaire. La descente dans les plateaux secs et sauvages vers le lac Sévan est de toute beauté. La vue s'étend, immense, sur les transparences de cette mer intérieure, vaste comme deux fois et demie le lac Léman, enchâssée dans des roches aux couleurs d'améthyste, balayée par les mouettes, jusqu'à une langue de terre brune, ancienne île et presqu'île aujourd'hui. Deux petites églises y pointent leur coupole, suspendues entre le bleu du ciel et celui de l'eau, tout aussi lumineux.

Une grimpette nous amène du rivage à la première : Saint-Arakelotz ou celle des Apôtres, puis, plus haut sur les hauteurs de la colline, à Sainte-Astvatsatsine ou celle de la Vierge. Les deux édifices sont de dimensions réduites mais de l'harmonie des proportions et de la sobriété des lignes se dégagent une grandeur spirituelle. C'est sur l'ordre de la princesse Marianne qu'un monastère fut, au IXe siècle, construit sur l'île de Sévan. Centre d'études et de copie des manuscrits, il devint, plus tard, lieu d'exil de la noblesse arménienne. Aujourd'hui, un peintre téméraire s'agrippe, contre les assauts du vent, à son chevalet. Ses touches de jaune et de rose, d'ocre et de rouille reconstruisent sur la toile les deux petits temples de tuf, pierre volcanique qui vient, par ses tons polychromes, rehausser leur austère beauté.

Des toits bruns s'échappent des touffes d'herbe vivace. La végétation se pose sur toute trace d'humidité. En deçà, les rayons du soleil rasant viennent jouer sur des reliefs de croix scupltées, ornées de tresses décoratives, d'entrelacs, de rinceaux et de feuillages ciselés en dentelle. Ce sont des *khatchkars* (*khatch* signifie croix et *kar* pierre). Ceux-ci, insérés dans le mur de la chapelle, sont ramenés à l'échelle des miniatures mais il en est d'autres alentour, taillés dans des blocs de pierre, hauts et plats, à taille monumentale. Fichées dans la terre au pied des églises, ces stèles, votives ou funéraires, étaient érigées pour la commémoration d'un événement, l'heureuse issue d'un combat, une guérison, une naissance attendue, la réalisation d'un vœu, la consécration d'un sanctuaire, etc. On les offrait aux couvents en signe de reconnaissance. Le pays était ainsi parsemé de ces croix de pierre, apparues au temps de la royauté bagratide, symboles de la piété de tout un peuple. Sculpter un *khatchkar* ce n'était pas seulement l'art de « broder » la pierre, c'était accomplir un acte de foi profonde. C'est à Sévan que, pour la première fois, nous admirons ces croix singulières à queue d'aronde, mais chaque lieu de culte antique nous en offrira sa moisson toujours plus belle.

De la pointe de la presqu'île on domine le lac. En contrebas quelques canoës échoués et cabines de bain font des taches claires sur le sable gris. Mais l'eau est fraîche et nul ne s'y aventure aujourd'hui. Un hôtel moderne rappelle que c'est le lieu estival privilégié pour les habitants de la capitale. On y vient déguster la truite locale, l'*ichkan,* les barbeaux, les petites écrevisses.

« Etre en Arménie et ne pas voir Sévan, c'est ne pas voir l'Arménie ! », disent tous les prospectus. Il faut comprendre l'importance de cette coupe d'eau brandie, à près de 2 000 mètres au-dessus du niveau de la mer, sur un pays assoiffé par la sécheresse. Or, les Arméniens sont mécontents : petit à petit leur lac se vide !

« Où iront les eaux échappées du lac Sévan, leur avait-on dit, les onze douzièmes de son volume ? Elles ne s'évaporeront pas, ni ne s'infiltreront dans les sables et les creux de terrains : elles ne seront pas perdues ! Les gouttes précieuses de ces eaux bleues seront transformées par l'économie nouvelle de la nouvelle Arménie. C'est d'elles que parlera chaque sillon dans les champs, gonflés d'eau au moment de l'arrosage, chaque tige des machines-outils dans les ateliers des usines, en augmentant le nombre de tours [1]. »

Les centrales hydro-électriques, en réalité, épuisent cet unique réservoir d'eau ; l'île de Sévan est devenue une presqu'île. Malgré le canal souterrain de quarante-huit kilomètres qui capte les eaux de l'Arja pour les déverser dans le lac, le niveau baisse toujours, tandis qu'un exceptionnel micro-climat tend à disparaître. La population, inquiète et déçue, ne ressent pas les bienfaits qu'on lui a tant promis.

« La flamme bleue des eaux baisse comme la lampe dont on baisse la mèche. » Que deviendra le lac Sévan chanté par tant de musiciens, de peintres et de poètes ? Si l'on en croit les utopies :

« Une grande expérience est en court de préparation dans les montagnes arméniennes. Son objectif est de provoquer des pluies artificielles pour sauver le lac Sévan qui perd ses eaux. Il a été calculé qu'il suffirait d'augmenter de 10 à 15 % la quantité des précipitations dans le bassin du lac pour maintenir son niveau actuel. Tout un ensemble de procédés sera mis en œuvre : des avions spéciaux survoleront le Sévan, des canons tireront sur les nuages avec des obus contenant de l'iodure d'argent, de puissants générateurs d'aérosols seront mis en marche. On essaiera également une grande installation projetant vers le haut un puissant courant d'air chaud, susceptible d'influer sur la formation et l'évolution des nuages. Portée à 3 000 mètres d'altitude par six turboréacteurs aériens, cette colonne d'air chaud aidera à rassembler des nuages au-dessus du lac [2]. »

7 050 kilomètres au compteur, comme la longueur du fleuve Amazone [3] ! nous arrivons à Erevan à la tombée de la nuit. Un Arménien courtaud, à la tignasse de jais nous guide avec enthousiasme à travers les rues de cette ville moderne, au volant de sa pétaradante Lada, jusqu'aux treize étages de l'hôtel Ani, 19 Saïat Nova, l'une des plus belles avenues.

Dans le hall, c'est la panique ! Trois cents Arméniens de Marseille et Paris viennent de débarquer, profitant des vacances pour retrouver leurs frères et cousins. Les ascenseurs sont bloqués en permanence et nous traînons péniblement Timothée, mort de fatigue, dans les escaliers, jusqu'au sixième palier. Le bambin couché, nous nous retrouvons avec une faim d'ogre au restaurant pour dîner.

C'est la « fiesta » pour ces Arméniens-Français qui retrouvent le goût du pays à grandes lampées de cognac. Les toasts se succèdent avec des chants de corps de garde. L'excitation, à son comble, a gagné l'orchestre qui « gueule » une musique tonitruante. Au bout d'une bonne demi-heure d'attente, le serveur, surmené, dépose enfin

1. Mariette CHAGUINIAN, *A travers l'Arménie soviétique,* Editions en langues étrangères, Moscou, 1955.
2. Agence de Presse Novosty.
3. Voir *le Fleuve Amazone* d'Albert MAHUZIER, collection « Coup d'œil », aux Presses de la Cité.

sur notre table dix rondelles de tomates qui se battent en duel sur un lit de persil, fenouil et basilic, des crêpes de dînette, fourrées de viande hachée et quelques bouchées de porc grillé. Trois bonnes bouteilles de rouge donnent un peu d'agrément à ce repas pour Lilliputiens. Lorsque nous en achevons les derniers reliefs, nos voisins de table, au comble de l'euphorie, ont gagné la piste de danse et se trémoussent allégrement.

En compagnie d'Aline, je vous entraînerai immédiatement pour la bonne compréhension du récit, faire le tour de la ville d'Erevan, bien que dans l'ordre chronologique nous ayons été accueillis, dès le lendemain matin, par les amis arméniens rencontrés aux cures de Piatigorsk.

Brigitte renonce à nous accompagner dans ce périple ; son chérubin n'a pas très bien supporté son premier contact avec la nourriture locale. Il est impossible d'obtenir à l'hôtel un verre de lait et il faut avouer que cet enfant, qui n'a pas trois ans, est soumis à un régime qui ferait frémir nos diététiciens ! Bref, au lever du soleil, cinq Mahuzier attendent patiemment, sur les marches de l'hôtel Ani, la guide-interprète. Aline, c'est son nom, doit être nouvelle venue à Intourist. Elle nous emmène avec une mine effarouchée. C'est très consciencieusement qu'elle récitera ses explications, se raidissant, toutes griffes dehors, lorsque nous nous risquerons à lui poser quelques questions naïves.

CHAPITRE XVI

# « GLOIRE A TOI, O HAYASTAN, PATRIE RESSUSCITÉE DES ARMÉNIENS [1] »

*Et au dix-septième jour du septième mois,*
*l'Arche s'arrêta sur les montagnes de l'Ararat...*
*Puis il arriva qu'au bout de quarante jours*
*Noé ouvrit la fenêtre qu'il avait faite à l'Arche.*
*Et il lâcha un corbeau, qui sortit, allant et venant*
*jusqu'à ce que les eaux séchassent sur la terre.*
*Il lâcha aussi d'avec soi un pigeon*
*pour voir si les eaux étaient diminuées sur la terre.*
*Mais le pigeon ne trouvant pas sur quoi asseoir*
*la plante de son pied, retourna à lui dans l'Arche ;*
*car les eaux étaient sur toute la terre.*
*Et Noé avançant sa main le reprit et le retira à soi dans l'Arche.*
*Et quand il eut attendu encore sept autres jours,*
*il lâcha encore le pigeon hors de l'Arche.*
*Et sur le soir le pigeon revint à lui et voici,*
*il avait dans son bec une feuille d'olivier qu'il avait arrachée ;*
*et Noé connut que les eaux s'étaient retirées de dessus la terre* [2].

*Erevatz !* s'écria le Patriarche, c'est-à-dire « Elle est apparue ! », la terre, raconte la légende. *Erevatz* donna son nom à Erevan et à l'Arménie ses premières lettres de noblesse.

Au confluent de l'Orient et de l'Occident, au carrefour des peu-

1. Suren VARTIAN.
2. Genèse VIII, 4, 6, 7, 8, 9, 10, 11. Version d'Ostervald.

ples et des civilisations, Erevan, une des plus antiques cités du monde, existait déjà depuis trois décennies quand Romulus fonda Rome. Mais si l'ancienne citadelle d'Erébouni garde la mémoire de ses origines, de 782 av. J.-C., et l'histoire de son prestigieux passé [3], l'actuelle capitale de l'Arménie est une ville neuve du XX$^{e}$ siècle.

Une architecture moderne de grands immeubles de tuf jaune, gris et rose, de larges artères asphaltées, bordées d'arbres et de parcs nombreux, a effacé le souvenir de la sale petite bourgade, noyée de poussière sèche qui abritait, naguère, quelque 30 000 habitants dans des maisons de torchis. Sur le sol de cette Arménie de 3 millions d'habitants, où 80 % des terres sont montagnes, et qu'on a baptisé « le pays de la pierre », la population a construit, avec courage, sur les plans de l'architecte Tamanian, vers 1918, la capitale de son royaume mutilé.

Entre les quatre pointes du volcan éteint Aragatz (4 095 m) et les deux sommets enneigés, à 5 100 et quelques [4] mètres, d'un mont Ararat qu'on lui a volé, mais qui reste avec les légendes de son enfance, au cœur de chaque Arménien, Erevan, aujourd'hui, dresse fièrement « des cheminées d'usines sans fumée ou presque, des corps de bâtiments bien propres, de confortables maisons à balcons et des cours ornés de parterres [5] ».

Une vingtaine d'années, nous dit Aline, ont fait d'Erevan (1 million d'habitants aujourd'hui) le cœur économique de l'Arménie. Nous avions déjà parlé du lac Sévan et de l'importance de l'eau dans ce pays de sécheresse. Outre la production d'énergie, les centrales hydroélectriques, avec leurs barrages, ont permis l'irrigation des cultures : l'orge, lin, seigle, moutarde, betterave, coton et surtout tabac. Les vergers sont florissants et regorgent de pommes, pêches et abricots. Erevan exporte ses conserves alimentaires dans toute l'U.R.S.S. La vigne offre aussi de nombreuses variétés de raisin très sucré ; quinze entreprises vinicoles fabriquent, dans la capitale, vins doux et cognac de pays. L'élevage du mouton et celui de la vache laitière de *Lori,* ont donné naissance aux industries du fromage, de la laine, de la viande et de la peau. Pauvre en bois, l'Arménie abonde, en revanche, en pierres et minerais variés : tuf, marbre, pierre ponce, agate, onyx, calcédoine, cornaline, cuivre, bauxite, plomb argentifère. C'est essentiellement à sa périphérie que la capitale a développé ses activités industrielles : industries extractives de matériaux pour le bâtiment, industrie chimique et de transformation, de construction mécanique et électrique. Sont nées des usines de câbles, de turbines, de pneus, d'horlogerie, et une fabrique d'automobiles (marque Jeraz). L'entre-

---

3. Voir annexe n° 3, l'histoire de l'Arménie.
4. La hauteur du mont Ararat varie selon les sources ! De 5 156 m (Atlas soviétique, *Guide Nagel* de l'U.R.S.S., ancien *Guide Bleu* de Turquie...), à 5 160 (*Guide Bleu U.R.S.S.*), 5 165 (Larousse, *Guide Bleu Turquie,* 1981), et même 5 185 !
5. Mariette CHAGUINIAN, *A travers l'Arménie soviétique, op. cit.*

prise Kirov fournit l'Union soviétique en caoutchouc synthétique, celle de Dzerjinski en machines-outils.

Avec l'essor économique de la ville se sont développés les moyens de communication : Erevan est reliée, par le train, à Tbilissi (Géorgie) au nord, à Bakou (Azerbaïdjan) à l'est, à Tabriz (Iran) au sud et à Kars (Turquie) à l'ouest. Les avions assurent la jonction avec Moscou, Leningrad, Tachkent, Bakou et même Beyrouth.

Il fait très chaud à Erevan, au mois d'août. Le souffle de la mer ne tempère plus, comme à Tbilissi, la morsure du soleil. Heureusement Aline nous offre un tour de ville astucieux, de parcs en fontaines.

Place Lénine, au pied de la statue du grand homme qui, les gants à la main, la tête redressée, semble s'avancer pour nous saluer, un immense bassin éparpille en fine pluie la fraîcheur de ses jets d'eau. Autour de la vaste esplanade se déroule le rideau des façades ocre rose, trouées d'arcades et rehaussées des fines colonnes du palais gouvernemental de la République, de la poste et de l'hôtel Arménia, orné de treilles, d'entrelacs de feuilles et de fruits à l'ombre desquels une biche et son faon, délicatement ciselés dans la pierre, se promènent. C'est là qu'Intourist, il y a près de vingt ans, avait logé, à leur retour de Sibérie, mon beau-père et sa fille Jacqueline ; pour lui une suite fabuleuse de 93 m² avec un piano à queue, pour Jacqueline des appartements tout aussi luxueux mais avec piano droit [6] !

« Trois petits tours et puis s'en vont » sous les ramages du parc des Communards, où se dresse le bloc massif du théâtre Gabriel Sundukyan, du nom du célèbre dramaturge, fondé en 1921, puis un crochet pour admirer l'entrée rythmée de piliers d'une galerie des Beaux-Arts qui abrite nombre d'œuvres des artistes de la diaspora et des toiles de peintres arméniens, russes et européens : Carzou, Sarian, Yakoulov, Rubens, Van Dyck...

Plus au sud, c'est la place de la gare, avec la superbe statue équestre, sculptée par R. Kotchar en 1959, de David de Sassoun, héros d'un poème épique d'Hovhanès Toumanian. David, monté sur son cheval fougueux, Djalali, s'élance, fendant le vent de son large sabre, à la poursuite de l'envahisseur étranger. En remontant à l'ouest, vers les jardins, on aperçoit au-delà de la rivière Razdan, la haute silhouette du stade, construit en six mois, qui offre aux supporters, venus acclamer sa glorieuse équipe de football « Ararat-Erevan », ses 75 000 places.

Une halte à l'une de ces petites vasques de pierre, qui laissent échapper un délicieux chapelet de gouttelettes glacées, près de l'église Saint-Serge, du XVIIIe siècle, ouverte au culte, et nous sommes à nouveau au cœur de la ville. La Saïat Nova, enchanteresse, nous précise Aline, lorsqu'elle se couronne, au printemps, de fleurs de cerisiers,

6. Voir Albert MAHUZIER, *Hiver en Sibérie,* Presses de la Cité.

nous conduit jusqu'à l'université, créée en 1920. De toute l'U.R.S.S. affirme notre guide, c'est l'Arménie qui occupe, du point de vue éducatif et culturel, la première place.

— Notre pays se trouve surtout avancé dans les domaines de la physique, l'astrophysique, la mathématique, ceux de la recherche thérapeutique et biologique. Nous sommes fiers de posséder 58 000 spécialistes, soit 2,5 % de la population, 1 500 écoles secondaires et 60 écoles professionnelles. L'université d'Erevan compte 11 000 élèves, dont 300 étudiants venus des pays frères et du Proche-Orient. Les études sont obligatoires de sept à dix-sept ans. L'étudiant qui obtient des résultats très satisfaisants peut bénéficier d'une bourse de 45 à 50 roubles (350 F environ). Le syndicat, lui, distribue chaque année aux meilleurs éléments 30 % du prix d'un séjour de vacances. Les élèves les plus pauvres ont droit, par roulement, à ce repos, gratuitement, lorsqu'ils ont acquis les quinze bons points nécessaires.

Toutes ces mesures favorisent, bien sûr, la course aux diplômes, mais, comme partout en Union soviétique, on retrouve ici cette insatiable « soif d'apprendre ».

Les Arméniens ont, comme les Géorgiens, été autorisés à conserver leur alphabet. La maison d'édition Hayastan publie quatre-vingts revues et journaux en langue nationale. Mais, dans les écoles, l'enseignement se fait de plus en plus en langue russe au détriment de l'arménien.

Aline nous entraîne maintenant jusqu'au traditionnel « palais des Komsomols », où, à partir de dix-sept ans, on prend en charge la formation des jeunes du Parti (avant, on est Pionnier). On y pratique les sports, on peut y passer son permis de conduire et même y acquérir des rudiments d'aviation. Un peu plus loin, c'est le palais des Jeunes, une sorte de grande ruche moderne, qui loge dans ses alvéoles hôtel, bibliothèque, salle de concert et café. Enfin, la maison des Jeunes est un centre de loisirs et de rencontres ; on y accueille les nouveaux mariés et les ouvriers y reçoivent leurs collègues des usines voisines. Impossible d'oublier qu'elle est « soviétique », cette Arménie, avec sa jeunesse bien encadrée !

Mais c'est aux sources mêmes de la culture arménienne que nous arrivons, devant le Maténadaran. Dans cet austère bâtiment de basalte gris, veillé par une garde de statues bien alignées, sommeillent, à l'ombre de la lumière, plus de 11 000 manuscrits, parchemins, fragments et incunables. C'est le sanctuaire de la civilisation arménienne et plus encore ! Il est trop tard pour visiter la fabuleuse bibliothèque mais on s'attarde sur les marches du monument qui glorifie la mémoire de Mesrop Machtotz, créateur vers l'an 400, avec l'aide du patriarche saint Sahak, d'un alphabet de trente-six lettres.

« Connaître la sagesse et les préceptes, comprendre la maxime de l'esprit », enseigne le maître au disciple accroupi à ses pieds. Ce précepte gravé dans la pierre fut le premier que Mesrop inscrivit avec son nouvel alphabet. Très vite, philosophes et théologiens se mirent à composer et à transcrire en arménien les œuvres des auteurs anciens. Mesrop Machtotz traduisit lui-même la Bible.

« Toi, mon père Mesrop, toi qui, des ténèbres, as fait naître pour nous tous, la lumière [7] ! » Le fait de posséder un alphabet propre, adapté au langage oral, fut d'une importance capitale, au cours de l'histoire, pour protéger le patrimoine culturel des influences étrangères. Aujourd'hui encore la langue est condition de survie, d'intégrité nationale et le point de ralliement de tous les Arméniens.

« Souvenez-vous de Mesrop, l'immortel. Il recueillait de la lumière en ses errances. Il fit fondre son âme comme du plomb. Et l'on vit apparaître, en un rêve de feu, les lettres arméniennes de l'Avenir [8] ! »

Quelques pas, dans la verdure, à la gauche du Maténadaran, nous font franchir le temps, du passé au présent. La statue de Khatchadour Abovian, silhouette pensive d'un « intellectuel des années 1940 », se dresse dans la rue du même nom où gazouillent d'innombrables fontaines. Abandonnant le langage classique, pour une langue populaire plus hardie, cet écrivain, avec son premier roman, *les Plaies de l'Arménie*, se pose comme le chef de file de la littérature moderne. Au pied de la statue, Aline évoque le rayonnement culturel de son pays. Elle nous apprend qu'Everan est jumelé avec Carrare, en Italie, et Kirovakan, troisième ville du pays, avec Bagneux, en France. Avec elle, nous nous amusons à évoquer les Arméniens célèbres morts ou vivants, restés ici ou dispersés de par le monde. En voici quelques noms :

— En littérature : les écrivains Arthur Adamov (Adamian), Henry Troyat (Torossian), H. Hochagan, Armen Lubin (Chahan Chahnour), Vahé Katcha (Katchadourian), A. Bakountz, Z. Esayan, Hratch Zartarian, Zareh Vorpouni, William Saroyan (aux U.S.A.), Rouben Melik, Dererik Demirdjan et ses romans historiques... les poètes : Nigoghos Sarafian, Puzant Topalian, Avelik Isaakian, mort en 1954...

— En peinture : Léon Tutudjian (1905-1968), Carzou (Karnig Zouloumian, né en 1907), Jansem (Jean Semerdjian, né en 1920) ; l'humoriste Kiraz (Edmond Kirazian)... en Arménie : Martiros Sarian (1880-1972), les frères Elibekian, Artachès Houmanian, Hagop Hagopian (né en 1923), Minas Avetissian (Moutafian, 1928-1975), Y. Kotchar (né en 1923), Achota Melkonian (né en 1930)...

— En musique : Komitas (Soghomon Soghomanian, 1889-1935) et Aram Khatchatourian (1903-1978), ont créé, à côté des Charakan, ces chants spirituels et mystiques, aussi anciens que merveilleusement beaux, une musique nouvelle d'inspiration folklorique et populaire.

---

7. Hovannès CHIRAZ, *Récit dantesque*. Traduction de Lucie Malkhassian, Librairie Samuelian, Paris 1971.
8. Naïri ZARIAN.

— Dans le domaine des spectacles et du cinéma, sont renommés en France : Charles Aznavour, Alice Sapritch, Henri Verneuil, Rosy Varte, Mannix (Mike Connors), Adriano Celentano...

Vous reconnaîtrez là, sans doute, dans cette liste non exhaustive, quelques talents connus et aimés. Qu'ils soient pour vous des compagnons de route pour ce voyage en Arménie. Avec eux, vous trébucherez parfois contre la roche ; avec eux toujours vous repartirez plein de courage !

★

« Nous sommes peu, disait P. Sévak, mais ce peu, on l'appelle " Arméniens ". Les siècles sont venus, les siècles ont passé et nous n'avons jamais tyrannisé personne. Si nous avons saisi, c'est seulement des yeux ; si nous avons conquis, c'est seulement par nos livres ; si nous avons régné c'est seulement par nos arts. On nous dit Arméniens : pourquoi n'en serions-nous pas fiers ? »

Pour l'avant-dernière étape de ce tour d'Erevan, Aline nous emmène, sur une colline, au fond d'un parc à amoureux, celui de la Victoire. Un sévère édifice de 31 mètres de haut, en dalles de tuf sombre, frappé à l'ordre de la Victoire, encadré de piliers massifs soudés au plomb, abrite le musée de la Guerre nationale de 1941-1945. Sa coupole, posée sur un soubassement carré, sert de socle à la monumentale statue de la Mère Arménie qui culmine à 56 mètres. Elle symbolise la victoire soviétique sur l'Allemagne hitlérienne. La femme raide, assez peu séduisante avec ses muscles d'acier, soutient le glaive qui vaincra l'ennemi s'il se manifeste. Quant au bouclier posé à ses pieds, il illustre la paix d'aujourd'hui qu'on peut défendre demain.

Ce qu'Aline ne nous dit pas, c'est qu'avant la Mère Patrie, c'était Staline qui, avec ses 16,50 mètres de cuivre forgé, dominait la ville. Vers 1954, la République socialiste soviétique décida de « déstaliniser ». Un coup monté fit dégringoler le héros déchu, de ses hauteurs. Comme le raconte avec truculence notre ami Paulo, ce soir-là, Erevan entière fut plongée dans l'obscurité ; on fit croire à une panne d'électricité. Pour amortir la chute de la statue et la traîner, on avait dévalisé l'usine de caoutchouc synthétique et des pneus jonchaient le sol sur plus de trois kilomètres de parcours. On s'assura le concours du plus fort des métallurgistes de la capitale, un Arménien revenu de France au pays après la guerre.

— C'était un vrai géant, de deux mètres de haut, avec une force herculéenne, mais un colosse à petite cervelle, comme vous le verrez par la suite ! Il accepta, sans embarras, de jeter bas le gênant « Petit Père des peuples ». Toute la nuit, il s'acharna, chalumeau en main, sur le dur métal et, avant l'aube, Staline finit bel et bien par tomber la tête la première. Fier de son œuvre, notre « Popeye » se tourna vers les autorités bien en place et carrément leur déclara :

— Si vous voulez que j'aille aussi déboulonner Lénine, on y va !

Réflexion qui ne plut pas, mais pas du tout ! Ce costaud trop bavard écopa de dix années de travaux forcés en Sibérie.

*Je t'en prie, Dante, redescends sur la Terre,*
*Je te conduirais en un tel enfer*
*Que tu oublieras toutes les images*
*Décrites dans le temps sur tes propres pages.*
*Maître, suppliai-je, allons ensemble voir*
*La plus tragique de toutes les histoires*[9].

La voilà, notre dernière halte, dans un parc encore, où tout n'est que silence. Cent dix mètres d'allées mènent au souvenir tragique du premier génocide de notre XXe siècle. Douze blocs énormes de pierre soudée au plomb, représentant les douze régions d'Arménie, s'épaulent en une ronde funèbre, se penchent pour pleurer, s'agenouillent pour prier vers la vasque où brûle la flamme éternelle. Une musique poignante et solennelle, de Komitas, monte des entrailles de la terre et Lucine Zakarian, de sa magnifique voix de contralto, maintient l'émotion. A proximité, une aiguille d'acier de 40 mètres s'élance comme un défi vers le ciel, criant sa révolte mais surtout la résurrection du peuple arménien, qui redresse la tête vers l'avenir.

« Tu t'acharnes sur nous, ô Dieu, comme autrefois sur Israël, gémissait Frik, au temps où les envahisseurs tatares saccageaient l'Arménie. Il est peu de peuples, à vrai dire, qui aient été aussi malmenés, au cours des siècles, peu de peuples dont la mémoire soit si brûlante, si robuste la foi, si vigilante la poésie [10]. »

Lecteur, rappelle-toi !

En 1889, Abdul Hamid II, le Sultan Rouge, trente-quatrième de la dynastie ottomane, déclarait :

« Dans l'Anatolie, il nous faut rester seuls. Allah soit loué que nous ayons encore gardé ce dernier refuge pour nos frères en religion, repoussés de tous côtés ! »

On comptera, sous son règne, plus de 400 000 victimes, massacrées, décimées par la faim, contraintes d'abjurer la foi chrétienne pour l'Islam et déportées dans les harems. Quelque 100 000 Arméniens réussirent alors à fuir au Caucase, en Europe et aux Etats-Unis. En ce temps-là, six provinces ou vilayets de l'Empire turc forment l'Arménie occidentale. Depuis longtemps, les souverains ottomans ont le désir d'éliminer cette population arménienne. D'abord parce qu'elle constitue le dernier îlot de chrétiens en pays d'Islam. Ensuite, parce que, dépossédés de leurs fiefs d'Afrique du Nord, du Proche-Orient et d'Europe, à l'exception de Constantinople (guerre des Balkans, 1912-

9. Hovannès CHIRAZ, *Récit dantesque,* traduit par Lucie Malkhassian, *op. cit.*
10. Vahé GODEL.

1913), les Turcs convoitent le sol arménien pour y reloger les « frères en Allah » de leurs territoires perdus.

Il s'agit maintenant pour la Turquie d'exterminer ces Arméniens, selon une ligne politique inéluctable et un plan diabolique méticuleusement préparé. A cet acte criminel, conscient et délibéré, un prétexte est nécessaire, qui assure à l'agresseur l'impunité aux yeux du monde. L'occasion se présente lorsqu'en octobre 1914 la Turquie entre en guerre aux côtés de l'Allemagne. Forts de cette alliance et négligés par une Europe qui a bien d'autres problèmes à résoudre, les chefs du gouvernement turc, Talaat, Enver et Djemal, ont les mains libres pour passer à l'action.

2 100 000 Arméniens vivent, à la veille de la Première Guerre mondiale, sous le joug ottoman. Plus d'un million vont mourir, d'autres vont fuir. Lors de la signature du traité de Lausanne, en 1923, qui règle la question arménienne, il ne restera pas 100 000 citoyens arméniens à vivre en territoire turc. Entre 1894 et 1918, on évalue le nombre total des Arméniens massacrés par les Turcs à 1 500 000, soit un sur quatre. Parallèlement à ces horribles tueries, 50 000 Arméniens vont trouver la mort au champ d'honneur, aux côtés des Alliés, sur le front du Caucase. Les bataillons, constitués de volontaires essentiellement arméniens de Russie (on compte 1 700 000 Arméniens dans l'Empire tsariste en 1914), vont se gonfler, au fur et à mesure du génocide, de rescapés arméniens de Turquie, décidés à venger leur famille. Une fausse raison de plus, invoquée par le gouvernement turc pour justifier ses pratiques d' « épuration », sera alors l'existence de cette légion arménienne ennemie.

Premier peuple à se convertir au christianisme, l'Arménie sera aussi le premier, pour défendre sa liberté et sa foi, à suivre le Christ au Golgotha.

*Pleure, ô Arménie ! Déplore ton génocide !...*
*O génocide... Quel avril... O quel printemps...*
*Mon peuple emporté par un torrent de sang*[11]*...*

La machine infernale se met en marche : dans la nuit du 24 au 25 avril 1915, les personnalités de l'élite arménienne de Constantinople, hauts dignitaires, politiciens, intellectuels, artistes, prêtres sont arrêtés, jetés en prison et presque tous assassinés. Officiers et soldats, qui se sont battus pourtant avec courage dans les rangs de l'armée turque, ont été désarmés pour éviter toute possibilité de riposte.

*En cette heure fatale, cette fatale nuit,*
*Quand tous furent endormis dans ce calme pays,*
*Hormis les vieux qui faisaient leurs prières,*

11. H. Chiraz, *op. cit.*

*Alors que reposait le lait béni*
*Dans le sein fatigué des malheureuses mères...*
*Et que les enfants rêvaient de leurs cerceaux...*
*L'Armée des barbares... envahit ce berceau...*
*Ils brûlèrent, ils tuèrent, apposèrent leur sceau...*
*Loups qui partaient en guerre contre tendres agneaux...*
*... Mais que mon pays est inondé de pleurs*[12] *!...*

Commencent alors les déplacements massifs de la population civile ; car c'est ainsi que Talaat Pacha, ministre de l'Intérieur, présente d'abord le génocide : un « simple déplacement » qu'impose la situation politique internationale. « Bien entendu, parmi les déportés, beaucoup sont innocents », dira Talaat lui-même.

De tous les coins du pays, un peuple s'ébranle en douloureux convois, sous un soleil torride, par des sentiers isolés de montagne, dépossédé de tous ses biens pour s'en aller périr dans les déserts désolés de la Mésopotamie. Les soldats kurdes et turcs qui encadrent ces caravanes, de même que les groupes spéciaux de l'armée ou de la gendarmerie détachés par le gouvernement pour l'attaque des réfugiés, pillent les maisons, violent les femmes devant leurs enfants et égorgent ceux-ci devant leurs mères. Les hommes sont abattus à la hache ou au fusil. La pitié n'épargne pas même les vieillards. Ceux qui s'écroulent d'épuisement à l'arrière des colonnes sont achevés à coups de baïonnette. Entre les populations turques et arméniennes, nombre d'amitiés se sont nouées au cours de ces longues années de vie commune. Le gouvernement excite les rancœurs, encourage la délation et le pillage, sanctionne toute tentative d'aide à ces malheureux réfugiés.

Jean-Marie Carzou[13] rapporte le témoignage de deux infirmières allemandes : Thora von Wedel-Jarlsberg et Eva Elvers :

« Nous rencontrâmes sur la route un grand convoi de déportés qui venaient de quitter leur village et étaient encore en bon état. Nous avons longtemps stationné pour les laisser passer. Nous n'oublierons jamais ce spectacle. Très peu d'hommes, des femmes et une foule d'enfants dont certains avaient les cheveux blonds et de grands yeux bleus et nous fixaient avec le sérieux de la mort et une telle noblesse qu'ils ressemblaient aux anges du Jugement Dernier. Ils s'en allaient dans un silence complet, les petits et les grands jusqu'à ces femmes si vieilles qu'on avait du mal à les faire tenir sur leurs ânes, tous, tous, pour être attachés et précipités ensemble du haut des rochers dans les flots de l'Euphrate. »

C'est dans le fleuve encore que, désespérées par les cris de leurs petits qu'elles ne peuvent plus nourrir, les mères se jettent à l'eau avec leurs bébés...

---

12. H. Chiraz, *op. cit.*
13. « Une première en 1915 : le génocide arménien », *Historia,* août 1980.

*Voici l'Euphrate, artère de l'Arménie,*
*Notre fleuve, notre âme, notre appui.*
*Il se lamentait dans ses rives, emprisonné*
*Sous l'écume rouge du sang qui se révoltait.*
*Tout gisait pêle-mêle dans ce flot bouillonnant,*
*Tout reflétait les larmes des innocents.*
*Les mères, embrassant leurs petits enfants,*
*Se noyaient en poussant des cris déchirants.*
*L'écume rouge charriait des milliers de corps,*
*Corps de femmes voulant sauver leur honneur.*
*Ils étaient si nombreux ces corps noyés*
*Que le courant du fleuve en fut arrêté* [14]...

Le Comité « Union et Progrès » ne s'embarrasse d'aucun scrupule pour mener à bien son action exterminatrice. Il organise, de la Cilicie au Caucase, des massacres massifs de la population, dont l'ignominie dépasse tout entendement.

*Arrachés du sein des mères, des milliers d'enfants,*
*Entassés dans cette caverne, brûlèrent vivants...*
*Un terrible effroi nous prit jusqu'au fond des reins...*
*Dante, céleste frère...*
*Tâche de garder le calme, reprends ton courage...*
*Tu n'as jamais eu dans ton imagination*
*L'idée d'un crime d'une si parfaite réalisation...*
*Une gigantesque flamme... Une épaisse fumée...*
*Carbonisés, soudés en bloc, ils étaient devenus « UN ».*
*Voici un monument historique vivant,*
*Que l'homme n'oublie pas ce crime aberrant* [15] *!*

Témoignages et documents accablants [16] montrent que le gouvernement encourage désormais les plus sordides assassinats. Preuves en sont les télégrammes rédigés par Talaat Pacha, ministre de l'Intérieur [17] :

« Le 15 septembre 1915

« A la Préfecture d'Alep,

« Il a été précédemment communiqué que le gouvernement a décidé d'exterminer entièrement les Arméniens habitant en Turquie. Ceux qui s'opposeront à cet ordre ne pourront plus faire partie de l'administration. Sans égards pour les femmes, les enfants et les infirmes, quelque tragiques que puissent être les moyens d'extermi-

14. H. Chiraz, *op. cit.*
15. *Idem.*
16. *Documents officiels concernant les massacres des Arméniens,* Andonian, Paris, 1920. *Le Génocide des Arméniens,* G. Chaliand et Y. Ternon, Éditions Complexe, Bruxelles, 1980.
17. Paru dans le *Daily Telegraph* du 29 mai 1922.

nation, sans écouter les sentiments de la conscience, il faut mettre fin à leur existence... »

Puis celui-ci, daté du 7 mars 1916, non moins éloquent :

« Prétextant qu'ils seront soignés par l'administration des Déportés, sans éveiller les soupçons, prendre et exterminer en masse les enfants des personnes connues, ramassés et soignés, sur l'ordre du ministre de la Guerre, dans les stations militaires. Nous aviser. »

Tous les chemins mènent à la mort, toute résistance est étouffée dans le sang. L'Arménie n'est plus qu'un immense cimetière lorsque la Turquie puis l'Allemagne capitulent.

*Une gigantesque forteresse de morts,*
*Qui se demandait... Mais où sont mes os ?*
*Oh...*
*Si un quart de ces os avait été dressé,*
*La plaine de Ter-Zor serait devenue forêt.*
*Une fantastique forêt d'ossements humains...*
.....................................
*Comment ? Mais comment avez-vous pu vous taire,*
*Quand le souvenir seul fait frémir la chair !*
*Pourquoi êtes-vous restés indifférents*
*Aux cris d'alarme de millions de gens*
*Et à ces ossements qui, même à présent,*
*Au reflet du soleil font briller ces champs ?*
*Comment avez-vous pu passer sous silence*
*Cette tragédie horrible et immense ?*
*Comment avez-vous nié cet ossuaire vivant*
*Ce témoin historique, ce témoin parlant*[18] *?*

Oui, comment avez-vous pu ? Par quelle indifférence, quelle lâcheté avez-vous pu vous taire, vous les grandes puissances internationales ? Pourquoi votre silence fut-il la caution de cet atroce génocide ? Quel est le responsable de cet « Auschwitz sans Nuremberg »[19] ? Le gouvernement turc, bien sûr, qui aujourd'hui encore nie l'évidence. Mais vous, qui avez préféré tourner la tête pour ne rien voir ? Vous, qui avez si facilement excusé les assassins de 1915, pourquoi vous étonner des discours d'Hitler quelques années plus tard, devant ses chefs du IIIe Reich :

« Notre force doit résider dans notre rapidité et notre brutalité. J'ai donné l'ordre à des unités spéciales de S.S. de se rendre sur le front polonais et de tuer sans pitié, hommes, femmes et enfants. Qui donc parle encore aujourd'hui de l'extermination des Arméniens[20] ? »

---

18. H. Chiraz, *op. cit.*
19. Définition de P. J. Franceschini.
20. Discours du 22 août 1939.

Le premier génocide du XXe siècle n'aura pas même dans l'histoire valeur d'exemple. Vingt-cinq ans après, Juifs et Tziganes, Cambodgiens et Libanais chrétiens d'aujourd'hui connaîtront à leur tour de semblables atrocités.

La Turquie vaincue, c'est auprès des Alliés que les responsables de la nouvelle République démocratique arménienne, fondée le 28 mai 1918, cherchent appui. Wilson promet aux Arméniens recouvrement de leurs frontières et libération du joug ottoman, mais une fois encore tous ces espoirs vont être déçus. Malgré les engagements pris au traité de Sèvres, le 10 août 1920, les Alliés abandonnent à la tutelle des Turcs la majeure partie du territoire arménien. Seule la petite parcelle orientale du pays reste indépendante, mais elle est placée, le 29 novembre 1920, sous l'autorité du pouvoir soviétique et les communistes s'installent à Erevan. Il faut le renfort de l'armée Rouge aux côtés de la Tchéka [21] pour mater la farouche résistance arménienne à cette soviétisation brutale. Pauvre Arménie...

« Le pétrole a pesé plus lourd que le sang arménien », déclarait lord Curzon, au traité de Lausanne, le 24 juillet 1923, point final que les Alliés, pour préserver leurs intérêts économiques, mettent au conflit.

De la petite province exsangue qui résume désormais la Grande Arménie de naguère, va jaillir un magnifique élan de reconstruction économique et social. Avec l'aide de Moscou, Erevan devient cette ville moderne que nous venons de visiter. Peu à peu, sous Lénine, on oublie la faim, la maladie et la misère. La célébration des cultes, l'enseignement religieux sont interdits et les biens de l'Eglise confisqués par l'Etat, mais les rescapés de l'hécatombe, ceux qui n'ont pu fuir à l'étranger, commencent, malgré les rigueurs du régime, à croire à la reconstruction de leur patrie. Cette période d'accalmie et d'espoir se révèle de courte durée ! Avec Staline, les purges et les déportations plongent à nouveau la République dans l'épouvante. Depuis le 5 décembre 1936, en effet, après avoir fait partie de la R.S.S. de Transcaucasie, avec la Géorgie et l'Azerbaïdjan, l'Arménie est devenue l'une des quinze républiques fédérées de l'U.R.S.S. Staline n'a d'autres buts que de rattacher la République d'Arménie à sa Géorgie natale et, pour ce faire, de réduire sa population à moins de 700 000 habitants. Des milliers d'innocents sont ainsi déportés en Sibérie et une persécution systématique du clergé est organisée. Lui-même fait étrangler à Moscou, en 1938, le catholikos des Arméniens, Koren Ier.

« Seule l'idée d'un pouvoir soviétique a apporté à l'Arménie la paix et la possibilité d'un renouveau national », osait dire Staline. Ce n'est en fait qu'à sa mort que l'Arménie sortira de son tombeau et deviendra progressivement cette « République modèle » qu'Aline aujourd'hui nous fait découvrir.

---

21. Tchéka, abréviation de « Tchrezvytchaïnïa Komissia » (Commission Extraordinaire), police politique crée par Lénine en 1917.

*Pays fier*
*D'espoir et de lumière.*
*Tu es au seuil d'un avenir, d'une vie nouvelle, flamboyante,*
*D'une renaissance de milliers d'âmes, illuminées et vivantes.*
*Sur les hauteurs de l'Ararat, touchant les cieux silencieux,*
*Se refléteront les rayons vifs, les rayons clairs, prestigieux.*
*Et les poètes, dont les lèvres n'ont pas maudit l'ennemi,*
*Ont tous chanté avec extase l'aurore nouvelle de la vie*[22].

---

22. Hovannès TOUMANIAN : « A ma patrie », dans *Poèmes choisis de la littérature contemporaine arménienne, suivis d'une Anthologie,* tome 2 ; traduction en français de Lucie Malkhassian, Paris, 1971.

CHAPITRE XVII

# L'HOSPITALITÉ ARMÉNIENNE

Le lendemain de notre arrivée à Erevan, donc, après un café pour nous et, à défaut de lait, un verre de « château la pompe » pour Titi, avalés au restaurant de l'hôtel Ani, nous sommes cueillis au bas des marches, par Madeleine. Elle semble sortie tout droit d'un livre de Pagnol. Sous l'épaisse crinière de jais, le sourcil se dessine avec autorité mais l'œil noir pétille de malice ; le nez fort et busqué prend des airs volontaires et têtus, tandis que la bouche semble toujours prête à éclater d'un rire généreux. Notre amie possède les joviales rondeurs de ceux qui aiment la vie et le dynamisme explosif des filles du soleil.

Son mari, Hovhannès, aussi silencieux qu'elle est bavarde, son frère, Paulo, et un voisin, Niko, lui font escorte. Madeleine, tout émue de nous voir, nous presse contre son cœur, et sort son mouchoir. Après des retrouvailles pleines d'effusions sous le porche de l'hôtel, on s'engouffre dans les voitures pour rejoindre le reste de la famille qui, avec une impatience touchante, guette notre arrivée.

Le cortège des 504, précédé de la Jigouli de Niko, passe le Razdan, sur le pont de la Victoire, œuvre des prisonniers allemands, tourne devant la distillerie de cognac et remonte vers un quartier banlieusard, modeste et calme. Les grands-mères somnolent sur le pas de leur porte tandis que des gamins se poursuivent en shootant dans une boîte de conserve. Une forêt d'antennes de télévision couronne le chef des maisonnettes de tuf.

— Observez-les bien, dit Madeleine, car, à la façon dont elles sont orientées, on peut savoir quel poste les gens écoutent. Celles-ci sont tournées de façon à capter la Turquie. Une heure par jour on écoute aussi la « Voix de l'Amérique » et « Radio Paris » pour l'étranger. C'est notre seule façon de nous informer de la situation internationale.

La Jigouli s'arrête enfin devant une courette noyée de treille. Josiane, la fille de Madeleine, d'un sourire, nous invite à entrer dans la coquette maison qu'elle et son mari, Armen, viennent de racheter 31 000 roubles à des Arméniens en partance pour les Etats-Unis. Dans la salle de séjour, au rez-de-chaussée, la verdure s'appuye contre le carreau et la tache mouvante de ses ombres portées glisse sur les tapis du Caucase. Surgit Yvon, sur les talons de sa mère, presque nu, tant il fait chaud. Timothée ne s'embarrasse pas de présentations. Il fonce vers le coffre à jouets, immédiatement repéré, de son contemporain. Ce petit Arménien aussi brun que lui est blond deviendra vite son copain. Une longue table est dressée, qui court d'un bout à l'autre de la pièce, couverte de fruits et joliment décorée. Depuis que nos amis connaissent la date de notre arrivée, ils entassent les provisions. Ils ont ainsi réussi à dénicher dix kilos de cette viande introuvable, du café aussi cher que rare, et même du caviar !

— Tu comprends, me dit Josiane, quand on trouve quelques produits à stocker, on saisit l'occasion car elle ne se reproduira pas. Les échanges se font mal d'une république à l'autre ; ainsi on trouve du fromage à Erevan, de la charcuterie à Ordjonikidzé, du mouton en Ouzbékistan, des carottes et des choux en Russie.

Le maître de maison remplit ses dés à coudre d'une puissante vodka qui fait gravir encore de quelques degrés la température ambiante de la pièce. Jules, le frère aîné de Madeleine, offre des toasts à l'amitié franco-arménienne et évoque un séjour à Paris vers 1945, au cours duquel il a visité le Louvre trente-sept fois. Paulo, lui, en manches de chemise, décapsule à tours de bras les bouteilles de bière et de *sok*. Niko, un colosse aux biceps tatoués, à défaut de parler français, lance des clins d'œil et rit de toutes ses dents. Timothée et Yvon jouent aux petites voitures quand ils ne se battent pas. Madeleine déplie ce pain qu'on appelle *lavache* et qui ressemble un peu à de larges crêpes tandis que Josiane fait la navette de la cuisine à la salle à manger.

On passe à table. François sort triomphalement deux bonnes bouteilles de champagne de France qui ont victorieusement passé les frontières. Les langues, entre deux toasts, se délient et chacun évoque pêle-mêle souvenirs, idées, désirs et espoirs. L'expression des visages se fait tour à tour gaie ou douloureuse. Petit à petit, par bribes, se trame l'histoire des Avakian.

En 1947, Madeleine et ses frères habitent Marseille et ne connaissent l'Arménie qu'à travers la mémoire de leurs aînés réfugiés. En France ils vivent modestement : au lendemain de la guerre, la situation économique est, en effet, difficile ; mais là ils sont nés, là ils ont leurs amis, là ils se sentent chez eux.

C'est alors que le gouvernement soviétique lance sa grande campagne de rapatriement des Arméniens dans la mère patrie. Une alléchante propagande propose, en même temps qu'un retour au pays de leurs grands-parents, la perspective d'une vie nouvelle, au goût paradisiaque, en République d'Arménie. Cent mille Arméniens environ, venus de Chypre, d'Egypte, de Syrie, d'Amérique et de France vont ainsi répondre à l'appel soviétique. Trois bateaux : le *Babeda*, le *Tchoukotcha* et le *Rossia* sont prêts à lever l'ancre. Le père Avakian, n'hésite pas : il embarque avec toute sa famille, abandonnant situation et biens, mais l'espoir au cœur.

Pour Madeleine, qui a dix-sept ans à peine, ce voyage est, en plus d'un arrachement, un véritable cauchemar : dix jours de traversée sans nourriture ou presque :

— Les gosses, nous dit-elle, ramassaient jusqu'aux miettes de pain qui flottaient sur le pont à la surface du mazout !

A l'arrivée, la déception est plus grande encore :

— Nous avons logé à sept personnes dans une pièce en terre battue, sans fenêtre et sans lumière. Contrairement aux promesses, il n'y avait pas de travail et nous vivions dans la misère. Un jour, mon père a osé rouspéter parce qu'il refusait de voir ses enfants mourir de faim : il s'est retrouvé en Sibérie pour sept années. Alors, mes frères et moi, il a fallu qu'on se sorte de là tout seuls.

On ne plaisantait pas sous Staline !

— C'est vrai, ajoute Paulo, que l'Etat nous a donné à l'époque 30 000 roubles à rembourser mais à condition que nous construisions une maison de nos propres mains. L'ingénieur donnait l'argent par chèques de 500 roubles mais, à chaque fois, il se faisait payer 50 roubles pour le signer. Les pierres coûtaient un rouble pièce. Un substitut de ciment fait de déchets de caoutchouc, sorte de glaise bleuâtre, faisait office de mortier ; tant qu'il n'y avait pas de tremblement de terre, cela tenait le coup. On nous a aussi prêté de quoi acheter vingt-quatre pierres de 35 x 35 cm des carrières de tuf d'Artik, jaunes, oranges et roses. Mais il nous manquait outils et matériaux. Pour obtenir des planches, par exemple, il fallait payer des pots-de-vin. Et puis nous ne savions pas comment construire une maison et une bonne partie du travail, il fallut le confier à des ouvriers qui se faisaient rémunérer grassement. Finalement on a quand même posé les fondations, sur une colline, dans le haut d'Erevan. Il n'y avait pas l'eau courante. Il fallait l'acheminer d'en bas avec des seaux. Un malin, avec son mulet, proposait ses services pour monter l'eau. Il a fait fortune. Au bout de quelque temps, les enfants remplissaient les seaux et le mulet faisait la navette tout seul.

— Mais cette maison, bientôt, nous n'avons plus eu assez d'argent pour la terminer. Alors on l'a revendue à un campagnard qui a pris à son compte le remboursement des 30 000 roubles à l'Etat. Elle en vaut 500 000 maintenant, quel dommage !

Depuis cette époque de vaches maigres, tous ont travaillé très durement et sont parvenus à un niveau de vie à peu près décent. Jules, le regard toujours mobile derrière ses lunettes de myope, moustache à la « Brassens » et crinière poivre et sel, maigre, sec et le geste nerveux, se présente comme l'intellectuel et l'artiste de la famille, autodidacte passionné et passionnant. Professeur de dessin aujourd'hui, il a eu du mal à trouver suffisamment d'élèves et d'heures de cours pour vivre ; tout son espoir, il le met dans cette demande de visa pour les Etats-Unis qu'il vient de renouveler. Son art s'étiole, sans contact avec le monde occidental. Ce n'est pas tant la précarité de sa situation financière qui lui impose le départ, que la soif de se frotter aux idées nouvelles qui stimulent l'imagination, de rencontrer d'autres esprits créatifs et de fonder, peut-être même, qui sait, cet atelier dont il rêve.

Madeleine vend maintenant de la parfumerie dans un grand magasin.

Paulo, lui, solide gaillard, qui parle d'Erevan avec des accents de Belleville, est devenu mécanicien spécialisé. Il travaille de 8 heures à 16 heures et de 16 heures à 24 heures alternativement, chaque semaine, sauf le dimanche. Cela fait vingt-quatre ans que son usine l'emploie et son salaire est de 300 roubles par mois, trois fois plus que le manœuvre qui ramasse les déchets et onze fois moins que le patron. Il habite, pour un loyer minime, avec sa femme et sa fille de dix-huit ans dans un appartement de 18 $m^2$ en fait et 20 $m^2$ officiellement (la surface inscrite sur les registres est, comme dans les annonces immobilières en France, toujours supérieure à la réalité !).

— En principe, nous explique-t-il, je devrais jouir de 24 $m^2$ car la surface allouée par l'Etat, par personne, est de 8m $^2$. Ce sont les entreprises qui publient chaque année la liste des appartements d'Etat. Pour obtenir les plus agréables, bien entendu, il est nécessaire de verser quelque 1 000 roubles sous la table ! Quand on sait, poursuit-il, qu'une maison va être démolie, les locataires battent le rappel de leurs amis. Car plus ils seront nombreux à occuper les lieux, plus la somme versée par l'Etat, à titre d'indemnisation, sera élevée et moindre leur loyer à venir. Une pratique courante également est de sous-louer 100 roubles par mois une pièce d'un grand appartement. Quand on sait que le prix de location d'une pièce est, en principe, de 3 à 4 roubles, on voit le bénéfice de certains.

Ici le marché noir est une véritable économie parallèle que tous s'ingénient à faire fonctionner. Mais en Arménie « honteux marché noir » est synonyme d'« admirable débrouillardise » !

Ces délicieuses croquettes de hachis curieusement baptisées côtelettes que nous avons sur la table, Madeleine nous confie se les être procurées grâce à ses relations avec le personnel d'un restaurant.

— Vous comprenez, nous dit-elle, les restaurants sont tenus de servir de la viande vis-à-vis des touristes. En général, au lieu de servir au client les cent vingt grammes de *chaschliks* indiqués au menu, il est d'usage de ne mettre dans l'assiette que cent grammes. La petite différence, cuisiniers, serveurs, directeurs se la partagent et cette « gratte » vient renflouer leur ordinaire.

Les exemples sont multiples. Nous-mêmes n'avons-nous pas souvent croisé sur la route, à peine cachés par un bouquet d'arbres, des routiers, siphonnant leur réservoir, pour revendre à leur compte l'essence fournie par leur entreprise. Ainsi, le transporteur qui doit, pour livrer sa cargaison, faire en principe deux aller et retour, entasse tant bien que mal sa marchandise pour n'en faire qu'un seul et prend pour lui le bénéfice du carburant non utilisé. De l'astuce, les Arméniens n'en manquent pas et c'est « l'art de la combine », cultivé avec amour, qui leur permet de vivre à peu près bien.

Josiane, ses longs cheveux noirs sur les épaules, apporte un café « arménien [1] » corsé pour soutenir la conversation. Nous sommes à table depuis de longues heures déjà, mais le temps ne compte pas. Sur leur vie et leur pays, les Arméniens sont intarissables.

Il y a quelques années, Madeleine a réussi, après de longues démarches, à venir passer un mois en France. Pour cela, il a fallu prouver qu'elle y était invitée par quelqu'un qui prendrait en charge une partie de ses frais ; car on quitte la république avec une somme dérisoire (1 000 F en 1979). Depuis trente-deux ans, elle attendait ce jour, et ce retour au pays natal a été pour elle un véritable éblouissement. Outre la joie de retrouver à Marseille un de ses cousins, elle a redécouvert Paris, fascinée, comme l'enfant ravi qui colle son nez contre une vitrine de Noël.

De même que beaucoup d'Arméniens arrivés en 1947, Madeleine ne s'est jamais vraiment adaptée à sa nouvelle vie en Arménie soviétique. Son rêve reste plus que jamais de rentrer un jour en France avec son mari, sa fille, son gendre et son petit-fils. Pour cela, elle est prête à laisser ses richesses, sa situation et plus encore à repartir à zéro. Elle économise en outre les quelque 3 000 roubles qu'il lui faudra verser en sous-main à un fonctionnaire pour qu'il sorte son dossier et prenne en considération sa demande de visa. Transplantés brutalement en territoire soviétique, les Arméniens français ont, à l'évidence, gardé la nostalgie de l'opulence et des libertés capitalistes. Mal intégrés à la population indigène qui ne les a pas toujours bien accueillis, ils ressentent comme des brimades toutes les rigueurs du régime communiste.

Jules nous raconte la manifestation de 1956, lors de la visite à

1. On ne parle naturellement pas de café « turc » en Arménie...

Erevan de Christian Pineau, ministre des Affaires étrangères français [2].

— Sept mille cinq cents Arméniens en révolte ont forcé le cordon de police de l'aéroport, brandissant un drapeau français de 45 mètres de long et chantant *la Marseillaise.* « Sauvez nos gosses ! », criaient les femmes. L'une d'elles a même mis son bébé dans les bras de Mme Pineau, tout émue, la suppliant de faire quelque chose. Les sorties d'U.R.S.S. ont été plus nombreuses depuis cette intervention.

— M. Edgar Faure aussi est venu, mais personne n'a pu le voir, ajoute Madeleine, une pointe de regret dans la voix.

Un dernier toast à la vodka, porté par François au retour prochain en France de nos amis, ramène le sourire sur tous les visages et donne le signal du départ pour la place forte de Garni, à une vingtaine de kilomètres d'Erevan.

Surplombant de sa superbe élégance les gorges vertigineuses de l'Azat, profilant sur la terre brûlée des montagnes ses gracieuses colonnes ioniques de basalte gris bleuté, défiant le ciel de son toit majestueux, brodé de feuilles d'acanthe, de laurier et de grenades, se dresse, à Garni, le plus bel exemple d'architecture hellénico-romaine, heureusement restauré : un temple splendide, construit un siècle ou deux avant notre ère, par les souverains de la dynastie des Ervandides. Il couronnait jadis une ville solidement fortifiée, résidence d'été des rois d'Arménie, qui, malgré sa position stratégique, réputée inexpugnable, ne résista pas aux assauts des Romains, en 99. C'est Tiridate le Grand qui entreprit l'œuvre de reconstruction de la cité et du temple.

En 1679, un violent tremblement de terre projeta à nouveau au sol morceaux de fûts, chapiteaux, entablements, plafonds à caisson en pierre, frontons. Le professeur Satinian et ses assistants, à leur tour, firent le projet de restaurer le sanctuaire, en utilisant les pierres sur place et en recherchant à travers le monde les fragments dispersés. Dès 1976, on pouvait admirer leur magistrale réussite.

Alain, en bon archéologue, jubile à la vue de ce temple « péristyle, hexastyle, amphiprostyle à colonnades ioniques qui entourent une cella *in antis,* dressée sur un podium auquel neuf hautes marches offrent l'accès ». Nos extases à nous sont plus prosaïques, mais non moins réelles, car ce vestige, unique dans toute l'architecture de l'U.R.S.S., s'impose par sa beauté. Alentour, entre les touffes de fenouil et les fleurs sauvages, émergent les ruines des thermes royaux du IIIe siècle. Une dalle sombre, un peu à l'écart, attire mon attention. J'y contemple, finement ciselés dans le tuf tendre, des soleils tournoyants. Ces motifs décoratifs sont des symboles d'éternité qui se

2. Christian Pineau fut ministre des Affaires étrangères du 31 janvier 1956 au 12 juin 1956. Il vint avec Guy Mollet, président du Conseil, du 15 au 19 mai 1956 à Moscou et à Erevan.

répètent sur toute pierre d'Arménie comme l'espoir inlassable et rayonnant. Ils resteront gravés dans ma mémoire.

Poursuivons notre voyage dans l'Antiquité. Une grimpette sinueuse entre les cimes déchiquetées nous mène au monastère rupestre de Guégard, blotti dans une gorge profonde jusqu'aux sources de la rivière Azat.

Jadis cet ensemble, fondé au IV$^{e}$ siècle, portait le nom d'Aïrivank ou « monastère de la Caverne », car il dissimulait dans le flanc de la montagne ses chapelles, ses tombes et ses cellules monastiques. De ces époques reculées ne subsiste plus que la petite église Saint-Grégoire, à moitié taillée dans le roc, au VII$^{e}$ siècle, que nous avons aperçue, à gauche, avant de pénétrer dans le mur d'enceinte, et quelques grottes trouant la pierre.

A ciel ouvert, cependant, la cathédrale de la Vierge fut édifiée, dans un style classique avec un plan cruciforme et un tambour de coupole qui prend appui sur quatre lourds piliers, juste au pied du vertigineux à-pic, vers 1215, puis agrémentée, en 1225, d'un vaste narthex à l'ouest, par la famille princière des Zacharian. Au milieu du XIII$^{e}$ siècle, Aïrivank fut rebaptisé Guégardavank, qui signifie le « monastère de la Lance ». La légende veut, en effet, que la lance du légionnaire qui perça le côté du Christ crucifié, fut cachée là lors des invasions arabes et pieusement conservée par les moines à l'abri de la montagne. Guégard était alors domaine de la famille Prochian qui, en 1240, fit construire par l'architecte Galdzak, une véritable église creusée dans la roche. En 1283, on perça le *gavith* ou narthex de cette église ainsi qu'un second sanctuaire contigu qui s'enfonce très loin dans la masse rocheuse.

Au-dessus d'un gros pilier monolithe, tout griffé de croix ancrées, figurent, sculptées naïvement dans la première salle en sous-sol, les armes de la noble famille Prochian : deux gros chats... ou plutôt deux paisibles lions se faisant face sous l'œil vigilant d'une tête de bœuf qui les retient en laisse un anneau au museau. Juste en dessous, un aigle, ailes à demi déployées, agrippe un agneau de ses serres.

Murs alentour et coupoles sont ouvragés en véritable dentelle de pierre, dans la seconde église surtout, qui force l'admiration par la finesse de ses reliefs : rosaces, guirlandes, entrelacs de croix, d'animaux et figurines finement ciselées. Quelques Arméniens se pressent dans une petite chapelle annexe où jaillit une « source sainte ». Nul doute que leurs ablutions effacent instantanément angoisse et tristesse, si j'en juge par leurs mines hilares !

On grimpe enfin jusqu'au « Gremer », chapelle funéraire du prince Papak et de sa femme Hruzukan, taillée en 1288 dans le roc, par leurs fils, au-dessus des deux autres sanctuaires rupestres. A travers la pénombre on distingue sur les murs quelques fragments de mosaïque et de décor de style persan. Ce «grenier », on y accède par un escalier étroit aménagé à flanc d'une falaise incrustée de mosaïque de *khatchkars.* Tous différents par le dessin et la taille, ils impriment la montagne du sceau de leurs croix, comme éternelle alliance entre ciel et terre.

Au monastère de Guégard, qui possédait à l'époque médiévale son école et sa bibliothèque, la vie culturelle était intense. Les moines partageaient leur vie entre la prière, la copie ou l'illustration de précieux manuscrits, et la sculpture de ces admirables *khatchkars.* Du doigt, on m'indique également la chapelle creusée dans la roche, où, plus tard, le célèbre savant et historien Mekhithar Airivanetsi (1676-1749), qui fonda l'ordre catholique arménien des Mékhitharistes, venait méditer.

Aujourd'hui inhabitée, l'ancienne citadelle religieuse est un but de pèlerinage privilégié pour les Arméniens. Nous nous apprêtons à quitter les lieux quand je vois Madeleine se précipiter à la suite de ses compatriotes sur un buisson de laurier-sauce où s'effilochent mille chiffons de couleur. Prestement, notre amie sort de sa poche son mouchoir et l'accroche elle aussi aux branches de l'arbuste. Nous lui ne demandons pas quel vœu, ce faisant, elle a formulé, mais nul doute qu'il sera exaucé !

En tout cas, un souhait que nous avions émis, nous, ce jour-là, va, grâce à nos amis, se réaliser. Ceux-ci nous arrêtent sur le chemin du retour dans une modeste ferme. Nous baissons la tête pour pénétrer dans une pièce étroite qui fleure bon la farine et les sarments de vigne.

Trois femmes s'affairent, accroupies autour du four : le cratère béant d'une immense jarre enfoncée dans le sol et profonde de près d'un mètre, rougeoyante de braises. Vêtues de vives cotonnades, le fichu noué sur la nuque et les pieds nus, elles répètent avec grâce et précision ces gestes, immuables depuis des millénaires, de la fabrication du *lavache.* La première, de ses doigts nerveux, pétrit la pâte, la roule en boule, l'aplatit au rouleau sur une large roue de bois, puis la passe à sa voisine. Celle-ci plaque la crêpe sur un grand rectangle d'osier garni d'étoffe, avec virtuosité la retourne pour l'empêcher de coller et, d'un preste tour de main, l'enfourne dans le foyer. La pâte, collée à la paroi de terre verticale, dore quelques brèves minutes. Les mains de la troisième femme saisissent le *lavache* juste avant qu'il ne se détache et le pose au sol. Je ne me lasse pas de contempler ce rituel fascinant, vestige biblique au pays des satellites, étrange anachronisme qui n'était sûrement pas prévu dans le dernier plan quinquennal.

En une heure, des pyramides de *lavache* envahissent la pièce. Titi et Yvon ne savent plus où poser leurs petons. Les deux bambins mordillent dans les fines feuilles de pain tiède qui traînent jusqu'à terre. Les voir se régaler ainsi fait la joie de nos boulangères qui empilent comme du linge de toilette sur les bras de Brigitte et Jeanine une provision de *lavache* pour six mois.

— Ne vous inquiétez pas, assurent-elles, il suffit d'enrouler ce pain dans un linge humide quelques minutes avant de le consommer pour qu'il recouvre sa saveur du premier jour !

« Bien beurré, bien roulé, fourré de fromage, de viande hachée, de confiture de mûres, le *lavache*, un peu caoutchouteux à mastiquer, est censé être très délectable. En tout cas, on s'en régale entre Arméniens », notera simplement Janine dans ses notes de voyage.

CHAPITRE XVIII

## AVEC BÉNIK, AU ROYAUME D'OURARTOU

François, Brigitte, Titi, Janine et moi faisons trois fois le tour complet d'Erevan pour trouver de l'essence ; c'est un prétexte valable pour prendre au vol quelques clichés au coin des rues, mais des bouffées de vent torride collent sur les visages un masque de poussière et de fatigue. Si on ajoute à cela une nuit d'insomnie due à cette chaleur caniculaire, on comprendra que notre seul zèle aujourd'hui est de siroter des verres d'eau fraîche à l'ombre des feuillages chez nos amis en attendant le retour des deux seuls courageux de l'équipe « Mahu », Alain et Sylvain.

C'est vers 5 heures du soir que, tirant la langue, trempés de sueur et épuisés, ils nous rejoignent enfin. Je laisse à Alain le peu de salive qui lui reste pour vous raconter leur journée, tandis que Madeleine et sa fille s'affairent pour réconforter nos héros de substantielles nourritures.

Grand, brun et souriant, l'archéologue Bénik Eritsian nous attendait à 10 heures devant l'Institut d'Histoire. Le correspondant de notre précieux professeur Ranov [1] s'exprime dans un curieux français chantant et syncopé. Dans son bureau, nous nous présentons, Sylvain et moi, tandis que déjà il sort une bouteille de cognac arménien, digestif de petit déjeuner un peu raide ! Enchanté de nous connaître et de nous aider, Bénik se propose immédiatement comme cicerone

1. L'inestimable Ranov, héros des *Mahuzier en Orient soviétique* d'Albert MAHUZIER, Presses de la Cité, Coup d'Œil, 1972.

pour la visite des ruines ourartéennes d'Arin Berd et Karmir Blour, Le temps pour lui de ranger ses papiers et nous l'embarquons dans notre voiture, *via* la place Lénine et la place de la Gare, jusqu'au bout de l'avenue Erebouni. Là, nous garons la 504 devant le musée de la Fondation d'Erevan. Sur la façade de cette construction moderne, un gigantesque bas-relief de tuf rouge représente, encadrée de part et d'autre d'une file de guerriers et de musiciens, l'énorme tête d' « ogre » royal et barbu d'Argishti Ier, roi d'Ourartou.

Tandis que nous contemplons, à l'intérieur du bâtiment, céramiques, jarres, plats, pierres gravées de signes cunéiformes, fragments de peintures, statuettes, armes, casques, bijoux, cartes, maquettes et reconstitutions de la citadelle ou du temple du dieu Khaldi, Bénik résume pour nous l'histoire passionnante d'Ourartou, ce royaume qui précéda sur son sol l'Arménie historique :

« Les tribus montagnardes des régions comprises entre les lacs de Van, Sévan et Ourmia formèrent, au IXe siècle av. J.C., un royaume puissant nommé « Ourartou » dont l'influence immense, politique, économique et culturelle s'étendit au Proche-Orient jusqu'au VIIe siècle. Pour transcrire leur langue voisine du hourrite [2], les Ourartéens utilisèrent l'écriture cunéiforme assyrienne. Ils aménagèrent les hauts plateaux d'Arménie, construisant routes, canaux, cités, forts, terrasses. Les édifices de briques crues sur fondations de pierre et les remparts en pierre de taille dotés de saillies régulières étaient particulièrement remarquables. Cultures de la vigne, des céréales et des légumes, élevage et commerce faisaient leur richesse avec l'artisanat. Les artistes travaillaient le bronze, la céramique et l'or selon la technique de la granulation.

« La cosmogonie, très hiérarchisée, faisait du roi le représentant terrestre des dieux, le lion Khaldi, dieu de la guerre, son épouse Aroubani, déesse de la fécondité ou Shirani, le Soleil.

« Les rois d'Assyrie, dont Salmanasar III (860-825), luttèrent farouchement contre cet Etat naissant d'Ourartou qui allait s'agrandissant des conquêtes de ses souverains Aramas (860-840), Sardour Ier (860-825), Ichpouini (825-810) et Ménoua (810-785) et utilisait déjà des chars de guerre comme en témoignent les vestiges de l'époque. Ce royaume d'Ourartou, Argishti Ier (785-760) et Sardour II (760-730) le portèrent bientôt à son apogée, le premier en détruisant Metzamor — dont nous irons bientôt voir les ruines — et en bâtissant, en 782, la citadelle d'Erébouni sur cette colline d'Arin-Berd, « la forteresse sanglante », pour surveiller la plaine de l'Ararat. »

Contournant le musée, Bénik nous fait pénétrer dans les ruines par l'entrée principale de l'enceinte : impressionnante muraille de blocs de pierre encore surmontés de la boue des briques crues. Gravées sur les chambranles, des inscriptions « en forme de clous »

2. Langue répandue au IIe millénaire en Mésopotamie et en Syrie.

vantent les mérites du roi fondateur Argishti. Juste en face, le temple de Khaldi, le palais et le temple de Soussi ; ensemble de salles hypostyles (*apadana* en perse), chambres, couloirs, cours, escaliers et corridors, ont été restaurés dans un style un peu trop « léché », « reconstruction ourartéenne très moderne », de l'avis de Bénik. Il est vrai que ces décors de salles à colonnes et poutres de bois sur base de pierre, ainsi que ces murs peinturlurés de fresques, ont le clinquant du carton-pâte. Ils n'en donnent pas moins une idée de la splendeur passée de l'antique Erébouni. Il est possible d'admirer encore quelques fragments des fresques réelles transportées au musée : peintures géométriques, décoratives ou figuratives (rois, dieux, lions ou chasses).

Nous quittons Arin-Berd sous le regard indifférent de la gardienne protectrice de l'antique Erevan. Figée dans la pierre pour l'éternité, avec corps léonin aux ailes d'aigles, son buste de femme et son visage humain, elle a vu défiler en ces lieux tant de générations !

Bénik nous entraîne à nouveau par le quartier moderne de Chengavit et la rue Chiraki (un homonyme du maire de Paris ?) jusqu'au pied d'un immense tumulus de terre rougeâtre. C'est tout ce qu'il reste de la cité fortifiée de Teischébaïni, connue sous le terme actuel de Karmir-Blour, ou la Colline rouge, consacrée à Teischéba, dieu du tonnerre, représenté en général par un taureau.

« Après l'apogée d'Ourartou, vint le déclin ! Harcelé par les Assyriens (Teglath Phalasar III, en 744, et Sargon, en 714) au sud et les Cimmériens au nord, les rois Sardour et Rousa Ier (730-713) luttent pour préserver le centre de ce royaume mangé de tous côtés. Avant l'agonie finale, Ourartou bénéficie d'un dernier sursaut de gloire sous Argishti II (713-689) et Rousa II (685-645). C'est ce dernier qui fonda cette cité de Teischébaïni dont nous arpentons les restes informes : murailles de la forteresse, salles, ateliers, caves, temples sont enfouis aujourd'hui sous des mètres de brique crue décomposée. En 1939, des fouilles archéologiques permirent d'exhumer de la Colline rouge d'étonnantes richesses. En effet, le royaume d'Ourartou se décomposa sous les assauts des Assyriens, puis des Mèdes et des Babyloniens. La ville de Teischébaïni fut anéantie par les Scythes, en 585 av. J.-C., qui y mirent le feu, engloutissant tous biens sous les murs d'argile fondue. »

On ne peut qu'être nostalgique au regard de cette terre ocre sous laquelle dorment encore cette jarre pleine à craquer de grains ou de vin, cette amulette égyptienne en pâte de verre, cette lance, cette épée, ce carquois, cette cuirasse de bronze et de fer, cette statuette de bois dorée ou cette cruche ornée de lions, taureaux et soleils !

Bien vaine semble l'histoire de l'homme ! conclut Alain avec un scepticisme qui ne lui coupe heureusement pas l'appétit, si j'en juge par la quantité de boulettes de hachis épicé qu'il ingurgite. Niko considère notre philosophe, le litron de vodka à la main, et son regard se fait de plus en plus compatissant. Quant aux autres, ils se vengent allégrement de l'inanité de la vie en dégustant de la viande boucanée et séchée que l'on coupe en tranches fines comme la *coppa* corse, et en mordant à pleines dents dans une pastèque parfumée à souhait...

Nous avons des places pour un spectacle de ballet à l'opéra d'Erevan ; aussi, ce soir-là, malgré la qualité de la table, est-il impossible de s'attarder chez nos amis.

Une foule dense se bouscule à l'entrée de la vaste salle de la « Bolchaïa » Philharmonie. Tous les fauteuils sont rapidement remplis. Trois rangs derrière nous, j'aperçois à ras de velours rouge une brochette de têtes familières : nos voisins franco-arméniens de l'hôtel Ani. Dans le brouhaha de l'enthousiasme général, leurs réflexions pointues sur les rigueurs de la température parviennent jusqu'à moi, ponctuées de lourds soupirs. Mais bientôt le début du spectacle fait oublier que la chaleur est pénible à supporter.

Au centre de la scène, regroupés sur une estrade, flûtistes, tambourinaires et mandolinistes, superbes dans leurs costumes noirs plastronnés d'or, ouvrent la danse. De part et d'autre, les chœurs s'alignent sur deux longs rangs, hommes derrière et femmes devant. Celles-ci sont engoncées dans un fourreau d'étoffe tissée de larges motifs géométriques rouges, orange et noirs qui cache leurs pieds. Bien alignées, les mains croisées sur le ventre, la tête raide, encadrée de lourdes nattes noires, elles ressemblent à des *matriochkas,* ces petites poupées décoratives qui s'empilent les unes dans les autres. Trois jeunes filles, dans de splendides robes damassées, sont assises sur des tabourets. Penchées sur les intruments à cordes calés à plat sur leurs genoux, elles ont l'air absorbées dans un délicat ouvrage de broderie.

Un joyeux tintamarre d'une musique tout orientale, aux accents de marché persan, et les danseuses font leur gracieuse apparition. Voiles de mousseline et tresses brunes virevoltent au son des flûtes nasillardes et des tambours. Les rondes aériennes s'enroulent et se défont au rythme de la musique. Les bras se déplient, battent de l'air et se referment comme des ailes fragiles. On dirait qu'une myriade de papillons blancs mouchetés de rouge s'égaillent joyeusement sur la scène.

Les voix graves des hommes viennent renforcer le timbre cristallin du chœur des femmes dans une mélopée qui s'enfle, s'endort, se réveille puis s'éteint comme le souffle d'une lente et puissante respiration. Les danses se succèdent de plus en plus rapides, entrecoupées de pauses musicales. Un chanteur d'Opéra, imposant, tant par sa célébrité que par sa stature, déchaîne un tonnerre d'applaudissements et de nombreux rappels, en interprétant un hymne nationaliste repris par toute la salle.

Le spectacle se termine en apothéose avec la *Danse du sabre* de Khatchatourian et l'étonnant numéro de voltige des danseurs, qui ne savent quelle magistrale prouesse improviser pour le finale. C'est une foule d'Arméniens vibrants d'enthousiasme qui continue de battre dans ses mains bien après que les lumières de la rampe se sont éteintes.

★

*Sirius, fière et terrible étoile,*
*D'où viens-tu ?*
*Où vas-tu ?*
*Quelle force te pousse ainsi*
*D'un infini élan,*
*Du fond des siècles vers les siècles* [3].

Le ciel d'Arménie reste inlassablement bleu, un bleu de vacances, un bleu idéal pour un pique-nique au lac Sévan, par exemple. Nous n'y résistons pas !

Allongée sur le sable, Brigitte suit d'un regard romantique le vol gracieux des goélands. Avec application, entre deux bretelles de bikini, Janine enduit de crème solaire son fragile épiderme, tandis que Titi et Yvon pataugent, ravis, dans les vaguelettes. François, lui, déjà loin du rivage, offre une démonstration de crawl éblouissante. Madeleine et Josiane, « femmes d'intérieur » jusqu'ici, mettent à rafraîchir au bord de l'eau des bocaux de fruits pour le déjeuner. La plage est presque déserte, veillée par les deux jolies églises qui se détachent à contre-jour dans la brume de chaleur. L'heure est divine ; une parenthèse de paix dans le rythme trépidant de ce voyage. Je ferme les yeux avec délice. Le soleil éclabousse mes paupières closes de mille gouttes d'or.

Et Alain, et Sylvain ? Que font-ils donc tandis que nous bronzons béatement au bord du lac ? Eh bien, ces hommes courageux passent une studieuse journée archéologique en compagnie d'Arem et Emma, deux collègues de Bénik qui dirigent, à quarante kilomètres à l'ouest d'Erevan, les fameuses fouilles de Metzamor !

Peu avant Oktembérian, raconte Alain, nous quittons la route pour un chemin de terre battue qui longe des marais. Sur la terre gorgée d'eau se prélassent des cigognes blanches aux graciles silhouettes. Un pont coupé nous oblige à un gros détour et à un gué précaire sur le canal qui draine les marais. Au pied d'une colline se dresse un bâtiment ombré de cyprès : le nouveau musée de Metzamor ! Emma nous présente les vitrines riches en objets variés de ce haut lieu de la métallurgie du cuivre préhistorique. Puis nous arpentons la col-

3. Hovannès TOUMANIAN, « L'adieu de Sirius », *Œuvres choisies.* Editions du Progrès, Moscou, 1969.

line volcanique, trouée comme un gruyère de multiples cupules (cavités) au creux desquelles se fondaient les minerais.

— Vers 4500 avant notre ère, explique notre guide, on fabriquait ici, déjà, des outils agricoles, des armes, et des parures dans ces fours carrés ou ronds. Des briques d'argile et d'os pulvérisés y servaient de catalyseur. Vers 3200, pendants d'oreilles, colliers, aiguilles, clefs et ceintures marquaient le début de l'âge du bronze.

Des étoiles gravées sur des degrés taillés dans le roc m'intriguent. Ce serait, dit Aram, des signes indiquant la position de certains astres comme Sirius : un observatoire astronomique du IIe millénaire av. J.-C. Juste à côté, des autels d'argile ornés de serpents, arcs-en-ciel ou éclairs, demeurés dans un état de conservation parfaite, étaient destinés aux cultes masculins et féminins. Une miche en terre cuite, posée sur l'un d'entre eux, indique qu'on y offrait du pain, en particulier. Des pictogrammes inscrits dans la pierre rappellent aussi que les Haïks, ancêtres des Arméniens, utilisaient l'écriture hiéroglyphique. Ils demeurent les témoins de la vie prestigieuse du site de Metzamor qui fut détruit et brûlé lors de l'invasion ourartéenne d'Argishti, vers 770 av. J.-C.

La visite terminée, Emma et Aram nous invitent dans leur bureau. Ils remplissent nos verres de cognac et accumulent des fruits sur la table, tandis que nous signons un livre d'or encore bien neuf. Nous quittons à regret les deux archéologues avec toutefois un souvenir sous le bras : le compte rendu des fouilles... en arménien !

A l'hôtel Ani, une amie nous attend. Galla n'est pas partie avec sa famille à Sévan et me propose de nous accompagner à Zvarnots, « Force vigilante », à dix-huit kilomètres dans la direction d'Etchmiadzin.

Un aigle de bronze, très digne, tend une aile au carrefour et indique la direction du site. Du sanctuaire Saint-Grégoire, le plus beau de l'Arménie antique et le plus audacieux par ses formes, ne subsiste malheureusement qu'un plan au sol encombré de pierres sculptées : fragments d'arcatures ornées de sarments de vignes et de grenades, archivoltes où les artisans bâtisseurs de l'église sont représentés leurs outils à la main, chapiteaux ciselés dans la pierre noire volcanique avec l'aigle royal, ailes déployées, ou, dans un entrelacs de tresses et volutes, le monogramme de Narsès III le Catholikos. C'est sous son règne (641-661), en effet, que fut construit le temple, non loin du palais splendide qui servait de résidence au prélat.

Saint-Grégoire affectait l'originalité d'un plan circulaire à l'extérieur, enserrant la croix grecque et polyédrique à l'intérieur. Une coupole portée par quatre lourds piliers de pierre cimentée couronnait une élévation de trois tambours superposés comme les gâteaux d'une pièce montée. L'édifice, brusquement détruit par un tremblement de terre après trois siècles d'existence, ne fut redécouvert que lors de fouilles archéologiques entre 1901 et 1907. Les vestiges, conservés sur le site et dans le petit musée à proximité, témoignent d'une architecture étonnamment évoluée pour le VIIe siècle.

Galla, Sylvain et moi, parcourons ces ruines nimbées des teintes incarnates du soleil couchant. L'impression de douceur mélancolique qui s'en dégage est brutalement interrompue par l'arrivée d'un troupeau de touristes bruyants et malheureusement... français !

A regret nous abandonnons Zvarnots à ses envahisseurs et rejoignons chez Josiane les « bronzés » du lac Sévan pour un sympathique souper de *lula-kébab*, une nouvelle spécialité de brochettes aromatisées d'herbes fines.

Dès le lendemain, nous avons de nouveau rendez-vous avec l'azur inlassablement bleu et l'archéologie. Aujourd'hui samedi, notre ami Bénik nous consacre sa journée comme guide. Nous passons le chercher à l'Institut. Il nous attend au bas des marches et sa silhouette trapue se détache sur la façade de tuf rose. Mais que porte-t-il dans ses bras ? Un bébé ? Un jeune chiot ? Eh bien, non ! ce qu'il tient si précieusement sur son cœur n'est qu'un petit souvenir d'Arménie pour Alain : un monumental tibia de mammouth !...

Nous nous tassons à l'arrière de la 504 pour faire une place à l'os.

— Cap sur le bazar, annonce Bénik, nous y trouverons des pastèques pour nous désaltérer un peu.

Bien que le soleil soit encore bas, la température devient de plus en plus étouffante et nous avons hâte de quitter la ville. Dans les ruelles opaques de brume de chaleur et de poussière, les vendeurs ambulants tirent leurs carrioles de fruits et légumes vers le marché couvert. Nous abandonnons vite la voiture dans le désordre d'un embouteillage et sommes instantanément happés par le flux et reflux de cette foule bigarrée qui s'engouffre sous la majestueuse porte en fer forgé des halles d'Erevan.

Juste à droite et à gauche de l'entrée, des escaliers mènent à la galerie qui ceinture l'étage supérieur : le domaine des marchandes de balais, d'oignons, de patates. En me penchant sur la balustrade, entre deux pyramides de pommes de terre, j'ai une vue aérienne superbe sur le « bazar ». Une multitude d'étals quadrille le sol comme les motifs multicolores d'un immense tapis persan. Les clients défilent, besogneuses fourmis, dans ce chatoyant labyrinthe. Au-dessus des pêches et des prunes, des aubergines et des tomates, flotte, accrochée aux arcades du plafond, une longue banderole rouge en caractères d'or arméniens [4]. Je m'attarde encore dans le coin des boulangers qui, la tête coiffée d'une calotte et le corps ficelé dans un tablier blanc, évoluent entre les échafaudages d'énormes miches de pain et les piles de *lavache* frais. Bénik me rejoint bientôt, les bras chargés

4. « Gloire aux héros kolkhoziens du communisme actif constructif arménien ! »

de concombres, d'abricots, de pastèques, et nous nous frayons un passage jusqu'à la voiture où nous attend le reste de la tribu.

Une seconde halte nous fait perdre une demi-heure devant les pompes à essence, à la sortie de la ville. Les vapeurs volatiles troublent l'air d'un voile opaque et dégagent une odeur un peu écœurante. Les immeubles d'Erevan s'éloignent enfin. Nous roulons vers Lousakert, sans trop savoir jusqu'où la route est autorisée aux véhicules étrangers. La poussière et la rocaille se battent en duel dans ce paysage désertique où une forêt de poteaux télégraphiques a remplacé la végétation. Nous sommes bientôt coincés dans un convoi de camions qui vomissent un asphyxiant jus noir. Le manque de visibilité n'empêche aucun automobiliste cependant de les doubler, pied sur l'accélérateur. De gigantesques canalisations courent à ciel ouvert sur le flanc de la montagne, lançant des éclairs métalliques. Des pierres noires brillent, fichées dans le flanc des talus.

— C'est bien de l'obsidienne, confirme Bénik.

A Lousakert, nous descendons de voiture ; c'est là que se situe un des chantiers de fouilles dirigés par l'archéologue. Titi braille parce qu'on l'oblige à mettre l'indispensable chapeau. Nous foulons les pierres noires et l'herbe brûlée pour parvenir à deux grottes d'époque acheuléenne, de style levaloisien. Elles sont creusées dans une superbe falaise de basalte. Une multitude de tuyaux d'orgue y déferle en cascade. Au pied de ces grottes de la préhistoire, une large percée dans le sol permet de découvrir nombre de pointes de flèches et outils de travail, taillés dans l'obsidienne. Les millénaires se superposent ainsi strate par strate et remontent le temps. Rien qu'en baissant les yeux nous trouvons des *nuclei* vieux de 40 000 ans, jusqu'à 100 000 ans. Bénik gratte un peu la terre et en extirpe une dent de cheval cent fois millénaire ! A fouiller le sol sous la canicule, nous sommes plutôt déshydratés.

Bénik, qui connaît très bien tous les habitants des environs, nous mène dans une oasis ombragée où coule une eau claire. La grand-mère des lieux, une vraie centenaire du Caucase, enturbannée dans un *chech* blanc, répond à nos signes d'amitié et s'amuse de nos aspersions. Des pêches pendent aux arbres de ce petit « paradis terrestre ». Je remarque un gros tas de bouses de vache séchées, adossé au mur de la ferme : il doit servir de combustible pour l'hiver.

Bénik donne le signal du départ. Il porte sous son bras un grand bocal de kéfir qu'il a déniché chez ses amis. C'est justement l'heure du pique-nique et nous nous dirigeons vers le lit du Razdan, un affluent de l'Araxe, qui coule en contrebas.

En chemin, nous longeons un cimetière perdu dans la montagne. Certaines tombes modernes sont pourtant abritées sous de véritables petites serres, vitrées et fleuries, avec même l'installation électrique ! Aujourd'hui, samedi, trouver un coin tranquille à l'ombre pour pique-niquer est une gageure. Les bords de la rivière sont noirs de monde.

Une flûte, un tambourin, un accordéon : là où la rive est plus large, on danse. On fait aussi du feu pour les *chaschliks* et des odeurs de viande grillée chatouillent les narines. Nous nous installons finalement, presque les pieds dans l'eau, à côté de quelques vaches intriguées par toute cette animation. Bénik déballe les provisions achetées au bazar et offre du kéfir à Titi qui le recrache *illico,* décidant qu'il n'est pas assez sucré. La fraîcheur de la rivière est attirante. Nous n'avons pas nos maillots de bain ; qu'à cela ne tienne ! Brigitte et moi entrons dans l'eau tout habillées. En un quart d'heure nos vêtements seront secs, le temps d'une légère sieste digestive !

Nous partons vers Kasak. Les vignes s'accrochent aux reliefs arides. Un pic imposant au loin nargue le soleil de ses neiges éternelles : ce n'est que l'Aragatz (4 095 m). Une carrière de tuf flanque le côté droit de la route. Des catacombes nombreuses ont été creusées dans ces roches tendres. Plus loin, à gauche, c'est un champ de pierres. On retrouve ici beaucoup de menhirs, indique Bénik. La verdure reprend quelque droit lorsque nous arrivons au laboratoire d'astrophysique de Biourakan.

Un astronome affable propose en anglais de nous faire visiter les installations. Nous pénétrons sur ses talons dans un parc magnifique, un véritable paradis botanique. Les essences d'arbres, les espèces de fleurs les plus variées s'y côtoient mais surtout une profusion d'arbres fruitiers : pommiers, pruniers, pêchers, grenadiers... on dirait le jardin des Hespérides ! Au détour du sentier, apparaît un premier bâtiment du tuf rose. Il abrite le bureau du président de l'Académie des Sciences, un astronome, et la bibliothèque. De chaque côté, deux tours carrées renferment des télescopes de 40 et 50 cm de diamètre.

Cinq cents mètres plus loin, après le troisième érable et le septième abricotier, à droite, un autre télescope se dresse. L'observatoire en compte ainsi six, plus un appartenant à l'université de Leningrad, répartis à 1 400 mètres d'altitude dans ce merveilleux jardin. Le plus gros, construit par la fabrique Lomo de Leningrad et installé en 1974, a un diamètre de 2,60 m. Il grossit les nébuleuses et les galaxies deux millions de fois. Sylvain, qui porte au cou ses jumelles qui grossissent huit fois, en fait une grimace expressive. Quel dommage qu'il fasse jour et que le ciel demeure impénétrable ! Les nuits les plus propices à l'observation sont celles d'hiver à partir de 7 heures du soir, nous explique notre astronome. Nous grimpons sur l'étroite passerelle métallique qui ceint l'énorme coupole et, à défaut d'étoiles, nous observons à l'œil nu les cimes pures de l'Ararat drapé dans ses voiles de mariée. Elles semblent flotter à l'horizon sur ces étendues aux teintes ocre et jaunes, si caractéristiques de la terre d'Arménie.

« Les Arméniens croyaient que Dieu s'opposait à ce que quiconque parvienne au sommet du mont Ararat et ne voie les vestiges de l'arche de Noé. Toutefois, la première ascension fut effectuée en 1829 par un Allemand, Johann Jacob von Parrot. En 1916, un aviateur russe,

M. Roskovitzky, affirma en avoir aperçu la carcasse en survolant la montagne. Depuis, des pièces de bois attribuées à l'Arche ont été tirées du glacier. Selon les cas, ces fragments, datés au carbone 14, ont reçu un âge de quatre à cinq mille ans. Mais s'agit-il bien de l'Arche [5] ? »

A nouveau la route serpente dans la montagne, tandis que s'allongent les ombres et que le soir tombe. Au loin, sur le mont Aragatz, terrées dans la rocaille envahie de pierres, de chardons mauves et d'épineux ras, se découpent les ruines de l'antique forteresse d'Amberd, des XI^e^-XIII^e^ siècles. Les nuages sombres donnent au décor une allure austère et inquiétante.

Sur le trajet du retour, la police nous arrête une fois de plus. Les braves « gaïs », comme nous les appelons, ne comprennent pas du tout comment nous nous trouvons dans ces illicites parages. Ils n'ont pas l'air de déchiffrer les inscriptions russes de nos visas et Bénik s'efforce de vaincre leur perplexité par des explications en langue arménienne. La dernière fois que des « gaïs » nous ont interpellés, c'était lors de notre excursion au lac Sévan. Niko conduisait et aucune faute ne justifiait une quelconque amende. Pour repartir, pourtant, notre ami avait dû graisser la patte des policiers Nous ne sommes pas censés connaître les coutumes locales et nous ne lâcherons pas cette fois-ci un seul rouble à ces fonctionnaires zélés ! Le tarif est généralement de glisser un billet de trois roubles dans ses papiers pour éviter un épluchage systématique de l'état du véhicule qui aboutit toujours à une amende de plus de dix roubles : quand ils cherchent vraiment la petite bête...

Pendant que ceux-ci sont absorbés par leurs formalités et notent consciencieusement nos noms sur leurs bordereaux, je m'éloigne à quelques pas de là, intriguée par un spectacle inattendu. C'est une voiture en bouillie que l'on a hissée au sommet d'un poteau, à proximité du poste de police : un avertissement aux conducteurs imprudents ! Je m'apprête à prendre un cliché de cette sorte de sculpture « à la César », et j'ai le doigt sur le déclencheur quand un coup de sifflet strident me fait sursauter et du coup rater ma photo. *Nielza !* Interdit, on se demande bien pourquoi ? Je suis aussi furieuse que le « gaï » bedonnant qui me fusille du regard.

Pour oublier cet incident, notre ami nous emmène dîner en ville, au restaurant Erevan. J'y déguste du *tara-kioufa,* un hachis de viande accompagné d'aubergine-purée, une salade de tomate sans assaisonnement, comme c'est l'habitude ici, et une glace. Charmant Bénik : il nous a tout offert aujourd'hui et nous aimerions connaître un peu de vocabulaire arménien pour que nos remerciements soient à la mesure de sa gentillesse.

---

5. *Les Endroits les plus mystérieux de la terre,* Le Livre de Paris.

CHAPITRE XIX

# A ETCHMIADZIN : DIEU EST UNE FÊTE

Ce matin-là, chacun fouille dans les tréfonds de son sac à dos pour en extirper sa « tenue numéro 1 », celle qu'il a emportée pour les grandes occasions : salopette immaculée pour Timothée, jeans propres pour les garçons, robes de coton un peu froissée pour les filles. Un rasage de près pour les uns avec une bonne giclée d'eau de Cologne, une touche légère de maquillage pour les autres, et les sept Mahuzier, « tout beaux, tout neufs », sont prêts à partir pour Etchmiadzin, « berceau du christianisme arménien », à une vingtaine de kilomètres d'Erevan. Aujourd'hui, en effet, est jour de fête : on baptise le copain de Titi, le petit Yvon. Brigitte et François, promus au grade insigne de marraine et parrain, sont particulièrement élégants...

Devant la ravissante église ocre rose de Sainte-Hripsimé, la famille Avakian au grand complet, vêtue comme un dimanche, attend l'arrivée du pope. L'harmonieux sanctuaire à coupole, datant de l'an 618, joyau de l'architecture ancienne classique, est dédié à la martyre sainte Hripsimé, l'une des premières à avoir propagé sa foi en Arménie. L'empereur païen Dioclétien, rapporte la tradition, amoureux de la jeune Arménienne, voulut l'épouser contre son gré. Celle-ci réussit à s'enfuir jusqu'en Arménie, accompagnée de Gayanée, sa meilleure amie. Dioclétien exigea alors du roi d'Arménie, Tiridat III, qu'il châtie vertement la misérable pour son impudence. On amena la prisonnière devant Tiridat. Au premier regard, celui-ci tomba, à son tour, éperdument amoureux de Hripsimé, tant étaient grands son charme et sa beauté. Mais la petite chrétienne se refusa obstinément aux avances du roi arménien comme à celles de l'empereur romain. Tiridat III, furieux, l'enferma avec Gayanée et Chogokat, ses plus fidèles compagnons, et leur fit subir, jusqu'à la mort, de cruelles persécutions. Plus tard, le roi d'Arménie se convertit au christianisme et trois églises furent élevées à Etchmiadzin sur les tombes des jeunes martyrs.

Le pope arrive, drapé dans les plis d'une riche chasuble de brocart d'argent, brodée de fils d'or, très digne. De sa tête, enfouie sous un capuchon pointu de toile noire, on ne distingue, de profil, qu'une pointe de barbiche grise. A sa suite, on pénètre sous la fraîche voûte de l'église et on se groupe autour de l'autel.

Au-dessus du superbe tablier de tuf sculpté où deux colombes gracieuses encadrent une croix dans un entrelacs de feuillages, vignes et grenades, se dresse une niche de pierre. Là, une vierge peinte, au regard profond et serein, tient son fils en offrande et celui-ci lève sa minuscule main vers nous en un geste de paix. Aucune fioriture ne vient détériorer la parfaite sobriété de ces lieux qui invitent au recueillement. Seuls l'éclat de cette Vierge à l'enfant et la flamme tremblotante des cierges trouent la pénombre. L'autel est dressé très haut, sur une estrade couverte d'un épais tapis semé de gigantesques candélabres, et décoré, sur son fronton, des figures polychromes de saints patriarches. C'est au pied de l'édifice que le pope officie. La large bassine d'argent, qui contient l'eau baptismale, repose sur une modeste table de bois recouverte d'un linge blanc. Le prêtre s'incline d'abord vers le tabernacle et s'absorbe dans une longue méditation. Puis il se tourne vers l'assistance, présente à bout de bras un crucifix et récite à haute voix le cérémonial liturgique.

Blotti dans les bras d'Armen, son père, et vêtu seulement d'une petite culotte, avec au cou une croix d'or que Brigitte vient de lui offrir, Yvon, une tétine en caoutchouc soudée à la bouche, suit les litanies avec l'attention de ses deux ans et demi. Mais voilà que son père s'approche de la petite table. Tout va très vite alors : le pope d'un geste vigoureux immerge dans l'eau de la bassine le gamin qui hurle, s'étrangle avec sa tétine, et se débat comme un diable. Eau du déluge qui engloutit et noie ; symbole de mort au péché. Mais eau de résurrection qui désaltère, irrigue, fertilise ; symbole de naissance à une vie nouvelle de grâce et d'éternité, explique le pope, en aspergeant d'une bolée supplémentaire la tignasse ébouriffée du malheureux chrétien. Suffoquant et transi, notre baptisé se retrouve enfin, roulé comme un paquet dans une serviette éponge contre le giron protecteur de François qui, l'œil tendre, déjà, cultive « l'art d'être parrain ».

Mais pour ce nouvel enfant de Dieu qui étouffe encore des sanglots de surprise, l'épreuve n'est pas terminée. A nouveau, le pope s'avance pour enduire son corps, à peine sec, de saint chrême, cette « huile du salut », consacrée tous les sept ans à la cathédrale voisine d'Etchmiadzin et distribuée dans des paroisses pour les onctions sacramentelles. Pour savoir que « Christ » signifie « celui qui a reçu l'onction » et que le signe du chrême fait de lui le disciple du Christ, Yvon est encore un peu jeune. Ses cris de protestation, renvoyés par l'écho, résonnent à nouveau sous la coupole, tandis que la tétine de caoutchouc gît définitivement à terre.

C'est dans les profondeurs de cette bouche hurlante que le pope dépose une pincée de sel. Du coup, les cris s'arrêtent instantanément. Avec satisfaction, l'enfant lèche ses lèvres habituées à la saveur des nourritures épicées. Sel qui préserve de la corruption des vices, sel qui présage du goût de la vie de Dieu. Le pope en distribue quelques grains à chacun des membres de la famille.

La cérémonie s'achève. Yvon, frictionné, rhabillé, réconforté, a retrouvé son sourire et sa tétine. François qui, un cierge dans chaque main, erre depuis un moment comme un chandelier embarrassé, plante enfin ses bougies dans un bac à sable, sis sous le reposoir. Josiane et Armen remercient le pope tandis que Janine et Sylvain se précipitent dehors, appareils de photo au cou, pour une traditionnelle photo de famille sous le porche. Nous sortons. Quelques pas encore qui claquent sur la dalle sèche et Saint-Hripsimé recouvre sa paix et son silence. Devant la tombe de la jeune martyre brûle la lampe à huile.

Chez nos amis, l'effervescence est à son comble. A peine rentré, chacun s'affaire à la préparation du *kebab* traditionnel. A la cuisine, les femmes lavent, épluchent, épépinent, découpent et assaisonnent les ingrédients nécessaires tandis que dehors les hommes s'occupent du feu, tâche qui leur incombe naturellement. Accroupis devant le foyer, aménagé dans le mur d'enceinte de la courette, Niko apaise les flammes et fourrage dans la cendre rougeoyante avec son bâton. Timothée l'observe, fasciné. C'est vrai qu'il fait chaud ! Yvon va chercher le tuyau d'arrosage et se met tout nu. Titi l'imite. Les deux enfants jouent à s'arroser. A voir Yvon se trémousser, si ravi, sous le jet d'eau, nous nous demandons quel vent de contestation lui a fait bouder l'eau de son baptême !

Niko empale maintenant sur de longues tiges métalliques, là des tomates, là des aubergines, là des poivrons. Une vingtaine de brochettes sont ainsi disposées sur un cadre dans le four. Les légumes se dorent et se craquellent tandis qu'un peu de jus goutte sur la braise incandescente avec un joyeux grésillement. Niko prépare une seconde fournée de *kebabs* de mouton, cette fois-ci, en côtelettes et en boulettes de hachis. Puis une troisième de demi-poulets. Byzance ! Madeleine et sa nièce Galla ôtent du bout des doigts la peau carbonisée des aubergines et des poivrons, à peine sortis du feu. Pour éviter de se brûler, elles plongent régulièrement la main dans l'eau glacée du seau placé près d'elles.

Une délicieuse odeur de viande grillée et de sarments de vigne chatouille les narines et déclenche un « réflexe de Pavlov » collectif ; il est temps pour les dix-huit convives de prendre place le long de l'immense planche sur tréteaux qui parcourt la pièce d'un bout à l'autre. Madeleine déroule le *lavache* souple et frais. Le premier toast, porté par Armen à l'avenir de son petit Yvon, annonce la ruée vers les plats qui trônent sur la nappe blanche. A ma droite, le mari de Madeleine ne cesse d'empiler dans mon assiette quartiers de mouton croustillants, tomates, aubergines, poivrons moelleux et dorés à souhait. Il ne laisse pas non plus se tarir mon verre et une vraie barricade de bouteilles vides de bière, *sok*, ou vodka, sépare bientôt la table en deux. Autour de moi, les femmes parlent « chiffons ».

— Comment veux-tu que Paulo s'offre un costume, se lamente sa femme. Il lui faudrait mettre de côté plus de six mois de paye, au prix où est le choux !

Ledit Paulo est justement en train de vider en pensée son bas de laine et de compter ses économies.

— Imagine, dit-il à Sylvain d'un air désabusé, qu'une Jigouli aujourd'hui vaut 9 300 roubles, deux ans et demi de mon salaire ! Et je ne parle pas des Volga à 12 500 roubles ! Alors, tu vois, j'ai beau épargner comme je peux, ce n'est pas demain que je prendrai le volant. Remarque, chaque année, dans mon usine, le directeur reçoit de l'Etat dix à quinze voitures à redistribuer en principe aux ouvriers les plus méritants. On peut toujours vivre d'espoir ! Tiens, je lève un toast à cette « bagnole » que je conduirai peut-être un jour !

Les agapes s'éternisent. Dehors, pour la rafraîchir, l'eau du robinet gicle sur la peau tendue d'une énorme pastèque. A renfort de dés de vodka, coupes de champagne, tasses de café nous avalons le dîner dans la foulée du déjeuner, sans transition. A l'heure du départ il fait nuit d'encre. Jules s'approche de nous, des cadeaux plein les bras : images, napperons peints, colliers d'ambre... Jules, lui, a déniché pour Alain quelques vieux livres passionnants sur l'histoire de l'Arménie, écrits en français et édités rue Jacob !

— *Tstésoutioun !* Au revoir !

Nous quittons nos amis, touchés de tant de gentillesse. Dans la voiture, Brigitte sort de son sac un papier froissé. C'est la recette de confiture de noix, un délice, que nous avons copieusement dégustée au dessert :

*On épluche les noix*
*encore vertes et tendres.*
*On les trempe dans la chaux*
*Deux ou trois jours durant.*
*Abondamment en plusieurs fois,*
*On les rince et on les lave.*
*On les fait cuire ensuite*
*dans un sirop de sucre,*
*et on les met dans un bocal*
*elles et leur jus.*
*Un jour de fête on s'en régale ;*
*Jour de Baptême, pourquoi pas ?*

★

Non loin de l'église Sainte-Hripsimé, où Yvon a été baptisé, se dresse la cathédrale d'Etchmiadzin, siège du catholikos, le patriarche suprême de l'Eglise arménienne, unanimement respecté et vénéré.

La légende rapporte que l'évêque Grigor Loisavoritch eut une vision divine lui intimant l'ordre de construire un sanctuaire chrétien sur l'emplacement d'un ancien temple des adorateurs du feu. Achevée en 303, par le futur saint Grégoire, reconstruite, en 618, par le Catholikos Komitas et parachevée, en 650, par Narsès le Constructeur, la cathédrale d'Etchmiadzin (dont le nom signifie : « L'Unique est descendu ») devint le berceau spirituel de toute la nation et le point de départ des évangélistes du Christ.

Ce dimanche-là, nous arrivons de bon matin sur les lieux, accompagnés de nos amis Avakian, pour assister à l'office solennel, officié par Sa Sainteté Vasguen Ier. Devant le mur d'enceinte de la cathédrale, le parking plein à craquer rutile de chromes. On se croirait devant un supermarché, le samedi après-midi en France, mais ici les voitures sont toutes plus propres et astiquées les unes que les autres. Une foule compacte est accourue des environs pour participer à cette cérémonie « non-stop » qui commence vers 10 heures du matin et ne s'achève que tard dans l'après-midi. C'est le but de promenade du week-end ! Un flot bariolé s'engouffre dans l'allée fleurie qui mène à l'église. Grands-pères et grands-mères boitillent allégrement vers le parvis. Les mères traînent sur leurs talons des fillettes enrubannées de gros nœuds de taffetas rose. Les pères soulèvent leurs bambins pour boire l'eau d'une fontaine ou installent carrément leur famille sur les pelouses pour pique-niquer. Le catholikos n'est pas encore arrivé et les fidèles, qui l'attendent en papotant, ont formé une haie d'honneur, sur une centaine de mètres, du porche de la cathédrale aux portes des jardins de son palais, en face.

Les rumeurs les plus contradictoires circulent au sujet du patriarche :

— Il ne viendra pas aujourd'hui ?

— Postez-vous là ; il arrivera par cette grille.

Nous faisons le guet un bon moment, téléobjectifs en bandoulière. Mes voisins me faussent compagnie pour aller allumer un cierge à l'intérieur de l'église qui déjà résonne de chants splendides. Madeleine me renseigne :

— Aujourd'hui, c'est la bénédiction du raisin. Tant que celui-ci n'a pas été bénit, l'Arménien pratiquant n'en goûte pas un grain.

Ce qui m'étonne, c'est que ce n'est pas tant du raisin que les gens tiennent dans leurs mains, que des pigeons. Un enfant passe avec un filet rempli de ces volatiles. A côté de moi un couple s'arrête. La jeune femme tient un de ces oiseaux contre son cœur. Elle le lâche soudain. Longtemps, elle et son mari, dans un même regard, le contemplent qui s'envole vers les clochers dans l'azur infiniment bleu. Ils ont l'air ravi l'un et l'autre : ils viennent de formuler un vœu. Plus loin, dans un repli de la cathédrale, un pigeon a la tête tranchée et la coutume me paraît moins poétique. Des enfants portent sur le front l'onction du sang des volailles égorgées : une tache rouge. Nous nous informons auprès du gardien du parc pour savoir si des sacrifices d'animaux ont lieu. Le gardien nous répond que c'est interdit dans l'enceinte de la cathédrale (un vrai petit kremlin clôture le parc), mais que nous ferions bien d'aller voir du côté de l'église Sainte-Gayanée, juste à côté.

Nous y galopons, Janine, Sylvain, Alain et moi. Quel n'est pas notre bonheur de voir à l'entrée du temple, pardon !... de l'église orthodoxe du VIIe siècle, d'adorables garçonnets qui proposent aux fidèles de petits pigeons. L'un d'eux en a une cage entière. En plein milieu du parvis se dresse un autel. Un pope revêtu de ses vêtements d'officiant, soutane noire, bonnet de la même couleur, bordé de mauve, étole violette, se débat avec quatre femmes qui jouent des coudes pour faire « bénir » la première, qui son pigeon, qui sa poule blanche ou rousse, qui même son... mouton ! Le prêtre y met bon ordre :

— A chacun son tour !

Une autre femme s'approche de l'autel de pierre et y dépose un paquet de gros papier gris. Le pope l'ouvre : c'est du sel. Il le dépose en face de lui et, saisissant son livre de prières, commence une longue incantation. C'est ensuite la bénédiction : il impose sa lourde croix d'argent sur la tête de toutes les ouailles qui se sont rassemblées en grand nombre autour de lui. Puis le prêtre saisit une pincée de sel et l'enfourne dans le bec de chacune des poules qui réagissent violemment. Un gros mouton brun, tiré de force jusqu'à l'autel, accepte, lui, plus docilement cette bénédiction par le sel.

Tandis que se poursuivent ici les prières, les bénédictions et les onctions au gros sel, je m'approche pour voir ce qui se passe à l'intérieur même de l'église. Ce ne sont pas là des volailles ou des brebis que l'on bénit, mais bien de tout jeunes enfants. La même cérémonie, qui avait eu lieu pour Yvon, se répète, et les prêtres baptisent plusieurs petits à la fois, d'un, deux ou trois ans. Tous avec leurs grands yeux noirs d'Arméniens. Il faut voir l'empressement et le recueillement des familles !

Je ressors de l'église pour assister à la phase finale de rites sacrificatoires pas très orthodoxes, pour ne pas dire franchement païens. Une fois purifiés, les animaux sont égorgés sans façon et tout semble parfaitement organisé. Un petit bâtiment est réservé à cet effet. J'en vois venir deux femmes avec des intestins de brebis. Où vont-elles donc les jeter ? Evidemment, si autrefois on déversait les viscères autour de la cathédrale, je comprends que les autorités aujourd'hui aient fait éloigner des sites touristiques ces pratiques peu ragoûtantes. Radioactifs ou non, les déchets sont toujours encombrants ! Vidé, dépecé, l'agneau sacrifié est ensuite mijoté « à la celte » dans d'immenses chaudrons.

— Au moins, dit Janine, voici des gens qui vont pouvoir manger de la viande !

— Mais non, proteste Paulo, détrompez-vous ! Les propriétaires du bétail n'en mangeront pas une seule bouchée. Ils doivent répartir la viande bénite entre sept familles.

Toujours le symbolisme du chiffre sept. Dans un angle du parvis, une immense table est dressée, sans doute pour le « jeu des sept familles » !

— S'ils dépensent une fortune pour faire exaucer leurs vœux, les Arméniens, poursuit Paulo, se mettent aussi en frais pour enterrer leurs morts. On porte sur les tombes la meilleure vodka et toutes sortes de victuailles.

— Mais que deviennent tous ces cadeaux après l'inhumation ? interroge Sylvain.

— Oh, c'est le pourboire du fossoyeur ! rétorque notre ami.

Lorsque je regagne Etchmiadzin, le Catholikos est arrivé depuis longtemps et l'office suit son cours. La foule, dans l'église, est si dense que j'ai du mal à me frayer un passage jusqu'à l'autel. Celui-ci est surélevé sur une vaste estrade. A part quelques vieilles femmes qui, un chapelet entre les doigts, sont à genoux, prosternées avec ferveur aux premiers rangs, les fidèles se tiennent debout au coude à coude. La cérémonie est longue et ceux qui sont fatigués sortent au bout d'un moment pour prendre l'air. C'est un perpétuel va-et-vient. Pour ma part, je suis maintenant complètement coincée au pied de l'autel contre une élégante petite chaire à colonnades incrustée de nacre et coiffée d'un minuscule toit bleu et or de bois peint. Il n'est pas question de bouger. Près de moi, un chœur de femmes en longues robes bleu pâle et mantilles blanches chante des hymnes liturgiques d'une émouvante beauté.

Entre les candélabres d'argent et la bannière des oriflammes, une dizaine de prêtres en longues soutanes vermillon, plastronnées d'une sorte de scapulaire violet, entourent le catholikos. Celui-ci, mitre brodée sur la tête, chasuble de brocard dorée tombant en plis raides d'un grand col officier qui engonce le cou jusqu'au sol, dit sa messe dos tourné. Des volutes de fumée d'encens accompagnent l'assomption de la Vierge peinte dans le chœur. Parfois, on tire devant l'autel le long rideau tissé de fils d'or qui isole, pour un instant, les prêtres de l'assemblée des fidèles. Puis la cérémonie se poursuit, interminable, au rythme des chants et du hochement des encensoirs. Du côté des cierges, c'est la bousculade. Chacun plante le sien dans le sable avec vénération. Au-dessus de ce peuple de croyants, enfants, adultes et vieillards de l'U.R.S.S. du XXe siècle finissant, les lustres font briller de tout leur éclat les fastes de la liturgie orientale.

Avant de repartir vers la Géorgie, un dernier festin nous réunit chez nos amis. Le temps est venu de les quitter. Comme nous les pressons, la poularde est à peine bouillie ; mais manger une volaille même un peu coriace et fade en U.R.S.S., c'est déjà une réussite ! Les adieux sont déchirants, et longtemps la petite main d'Yvon, juché sur les solides épaules de son oncle, s'agite dans le rétroviseur.

Un arrêt prolongé à la pompe, où la bousculade est inéluctable, et en route pour Tbilissi ! A gauche défilent les montagnes pelées, à droite les champs jaunes s'étendent à perte de vue, jusqu'à se diluer dans la brume. Le thermomètre indique 32° contre 42° à Erevan mais pas un souffle d'air n'agite la maigre végétation desséchée. Des falaises de tuf poudrées de rose bordent parfois le macadam ; des taches noires d'obsidienne y luisent comme du goudron incandescent. Bientôt des petits villages apparaissent à l'entrée d'une contrée plus verdoyante : c'est Tshakadzor — ou la vallée des fleurs. Des gens passent à gué la rivière et se dirigent comme nous vers le monastère de Ketcharis (XIe-XIIIe siècles).

Seules deux chapelles subsistent alentour de Saint-Grégoire, l'église principale. Son architecture sobre et classique présente de belles proportions mais elle semble décapitée car sa coupole a disparu. Pour tout couvre-chef, il lui reste quelques toits pentus, envahis de touffes d'herbes rousses. Au-dessus du porche, une longue croix sculptée d'entrelacs orne la façade. Plus loin, un cadran solaire ciselé dans la pierre volcanique indique que c'est bien l'heure du pique-nique. Les familles en promenade s'installent. Une stèle protégera de son ombre la sieste du bébé et un de ces superbes *khatchkars,* qui entourent l'église, fera une bonne table pour déballer les provisions. Ainsi s'organise dans l'enceinte du monastère une joyeuse *garden-party !* Je m'éloigne un peu de cette animation pour aller visiter la chapelle de Haroutioun (la Résurrection), sans doute un ancien monument funéraire, qui se dresse plus haut sur la colline. Au fur et à mesure que je grimpe, l'air se parfume d'effluves de viande grillée. A la porte du sanctuaire on fait carrément rôtir les *chaschliks* entre deux pierres.

A regret, nous quittons la vallée des fleurs et ses parfums inattendus. A nouveau le paysage aride s'étire entre les innombrables poteaux télégraphiques et cahutes de « gaïs » jaunes et bleues qui longent la route. Un immense panonceau rouge du XXVe Congrès se dresse devant les tours d'une ville champignon qui a poussé là en plein désert. Nous suivons bientôt un petit chenal où s'ancrent quelques bateaux, et le lac Sévan apparaît, pour la joie du regard, une dernière fois, éclaboussé de soleil. De lacet en lacet, nous parvenons à Dilijan, au pied du col. Nous y arrivons dans ce pittoresque village avec les moutons, les ânes et les chevaux. Cela fait le bonheur de Titi, pas tout à fait celui des conducteurs pressés qui se retrouvent, eux et leur véhicule, complètement coincés par des troupeaux aussi lymphatiques que les bergers qui les encadrent. Cahin-caha, nous avançons, et c'est en fin de journée que nous faisons notre entrée dans Kazak.

Les guirlandes de tabac sèchent dans les granges et la flamme éternelle du monument de l'entrée de la ville rappelle que l'Azerbaïdjan est toujours le pays du feu. Un peu plus loin, un spectacle renforcera le pouvoir suggestif de cette touche symbolique : dans la nuit noire, les champs brûlent sur des kilomètres. Le feu avale chaque sillon, galope jusqu'en bordure de la route et lance vers le ciel des lueurs rougeoyantes d'Apocalypse.

Les lumières sont éteintes lorsque nous arrivons à Tbilissi. A l'hôtel Ivéria, le gardien de nuit somnole derrière le comptoir de la réception. Depuis six mois nos chambres y sont réservées et grassement payées. Pourtant le gérant qu'on a tiré du lit nous affirme d'un air furieux qu'il n'y a pas de places pour nous. Les tirades conjuguées de Janine, Alain et François n'ont pas l'air de l'amadouer et nous restons deux heures à nous perdre dans de vaines discussion. Timothée dort debout et nous sommes tous bien fatigués par ce voyage. Finalement devant notre insistance et sa crainte de nous voir camper sur les fauteuils de sa réception il nous proposera deux chambres pour sept au motel Ouchba, à l'autre bout de la ville, pour ce qu'il nous reste de nuit à dormir.

## CHAPITRE XX

# D'IBERIE EN COLCHIDE

Au-delà des noyers feuillus, qui délimitent une bonne route à deux voies, s'étalent vergers et vignes jusqu'à l'horizon. Pour rallier l'Ossétie du Sud à Soukhoumi, au bord de la mer Noire, une longue étape nous attend aujourd'hui. Les murs d'une forteresse bien conservée enserrent le sommet de la colline (depuis le premier siècle de notre ère) qui surplombe la ville de Gori, notre première halte.

C'est là que naquit en 1879, d'une lavandière et d'un cordonnier géorgien, Iossif Djougatchvili [1]. Après des études au séminaire orthodoxe de Tiflis, le jeune homme se lance dans la lutte révolutionnaire. Quelques années plus tard, il prendra le nom de Staline, « l'homme d'acier », dont la statue couronne encore la place principale de la ville. Nous quittons le « Petit Père des peuples » pour prendre notre ration d'essence et repartir vers Aténi.

Les treilles forment un véritable tunnel de vigne au-dessus de la route jusqu'au pittoresque village. Nous nous enfonçons encore quelques centaines de mètres au cœur de la montagne, dans le ravin sauvage de la rivière Tana. L'église de Sioni se cache dans son écrin de verdure. Avec sa coupole, ses compartiments latéraux, ses niches cintrées et ses façades ornées de bas-reliefs, du VII^e siècle, elle ressemble comme une sœur au sanctuaire de Djvari. Comme lui aussi, malheureusement, elle est caparaçonnée d'échafaudages. A travers échelles et poutres, c'est à peine si l'on distingue deux cerfs paisibles buvant l'eau d'une fontaine ou ceux, plein d'effroi, en arrêt devant le cavalier qui vient de tirer sa première flèche.

---

1. Voir annexe n° 2.

Des étudiants, nous en apercevons deux, puis en partant un troisième, sont en train de restaurer ce joyau délabré. Ils s'efforcent de dégager, à l'intérieur, des fresques splendides du XI^e^ siècle badigeonnées de chaux, comme à Alaverdi, au moment de l'occupation russe. On devine à peine une Vierge à l'Enfant entre deux archanges, le doute de Joseph devant l'ange en vol, l'entrée des justes au Paradis et quelques formes géométriques noires et rouge brique. Timothée est sorti de la 504 avec la boîte à œufs de sa mère. Un des jeunes étudiants-maçons-restaurateurs le suit pendant quelques pas d'un regard inquisiteur, lui arrache des mains la boîte à œufs et va la ranger dans une chapelle latérale occupée par le matériel des travailleurs. A notre tour, nous le regardons d'un air soupçonneux et lui faisons comprendre que cet objet nous appartient. Pas très convaincu, l'étudiant part le rechercher.

Trois petites tentes sont plantées sous une treille qui mène au sanctuaire. La nuit doit être bien sereine dans ce lieu à l'écart du monde.

Après cette escapade au monastère de Sioni, François et Alain lancent une fois encore leur Peugeot sur des sentiers non autorisés. Cette fois-ci, nous en devinons vite la raison. Pierres, cassis et nids de poules déforment cette voie à peine carrossable. Pourtant, un trafic intense nous rejette régulièrement dans la poussière des bas-côtés, et les camions brinquebalants qui talonnent nos véhicules nous forcent à attaquer bosses et creux à vive allure. C'est ainsi que, de soubresauts en cahots, nous arrivons, le cœur au bord des lèvres, dans un paisible village. Les maisonnettes sont construites avec les galets lisses et brillants de la rivière qui ruisselle à leurs pieds. Sur la rive d'en face, la falaise est percée d'une multitude de grottes, de niches et de labyrinthes : c'est la ville morte d'Ouplistsikhé.

Ce site rupestre, taillé à même le roc entre le VI^e^ siècle avant notre ère et jusqu'après le changement d'ère, se compose d'un ensemble de pièces individuelles et communes disposées par groupes et reliées par des passages souterrains. La partie centrale réunissait le palais, les églises et les maisons d'habitations ; la partie sud, les échoppes du commerce et de l'artisanat. Des fossés d'un côté, la rivière de l'autre, protégeaient la prospérité de cette cité troglodytique, centre administratif et politique de la Kartlie.

Nous demandons à des pêcheurs qui taquinent le poisson s'il existe un pont pour franchir la Koura. Ils nous en indiquent un quelque cent mètres plus loin. « Vous doublez un, deux, trois petits ânes tirant une carriole » et... vous éclatez de rire ! Le tablier du pont a piqué du nez dans l'eau. Et pourtant c'était un grand pont pour large rivière ! Plus moyen d'approcher de l'antique Ouplistsikhé, si ce n'est à la nage. La montagne semble froncer le sourcil en nous voyant repartir. Ses grottes sont autant d'orbites qui dardent vers nous leur regard sombre.

La grand-route vers l'ouest, retrouvée à Gori, serpente nonchalamment à travers vignes et maïs de la région d'Agara, puis attaque à travers une grimpette vers le col de Rikotskii dans les monts Likhskii. Nous dépassons la forteresse de Sourami du XVIe siècle, assaillie par un groupe de Pionniers, foulards rouges autour du cou, et gagnons les sommets, à 996 mètres, où nous goûtons la fraîcheur de quelques courants d'air et le moment béni d'un pique-nique dans les pins : une étape ponctuée par les douze coups de midi et les 8 000 kilomètres au compteur qui nous séparent de Paris.

Ici, se situe la frontière entre la Géorgie orientale, l'ancienne Ibérie, qui charrie ses eaux vers la mer Caspienne, et la Géorgie occidentale, la Colchide de jadis, avec ses torrents qui dégringolent vers la mer Noire. A travers des terres ocre rouge, leur course folle nous guide sur le chemin de Soukhoumi. La piste (ce n'est pas un vain mot) est en *remonte* sur plus de trente kilomètres. Une poussière brune s'infiltre par tous les orifices des voitures qui, stoïques, tanguent sur les ornières ou chavirent dans les creux. Aveuglée, c'est à peine si je distingue la ligne de mercure du thermomètre accroché au tableau de bord : 50° à l'ombre de la carrosserie en roulant, une température bien suffisante, à mon humble avis, pour bouillir d'impatience derrière le bulldozer qui dégage un passage.

A Zestafoni, nous retrouvons enfin le macadam mais non la pureté de l'air. Le merveilleux paysage alentour suffoque dans la fumée opaque des trois cheminées de l'usine de ferro-alliages. Comme pour fuir la pollution de cette bourgade industrielle, les gosses s'ébrouent dans le cours de la rivière Kvirila et les hommes y lavent leurs voitures. Les Soviétiques astiquent leurs automobiles comme les ménagères françaises leurs cuivres, « amoureusement » !

Quelques verstes plus loin, la vue s'éclaircit à nouveau, sur de riants vallons plantés de maisonnettes blanches et bleues aux gracieuses loggias de bois. Un chemin de traverse bifurque à droite vers le monastère de Guélati, enfoui sous le feuillage d'un versant boisé. Vu l'heure avancée, nous nous contentons d'admirer de loin campanile et coupoles, remettant à notre prochain voyage la visite détaillée de ce haut lieu de la spiritualité médiévale géorgienne.

Douze kilomètres seulement séparent le monastère de la ville de Koutaïsi, centre industriel et culturel, actuellement seconde ville de Géorgie, mais aussi l'une des plus anciennes mentionnées dans les chroniques antiques notamment par Hérodote, Hippocrate, Aristote ainsi que par Xénophon, plus tard. Capitale de la Colchide, dès le VIIIe siècle, et de l'Imérétie, au XVe siècle, elle accueillit les rois de Géorgie lorsque, au Xe siècle, Tbilissi tomba aux mains des Turcs.

Le royaume de Colchide s'étendait sur les côtes sud-est de la mer Noire jusqu'à l'intérieur des terres de Géorgie occidentale. Dès le VIIe siècle av. J.-C., les Grecs, séduits tant par les richesses que par la situation géographique de l'endroit, commencèrent à fonder des comptoirs de commerce vite prospères, le long de la côte géorgienne : ainsi Phasis (Poti), Dioscurias (Soukoumi), Pityus (Pitsounda), et Hérakléa (Anagie). A Koutaïsi, nous longeons le Rioni, le Phase antique :

« Pourquoi le Nil en Egypte, le Phase en Colchide, ont-ils été réputés des limites ? » interroge Hérodote [2]. Considéré, en effet, dès la haute antiquité comme la frontière de l'Europe à l'Asie, ce fleuve fascina les anciens. Ses eaux chantent le merveilleux de la mythologie grecque et fredonnent encore la légende fabuleuse de la Toison d'or :

Pour échapper à la haine de sa belle-mère, Hellê [3] s'enfuit de Grèce avec son frère Phrixos sur un bélier ailé à toison d'or. Arrivé en Colchide, Phrixos immola l'animal à Zeus et fit cadeau de la toison à Æétès, le roi du pays. Ce dernier la suspendit à un chêne et la fit garder par un dragon. Devenue célèbre, cette toison d'or excita les convoitises du monde grec. Pelias, roi d'Iolcos, promit de céder son royaume à Jason, son neveu, si celui-ci parvenait à la ravir. Jason organisa alors vers les rives caucasiennes de la mer Noire l'expédition des Argonautes. Sur le vaisseau *Argo,* une cinquantaine de héros s'embarquèrent à ses côtés, tels les Dioscures Castor et Pollux, Hercule et Orphée. Ils partirent d'Iolcos et « après avoir navigué sur un vaisseau long vers la Colchide et le Phase, et accompli le principal objet de leur voyage, ils enlevèrent Médée, la fille du roi » (Æétès) [4]. Après maintes péripéties, la jeune fille, tombée éperdument amoureuse de Jason, l'aida à s'emparer de la fameuse toison et s'enfuit avec lui.

Il faut voir dans cette légende le premier mouvement de découverte et de colonisation dorien vers la mer Noire. Jason et ses Argonautes ont participé à une « ruée vers l'or » sur la terre de Colchide dans le pré-Moyen Age d'avant la guerre de Troie. La Toison d'or est un mythe que Georges Dumézil explique par le passage, au fil des siècles, du technique au sacré. Strabon parle, en effet, déjà des mines d'or du Caucase. Les Svanes (aujourd'hui Mingréliens) recueillaient dans des alvéoles ou sur des peaux de bêtes garnies de poils la poudre ou les pépites d'or que charriaient les ruisseaux. C'est la thèse que défendent encore aujourd'hui les archéologues géorgiens qui viennent de découvrir, lors d'une campagne de fouilles, 2 500 objets d'or sur le littoral de la mer Noire.

Après Koutaïsi, les vestiges de sa magnifique cathédrale de Bagrat III (1003), ses édifices médiévaux, sa petite chapelle de pierre verte qui surplombe le Rioni du haut de la falaise et ses usines et constructions modernes, c'est une longue descente vers la plaine humide et chaude.

Les abords du fleuve, jadis marécageux et malsains, se couvrent de cultures. Le maïs, en rangs de bataille, pointe vers le soleil ses

2. HÉRODOTE, *Histoires,* IV, XVL.
3. Qui a donné son nom à l'Hellespont.
4. HÉRODOTE, *Histoires,* I, 2.

vives feuilles lancéolées ; les théiers apeurés se tapissent en boule au ras du sol ; la vigne, plus hardie, rampe jusque sur les balcons des maisons sur pilotis. A Zugdidi, charmant village qui étire le long de la chaussée les barrières de ses potagers de poupées, les palmiers ont établi leur quartier général. Dans un de ces jardins, un chapeau de paille à larges bords avance lentement entre deux rangées de théiers : une Géorgienne qui détache une à une les petites feuilles vernissées de sa récolte personnelle.

Un buffle d'Asie se dandine nonchalamment au milieu du chemin. Deux jeunes filles passent. Elles me demandent d'où je viens et me remplissent la main de noisettes en me souhaitant beaucoup de bonheur. Les grappes pourpres et blanches des lagerstroemias en fleur s'accrochent aux flancs des palissades. Une chaleur moite développe l'arôme suave et tenace du thé et de l'eucalyptus mêlés. L'air et le paysage changent de couleurs.

Le fort de Roukhi à l'une des extrémités de la grande muraille, construite au VIe siècle, et la rivière Ingouri sont là pour marquer la frontière et notre entrée en République autonome d'Abkhazie, dépendant de la R.S.S. de Géorgie.

Gali, Samkvari, Atchigvara ; les bourgades somnolent sous la vigne en tonnelle et l'ombrelle des palmiers. L'agressive beauté de ce luxuriant décor chasse un peu la vision de carnage à laquelle se heurte inévitablement le regard de l'automobiliste : une ménagerie de chiens, chats, volailles et même cochons réduits en bouillie sur le macadam brûlant. Bientôt un véritable océan de thé noie l'horizon. Il rallie le cours des rivières Galizza, Mokva, Dranda, et moutonne en vagues douces jusqu'à la mer Noire qui se profile à gauche d'Otchamchira, se perd un moment pour ressusciter enfin dans la gloire du soleil couchant à Soukoumi.

La montagne, plantée de cèdres, camphriers, cyprès, palmiers et magnolias, protège d'un écran de verdure le littoral. Sur la plage de galets quelques pêcheurs s'attardent. Dans les avenues, piquées de lauriers-roses et bougainvillées en fleurs, s'entasse la foule des touristes russes.

Le camp de Goumitsa, à quelques kilomètres au sortir de la ville, est lui aussi surpeuplé. Rien n'est moins évident que de trouver un emplacement où planter nos tentes, d'autant qu'une panne d'électricité survient, engloutissant dans l'obscurité tous les reliefs. A tâtons, Alain, Sylvain et François martèlent furieusement les piquets qui ne s'enfoncent pas tant sont nombreux pierres et cailloux. Déléguée aux taches culinaires, Brigitte erre longtemps parmi les ombres avant de trouver l'eau qui fera bouillir la marmite, tandis que Janine et moi épluchons un reste de patates et d'aubergines pour la remplir. Après une douche prise à tour de rôle dans le noir d'une sorte de cagibi, et un repas aux bougies très frugal, nous nous écroulons de fatigue sur nos duvets. Au-dessus de nos têtes la toile mal fixée bat de l'aile. Elle résistera cependant jusqu'au lendemain à tous les embruns.

CHAPITRE XXI

# LES FRINGANTS CENTENAIRES D'ABKHAZIE

Lorsque les rêves nous abandonnent, le soleil est déjà haut et la chaleur étouffante. Nous retrouvons, après la vie conventionnelle des hôtels, le charme d'un petit déjeuner en plein air.

Je suis en train de terminer la vaisselle lorsque je vois apparaître dans le camp de Goumitsa, comme sortis d'un conte, une armée de lutins verts et moustachus, le verbe haut et le pas sautillant, riant fort et marchant droit. De tente en tente le bruit se colporte : ce sont les fameux centenaires du Caucase !... Ceux que nous souhaitions tant rencontrer et dont on nous avait dit, une heure plus tôt à l'Intourist :

— Vous n'y pensez pas : au mois d'août, il faut beaucoup trop chaud ; les centenaires se reposent au frais et à l'air pur des montagnes. Revenez donc en automne ou en hiver et avec un peu de bonheur, vous assisterez à l'une de leurs représentations !

Et voici que l'illustre groupe folklorique vient jusqu'à nous, que la chance impatiente se moque de la chute des feuilles et des premiers frimas ! Nous jubilons plus encore en apprenant que nos petits vieux, venus ici pour boire un coup, s'apprêtent à donner un récital pour la télévision, à quelques mètres en contrebas, le long de la rivière. L'Abkhazie ne possède pas encore de chaîne propre mais cela ne saurait tarder et le spectacle filmé aujourd'hui sera mis en conserve pour une prochaine émission inaugurale.

Quelle aubaine ! Ni une, ni deux ! En quelques minutes, harnachée d'appareils de photo, téléobjectifs et magnétophone, je rejoins avec Sylvain, Alain et François la prairie où les caméramen posent sur pied leurs lourdes caméras, étudient les meilleurs angles de prises de vues et de son. Torses nus, casquette ou tignasse en bataille, décontractés comme en vacances, ils nous accueillent avec un franc sourire — ne sommes nous pas de lointains confrères — décortiquent avec admiration notre matériel de cinéma et sollicitent même quelques photos souvenirs, chose étonnante pour des gens du métier !

Arrivent, papotant, s'esclaffant, grommelant, fumant, crachant, la bande alerte des artistes du quatrième âge. Ah, ils ont fière allure ! Bottés jusqu'aux genoux, la taille bien prise dans une redingote émeraude, barrée d'un long fourreau d'argent ciselé, le poitrail rutilant d'une double rangée de cartouchières et d'une impressionnante batterie de décorations, ils s'approchent d'un pas alerte, bombant le torse. Une large toque d'astrakan, brune ou grise, cache la neige de leurs cheveux. Sur leurs visages, ravinés de collines et de vallées, creusés de sentiers et de torrents, les ans ont gravés toute la géographie de l'expérience et de la sagesse. Mais, dans ce champ de rides, les yeux gardent l'éclat pétillant de la malice et des moustaches épaisses, lissées à la mousquetaire, se dressent comme un point d'ironie pour faire la nique au temps qui passe.

Quel âge ont-ils réellement ces honorables vieillards ? Le doyen de la troupe, le seul vêtu de bleu marine, a la taille d'un enfant et les joues roses d'une jeune fille en émoi. Avec ses oreilles un peu décollées, son sourire angélique et son regard candide, il ressemble à Simplet, le nain de Blanche-Neige. La date de sa naissance, il l'a un peu oubliée : elle se perd dans la nuit des temps ; mais ce dont il est sûr : c'est d'avoir vu le jour sous le règne du tsar Alexandre II [1]. D'ailleurs les gérontologues des laboratoires spécialisés de Kiev et Soukhoumi affirment qu'il a cent vingt ans bien sonnés. Leurs études physiologiques et biologiques associées aux témoignages et souvenirs des deux mille centenaires recensés en Abkhazie leur permettent d'être formels, malgré l'absence, à l'époque, de papiers officiels d'état civil. Des savants du monde entier sont venus constater les faits *de visu* et examiner en particulier, des os à la rate, la femme la plus âgée du monde, morte à cent trente-neuf ans, il y a tout juste deux ans.

Il faut en convenir, le groupe folklorique, créé en 1960, qui va se donner en spectacle, regroupe une trentaine de participants presque tous centenaires comme en témoigne l'insigne distinctif accroché sur leur poitrine. Quelques jeunesses s'y fourvoyent cependant : pensez donc, le benjamin n'a pas encore fêté ses quatre-vingt-cinq ans !

---

1. Alexandre II fut empereur de Russie de 1855 à 1881. Notre fringant centenaire serait théoriquement né l'année de la reddition de l'Imam Chamil au Caucase (1859), puisqu'il arbore bien en évidence, en sautoir, sur la gauche de sa veste tcherkesse, entre autres décorations (ordre de l'Union soviétique (1972), ordre de Lénine (1970), médaille du trentième anniversaire de la Victoire (1975), médaille de vétéran du Travail)... la croix de chevalier de l'ordre de Saint-Georges, qu'il dit avoir reçue des mains du tsar, lors de la guerre russo-turque de 1877-1878, avant sa vingtième année...

Les caméras ronronnent : le tournage a commencé. Les centenaires, rassemblés en ligne près du lit de la rivière, font vibrer leur timbre de baryton. Les cages thoraciques puissantes et les cordes vocales solides font fi, bien entendu, de micro ou accompagnement musical. Les chants abrupts, rocailleux, sont ceux de montagnards. Soudain, l'aîné des vieillards, celui de cent vingt ans, sort de la file, s'avance de quelques pas, virevolte sur lui-même comme une toupie, s'empêtre un peu dans les plis d'une cape de drap rouge fixée sur ses omoplates, réussit une pirouette éblouissante et, sur deux entrechats, hoche la tête en un salut comique avant de réintégrer le rang. Les mains claquent à l'unisson pour rythmer le pas des danseurs qui, tour à tour, rivalisent de sauts et tourniquets. Quelle agilité ! Quel tonus !

Une vie rude et active de paysan, un régime presque végétarien (qu'ils ne sont pas les seuls à suivre, et pour cause : la viande déserte l'étal des magasins !), un air pur à respirer dans les monts d'Abkhazie et un climat sain sont quelques critères, sans doute, de longévité pour ces pétulants arrière-arrière-grands-pères. Leurs femmes les ont quittés souvent depuis longtemps, mais ils se sont remariés ou mènent joyeux veuvage, chantant, dansant et ne refusant jamais le tabac ou le vin de pays.

Un pont qui enjambe de ses arches épanouies une gorge sauvage sert de toile de fond à ce show original. Une collision s'y produit entre deux cars de touristes. Un tintamarre de tôles brisées et de klaxons stridents vient troubler l'enregistrement. Qu'à cela ne tienne ! On recommence tout. D'ailleurs les techniciens de la future télévision ne paraissent jamais satisfaits. Inlassablement, les centenaires répètent jusqu'à cinq ou six fois la même séquence sous une chaleur caniculaire. Des gouttelettes de sueur perlent aux visages, les nez rougissent, les pommettes se colorent de couperose.

Pour permettre aux vétérans de reprendre leur souffle, on fait sauter quelques fillettes en taffetas et danser sur les genoux de minuscules Caucasiens de sept ou huit ans. Les enfants s'élancent et tournoyent comme des plumes. Il faut voir l'éclair de fierté qui anime leur regard lorsqu'ils réussissent et la moue de désespoir qui abaisse le coin des lèvres, lorsque, pour un faux pas, le numéro est à refaire !

Une chorale s'installe aussi dans l'herbe pour alterner avec l'orchestre des centenaires. Devant la haie cramoisie des hommes en costumes tcherkesses, les jeunes filles, assises, pincent en chantant les cordes d'instruments voisins du luth ou de la mandoline. Sur leur robe de coton cloqué blanc, coulent jusqu'à la taille de longues nattes, de fausses nattes en fibres synthétiques, d'un noir peu naturel, que la seule blonde du groupe a accrochées sans complexe à ses cheveux de paille.

Et c'est à nouveau le tour des petits vieux qui, jusqu'en milieu d'après-midi, s'exhibent dans le champ des objectifs. A les regarder simplement, nous nous sentons épuisés. Eux, les plus de cent ans, semblent en pleine forme ! C'est sûr, ils nous enterreront tous !

Timothée et sa maman ne se sentent pas l'âme studieuse ; nous les déposons sur la plage. Nous allons, quant à nous, cueillir à l'hôtel Abkhazie une guide-interprète pour un classique tour de ville. Une ravissante Ukrainienne, secouant sur ses cheveux turquoise, une frange de cheveux auburn, dispense ses commentaires avec un sérieux que même les plus subtiles plaisanteries de François ne parviennent à ébranler. Sentiments et appréciations personnelles se barricadent derrière le masque-robot de la parfaite fonctionnaire du gouvernement. Cette beauté, glacée comme les plaines de son pays l'hiver, n'a pas la joyeuse pétulance des filles d'ici.

— L'Abkhazie, récite-t-elle d'un ton monocorde, République autonome au sein de la Géorgie, rattachée le 4 mars 1921 à l'U.R.S.S., possède une superficie de 8 700 km² pour 500 000 habitants. Soukhoumi, la capitale, en compte à elle seule 120 000, dont 70 000 Abkhazes seulement. Quatre-vingt-dix nationalités, dont les Géorgiens, les Arméniens, les Estoniens, les Ukrainiens... unifiés par la langue russe, constituent la majorité de la population.

Comme Sylvain, accablé tant par ce fastidieux cours de géographie que par la chaleur, pousse un soupir, Nadia poursuit imperturbable :

— La température moyenne de ce climat subtropical oscille de + 25° en août (beaucoup plus, pense intérieurement Sylvain !), à — 5° en février. Décembre, avec sa belle lumière, et septembre, « la saison de velours », sont les mois les plus agréables.

Nous arrivons devant le théâtre, de style géorgien, autrement dit d'inspiration tout orientale. Dans le bâtiment, dédié à Samson Tchamba, vénéré dramaturge, deux troupes se produisent, l'une abkhaze, l'autre géorgienne. *Othello* et *Médée* sont à l'affiche cette année, traduits en langue du pays. Des écouteurs permettent également de suivre ces pièces en russe.

— Dans la Dioscurias antique, on dénombrait cent trente interprètes, poursuit Nadia, fière du détail.

— Parlez-vous abkhaze ? demande avec candeur Janine à la guide-interprète.

— Sûrement pas, rétorque Nadia, cette langue est horriblement difficile à apprendre, la phonétique et la grammaire en particulier !

Je remarque que tous les panneaux sont rédigés dans les trois langues : cela prend beaucoup de place. L'écriture abkhaze apparaît moins esthétique que celle de Géorgie. Elle est inspirée de l'alphabet cyrillique et relativement récente : le premier livre remonte à 1892, le premier journal à 1919 et le premier poète à avoir porté à ses sommets la langue nationale se prénomme Dimitri Goulia. Je tends l'oreille. Deux paysans discutent non loin de moi dans leur dialecte natal ; j'y décèle des consonances proches de l'arabe. Les griffons chevauchant la margelle d'une fontaine dressent leur tête d'aigle comme pour suivre eux aussi la conversation : on dit que de leur gueule coulent tous les fleuves d'Abkhazie.

Nadia nous entraîne par de sinueuses allées jusqu'au sommet du mont Soukhoumi, couronné de forêts. Au-delà, vers l'intérieur des terres, fleurissent les cultures d'orangers, de citronniers, de mandariniers, de vigne, de thé, de tabac blond, (le Samsoun est la « Gauloise » locale), de maïs qui sert à la fabrication de la *mamaligna,* sorte de polenta, et du *mitchadi,* petit pain rond dont les Abkhazes sont friands. Du sommet, le panorama sur la ville est splendide. Emergeant du luxuriant feuillage, quatre-vingts maisons de cures et de repos s'étagent en paliers jusqu'au rivage. La mer, baptisée « Noire » pour ses terribles colères, semble avoir refréné son humeur capricieuse : elle tire la langue, abrutie de soleil, s'alanguit sous le poids de quelques rares bateaux. C'est dans cette baie superbe que Castor et Pollux débarquèrent il y a plus de vingt-cinq siècles pour fonder Dioscurias.

Le Caucase étant, comme chacun sait, une région géologiquement inachevée, un mouvement tectonique se produisit, le niveau de la mer monta et la ville fut engloutie. Depuis 1959, on fouille les bas-fonds à la recherche de l'époque hellénique ; c'est ainsi qu'à huit cents mètres des côtes et à deux cents mètres de profondeur un plongeur a retrouvé une splendide dalle de marbre représentant une famille aux profils grecs incontestables.

Les Romains accoururent quand la terre se fut calmée (au IIe siècle) et y bâtirent Sébastopolis. Aux IIIe et IVe siècles, les gens de Byzance convertirent au christianisme les Absiles et les Abkhazes. C'est alors que l'empereur Léon Ier, profitant d'une courte accalmie, entreprit la construction de la grande muraille dont nous avons, au bord de l'Ingouri, aperçu déjà quelques vestiges. Longue de 160 kilomètres, épaisse de trois mètres et haute de huit, elle devait faire front contre l'envahisseur venu de la mer. Hélas, elle n'arrêta ni les Perses (VIIe-VIIIe siècles), ni les Arabes (IXe siècle), ni plus tard les Turcs qui imposèrent leur joug jusqu'en 1810, vendant et éparpillant les habitants comme esclaves. Deux cent mille Abkhazes vivent ainsi aujourd'hui en Turquie et un reliquat de coutumes ottomanes subsiste encore en Abkhazie : la tradition qui veut, par exemple, que la veuve ne porte le vêtement noir que quarante jours après le deuil, mais jusqu'à sa mort.

Les Turcs mirent à nouveau la ville — qu'ils appelaient Soukoumkale — à feu et à sang, lors de la guerre de Crimée. Ce n'est que depuis le pouvoir des Soviets, bien sûr, affirme Nadia, que « des transformations fondamentales ont été effectuées à Soukhoumi ». Aujourd'hui, oublieuse des chaos de l'Histoire, la riante station balnéaire se vautre dans l'été et, sur la jetée, insouciants, déambulent les touristes russes en vacances.

La visite de Soukhoumi, nous la terminons au milieu des fleurs.

En 1840, un général, Rievsky, grand amateur de botanique, réunit, dans le plus beau des jardins, les essences rares qu'il cueillait à travers le monde. Détruit par les Turcs en 1877, ce coin de Paradis fut recréé après-guerre sur six hectares de terre, avec plus de mille plantes et cinq cents espèces de la flore subtropicale. Un énorme tilleul roux de plus de deux cents ans trône au milieu des palmiers, des pins d'Himalaya, des oliviers, des savonniers, des vernis et des ventrus. L'arbre gommé de laque [2], qui entre dans la fabrication des avions et des bateaux, lance ses tentacules vénéneux vers le frêle météorologiste [3] qui embaume dès que s'annonce la pluie. La « Reine de nuit » domine de ses quatre mètres de haut les massifs de cactus, les agaves et le yucca, avare d'une unique fleur par an. L'allée des camélias, fanés depuis la fin mai, celle des bambous dorés mènent aux bassins. Nénuphars, pavots d'eau, jacinthes roses ou violettes, lotus indiens s'y prélassent aux côtés du fameaux géant aquatique : le *Victoria Regia* qu'Alain filmait encore, en février dernier, avec son père dans le delta de l'Amazone, d'où il est originaire. Ses feuilles envahissantes dessinent sur l'eau des cercles de deux mètres de diamètre, dit-on, mais ceux que nous montre Nadia sont malheureusement « nains ». Observez bien la pâle fleur qui flotte sur ce disque vert : elle est aussi éphémère que le jour qui passe !

★

Le mini-car d'Intourist se cabre. La pente rude se torsade en lacets secs. Les montagnes dégringolent en à-pic vers la mer laiteuse. Les grenadiers se faufilent entre maïs, oliviers, figuiers et mimosas. Leurs fruits mûrs pointillent de vermeil cette explosion de verdure.

Nous arrivons à Novy Afon, l'ancienne Anacopi, capitale du royaume abkhaze. Les ruines de la forteresse, placée jadis à l'entrée de la grande muraille, sont encore visibles au haut du mont Ibéri. Sur la colline d'en face, des clochers de zinc étincellent sur un front de crépis ocre : ceux du monastère qu'à la fin du XIX^e^ siècle des religieux grecs, venus du Saint Mont-Athos, fondèrent. Des moines russes leur succédèrent jusqu'en 1921 en ces lieux de prière, aujourd'hui transformés en maison de repos ou musée. En contrebas, derrière une haie flamboyante de canas, des cygnes noirs à l'air mauvais tracent leur sillage sur l'eau du bassin.

La route s'éloigne bientôt du bord de mer pour s'enfoncer au cœur des terres. Porcs et chèvres gambadent en liberté, mais un carcan de bois triangulaire autour du cou les empêche de passer les haies pour chaparder dans les jardins. Sur le flanc des collines, le raisin se gorge de soleil en attendant les vendanges. François, hier

2. *Rhus verniciflua Stock Anacardiaceae.*
3. *Escalonia Glutinosia Phil Saxifragaceae.*

soir au dessert, nous a offert du vin d'Abkhazie, du « meilleur cru » annonçait-il triomphalement, « à 6 roubles le litre ! [4] ». A la première gorgée, nous avons été surpris, à la seconde nous avons pensé que nous aurions honte de le rapporter en France comme cadeau, à la troisième, nous nous sommes empressés de vider les bouteilles. Le « vin de table », affirmait l'étiquette, était en fait complètement madérisé, plus sirupeux et plus sucré qu'une liqueur de Malaga.

Bientôt la vigne, vers Goudaouta, cède le pas aux buissons de thé, sagement alignés comme les billes rondes d'un boulier. Des pancartes, à la gloire de la Patrie et des records de la production agricole, bordent l'allée qui mène tout droit au kolkhoze de Lechni où Nadia, notre guide, nous emmène aujourd'hui. Au bout du chemin, l'enfilade des panneaux de propagande bute contre un bâtiment aux portes closes. Titi se roule dans l'herbe à vaches à l'ombre d'un tilleul bicentenaire. Le responsable n'arrivera pour la visite qu'une bonne demi-heure plus tard. A gauche, un chantier s'affaire à la construction d'une annexe administrative. Il défigure sans scrupule les vestiges d'un ancien palais du XVIII^e^ siècle des princes d'Abkhazie. Lénine montre du doigt ces ruines de son air éternellement accusateur. Etrange « conducteur de travaux », planté au milieu des grues, avec sa redingote de bronze noir, par 35° à l'ombre !

Outre ses cultures de tabac, maïs et vigne, le kolkhoze du XXIV^e^ Congrès se spécialise dans celle du thé ; cet « arbre le plus malheureux du monde, nous dit le sous-directeur, parce que si on le laissait pousser, il pourrait atteindre 50 mètres de haut ! » Mais voilà, c'est le triste sort du thé que d'être constamment mutilé. De mai à octobre, tous les cinq ou six jours, quand ce ne sont pas les monstrueuses machines qui le ratiboisent, ce sont les mains habiles qui l'effeuillent sans pitié. Et finalement, constate Titi : « Je suis bien plus grand que lui ! » La hauteur du thé ne doit pas dépasser 80 cenmètres, et tous les trois ou quatre ans, on lui fait subir une taille plus radicale.

Le sous-directeur, très fièrement, pointe l'avant-bras vers les 220 hectares de plantations qui se déroulent à perte de vue. Une grosse moissonneuse rouge avance vers nous dans un vacarme étourdissant. Gueule béante, elle engloutit les pousses fraîches, avale une à une les rangées d'arbustes, « ogresse » qui progresse inexorablement. La mécanisation ne date que des années 1960 et ces engins sophistiqués ne peuvent être utilisés pour la cueillette que là où le relief reste plat. Partout ailleurs une nuée de foulards multicolores s'égaillent dans les creux et sur les crêtes de ce déferlement de vagues vertes.

Une certitude : avec dix heures de travail par jour (6 h-13 h et 17 h-20 h), la journée est longue ! Mais, affirme le sous-directeur, les kolkhoziens sont bien payés : 200 à 250 roubles pour les meilleurs

4. 6 roubles égalent 42 francs environ.

ouvriers agricoles, 4 000 à 5 000 pour les conducteurs de moissonneuse, les privilégiés de l'exploitation. Il y a du travail pour tous, y compris pour un petit vieux tout desséché de cent vingt ans qui s'est fourvoyé dans cette main-d'œuvre essentiellement féminine. Les plus vieux plans de thé de la plantation, eux, ont à peine cent ans ! Quatre coins d'un mouchoir à carreaux abrite une tête familière. Mais oui, c'est bien le doyen de l'orchestre des centenaires et nous nous connaissons déjà !

Ce n'est pas qu'on l'oblige à travailler, confie-t-il, mais il trouve un peu long le temps de la retraite et préfère s'occuper [5] ! En fin de matinée, à l'heure du pesage, il accroche à l'antique balance romaine son baluchon de thé : vingt kilos de petites feuilles, un score très honorable pour son grand âge. Tous les cueilleurs des alentours le rejoignent bientôt, tirant leur sac de jute. Une femme des plus costaudes a ramassé soixante-cinq kilos entre 6 heures et 13 heures. Des mitaines effrangées protègent ses mains. Buriné par le soleil, son visage porte juste un peu de lassitude par cette belle journée d'été. Son fils, un gaillard blond, de quatorze ans, a récolté trente-huit kilos. Un préposé contrôle les poids, un contremaître les note sur son carnet. J'aperçois quelques mamans qui retirent des poignées de feuilles de leurs sacs pour les jeter subrepticement dans celui d'une petite fille nonchalante. Sans doute faut-il fournir un minimum de thé ?

La moissonneuse récolte régulièrement ses mille kilos par jour, les meilleurs ouvriers cent à cent cinquante kilos au maximum, mais avec un autre raffinement dans le choix délicat des jeunes pousses. Une fois pesé, le thé est déversé dans la benne d'un camion et conduit à l'usine. Kolkhoziens et kolkhoziennes, en nage, vont enfin prendre un peu de repos. Une gracieuse gamine passe au milieu d'eux avec sa cruche de terre et distribue à chacun un peu d'eau fraîche ; c'est la fille aînée du chauffeur d'un camion arrêté sous les ombrages.

— Mon père serait heureux de vous inviter à déjeuner chez lui, dit-elle à Nadia. Nous ne savions pas que vous viendriez et nous n'avons rien préparé de spécial ; ce sera le repas simple et familial de tous les jours !

Le sous-directeur insiste pour que notre hôte nous fasse visiter de fond en comble sa maison neuve, à peine achevée. Le chauffeur ne se fait pas longtemps prier : il est si fier de sa « villa » moderne. Inga, à moins que ce ne soit Rita, ou encore Indira, bref la fillette à la cruche, nous entraîne à l'étage dans la pièce la plus vaste : 25 m² au moins de surface encore presque vide. Pour tout meuble y trône, insolite, un piano. Inga, à moins que ce ne soit Rita, s'y installe et nous joue son morceau favori. La marche militaire résonne absur-

5. Calculez : puisqu'il a cent vingt ans et que la retraite est à soixante-cinq ans en U.R.S.S., il est à la retraite depuis... cinquante-cinq ans ! autant que sa vie active s'il avait commencé à travailler à l'âge de cinq ans !

dement dans cette salle vide et neuve. Du coin de l'œil, j'observe Alain, Sylvain, Janine, Brigitte et François. Debout, au garde-à-vous, bras ballants, cous tendus avec un faux air de « s'abîmer » dans la musique, ils guettent avec anxiété la fin du récital. Timothée, lui, bat du pied et trépigne d'impatience. Il manifeste tout haut ce que chacun pense tout bas :

— Maman, j'ai faim !

La double croche reste en l'air, suspendue. Inga se précipite vers son coffre à noisettes ; Indira va chercher une poignée de raisins qui sèchent au soleil sur un carreau de verre brisé ; Rita se cramponne à l'échelle appuyée aux branches du figuier, tandis que son frère cueille pour nous les beaux fruits, craquelés, presque confits. Le maître de maison bat le rappel des troupes. Dans la salle à manger, de l'ancienne maison d'à côté, la table est dressée comme pour un banquet. Une multitude de plats et bouteilles se bousculent sur les papillons géants d'une toile cirée, neuve elle aussi. Avant d'entrer, la fille de notre hôte nous présente une cuvette d'émail remplie d'eau et une serviette pour nous laver les mains ou nous rafraîchir la figure, ablutions naturelles dans ce pays où l'on vit et travaille toute la journée dehors.

— Vous voyez, la table est toujours prête pour les visiteurs, nous dit-elle.

Les femmes nous lancent un sourire timide, mais ne s'attablent pas avec nous ; elles retournent aux fourneaux qu'elles n'ont visiblement pas quittés de la matinée. Notre visite au kolkhoze du XXIVe Congrès était prévue par Intourist depuis quatre jours ; nul doute que ce repas « de luxe » ait été dûment organisé et non improvisé comme on espère nous le faire croire. Qu'importe, l'accueil est chaleureux. Les toasts se succèdent, arrosés d'un marc fameux : le *tchatcha*.

— C'est bien meilleur que la vodka ! constate Sylvain.

Nadia fait la grimace : Ukrainienne et chauvine, elle n'est pas de cet avis.

— Savez-vous que le *tchatcha* est fabriqué avec du raisin Isabelle, une espèce importée de France ! ajoute, pour flatter nos goûts, le sous-directeur.

Au marc succède le rosé nouveau. Une brève seconde, Madame émerge de la cuisine, gauche et timide, elle apporte en hâte une sauce tomate pimentée pour arroser la *mamaligna*, la bouillie de maïs agrémentée d'un peu de fromage.

— Mais on sait même mitonner des sauces succulentes en Abkhazie ! s'exclame Brigitte.

J'ai à peine le temps d'entrevoir l'atterrissage sur la table d'un saucisson ventru, qu'il est immédiatement détourné par les garçons.

— Ça non plus on n'en trouve pas dans les magasins ! rajoute François.

Surprise ! On nous offre un morceau de chevreuil boucané, chassé et préparé par le maître de maison en personne. Une troisième boisson, faite à la maison, un gros rouge un peu aigrelet, aide à la mastication. Entre deux verres, je picore des rondelles de tomates, concombres, oignons, mords à pleines dents dans la pastèque ou grignote des quartiers de pêche.

A l'autre bout de la pièce, Igor et ses trois sœurs, sagement alignés sur un banc, observent les joyeux convives. Nous avions offert un chewing-gum à la jeune pianiste, modeste remerciement pour son interminable concert. Tandis que nous nous gavions, la gomme rose et poisseuse passe de bouche en bouche, d'Indira à Rita, d'Inga à Igor. Mi-amusée, mi-attendrie, Brigitte distribue avec un sourire les quelques sucreries qu'elle possède à chacun des enfants.

Les kolkhoziens ont repris le travail. Il est grand-temps pour nous de prendre congé de cette charmante famille qui s'est « mise en quatre » pour nous recevoir. Que ce soit ou non « sur commande », Jora Lermolov, notre hôte, s'est démuni généreusement de ses meilleurs produits. Les mines hilares de François et Sylvain, qui ont vidé cul sec une bonne douzaine de verres chacun, témoignent à elles seules de toute notre reconnaissance. En titubant un peu, nous nous traînons maintenant à la manufacture de thé.

— C'est que notre visite n'est pas terminée ! rappelle Nadia sur un ton réprobateur.

Les vapeurs éthyliques n'ont pas fait fondre les glaces de l'Ukraine !

Les camions déchargent le feuillage fraîchement coupé devant une sorte de hangar. Le thé est une nouvelle fois pesé et réparti dans de vastes paniers d'osier, en plein air. Une kolkhozienne en blouse blanche nous fait un cours complet sur les différentes phases du traitement. Le bruit d'enfer des machines étouffe à moitié ce discours que nous suivons mal. A la suite des corbeilles de thé, nous pénétrons dans la première salle. Il y fait presque nuit et la chaleur est étouffante. Ici, à 40°, on fane les petites pousses coriaces qui perdent rapidement 78 % d'humidité et deviennent très souples. Les feuilles fanées sont ensuite précipitées dans les hottes des rouleurs par paquets de deux cents kilos. Cette opération entame le processus de la fermentation. Au bout de quarante-cinq minutes environ, seules les feuilles parfaitement élastiques et bien roulées tombent dans les caisses. Pour les autres un second roulage s'impose. On laisse ensuite fermenter une petite heure cette mixture dite « couleur de cuivre ». Trois heures et demie plus tard, après un troisième roulage, le thé, devenu noir, est reposé dans des cageots. Le « laboratoire » mesure alors le pourcentage de tanin que contiennent les feuilles fermentées.

Nous accédons à la seconde pièce, une véritable étuve. Là de hautes machines « sèchent » le thé qui, déshydraté à 95 %, parvient enfin à la salle de triage. C'est ici que l'on sélectionne les différentes espèces. A chaque taille de feuille correspond un arôme particulier. Celles qui sont minuscules, finement dentelées, embroussaillées de sourcils blancs, donnent le parfum le plus subtil : le bouquet de première catégorie à 5 roubles 60 kopecks le kilo. Une bonne qualité dépend encore du soleil, de l'humidité, de la saison, des engrais.

Il est strictement interdit de photographier l'intérieur de la fabrique. Sylvain risque quand même de brefs éclairs de flash dans la pénombre vers les ouvriers ravis. Ici, un homme surveille le roulement d'un énorme tambour qui brasse et mélange les feuilles. Là, une femme attaque à grands coups de pelle une gigantesque montagne odorante et brune, pour la mettre en boîtes. Celui-ci pèse soigneusement le thé par tas de cinquante kilos ; celle-là le conditionne dans des caisses de bois. Avant de partir pour Kiev, Moscou ou Erevan où il sera ensaché puis vendu, le thé doit subir une dernière épreuve : celle de la dégustation. Des goûteurs testent la qualité d'une dizaine de variétés. L'Abkhazie produit 30 % du thé géorgien et la Géorgie 96 % de celui d'U.R.S.S. Les cultures d'Azerbaïdjan (1 %) et celles de la région de Krasnodar (3 %) fournissent le complément.

Les Russes préfèrent le thé noir, les Géorgiens le *zeliony tchaï*, un thé vert non fermenté. En hiver, la fabrique traite même les feuilles dures. Ce thé « pressé », de basse catégorie, est exporté en Turkménie et Ouzbékistan. Pour préserver la finesse de son palais, le goûteur ne fume ni ne boit. Ce n'est pas exactement notre cas aujourd'hui ! On nous propose cependant de déguster du « bouquet Abkhazie » le *nec plus ultra* qui est cueilli en mai, la meilleure saison. La chaleur est caniculaire et l'infusion brûlante. Attablés sous le regard attentif de kolkhoziennes de service, en blouse blanche, nous la sirotons néanmoins, gorgée par gorgée, avec un flegme très britannique. Chacun de nous, Titi compris, quitte la pièce avec son paquet de « bouquet » tout frais, sous le bras. A Paris, quelques mois plus tard, à l'abri des vitres givrées, grelottant autour d'un radiateur, nous tremperons religieusement nos lèvres dans une tasse de thé, celui du kolkhoze du XXIVe Congrès, pour nous réchauffer aux souvenirs et au soleil d'Abkhazie.

Il n'est que 5 heures du soir, lorsque Nadia nous ramène au camp de Goumitsa. La guide-interprète pousse un soupir de soulagement à la descente du mini-bus. Décidément, ces Français avec leurs questions déroutantes, leurs pitreries, leurs chansons de corps de garde et leur humour gaulois, sont des étrangers « terribles » ! Que ne connaissent-ils l'inflexible discipline des Pionniers ou des Komsomols ! Et que dire de celui qui, pour la remercier de cette bonne excursion, a tenté spontanément de l'embrasser sur les deux joues ? Heureusement que le mot *nielza,* « interdit » est un des vocables les plus employés dans la langue russe et qu'une Ukrainienne sait se défendre !

L'heure est chaude et parfumée. François et Sylvain vont s'affaler dans leurs tentes pour une sieste tardive. Janine, adossée aux boutons roses d'un laurier, rédige son journal. Brigitte surveille Titi qui court après les galets de la rivière. Quant à moi, j'entraîne Alain et sa caméra vers la vaste baie de Soukhoumi, la Riviéra du Caucase.

Le sable gris s'étale jusqu'à devenir un gros gravier là où frissonne l'écume blanche. La plage payante d'Intourist, envahie de parasols, cabines de bain, literies de bois, tentes improvisées de bric et de broc avec des serviettes, des torchons ou des bouts de tapis, n'a rien à envier aux encombrements de la Côte d'Azur au mois d'août. La panoplie groupée des bouées et bonnets de bain ne s'aventure pas au-delà des premières éclaboussures. On pratique le barbotage plus que la natation et la principale difficuté reste l'art de ne pas perdre son chapeau de paille, ses lunettes noires ou son triangle de papier collé sur le nez, apanage des élégantes. Au-delà des vaguelettes mourant sur le rivage, la vaste mer sans matelas pneumatiques, sans planches et sans voiles, sans obstacles, invite à des crawls infinis, en vain... Puisqu'il faut bien camper le baigneur soviétique, je lui mettrai donc de l'eau jusqu'au ras des chevilles. J'affublerai l'homme d'un slip bleu à pastilles noires, froncé par un élastique, la femme d'un bikini à fleurs largement décolleté ; je les coifferai de caoutchouc multicolore, leur distribuerai quelques généreux coups de soleil.

La description ensuite devient plus délicate. Connaissez-vous les nus voluptueux de Rubens, les dames rondelettes de Bellus, les « Nanas » de Nicky de Saint-Phalle ? Eh bien, vous êtes en deçà de la réalité ! Allez à Calcutta, vous vous y sentirez d'une agressive obésité. Venez à Soukhoumi. Apportez-y tous vos kilos superflus ; vous y découvrirez la joie d'avoir une silhouette de mannequin, une minceur à passer inaperçue, une maigreur à faire peur !

CHAPITRE XXII

## LES TERRAINS DE CAMPING DE LA MER NOIRE

Tomates, aubergines, poires, raisins, pastèques luisent sur les étals astiqués par les premiers rayons du soleil. Une légère brume matinale tamise la lumière et tiédit l'air. Le coin du marché semble à lui seul concentrer toute l'activité de la petite station de cure encore ensommeillée. La profusion des fruits et légumes compense en cette saison l'éternelle pénurie de viande, d'œufs et de bonne charcuterie. En fouinant, Janine déniche même du beurre et du fromage, une aubaine ! L'étape qui nous attend aujourd'hui exige un bon ravitaillement. Les yeux, d'un comptoir à l'autre, suivent nos allées et venues. Leur placide perplexité vire brusquement à la plus franche hostilité. *Nielza ! nielza !* A la seule vue de mon appareil de photo, les pittoresques maraîchères au charme provincial se transforment instantanément en horribles mégères. Mon Nikon, mes haricots verts et moi sommes expulsés des lieux *manu militari* par une horde hurlante sans pouvoir souffler un seul mot de contestation.

« Voici quelques conseils qui vous éviteront tout malentendu », rappelle le *Mémento du Touriste* que l'on m'a remis à la frontière soviétique. « En U.R.S.S., les touristes étrangers voyageant avec les itinéraires d'Intourist peuvent photographier, filmer et dessiner les monuments d'architecture, les établissements d'enseignement et de médecine, les théâtres, les musées, les parcs de culture et de repos, les stades, les rues et les places, les maisons d'habitation et, naturellement, les paysages.

« Il est interdit de photographier, filmer, dessiner le matériel et les installations de guerre, les ports de mer, les grands aménagements hydrauliques, les nœuds ferroviaires, les tunnels, ponts, entreprises industrielles, instituts de recherche, bureaux d'études et laboratoires, centrales électriques, radiophares, stations radio, centraux téléphoniques et télégraphiques. Il est interdit de prendre en photo et d'effectuer des prises de vues aériennes, de dessiner, photographier, filmer au sol, en perspective, les villes industrielles, de photographier, filmer et dessiner dans une zone frontalière de 25 kilomètres.

« On ne peut photographier, filmer et dessiner dans les locaux des entreprises, des sovkhozes et des kolkhozes, des administrations, des établissements et organismes publics qu'avec l'autorisation de la direction de ces établissements.

« Et il ne faut pas oublier que, généralement, on n'aime pas être photographié à son insu. »

Retenons donc la leçon ! Eloignons-nous des humains et allons nous réfugier du côté des vieilles pierres inoffensives. Novy Afon, le nouvel Athos, couronné de son toupet échevelé d'oliviers, est notre première halte sur le chemin de Sotchi. Prenons le temps de grimper par un sentier pierreux entre les arbres sombres, jusqu'à la citadelle de l'antique Anacopi, entrevue déjà lors de la visite du kolkhoze de thé. Fossés profonds, tours orgueilleuses, pans de murs ravagés d'herbes folles, protègent de leurs vestiges branlants l'accès au château ruiné. Au centre de la cour d'honneur, le puits garde ses dernières gorgées d'eau. Une écuelle fixée au bout d'une gaule permet d'en goûter depuis seize cents ans la fraîcheur et la pureté renouvelées.

Un Christ, auréolé de boucles brunes, peint à la fresque ; une inscription grecque ; un sanglier et des soleils d'éternité, sculptés dans la pierre, ornent une chapelle minuscule qui résiste aux ans.

Là, aux limites de la montagne et du ciel, un autel, coincé entre deux arcades balayées par les vents, croule sous les roses et les cierges. Un humble vieille, devant, se prosterne avec ferveur, puis va déposer sur la nappe effrangée quelques piécettes de menue monnaie. Il reste en pays athée des croyants pour venir prier même au milieu des décombres !

Câlinée par la mer Noire à gauche, protégée par la chaîne caucasienne à droite, la voie s'étire avec indolence de Novy Afon à Goudaouta. Elle passe la rivière et bifurque ensuite vers la montagne noyée de brume. Après le petit lac bleu, elle franchit le confluent de la Guéga transparente, future Youpchara, et du Bzib boueux. Etrangers l'un à l'autre, la blancheur et le noir s'engouffre sans se mêler dans la gorge profonde.

La nature tourmentée rappelle ici les paysages du Caucase du Nord. Arbustes et sapins s'ancrent sur la rocaille des à-pics vertigineux qui surplombent la Youpchara. En quarante kilomètres, une route sauvage nous mène, du niveau de la mer à mille mètres d'altitude, jusqu'au lac Ritsa. Elle se dandine entre les corniches grandioses avec des airs de grande coquette. Elle est superbe et elle le sait. Elle est encombrée de vacanciers qui, par cars entiers, affluent vers le fameux lac.

Au sortir d'un étroit défilé, on découvre des eaux de pure émeraude. Le cirque des montagnes qui les étreint y mire la masse sombre de ses épicéas. Quelques hors-bords laissent, sur la surface verte et lisse, de longs traits blancs. Sur les berges, les familles s'installent pour pique-niquer. Les enfants poussent de petits cris en tâtonnant l'eau glacée. Un photographe ambulant attire la clientèle avec un ours empaillé. Le grand chic est de se faire portraiturer bras dessus bras dessous avec l'animal qui, gueule ouverte, sourit de toutes ses dents. Un second lac, plus petit, non loin de là, possède, lui aussi, son ours brun et son photographe.

Sur le parking, garés en épis, des milliers de véhicules cuisent au soleil. La foule se presse autour des marchands de galettes et de souvenirs. Ne nous attardons sur ces rives envahies de touristes que le temps d'admirer la beauté d'un paysage qui, sans doute avec l'hiver, recouvre sa gravité et son silence. Redescendons plutôt vers la mer Noire et offrons-nous un détour au cap de Pitsounda.

Depuis les temps les plus reculés, l'endroit est peuplé. En témoignent, arrachés à cette terre, des objets de bronze vieux de trois mille ans. Au V^e^ siècle avant notre ère, une colonie grecque y installa un comptoir de commerce des plus prospères. Elle lui donna le nom de Pityunte (de *pituoeis* qui signifie « abondant en pins »), en raison des arbres splendides aux longues aiguilles qui ombraient le rivage. Les *Pinus relichis*, rarissimes rescapés de la flore tertiaire, constituent aujourd'hui encore, sans que jamais la main de l'homme ne les ait replantés, une pinède unique au monde.

Autour de l'acropole et de la place principale de Pityunte, rayonnaient des rues pavées, bien agencées, sous lesquelles des égouts évacuaient les immondices. Une canalisation amenait même l'eau douce jusqu'au centre ville. Les bâtiments publics s'enrichissaient d'ornements raffinés. Le musée archéologique garde sur place quelques splendides mosaïques, ouvragées en pierre de pays, sans doute par les artisans locaux [1]. Chèvres, oiseaux, poissons s'y ébattent dans un entrelacs de motifs géométriques. Elles proviennent du pavement d'une chapelle du Vᵉ-VIᵉ siècle sur lequel fut reconstruite, au Xᵉ siècle, la ravissante église dédiée à sainte Sophie [2] que nous avons devant les yeux. A plan en croix, celle-ci profile ses formes sobres et harmonieuses sur un rideau de cyprès. Ses façades, maçonnées de briques et de pierres en rangées alternées, conjuguent le rose et le blanc avec bonheur. A l'intérieur, le Christ Pantocrator de la coupole, entouré

1. Les copies de ces fragments de mosaïques sont visibles aussi au musée de Tbilissi.

2. Dans la religion orthodoxe, les églises dédiées à sainte Sophie commémorent la Sagesse Divine (*haghia sophia* en grec) et non une sainte du nom de Sophie : ainsi Sainte-Sophie de Constantinople, de Kiev...

d'archanges, veille avec nostalgie sur des rangs de gradins. Le bel édifice, aux incontestables qualités acoustiques, a été restauré puis converti en auditorium de musique.

Au-delà de cette église du plus pur style byzantin, les pins se bousculent jusqu'au front de mer. Pitsounda au XX^e^ siècle, c'est la station balnéaire « dernier cri ». Le long des sept kilomètres de plage, sculptures modernes et tours de béton ont poussé comme des champignons. Hôtels, restaurants et maisons de cure n'accueillent pas tant la clientèle de passage que les travailleurs émérites — d'une usine, d'une entreprise ou d'un kolkhoze pour leur temps annuel de congé.

Si, sur la Riviéra caucasienne, les Soviétiques de l'été s'agglutinent comme les Français sur notre Côte d'Azur, la circulation, heureusement fluide, se passe encore des conseils de « Bison futé ! ». C'est sans encombre que nous traversons Gagra, jolie station thermale qui niche, au creux d'une baie paisible, ses maisons blanches et ses centres de cure entre palmiers, cocotiers et magnolias.

Bientôt, nous arrivons à la rivière Psoou, limite entre la Géorgie, dont l'Abkhazie dépend, et que nous quittons à regret, et le territoire de Krasnodar, en R.S.F.S.R. Un long ruban d'inscriptions en alphabet abkhaze, géorgien et russe encercle l'obélisque qui marque la frontière et une heure de décalage horaire.

Le soir tombe lorsque nous atteignons enfin le camping près d'Adler, non loin de l'aéroport de Sotchi, mais à 40 kilomètres en fait de la ville même. Nous cherchons longtemps où planter nos piquets. Bien sûr, comme toujours, nous sommes inscrits sur le registre de la réception pour ces nuits à venir, payées de longue date à Paris, mais la horde des campeurs, qui l'ignore, ne nous a pas laissé beaucoup d'espace au sol. Qu'importe, nous tassons nos tentes, Alain, François, Brigitte et moi, entre deux bungalows de planches ! A condition de ne pas s'étrangler avec la corde à linge du voisin de droite ou de trébucher dans les casseroles de celui de gauche, l'installation est viable. Janine, chanceuse, trouve un nid de poupée sous une touffe de mimosa. Quant à Sylvain, il provoque les vociférations d'une matrone russe qui a réservé le seul carré d'herbe disponible à sa chère voiture. Malgré les cris et les grincements de dents de « Madame », c'est la *machina* et non Sylvain qui ira dormir ailleurs. Une visite sommaire des installations sanitaires nous convainc instantanément de faire plutôt nos ablutions dans l'eau de mer. La plage de gros galets, qui borde le camp, est déserte. Un bon bain gomme avec la poussière toutes les fatigues du voyage.

Le petit Timothée a trop sommeil pour dîner. Blotti en boule dans son sac de couchage, il s'endort, bercé par les flonflons 1930 d'un disque rayé. Le haut-parleur du dancing tonitrue une musique qui n'épargne personne. Puisqu'il est impossible de fermer l'œil, autant se mêler aux danseurs ! Le spectacle sur la piste est assez comique : chaque air rythmé lance les jeunes dans des *jerks* endiablés, chaque musique de *slow* les rejette aussi vite, eux et leurs airs timides, en lisière du macadam. Sons et lampes s'éteignent quand la nuit allume une à une ses étoiles. Le couvre-feu est à 11 heures. Sylvain, ignorant, se promène encore à travers le camp ; on lui fait comprendre qu'il est préférable pour lui d'aller immédiatement se coucher.

A 10 h 30 le lendemain, on se piétine sur le bord de la mer Noire, « noire » ou plutôt rose de monde. Les familles y prennent racine pour la journée : maman construit une yourte avec de vieilles toiles ; papa gonfle les matelas pneumatiques ; les garçons jouent aux cartes ; la fille aînée découpe dans du papier son « protège-nez » ; la cadette se tartine de crème à bronzer ; grand-mère somnole sous un parapluie ; oncle Youri exhibe fièrement une poitrine que se disputent un coup de soleil et un superbe tatouage d'aigle enserrant une frêle jeune femme. (C'est fou ce qu'il y a de tatoués sur cette plage !) Quant à tante Natacha, elle redresse la tête vers « l'astre calorifique » pour faire sécher ses bigoudis.

La famille Mahuzier, elle aussi, s'offre une journée de farniente. Les cailloux gris sont un peu râpeux mais, pour la baignade, l'eau est lisse, tiède et étonnamment transparente. Elle est aussi très sale : on y flotte comme des bouchons. Un clin d'œil de connivence pour l'angelot arménien, mat et tout bouclé d'ébène ; un sourire vers la claire frimousse d'une petite Slave qui secoue, ravie, ses nattes de paille ; à observer la variété des types physiques, à engager la conversation en échangeant des grains de raisin, à parler technique avec le photographe qui arpente la plage, bardé d'un trépied de bois et d'un archaïque appareil à soufflet, le temps s'étire sans heurt vers le soir.

Deux bouteilles de vin roumain, dénichées à l'échoppe locale, viennent améliorer notre modeste ordinaire. Après le dîner, je m'aventure dans le labyrinthe des douches communes où flotte une écœurante odeur de sueur et de savon parfumé. De part et d'autre du long couloir embué, des femmes nues se frictionnent l'une l'autre, s'acharnent sur leurs bourrelets avec une farouche énergie, sous des jets d'eau parcimonieux. Beaucoup ont conservé leur bonnet de bain collant, plaqué sur les oreilles. Posées sur des corps lourdement charpentés, les têtes minuscules donnent à ces naïades, en tenue d'Eve, d'étranges silhouettes. Heureusement pour moi, personne ne se propose pour me « toiletter » et, tranquillement réfugiée dans un coin, je prends ma douche « à la mode de chez nous ».

Dans les bungalows, sous les tentes, on s'installe pour la nuit. Assise sur son lit, Tania fredonne une chanson de Joe Dassin. Elle la récite par cœur, sans en comprendre un traître mot. Tania, c'est cette Russe ronde et pétulante avec qui Alain et Sylvain se sont liés d'amitié sur la plage. Professeur d'anglais à Krasnodar, la jeune fille a obtenu un bon de repos au camping de Tchernomoretz. Une aubaine pour elle, certes, que ces vacances économiques, les seules qu'elle puisse s'offrir ! Mais Tania doit partager sa minuscule chambrée avec deux inconnues pour lesquelles elle n'éprouve aucune sympathie.

— Vous savez, confie-t-elle à ses amis français, je dois être trop indépendante pour aimer la vie collective !

★

19 août : lever à 7 heures, départ à 9 ! Les deux 504 frôlent le portrait de Lénine, particulièrement grimaçant, plaqué à la sortie du camp, et prennent la direction de Sotchi. La route en corniche joue à cache-cache avec la mer et la verdure. Fleurie et bien entretenue, elle s'offre même le luxe d'un tunnel « avec éclairage », le premier que nous rencontrons en U.R.S.S.

Palais de cure, maisons de repos « de luxe », hôtels élégants, perrons ouverts, escaliers à torsades, promenades sur la jetée plantées de palmiers et de réverbères, plates-bandes et gerbes de lauriers-roses saluent notre entrée dans Sotchi. Jadis bourgade modeste, la ville fut reconstruite en 1933, selon un plan systématique et grandiose, par les meilleurs architectes. Aujourd'hui, Sotchi est la plus belle station balnéaire, la « perle » des côtes soviétiques.

Cet essor spectaculaire, elle le doit, en partie, à l'exploitation d'une trentaine de sources, jaillissant à proximité, aux remarquables vertus. Depuis des temps immémoriaux, les eaux chaudes de Matsesta, « eaux de feu » en langue tcherkesse, sont connues. Les Romains, qui appréciaient déjà leurs qualités thérapeutiques, avaient baptisé l'itinéraire Soukhoumi-Matsesta « la route des sources heureuses » ; et les indigènes s'y trempaient pour soigner leurs diverses maladies. Entre l'architecture moderne et le thermalisme, la bonne fée qui présida à sa naissance fit don à Sotchi d'un climat délicieux, d'une somptueuse végétation et d'un décor naturel, entre mer et montagne, magnifique.

L'aiguille de la gare maritime pique une étoile vers le ciel. Le bâtiment rococo abrite un self-service moderne. Moulures et colonnades sculptées contrastent curieusement avec les tables en formica, les larges gamelles d'aluminium et les néons. Le service est assuré par l'armada des « femmes en blanc » déguisées comme des infirmières. A travers les larges baies de la salle de restaurant — j'allais dire d'hôpital — se profile le port. Il ne semble pas très actif : un gros paquebot : le *Chota Roustavéli,* qui amène des touristes en croisière depuis Marseille, un remorqueur, deux ou trois canots à moteur. A l'horizon, ni chalutier ni barque de pêcheur. Point de voilier non plus, de yacht, encore moins de planches à voile ; la navigation de plaisance n'est pas encore née sur la mer Noire.

Deux ou trois tours de place Lénine, « enliseronnée » de fleurs et de foule, et nous repartons à l'assaut d'une route de montagne qui surplombe la mer. Les plages en contrebas sont en général privées, réservées aux établissements de cure. A Lazarefskoïe, cependant, nous trouvons une surface de galets noirs, battue par une eau claire, sans interdiction ni palissade. Nous profitons de cette halte pour prendre un bain, faire une photo du train qui vient de Moscou et passe directement sur la plage, acheter quelques fruits et légumes en attendant la 504 de François qui s'est, semble-t-il, fourvoyée dans la nature. C'est ainsi que j'ai la stupéfaction de me retrouver nez à nez avec Tatiana et son fils Vania, en vacances ici. Nous sachant en même temps qu'elle à Sotchi, notre amie de Piatigorsk a essayé vainement de nous joindre. Au bureau d'Intourist, où elle s'est renseignée, on lui a vertement répondu qu'elle n'avait pas à s'occuper des étrangers et qu'il était inutile de nous chercher. Et voilà que le hasard heureux provoque nos retrouvailles devant la marchande de figues et tomates d'un marché kolkhozien ! Surprise, rires, embrassades, échanges des nouvelles, adieux... Nous n'avons pas, malheureusement, le temps de nous attarder. Vania serre dans sa menotte la 4 L miniature que Janine a retrouvé pour lui au fond de son sac (la dernière d'une collection prévue en fait pour les jeux de Titi).

Nous agitons les mouchoirs après avoir récupéré le groupe numéro deux, grignotons un pique-nique sous la futaie d'un petit bois des environs de Chepsi et serpentons à nouveau vers le col de Déderkoï. La masse des grands thuyas, des cyprès, des sapins argentés ondule jusqu'au bleu de la mer. Comme des myriades de papillons, les toiles bariolées des campeurs collent à chaque boucle du rivage. Entre le flanc des montagnes riantes, un triangle de grisaille se découpe bientôt : c'est le port de Touapsé, avec ses grues et pétroliers sinistres noyés dans le crachin noirâtre des usines de raffinage.

Après Novo-Mikhaïlovski, nous frôlons à nouveau la mer. En plein soleil, dans la poussière, des milliers de vacanciers s'agglutinent au bord de l'eau sous des installations pitoyables. Les tentes se chevauchent en lisière du macadam et les bébés à quatre pattes, insouciants du trafic intense, sucent les cailloux du bas-côté ! A Lermontov, les campeurs verrouillent carrément le lit de la rivière. Il semblent que « voir la mer » vaille tous les sacrifices !

La route à nouveau s'éloigne de la côte. Elle sinue jusqu'au col de Pchado et, de lacet en lacet, se faufile comme une anguille sur des versants embroussaillés de charmes et de frênes. Puis c'est la descente vers Guélendjik au bord de l'eau.

La journée a été brûlante et les chemises collent à la peau.

— Désolé, il y a une coupure d'eau ! sont les premiers mots de la réceptionniste qui nous accueille au camp.

Nous ravalons notre salive et nos mines déconfites. C'est alors que deux escogriffes barbus, précédés d'une gamine qui affiche maladroitement des allures de hippy, s'avancent pour nous offrir généreusement un fond de gourde tiédie. Sensible au geste, je leur fais don à mon tour d'une bouteille d'huile de pépin de raisin, achetée à *Euromarché* d'Auteuil, qui permettra à ces végétariens d'assaisonner pour un temps leurs tomates.

Rêve de jeunesse : ces routards, fraîchement émoulus du C.E.G., font leur « tour du monde » dans deux véhicules poussifs, bricolés à la Dubout. Les inscriptions peinturlurées sur la carrosserie (en anglais, bien sûr), et un bouquet de fleurs des champs piqués dans une vieille boîte de conserve rappellent sentencieusement qu'il faut mieux « faire l'amour que la guerre ». Nos compatriotes cependant expriment des doléances. Dans toutes les grandes villes, Tbilissi, Erevan, où seuls les hôtels de luxe sont jugés assez confortables pour les étrangers, ils ont été, eux et leurs guimbardes, refoulés sans égards. L'autre jour, ils se sont liés d'amitié avec un jeune Russe et l'ont invité à dîner ; eh bien, un observateur est venu s'installer à côté d'eux et, sans mot dire, ne les a pas quittés de la soirée ! Ils comptaient gagner directement la Turquie *via* l'Arménie, or la frontière ne peut être franchie en voiture ! Ils se retrouvent contraints de rebrousser chemin jusqu'en Roumanie et d'approfondir leurs connaissances de l'U.R.S.S. Alors bon gré, mal gré, nos trois naïfs rêvent de l'Inde en broutant leur salade...

Une longue pelouse de paille chaude descend jusqu'à la mer. Quelques pêcheurs ramènent leurs barques. Un gamin pose au bout de sa canne à pêche un appât de poisson séché. Point de plage ici, mais un ponton, désert à cette heure tardive. Sa surface noire et visqueuse ne doit pas contenir plus d'une quinzaine de personnes. Demain, sans doute, sous la canicule, les baigneurs, en se serrant, s'y tiendront-ils à tour de rôle. Comme l'indique une inscription écaillée, ce ponton appartient au terrain de camping de Kouban.

Le Kouban, c'est d'abord le fleuve, long de 900 kilomètres, dont nous avons vu les sources avec Marie-Jeanne sur les pentes de l'Elbrouz ; c'est ensuite la terre qu'il arrose avant de se jeter dans la mer d'Azov et que recouvre le Territoire de Krasnodar, ce grenier de l'U.R.S.S. riche en blé, maïs, tournesol, betterave à sucre, riz et arbres fruitiers entraperçus lors du voyage aller.

Après 10 000 kilomètres de cahots sur les pistes du Caucase, nous verrons disparaître dès demain les derniers contreforts montagneux et s'amorcer déjà le retour vers la France.

François et Sylvain plantent leurs piquets avec difficulté tant est sec le sol, mais au moins à Guélendjik la place ne manque pas. Disposée en arc de cercle entre les pins qui hachent de noir le ciel empourpré, notre installation a fière allure. Brigitte a transporté Timothée de la 504 à la tente. Il était si fatigué qu'il ne s'est pas réveillé. Pour une fois, il a droit à ses douze heures de sommeil.

Cela ne l'empêche pas, le bambin, de hurler, le lendemain matin, à partir de 6 heures et de réveiller ainsi le voisinage. Personne ne nous en fera reproche. De toute façon, à 7 heures, la musique officielle se met en branle et chasse de leurs duvets tous les lève-tard. Les bagages sont rapidement pliés ; au fil des étapes, les cantines de provisions se sont rapidement vidées, cela facilite les opérations de rangement.

A 8 heures, nous partons vers Rostov, pour une longue étape de 460 kilomètres. Premier objectif : faire le plein d'essence. Un poste de benzine en vue : nous « pilons » net. Mais on refuse de nous servir : nous n'avons que des roubles, or l'essence se paye ici en bons. Pour avoir de l'essence, il faut d'abord acheter les bons : logique, non ? Seulement les marchands de bons sont beaucoup plus difficiles à dénicher que les pompistes, d'où le problème ! On nous indique une boutique de coupons d'essence, justement, au camping que nous avons quitté une demi-heure plus tôt. Courage ! Nous rebroussons chemin. Au camp Kouban, nous cherchons longtemps un quelconque responsable. Personne ne semble au courant. Nous trouvons enfin le réceptionniste qui nous apprend que le vendeur de coupons n'arrive qu'en fin de matinée ! Nous repartons, réservoirs presque vides.

A Novorossiïsk, coincés par les camions, entre la gare à droite et le port à gauche, nous avons le privilège de noircir en quelques minutes des poumons que deux mois de montagne avaient si bien oxygénés. Une odeur pestilentielle imprègne la ville. Le chien écrasé, auquel personne ne prête attention, se décompose lentement sur la pierre concassée [3]. Une chape de fumée sale écrase les pétroliers, les cargos, les grues de chargement et les entrepôts charbonneux au ras de l'eau. Des centaines de mâts de charge témoignent de l'activité intense des minéraliers. Le port, bien sûr, il est interdit de le filmer. Alors nous prenons une vue du monument « aux Héros de la marine soviétique », une superbe vedette lance-torpilles qui se dresse sur son socle... face au port : le tour est joué !

Novorossiïsk s'enorgueillit de vendre à l'étranger son ciment des usines Octobre et Prolétaire, le plus réputé d'U.R.S.S., son grain, son pétrole, son poisson et ses fruits.

Brigitte a promis à sa belle-sœur, dont les parents sont originaires de Novorossiïsk, de photographier leur demeure natale. Nous parcourons de fond en comble toute cette pollution. Mais le nom de la rue indiquée a changé avec le nouveau régime. Quant à la maison, si elle n'a pas disparu dans la tourmente révolutionnaire, la Seconde Guerre mondiale a dû se charger de la détruire. A tout hasard, nous prenons un cliché d'une maisonnette qui nous semble suffisamment ancienne et romantique pour faire rêver la belle-sœur.

A la sortie de la ville, les véhicules crachouillent leur gaz d'échappement sur deux cents mètres pour se ravitailler en essence. Patiemment nous faisons la queue. Derrière son comptoir la guichetière pos-

---

3. D'une façon générale, les chiens sont peu nombreux dans les villes soviétiques, à la différence de chez nous...

tillonne avec fureur dans son micro : « *Niet et niet ! Niet coupons, niet benzine !* » Quelle guigne, ce système !

Une montée aux Portes des Loups, dernier petit col, et la route redescend vers des platitudes steppiques minées de puits de pétrole. Quel paradoxe ! Toutes les pompes que nous rencontrons sont à sec. « *Nié rabotaïet* » : en panne, nous répète-t-on inlassablement. Et pourtant, maintenant, nous sommes armés des fameux coupons, découverts enfin au bout d'un terrain vague, entre lacets de chaussures et savonnettes, dans un petit kiosque maquillé en épicerie-parfumerie !

A Absink, nous tentons une nouvelle fois notre chance.

— *Niet,* il n'y a plus de 93 octanes, vient de ressasser la pompiste au client précédent.

— Ah vous êtes étrangers ? poursuit-elle, en s'adressant à nous, toute doucereuse : oui, vous pouvez vous servir !

Pas très fiers, nous avons agrippé le tuyau en regardant partir tristement l'automobiliste soviétique. Il n'empêche que la pompiste nous volera de cinq litres et que nous repartirons avec nos bidons de dix litres aux deux tiers pleins, trop pressés pour rouspéter.

Achtourski, Kholmski, Ilski, les cités pétrolières se succèdent. Au loin c'est à peine maintenant si l'on distingue la ligne bleuâtre des derniers soubresauts caucasiens. Des femmes restaurent la chaussée à grandes pelletées de goudron, d'autres fauchent l'herbe des bas-côtés en plein midi. La route est encombrée de transporteurs pétaradants. La terre et les cailloux de leur cargaison viennent se pulvériser sur les pare-brise.

Nous franchissons bientôt le fleuve Kouban où des vaches se vautrent avec béatitude, dépassons Krasnodar et ses odeurs de caoutchouc. Les usines ont changé la face de cette ancienne bourgade de garnison des Cosaques de la mer Noire. Aujourd'hui 560 000 habitants vivent dans l'anonymat d'une vaste cité industrielle, restaurée après les ravages guerriers des années 1941-1943.

Champs de blé et de tournesols supplantent peu à peu la forêt des derricks. La plaine russe, son tchernoziom et sa monotonie s'étirent désormais jusqu'à l'horizon. Elle est avare d'ombre et l'écran forestier des bords de la chaussée paraît le seul endroit où piqueniquer. Titi égrène du raisin blanc et un épis de maïs à 35 kopecks, grillé par des kolkhoziennes accroupies près d'une gare routière.

Un peu plus loin, une pancarte indique « Tbilissi 780 km et Erevan 1 054 km ». Nous avons retrouvé, après une fourche, notre itinéraire de l'aller. Alain, qui avait noté de filmer ce panneau, arrête sa voiture. Instantanément deux « gaïs » en moto viennent aux renseignements, sortis d'on ne sait où.

— *Za tchiem ?* (pourquoi, dans quel but ?) interrogent-ils, inquisiteurs et bourrus en pointant le doigt sur l'objectif.

— *Dlia pamniatte !* (pour avoir un souvenir !) leur répondons-nous dans notre russe approximatif.

Les policiers repartent en hochant la tête. Ces Français ont des goûts bizarres...

Entre le district de Krasnodar et celui de Rostov, la frontière se remarque à peine. Les camions, qui perdent leurs pommes et leurs courges, suivent avec le même inexorable ennui la lisière des kolkhozes et des sovkhozes. Ni maisonnettes, ni échoppes, ni restaurant, ni fontaine. Juste l'infini des terres noires, écrasées de soleil.

CHAPITRE XXIII

## DE KIEV A ODESSA : LES TERRES NOIRES D'UKRAINE

Au camp de Rostov, sous un toit de tôle, trois cuisinières à butane, dont deux sans boutons, sont mises à la disposition des ménagères. Je guette les bulles à la surface de l'eau pour y plonger mes nouilles. Le gaz est faiblard, il faut prendre patience ! Trois femmes, autour de moi, surveillent leurs casseroles. Elles sont vivement impressionnées par ma cocotte-minute en acier chromé et un peu affolées par le jet de vapeur qui s'en échappe. (Indispensable, la cocotte-minute quand on dispose d'aussi peu de temps que de combustible, même si les spaghettis cuisinés ainsi ne sont pas toujours *al dente !*) Ma voisine mitonne un poulet ; je me demande vraiment où elle a pu le trouver !

On devrait rebaptiser Rostov-sur-le-Don, Rostov-les-Réacteurs ! Sur les paillasses des bungalows de location, on se tourne et retourne, paupières ouvertes. Les avions, eux, ronflent comme des bienheureux toute la nuit, inhalant leur fraîche haleine de kérosène. Quelle idée d'aménager un *kemping* pour touristes de passage à côté de l'aérodrome !

Novotcherkassk, Novochakhtinsk, Antracit... Dans la lumière du matin, les silhouettes sombres des terrils se découpent en cônes parfaits. L'étoile rouge domine les puits. Sur la steppe encombrée de stériles plane le vol lancinant des corneilles noires. Ce fameux Donbass, bassin houiller du Donetz, c'était sur les cartes de géographie, apprise par cœur naguère en classe, le point où les triangles charbonneux se bousculaient tant qu'on ne pouvait plus y déchiffrer les noms.

Depuis quelques minutes, une Zigouli nous colle aux roues,

klaxonnant sans arrêt. Inquiet, Alain ralentit. Ce n'est qu'un automobiliste exubérant qui désire nous exprimer son amitié. Il jette sur le capot deux énormes têtes de tournesol. Les cœurs mesurent bien 35 centimètres de diamètre ! Scrupules !... Et si on nous accusait de les avoir volés dans un champ ? Car c'est là sans doute aucun que notre ami s'est servi ; et, en général, les paysans n'apprécient pas ce genre de chapardage. Quel bel agencement ! Les mille et une graines luisent, vernissées dans leurs alvéoles comme des chocolats en caissettes de papier gauffré ! A les picorer, nous en oublions la chaleur étouffante et les plaines de l'Ukraine uniformes à se lasser.

Les moissons ont laissé le sol dénudé. Seul un fin gazon fraîchement repoussé au creux des sillons labourés égaye un peu l'étendue du tchernoziom. Parfois aussi un carrefour et sa pancarte bleue, deux cheminées d'usine, une flaque d'eau stagnante ou les bulbes d'une église.

Soudain, à l'entrée de Kharkov, une tache écarlate sur l'asphalte gris ! C'est un enterrement ! En tête du convoi, des hommes tiennent à bout de bras une grande photo du mort. Suivent les femmes portant les couronnes. Puis un vulgaire camion, pour la circonstance juponné de rouge et parsemé de fleurs, sur lequel trône le cercueil tapissé du même drap cramoisi. Derrière, se soutiennent, éplorés, les proches parents du disparu et les musiciens qui ferment ce long cortège, tambourinant fort comme pour étouffer larmes et sanglots.

Ayant appris par des amis notre arrivée au camp de Kharkov, un étudiant en langues étrangères vient aussitôt nous trouver pour perfectionner son français. Il n'est pas le seul d'ailleurs : comme à l'aller, un groupe de sourds-muets se pend à nos basques avec des rogations plus prosaïques : Bics, chewing-gums, *tee-shirts*. Ils lorgnent surtout la casquette en *jean* de Sylvain.

Mais revenons plutôt à Valery, vngt et un ans, natif de Mélitopol, près de la mer d'Azov, où sa mère — célibataire — est expéditeur de vin de Crimée. Pour l'heure, libéré de ses deux ans de service militaire en Asie centrale. avec dix kilos en moins, il rentre au pays. En général, les conscrits sont appelés à servir loin de leur république d'origine : les Géorgiens, Moldaves, Tadjiks ou Lituaniens vont en Russie ou Biélorussie ; les Russes viennent chez eux... une occasion pour tous de voir du pays ! Valery aujourd'hui est fier de reprendre ses études à l'Institut. Octobria jusqu'à sept ans, Pionnier ensuite jusqu'à quatorze ans, c'est un bon Komsomol heureux de son sort. Il espère bien venir en France un jour pour apprendre encore et encore. Alors nous échangeons nos adresses. Peut-être verrons-nous un jour, qui sait, les universitaires soviétiques sur les bancs de la Sorbonne ?

A Kharkov le terrain n'est pas prévu pour camper. Nous louons donc des bungalows, luxe suprême qui ne nous épargne pas un sort commun, celui d'une nuit blanche à se battre contre les moustiques.

Aussi n'aurons-nous aucun mérite le lendemain à lever l'ancre dès les premières lueurs de l'aube !

6 heures du matin, 15° de température. Nous avons presque froid. Serait-ce déjà l'automne ? Nous traversons Poltava, une des plus anciennes villes d'Ukraine. Une colonne de gloire sur la place évoque les durs moments de la guerre du Nord, en 1709, et la victoire des troupes du tsar Pierre Ier sur celles de Charles XII roi de Suède.

De la rivière Psel jusqu'à Kiev, la route d'Ukraine devient grand-rue. Devant les isbas vertes et bleues, les marchandes ont abandonné leurs seaux de fruits, tomates, patates, poivrons, leurs tas de pastèques ou leurs bocaux de kéfir. Nous toquons à la porte d'une de ces chaumières de bois. Pour 3 roubles, on nous cède un plein récipient de pommes roses et un litre de lait frais (lait caillé en fin de parcours !). Les prix baissent avec la fin de l'été.

Un kolkhoze à droite, un champ de maïs à gauche, une mare à oies, un tableau d'honneur, un arrêt de bus, une gare routière... La chaussée défile, interminable, avec ses lignes droites et ses montagnes russes ou plutôt américaines, comme on dit ici (*amerikanskié gori*) !

★

Le paysage perd conscience. Janine a beau écarquiller les yeux, les contours des jardins restent trop flous. Le Dniepr ne tient plus qu'à un fil et les bulbes d'or pourraient n'être que reflet du hublot ou effort d'imagination. Les nuages se noient dans l'horizon marin. Au bout de la plaine embrumée se profile la tache mauve des montagnes. Serait-ce déjà la Roumanie ?

Tandis que ma malheureuse belle-sœur fait les cent pas, cloîtrée dans l'aéroport de Budapest (deux heures de retard au décollage lui valent une correspondance loupée et trente heures d'attente pour le vol suivant vers Paris ; des impératifs professionnels obligent Janine à rentrer huit jours plus tôt), je déambule avec Alain dans les bas quartiers de Kiev, le Podil. Des ouvriers en manches de chemise hoquettent et s'épuisent sur leurs marteaux piqueurs. On restaure la chaussée défoncée ; on éventre les vieilles maisons noircies de fumée. Tramways et camions se faufilent à grands coups de klaxon le long du port fluvial, soulevant des paquets de poussière sale.

En remontant, entre les ruelles barrées, vers la ville haute, les rumeurs de cet assourdissant tohu-bohu s'estompent. Sur la tenture violette d'un ciel d'orage, la façade blanche à larges rayures bleues de la collégiale Saint-André domine comme une lumineuse aura un coin de place verte et tranquille. Les pavés disjoints de pierre mal taillée racontent l'histoire d'une des plus anciennes mais aussi des plus belles cités d'U.R.S.S.

Sur les hauteurs du Dniepr, enrubannées de feuillage, Vladimir le Saint (980-1015), qui baptisa jadis tant de chrétiens dans l'eau du fleuve, lève très haut sa croix de bronze. Il bénit Kiev, rescapée des invasions tartares, des luttes fratricides, de trois cents ans de domination étrangère et de 778 jours d'occupation hitlérienne. Il contemple, étonné, les immeubles modernes, les écoles, les ponts, les stades, le parc de la culture, l'Opéra, la maison des Pionniers...

Se souvient-il des arcs, des portes d'enceinte, des palais et des cathédrales grandioses de l'Age d'or où, en prince, il régnait sur la ville ? Son regard se tourne avec nostalgie vers la butte de Petchersk. Là, dans des grottes, les moines ses amis ne vivaient-ils pas jadis de méditation et de prière ? Aperçoit-il seulement les treize coupoles vertes et les bulbes d'or de l'église splendide qu'édifia son fils Iarolav le Sage ?

Au bout d'une place où chevauche dans des parterres de roses la statue équestre de Bogdan Khmelnitski, hetman des cosaques d'Ukraine, se dresse le mur d'enceinte de Sainte-Sophie. Une tour à trois étages, coiffée d'or, ouvre le passage vers la cathédrale byzantine et ses dépendances. Une équipe de femmes-plâtrières juchées sur des échafaudages ravive d'un crépi blanc les façades. Sainte-Sophie, aujourd'hui « musée en *rémonte* » (en restauration) est fermée au public, et nous ne verrons pas son magnifique iconostase, ni ses fresques et mosaïques vieilles de neuf cents ans. Nous laisserons juste flotter les yeux au niveau des clochetons et des croix d'or, petites étoiles vivaces et lumineuses du christianisme déchu.

Le long de l'avenue Khréchtchatik, large et bordée de marronniers, les hôtels de luxe succèdent aux restaurants chics. Nous déjeunons peu pour cher puis flânons à la recherche de menus souvenirs pour la famille. A côté du Soviet municipal, un grand *Univermag* étale sur trois étages vêtements et chaussures. Je déniche, au bout d'un rayon, une baba de chiffon, à la frimousse de pleine lune, surmontée d'un ridicule chignon de laine. Sa poitrine opulente est brodée dans une robe de taffetas lourdement empesée, aux « froufrous » très décoratifs. Un peu plus loin, à la *Bériozka* de l'hôtel Dniepro, quelques boîtes peintes, un foulard à franges, une bouteille de vodka et une collection de *matriochkas* complètent la série des emplettes. L'éventail des cadeaux à rapporter, objets d'artisanat, en particulier, reste très limité ; heureusement pour nos porte-monnaie ! Les tentations sont moindres ! Alain, lui, s'est contenté de disques d'excellente qualité et très bon marché et de timbres pour sa collection.

Avant de quitter « la Mère de toutes les villes russes », revenons une dernière fois sur les traces du passé. Sous le règne de Vladimir, donc, quelques ermites, regroupés autour d'un saint Antoine — un moine russe revenu du Saint Mont-Athos — avaient élu domicile dans les grottes de la butte de Petchersk, la « butte aux cavernes ». Le nombre de leurs disciples allant croissant, certains d'entre eux fondèrent sous la direction de saint Théodose un monastère au-dessus des cavernes (en 1051). C'est l'actuelle Kiévo Petcherskaïa Lavra, la Laure des Catacombes de Kiev, au 9 de la rue de la Citadelle.

De part et d'autre d'une courte allée, des échafaudages cachent des fresques en restauration. Nous pénétrons dans la Laure en passant sous l'église de la Trinité, verticale comme une tour de guet. L'église ancienne subsiste sous son revêtement baroque avec clochetons dorés, crépi bleu céleste, médaillons frisés de stuc et saints polychromes. Passé le porche, s'étirent le long du dallage des bâtiments blancs à toits verts : les anciennes cellules des moines, ourlées de jardinets. Tous les quarts d'heure, le clocher de cuivre égrène quelques notes de joyeux carillon. De ses 96 mètres haut perchés, il ne domine plus, au centre de la Laure, qu'un tas de ruines. La cathédrale de la Dormition, chef-d'œuvre de l'art russe, fut anéantie par la dernière guerre. Au-delà, églises et dépendances du monastère, pour la plupart transformées en musées, se perdent dans la verdure. Un bulbe bleu étoilé d'or, sur son lit de feuillage, rêve...

Un bâtiment massif, écrasé par une pesante coupole et piqué aux angles de quatre bourgeons rachitiques, attire malheureusement l'attention par la laideur anachronique de son style 1900, néo-russo-byzantin. Une porte entrebâillée sur un large corridor laisse entrevoir un buste de Vénus et une statue de Zeus. Intrigué, l'archéologue Alain nous entraîne à sa suite à l'intérieur de cette église-réfectoire.

Aux dieux de la mythologie gréco-romaine succèdent bouddhas ventripotents, Vichnous et Khrishnas de l'Inde, Corans de l'Islam et Thoras juives. Au centre de la vaste salle, des vitrines d'exposition ont remplacé la table et les bancs des moines. Je suis les flèches, tourne et retourne autour des boîtes de verre bien alignées... plus de doute possible. Je suis bien dans un musée antireligieux !

Ici, à côté des chasubles richement brodées d'or et des ciboires incrustés d'émeraudes, des gravures sinistres montrent la misère de moujiks loqueteux opprimés par la féodalité. Là un pope, rubicond et grassouillet, s'empiffre de volailles et d'entremets. A ses pieds, ses ouailles en guenilles rampent pour picorer quelques miettes du festin. Une profusion de textes, bien illustrés, commentent complaisamment l'histoire de l'Eglise et l'exploitation des masses prolétariennes par le clergé. Une maquette, très « artistique », représente le pape Pie XII donnant sa bénédiction aux armées allemandes. La messe et les sacrements, vestiges d'un fétichisme grotesque et décadent, sont opposés aux magistraux progrès des sciences de l'homme [1].

Pour clore en beauté cette « fulgurante » démonstration de l'athéisme, deux cosmonautes rebondissant sur leurs boudins de caoutchouc susurrent derrière leur harnais de plexiglas la phrase clef :

« Dieu ?... Dans l'espace ?... *Niet,* nous ne l'avons pas rencontré ! »

Aux murs, les saints, hiératiques dans leurs robes de bure, contem-

1. Pour l'obtention d'un diplôme en U.R.S.S., trois certificats sont nécessaires : celui de la matière étudiée, l'histoire du Parti communiste de l'Union soviétique (P.C.U.S.) et... un certificat d'Athéisme !

plent la scène avec sérénité. Sont-ils patients, désabusés ou répriment-ils un frisson de colère sous leur auréole ?

★

Le paysage ne change guère. Les mêmes étendues plates du tchernoziom d'Ukraine traînent leur ennui profond de Kiev à Odessa. Un incident, toutefois, pimente le parcours (le seul de ce long voyage). Un gravillon gros comme un œuf pulvérise le pare-brise de François. La 504 fera le reste du trajet à ciel ouvert, se protégeant tant bien que mal de tous les postillons de la route.

A Odessa, cité portuaire, nous retrouvons la mer Noire, et plantons nos tentes au bord de l'eau. Tandis que Brigitte et François hantent les garages à la recherche d'un bricoleur de pare-brise, nous partons, Alain, Sylvain et moi avec Olga, jolie Ukrainienne *made in Intourist*, pour la très officielle visite de la ville.

Des groupes de matelots en col marin flânent dans les allées ombragées. Des jeunes femmes promènent leurs poussettes. Des vieux discutent sur les bancs. Ni circulation, ni bruit, ni bousculade. Un parfum de décontraction très méridional flotte dans l'air.

En miniature, les petites écuries du château de Versailles, voilà ce que me rappelle la charmante place en fer à cheval sise au cœur du boulevard Maritime. Le n° 7 abritait jadis la chancellerie du comte Vorontsov ; le n° 8 hébergea, en 1840, le critique fameux Biélinski et l'illustre acteur Stechepkine. Pourquoi, au milieu de ce gracieux hémicycle, trône donc la statue du duc Armand Emmanuel de Richelieu, arrière-petit-neveu du cardinal et futur ministre de Louis XVIII ? Eh bien, chassé par la Révolution française, cet émigré fut nommé en 1803, par Alexandre Ier, premier gouverneur d'Odessa puis de la Nouvelle Province de Russie. Le duc de Richelieu, œuvre du sculpteur Martos, est curieusement vêtu d'une toge romaine et couronné de lauriers. De la main droite, il invite les bateaux à rentrer dans le port ; de la gauche, il tient le parchemin des taxes que ceux-ci devront payer.

Au pied du monument dévalent sur 142 mètres les 192 marches de l'escalier Potemkine. Elles relient la ville haute au port. Construit par Buffo, cet escalier peut se vanter de son originalité. Du haut des marches, en effet, je n'aperçois qu'une succession de paliers ininterrompus jusqu'aux quais. D'en bas, au contraire, je ne vois que les degrés qui gravitent vers le ciel. L'architecte, au surplus, a tenté d'effacer au maximum les déformations visuelles dues à la perspective en doublant presque de moitié la largeur des dernières marches. Ainsi, de son piédestal, le duc de Richelieu contemple une enfilade aux bords apparemment strictement parallèles.

Alain cherche partout un landau ! Mauvaise plaisanterie qui rappelle les souvenirs tragiques auxquels l'escalier doit son nom et qu'Eisenstein mit en scène magistralement. En juin 1905, une révolte sanglante éclata à bord du cuirassé *Potemkine,* en rade d'Odessa, opposant les matelots à leurs officiers. Les ouvriers du port et les habitants de la ville vinrent en masse soutenir les mutins. C'est alors que les soldats tirèrent sur la foule. L'image atroce d'un landau tressautant sur les marches d'une lente agonie, d'un bébé innocent précipité dans l'escalier de la mort, n'est qu'un reflet cinématographique de cette impitoyable répression. Evénements précurseurs de combats plus meurtriers encore qui opposeront ici même dans une lutte sans merci les Ukrainiens nationalistes aux Rouges communistes.

Oublions les drames de l'Histoire et dirigeons-nous du côté du port. Ville ouverte à tout l'Orient méditerranéen, Odessa (plus d'un million d'habitants) reste fidèle à sa réputation d'accueil. Sur les sept kilomètres du quai se côtoie une population très cosmopolite : Ukrainiens, Russes, Arméniens, Moldaves, Turcs, Bulgares, Grecs, Juifs et Tziganes. Olga nous fait remarquer que cinq églises orthodoxes, une chapelle catholique et une synagogue restent ouvertes au culte.

Il n'est pas si loin le temps où Catherine II présidait à sa fondation, où, « port franc », il exportait le blé de l'Empire russe et importait d'Europe la Culture et les idées, où Gogol cherchait ici l'inspiration pour son second volume des *Ames mortes* et où Gorki partageait la vie des ouvriers comme docker ! Par le plus grand port de la mer Noire transitent au XXe siècle toutes les richesses : minerais du Dniepr, charbon du Donbass et pétrole caucasien. Il se classe, pour l'import-export, au second rang après Leningrad et pour le trafic passager au premier avec des liaisons régulières avec Varna (Bulgarie), Venise, Marseille.

Le boulevard Maritime surplombe le splendide front de mer. Il commence avec le palais Vorontsov, désormais palais des Pionniers, s'étire entre les arbres sur un demi-kilomètre et se termine avec l'ancienne Bourse de Commerce, autre œuvre de Bullo, aujourd'hui siège du Soviet municipal. Des allégories du Jour et de la Nuit encadrent l'horloge au-dessus du portique ; Mercure, dieu du commerce, à droite, et Cérès, déesse de la fécondité, à gauche, se tiennent entre les colonnes qui rythment la façade ocrée de ce bel édifice classique. En face, sur une paisible place, à côté d'un canon pointé vers la mer, trophée de la bataille de Crimée, se dresse sur une fontaine le buste d'Alexandre Pouchkine :

*A Pouchkine, les habitants de la ville !*

Le poète a séjourné en exil plus d'une année à Odessa. C'est ici qu'il a écrit « la Fontaine de Bakhtchisaraï » et les premiers chapitres de son roman en vers *Eugène Onéguine.*

Non loin de là, un Opéra somptueux, avec une scène de sept cents mètres carrés, construit par les Viennois Fellner et Gelmer, abrite lui aussi la figure de Pouchkine aux côtés de Griboïédov, Gogol et Olinka. Piotr Tchaïkovski, Nicolaï Rimski-Korsakov, Anton Rubinstein en ont un jour dirigé l'orchestre.

Odessa, « musée des Arts et des Sciences », est célèbre par ses théâtres, sa Philharmonie, ses studios de cinéma, son école des Beaux Arts. Nombre de musiciens talentueux ont étudié au Conservatoire, tels le violoniste David Oïstrakh et le pianiste Emile Guillels. De grands savants ont également travaillé ici : le chirurgien de la guerre de Crimée, Nikolaï Pirogov, les disciples de Pasteur, Setchenov et Metchnikov, et l'explorateur de l'Arctique Otto Schmids. L'Institut d'ophtalmologie et de thérapeutique par greffes de la cornée, fondé en 1936 par l'académicien Filatov a une réputation mondiale. Bref, avec une des plus vieilles universités d'U.R.S.S., des écoles supérieures et spécialisées, des centres de recherche scientifique, Odessa s'enorgueillit d'être le creuset de la culture russe et ukrainienne.

Cité du commerce, des arts, des lettres, elle est aussi un centre important du thermalisme soviétique. Les *datchas* des aristocrates, qui possédaient toutes leur cave à champagne, ont été transformées en maisons de cure, et le complexe moderne Arcadia soigne, par des bains de boue réputés, les maladies des os.

Sur sa ville natale, Olga est intarissable. Elle nous emmène maintenant, par le boulevard « des Français », rebaptisé « des Prolétaires », jusqu'au parc de culture et de repos Chevtchenko. Des tombes en marbre noir, jonchées de glaïeuls rouges, bordent une large allée. Au bout, face à la mer, se dresse la flèche superbe d'un obélisque à la gloire des soldats de la dernière guerre.

Odessa, grand port de commerce sur les chemins du pétrole de Bakou, constituait pour les Allemands un objectif majeur. La ville soutint un siège de soixante-treize jours face à dix-huit divisions de l'armée ennemie. Après sa prise, le 16 octobre 1941, une résistance farouche s'organisa dans le noir des catacombes. Odessa est, en effet, construite sur du calcaire, et des galeries souterraines couvrent en trois étages une surface de 17 000 m².

— Odessa a reçu, comme Sébastopol, Leningrad et Stalingrad, le titre de « Ville-Héros » pour l'héroïque courage de sa population et de sa garnison face à l'occupant nazi, précise Olga avec fierté [2].

Un concert de klaxons annonce l'arrivée d'un cortège de voitures ficelées de rubans, ornées de fleurs et même de poupées en robes blanches. C'est une noce ! La jeune mariée vient en grande pompe, comme c'est la coutume, déposer son bouquet sur la tombe du marin inconnu. Le mari pose avec son épouse, au pied de l'obélisque, pour la photo souvenir, tandis que cinq nouveaux pionniers en uniformes impeccables et fusils en bandoulière s'approchent au pas de l'oie, claquant des talons, pour assurer la relève de la garde.

Un silence figé retombe bientôt sur les jardins. Seule crépite entre ciel et mer une flammerole rouge... éternelle...

---

2. Je tends l'oreille car c'est la première fois qu'une guide de l'Intourist prononce devant nous le mot « nazi » (National-Socialiste). La phraséologie marxiste, dans les pays qui se réclament eux aussi du socialisme, utilise en principe le mot « fasciste » qui ne doit s'appliquer en fait qu'à l'Italie mussolinienne.

CHAPITRE XXIV

# LA ROUTE DE L'OUEST

Cette fois-ci, le vendeur de benzine refuse obstinément nos coupons. Il ne veut que des roubles... Un farfelu ? Depuis la sortie d'Odessa la pluie tombe à verse et cela n'arrange pas du tout les affaires de François. Derrière son pare-brise de plexiglas, bien épais, bien opaque et scotché de raccords rouges, le malheureux nage en plein brouillard. Comme s'il lui était venue l'idée saugrenue de regarder une émission de télévision totalement brouillée par l'orage. Heureusement la route court sans fantaisie, aussi plate que droite jusqu'aux confins de la Moldavie.

A quelques pas de là, un marché kolkhozien tout barbouillé de couleurs nous fait signe. Raisins égrenés, pommes, tomates, oignons poivrons et même crevettes et écrevisses... ! De quoi émouvoir nos papilles gustatives car ce sont nos dernières courses avant la frontière roumaine ! François profite de la halte pour fixer sur sa voiture un essuie-glace de secours, récupéré au fond du coffre. Miracle, il fonctionne ! C'est le moment que choisit le soleil pour pointer un bout de nez vermillonné et, d'une pirouette, chasser les embruns.

Sautant, chantant, dansant, jouant des cymbales et du tambourin, s'avance vers nous un groupe de joyeux drilles en costumes des dimanches. A leur tête, sous un parapluie chamarré, un couple de mariés se dandine amoureusement. L'homme, cigarette au bec, affiche des allures de gros dur. La mariée, un « malabar » grimé en dame, avec avantageuse poitrine en chiffon, perruque en filasse et maquillage agressif, brandit au bout d'un bâton une poupée joufflue en plastique. Des bas plaqués sur les visages accentuent l'expression grotesque de ces époux de pacotille. La noce s'égaille un instant entre les étals de fruits et légumes à la grande joie des maraîchers. Puis le cortège s'éloigne, battant la campagne comme un gai carillon. Surprenante parodie que ces épousailles ! Sans doute un symbole de la fertilité, lié au rythme des saisons et au vin nouveau.

Une brinquebalante cargaison de pastèques nous précède dans les vergers de Moldavie. Les automobilistes s'arrêtent pour ramasser les noix, les poires, les prunes au bord même de la chaussée. Une bonne idée : les arbres fruitiers remplacent ici les platanes ! Des mosaïques représentant les costumes et les drapeaux des quinze républiques soviétiques jalonnent le parcours jusqu'à Tiraspol ; une ville riante, « tirée à quatre épingles », qui aligne ses vieilles maisons moldaves et ses plates-bandes fleuries sur les rives du Dniestr. Une forteresse surplombe les plages de sable fin, le long du fleuve, et un pont gardé par l'armée. Quelques H.L.M. à la périphérie dominent la campagne immédiate.

Un ciel immense plane sur la courbe tendre des vallons sans fin. Seul le croassement des corbeaux qui s'abattent par nuées sur les vignes trouble la sérénité d'un si doux paysage.

A Kichinev, capitale de la République socialiste de Moldavie, les side-cars droit sous les affiches qui, à grand renfort de couleurs, annoncent les jeux Olympiques de Moscou. Les buildings des quartiers neufs, à peine achevés, jettent un œil condescendant sur les chantiers en construction, les grues et les arbrisseaux qui, de toute leur sève, tâchent de repousser le plus vite possible.

« Pour la paix, pour le bonheur des peuples, en route vers le communisme ! » proclame Brejnev, main levée sur fond d'azur, au sommet de l'hôtel Intourist, le plus luxueux rencontré au cours du voyage. Il n'abritera pas malheureusement nos rêves de routards ! Nous gagnons plus modestement le camping de Vadoul-loui-Vadé, à une trentaine de kilomètres. Nous louons deux bungalows dans cet endroit calme et ombragé où nous sommes assurément les seuls étrangers. François et Alain procèdent à la vidange de leurs 504 avant de refaire une dernière fois le chargement des voitures. Plaignons-les, les pauvres, car elles affronteront demain l'épreuve de la douane !

Les petits villages sommeillent encore derrière les portails de fer forgé aux teintes pastel. Le soleil perce à travers les nuages et couche ses rayons sur des voiles de brume. Les ceps de vigne secouent la rosée du matin ; les maïs ébouriffés se redressent ; un pommier enchifrené éternue et laisse rouler à terre trois fruits rouges ; les champs, à l'infini, reverdissent pour saluer l'arrivée du jour. Sur le ciel laiteux un triangle d'oies sauvages indique la direction : la frontière est à quelques mètres.

Ah ! si j'étais Nils Holgersson accrochée au cou de mon jars fougueux, je survolerais déjà les côtes de la Yougoslavie ! Depuis trois heures, une armada de rustres en uniforme désosse les voitures, fourgonne dans les cantines, déroule les sacs de couchage et épluche un à un guides et cartes routières. Notre chargement gît à terre, lamentablement.

Le douanier n° 1 hume avec circonscription un flacon de sable de la mer Noire. La vue d'un cailloux de l'Elbrouz achève de le plonger dans la plus complète perplexité. Le douanier n° 2, lui, après long examen, décide de garder les livres sur l'Arménie offerts par notre ami d'Erevan. Toutes nos tentatives pour le convaincre que ces ouvrages, rédigés en français et édités boulevard Saint-Michel, faisaient partie, comme documentation, de notre bagage aller, restent vaines. Pour comble, le douanier n° 3 se saisit comme d'un trophée du gigantesque os de mammouth, cadeau de Bénik l'archéologue. Ce tibia, patrimoine culturel de l'U.R.S.S., ne doit pas quitter le territoire ! Du coup, dans la foulée, il s'empare aussi d'un vulgaire os de vache, ramassé dans un champ pour Titi.

— Vous savez, à moi, on ne me la fait pas ! peut-on lire dans le regard si follement soupçonneux de ce fonctionnaire modèle.

Quant au quatrième collègue, qui semble particulièrement doué, il vient de s'inonder les pieds de thé bouillant, en farfouillant dans le Thermos. Mieux vaut en rire qu'en pleurer !

De planton en planton nous parvenons à la douane roumaine. Une famille d'Arméniens, rentrant chez elle à Marseille après des vacances au pays, vient de se faire refouler, mitraillette au poing, par les soldats roumains en deçà de la frontière russe. Elle ne possède pas la somme d'argent obligatoire pour trois nuits en Roumanie. Les parents se lamentent, les enfants pleurent, mais l'armée reste inflexible [1] !

Notre tour venu, nous n'en menons pas large. Les sacs à main et les valises sont passés au peigne fin mais l'accueil est plutôt amical. Le chef examine nos papiers, un demi-sourire aux lèvres, puis lève le bras vers l'Occident :

— Vous êtes libres !

Trois petits mots qui, dans sa bouche, prennent une saveur particulière.

Des gamins tondus ou en bonnets de lutin se précipitent pour réclamer des cigarettes ou simplement nous dire bonjour. Les villages se peuplent soudain de ribambelles d'enfants. Une femme en blouse brodée remonte à la manivelle l'eau du puits. Deux mules tirent une carriole peinte de fleurs naïves. Debout comme sur un char romain, le paysan conduit son attelage au marché.

Le magasin du coin a troqué le poisson de la Baltique contre le porc chinois. On y trouve même du beurre, du fromage, du cacao et du café soluble. Le transistor fredonne des chansonnettes aux consonances latines. Les collines se tapissent du vert des maïs et s'enroulent dans des guirlandes de houblon. Etonnant, le paysage

1. François se débrouillera pour leur prêter les quelques francs indispensables.

change ses couleurs, l'air ses odeurs, la vie son rythme, à quelques pas seulement de la frontière !

Bucarest : toits de tuiles sombres ; vieilles maisons ocrées où rêvent des têtes au sourire d'ange ; musique familière des noms de rues, Alexandra ou Romana ; le linge qui sèche aux balcons ; tant de vitrines aux magasins ! Et des fichus multicolores qui font la queue à côté des bonbonnes, des heures durant, pour le ravitaillement en gaz...

A nouveau défilent les paysages tout bariolés de folklore champêtre. Des romanichelles ondulent au bord du chemin. Les lourdes robes froncées battent les pieds nus et les bijoux d'argent cliquettent sur les fleurs vives des chemisiers, au rythme lent de la marche. Passe une charrette qui transporte des chevaux de bois, puis une autre avec des moutons ou encore des tonneaux ventrus. Au village, les nids désertés des cigognes jouxtent un clocheton d'église en tôle peinte. Les feuilles de tabac roux galonnent le montant des toits. Accroupies sur le pas des portes, les vieilles filent la quenouille ou brodent des napperons. Un groupe de jeunes femmes, la pelle sur l'épaule, le seau à la main, part au travail. Quelques gosses les suivent avec la faucille et le casse-croûte. Les paysannes font des taches de couleurs sur le vert lumineux des prés. Les poulains nouveau-nés paissent une herbe tendre.

Il faut une fois encore vider puis recharger la cargaison des voitures en quittant la Roumanie. Nous survolons la Yougoslavie au-dessus des nuages. La montagne se vautre dans des voiles de tulle. A ses pieds, le Danube met des colliers d'argent. Le fleuve nous entraîne dans ses gorges profondes jusqu'aux « Portes de fer ». Une pluie fine délave les façades jaunes, vertes et roses des maisons de poupée tapies entre les meules de paille. Les tournesols piquent du nez vers la terre humide comme des enfants punis. Au café du village on se réchauffe autour du violoniste. Dans sa nacelle de bois décorée de peintures naïves, le bébé dort, accroché au dos de sa mère. Un cheval attelé attend son maître, dehors, pour gagner la capitale.

Belgrade : tours, buildings : l'architecture de l'avant-garde ; le verre et le béton des villes modernes avec l'originalité en plus. La lumière ! les feux, les panneaux clignotants, les routes signalisées ; la publicité pour une marque de lessive : Adieu Lénine ! Un bar qui sert de vrais express ; et même un concessionnaire Peugeot avec un pare-brise pour François ! Nous sommes arrivés aux confins du capitalisme...

C'est bientôt le passage en Italie, sans fouille aucune, l'Adriatique qui se profile au bout des terres gorgées de soleil et Venise, pour un nouveau voyage de noces.

S'envolent-ils comme nous vers Padoue, Bassano, Trente, les pigeons de la place Saint-Marc ? Remontent-ils la splendide vallée de la Breda jusqu'au col de Reichenpass ? Tournoyent-ils dans la lumière du soir sur le clocher d'une église engloutie à la lisière de l'Autriche ? Ont-ils déserté leur palais des Doges, ces oiseaux gris, pour venir jouer avec les delta-planes au-dessus du château des princes du Lichtenstein ?

Un vent venu de Suisse nous pousse en France. Ah, cette joie qui farfouille le cœur et fait pousser des ailes ! Ce plaisir de retrouver ses points de repère sur la carte du monde : noms connus, têtes familières et ce petit sentier qui fleure bon la noisette !

Au compteur : 14 802 kilomètres. A notre actif : vingt-cinq frontières... loin... déjà si loin !

Un coup de sifflet strident... brutal !

Deux « gaïs » ? Non, deux motards de la douane routière, là, à quelques pas de Belfort ! Quatre yeux interloqués qui scrutent notre chargement.

— Qu'avez-vous à déclarer ? Narcotiques, cigarettes, alcool ?... Déballez-moi tout ça !

Un fou rire nerveux secoue les cantines, les bidons, les valises, les piquets de tente et une malheureuse bouteille de vodka qui s'est fourvoyée au milieu des bagages.

Et si je leur disais à ces douaniers méfiants que je rentre simplement d'un pique-nique sur l'Elbrouz ou d'une pêche à la sardine à Odessa, me croiraient-ils ?...

*TROISIEME PARTIE*

# AZERBAIDJAN
# TERRE DE FEU

## Chapitre XXV

# ISTANBUL-BAKOU OU SIX JOURS DE TRAIN A TRAVERS LA TURQUIE ET LA TRANSCAUCASIE SOVIETIQUE

Un jour, alors que distraitement je feuilletais la brochure *Voyages individuels en U.R.S.S.*, je tombai sur un aliéna mentionnant la possibilité d'accéder par le train de Turquie en U.R.S.S. Le voilà donc le moyen original que je recherchais pour retourner au Caucase ! C'était imprimé, donc officiel, mais très peu fréquenté. Cette frontière, ouverte uniquement l'été, devait permettre aux Arméniens de Turquie, de Syrie ou du Liban de venir rendre visite à leurs familles restées au pays.

Avec l'aide de Claudine et Colette, les charmantes hôtesses de l'agence Transtour, et après quelques jours de cogitation et étude de documents, je déposai un projet de voyage pour l'automne : six jours de train au départ d'Istanbul, via Ankara et Kars, en Anatolie orientale, passage de la frontière à Akiaka-Ahourian, puis train soviétique vers Leninakan (Arménie), Tbilissi et terminus à Bakou. Je mijotais un retour d'Azerbaïdjan en Géorgie par la route et la location d'un véhicule pour visiter plus en détail les villes de Télavi, Gori, Bakouriani, Koutaïsi et Tskhaltoubo à peine entrevues l'année passée. Le projet était accepté vers juin, à condition de respecter la date de fermeture de la frontière, et toutes les contraintes du règlement touristique.

C'est ainsi que ce matin-là, 6 septembre 1980, nous sommes, mon ami Dominique Genet et moi, prêts à partir. Appareils de prise de vues en bandoulière et quelques effets personnels sous le bras, nous quittons aux aurores l'hôtel Sahinler et le cœur du vieil Istanbul.

A la sortie du grand pont qui relie l'Europe à l'Asie au-dessus du Bosphore, nous nous faisons arrêter par la police militaire : les soldats ne comprennent pas que nous puissions être étrangers avec une voiture turque. Voiture de location ? Connais pas ! Il faut expliquer à l'officier de service que nous l'avions louée pour notre séjour à Istanbul avant de pouvoir repartir vers la gare d'Haydar Pasa, sise sur la rive asiatique d'Usküdar. Dernier problème ou premier petit malheur de ce voyage, nous tombons en panne d'essence sur l'autoroute ! A qui la faute ? En tout cas, il me faut faire du *dolmus-stop* [1] jusqu'à une station-service. Deux litres suffiront à nous faire repartir. Charmants Turcs, au retour comme à l'aller, les transports en commun ne me feront pas payer le voyage : aide, assistance et hospitalité sont encore bien réels et gratuits ici.

Finalement, c'est en pleine nuit, avec encore une demi-heure d'avance, que nous atteignons la gare : juste le temps de dîner au buffet et de sauter dans notre wagon-lit : il est 21 h 35, l'heure du départ. Mais le train ne part pas ! En Orient, il faut toujours compter avec le retard officiel. Le chef de train a bien le temps de nous installer lui-même les couchettes avant de quitter Istanbul ! J'ai préféré payer un certain supplément, mais prétendre dormir en train pour ne pas arriver trop exténué en U.R.S.S. En inspectant ce petit royaume qui va être le nôtre trois jours et deux nuits, je constate son aspect bien rococo, ses boiseries délavées, son petit lavabo d'angle, ses images murales anatoliennes et son système archaïque d'installation des couchettes avec des sangles trop courtes et des ferrures coincées. Nous passons cependant une bonne nuit.

J'émerge vers 8 heures. Il fait beau et nous avançons à travers le haut plateau anatolien que nous connaissons déjà bien. Nous avons à peine le temps de nous habiller et de faire remettre la banquette que déjà le train arrive à Ankara : nous y étions la veille au matin ! La forteresse est toujours à la même place, la foule grise et terne de cette capitale peu attirante déambule sur les quais. La banlieue paraît plus agréable, plus verdoyante ; les minarets pointent le nez vers le ciel azur, les coupoles en tôle des mosquées brillent au loin, mais le marché que nous longeons ne semble pas aussi coloré qu'à Istanbul. Nous avons passé Izmit, Bilecik et Eskisehir de nuit. Il faudra dix heures de train pour rejoindre ce soir Kayseri, au lieu de quatre heures quinze en voiture ! Je constate donc qu'en Turquie le train va presque aussi vite qu'un attelage de bœufs !

La journée passe, interminable, avec pour tout horizon le morne plateau anatolien et quelques montagnes usées : le cœur de l'ancien Empire hittite. Bercés par le régulier passage de rail en rail, mais prêts à photographier ou filmer, nous guettons par la fenêtre le moindre signe d'animation. En cette saison tout paraît désert, plat et steppique ; un canyon, parfois une montée, des virages rompent

1. Taxi collectif.

seuls la monotonie des lignes droites. Très souvent des arrêts, plus ou moins prolongés, en rase campagne ou à de petites stations isolées nous tirent de nos rêveries ou de nos lectures. Le quai de la gare d'Irmak disparaît sous les pastèques et les melons. Le soleil au zénith est brûlant. Impassible, l'aiguilleur semble dormir sous sa casquette bleu marine. Plus loin, une grue ramasse doucement les galets de la rivière Kizil Irmak. A Kirrikale, le contraste est cru entre les tas de paille étincelants et les vieilles locomotives à charbon d'un noir de jais. Sur le haut plateau de Bogazliyan, on ramasse paille ou betteraves au tracteur. Nous passons le long d'une carrière où femmes en pantalons et foulards, hommes en vestes et bérets, travaillent à la pioche et à la pelle pour remplir de bois les bâts de mulets flegmatiques. Des pêcheurs barrent au filet un ruisseau dans lequel j'aperçois plus loin une tortue qui barbote.

Nous déjeunons et dînons au wagon-restaurant pour la modeste somme de 400 livres turques (20 francs !) à nous deux. Peu de personnes, même dans notre wagon pourtant plein, parlent français, anglais ou allemand ; mon modeste vocabulaire turc réduit les conversations. Comme voisins, nous avons un général et son épouse, un vieux couple, une famille qui bourre trois compartiments, quelques célibataires du genre représentants de commerce.

Sur fond de champ labouré ou de steppe parsemée de touffes chétives, apparaît dans les lueurs du soir le volcan Erciyas Dag qui culmine à 3 916 mètres et son sommet toujours enneigé. Ce sont ses cendres et sa boue qui ont formé le tuf volcanique dans lequel s'est creusé le bassin d'érosion de la Cappadoce, où les chrétiens byzantins creusèrent dès le VIIIe siècle de si curieuses églises rupestres couvertes d'œuvres peintes de toute beauté. Kayseri de nuit ne ressemble pas à grand-chose. Au dîner, il y a déjà moins de monde.

Deuxième nuit excellente : l'air est plus frais ; je me suis réveillé à cause du froid. Et la voie continue, heureusement sans trop franchir de rivières, car les passerelles ou les ponts semblent peu solides sur la Firat Nehri. A Erzincan, la paille chapeaute les toits en prévision de l'hiver. En gare, nos voisins sont une douzaine à sortir leur casse-croûte. La locomotive s'achemine lentement vers de calmes vallées où paissent chèvres et moutons.

Erzurum est notre dernière grande halte avant Kars. Tous les voyageurs du wagon-lit descendent. Il ne reste plus qu'un jeune officier artilleur de vingt-trois ans, blond et souriant, qui va effectuer trois ans de service à Kars. Cela fait peu de clients pour les petits vendeurs de gâteaux. Je profite de l'arrêt pour filmer la plaque du *Dogu Ekspressi* réduit à quelques wagons de seconde classe, le wagon-restaurant désormais vide et le nôtre en queue de convoi.

Tandis que j'emploie ma journée à préparer notre séjour caucasien, nous passons au pied de la superbe forteresse de Pasinler, d'origine arménienne, au milieu de villages où les femmes font sécher de la laine. A un arrêt, nous nous trouvons face à trois vieux Turcs qui déchargent les betteraves de leur charrette à deux bœufs, dans un wagon. Voyant nos appareils, ils nous font trente-six pitreries. Un peu plus loin, c'est un char d'assaut *made in U.S.A.* qui braque son canon heureusement bouché sur notre fenêtre. Nous progressons toujours vers l'est, levant le nez de nos notes pour surprendre un village qui semble dormir, une forteresse ruinée, un gardien de moutons ou de veaux... route longue et monotone interrompue par de nombreux tunnels.

Soudain, alors que je lis le *Guide Bleu,* une grosse pierre pulvérise le carreau du compartiment, pourtant bien épais, et atterrit à mes pieds ! La place à côté de la fenêtre est jonchée de gros débris de verre. Dominique y était assis trois minutes auparavant ! Il accourt avec l'artilleur qui tire le signal d'alarme. Le garçon de wagon qui dormait depuis longtemps émerge de son sommeil, revient avec un soldat en armes, baïonnette au canon. Le chef de train et le chauffeur arrivent aussi tandis que le soldat patrouille le doigt sur la détente :

— Encore un attentat de ces maudits Kurdes, à moins que ce ne soit un Arménien. Je pense aussi à un sale gamin, dit-il.

L'incident clos, nous repartons pour arriver de nuit à Kars. Il est 20 heures. Nous avons mis quarante-six heures en train pour un parcours de 1 725 kilomètres, soit une moyenne de 37,5 km/h. On aurait pu faire le trajet à bicyclette !

Kars est vraiment le bout du monde ! Cette ville semble au premier contact bien sale et noire, et les gens du pays ont des têtes incroyables : grandes, grosses, moustachues. Un mélange de Huns et de Mexicains basanés ! Nous quittons notre artilleur attendu par son régiment. Nous, personne ne nous attend. Les gens rigolent quand on demande s'il y a un taxi, aussi embarque-t-on avec nos bagages sur le plateau d'une carriole à cheval avec un vieux couple qui va au même hôtel. « Et fouette cocher ! » Le gosse fait naturellement exprès de lancer son cheval à un bon trot sur les pavés glissants, les ornières ou les flaques de boue. Il faut s'agripper à tout ce qui semble tenir. Kars n'est réellement pas très bien éclairée. L'hôtel Temel est plein : notre réservation n'a pas été confirmée et il n'y a plus de place ! Le gérant tourne et retourne mon bon, émis à Paris et estampillé à Istanbul. Voyant notre désarroi, il nous propose alors la chambre du garçon d'étage. Il n'y a qu'un seul lit et nous dormirons dans les draps de ce dernier puisqu'il proteste de leur propreté ; ils paraissent pourtant assez fripés ! Il fait froid à Kars, à 1 750 mètres d'altitude, et nous prenons une douche fraîche dans la salle d'eau sans écoulement ni électricité. Mais cela fait du bien après trois jours de train. Nous osons quand même sortir : personne dans les rues. Des groupes de soldats armés à chaque croisement, quelques ombres rasant les murs, aucune femme dans le restaurant pourtant correct.

« Kars n'a pas tout à fait réussi son entrée dans le XXe siècle », dit le *Guide Bleu de Turquie*...

Réveil matinal, pas d'eau chaude mais du thé bouillant. Faute de carriole, offrons-nous un vrai taxi. Si la ville est sinistre le soir, elle grouille le jour d'une animation toute centre-asiatique : poussiéreuse, bruyante, variée, colorée. Nous retrouvons la gare pour prendre un billet international Kars-Léninakan, que l'on ne peut prendre qu'ici, pas ailleurs !

En attendant que le guichet ouvre, je discute avec un groupe d'Arméniens de Syrie : leurs beaux costumes détonnent au milieu des guenilles turques. Un soldat, baïonnette au canon et le doigt sur la détente comme dans toute la Turquie, me fait des frais en allemand. Il semble un peu de la pédale, à la façon dont il me regarde et me palpe. Je dois payer une amende de 500 livres turques (25 F) car j'ai oublié mon papier de change. Mais le train n'est réellement pas cher.

A 10 heures, le convoi s'ébranle en direction de Dogukapi, le poste frontière, sis à 60 kilomètres, juste après le village d'Akiaka où se rendent quelques wagons de travailleurs laborieux. Très triste, le soldat me lance :

— *Sie sind sehr schön*[2] *!*

Quel pays agréable quand même !

Le trafic est intense vers Akiaka. Le contenu d'une trentaine de charrettes peinturlurées, hippotractées, se déverse dans notre wagon et nous devons nous battre pour conserver nos places face à une invasion de femmes bien en chair et d'enfants braillards. Arrive un jeune Turc qui expédie tout le monde et s'installe à nos côtés. En discutant dans un sabir franco-germano-anglo-russo-turc, j'apprends que c'est le chef de la police du poste frontière ! Comme preuve, il sort sans aucune gêne son pistolet automatique et sa carte, tandis que les voyageurs évincés écarquillent de grands yeux derrière la porte du compartiment. Il aurait bien échangé son arme contre mon Nikon, mais il est interdit de photographier dans cette zone frontière et nous remballons chacun notre matériel. Après deux heures de poussive montée, nous atteignons la petite gare de Basgedik où il faut patienter en attendant le passage du train qui vient d'Akiaka, car il n'y a pas d'autre endroit sur la ligne pour le croiser. Puis c'est la haute steppe déserte où la seule ombre est celle des vautours qui planent au-dessus des troupeaux de moutons ou de vaches. Les champs d'orge moissonnés réapparaissent avec la brume de chaleur. Nous arrivons enfin à 15 h 30 à la frontière : cinq heures trente pour faire soixante kilomètres, notre record ! Sur une colline se distingue des ruines, mais ce ne sont pas celles d'Ani, l'ancienne capitale arménienne du IXe au XIe siècle. Au loin, Dominique remarque des miradors, des fossés, des barbelés, des glacis : l'U.R.S.S. !

---

2. Vous êtes très beau...

Le train s'arrête le long d'un quai ; de l'autre côté doit venir s'arrimer le train soviétique ; entre les deux, la douane turque. Notre passeport est copieusement couvert de tampons par notre ami le chef, puis nos bagages rapidement fouillés. Nous nous retrouvons de l'autre côté avec une douzaine d'Arméniens quand arrive la locomotive aux armes frappées de la faucille et du marteau. Après une demi-heure d'embrassades entre les personnes revenant d'Arménie et les amis venus les chercher avec notre train, nous montons dans un wagon très propre et au confort simple. La rivière Ahourian franchie, frontière au pont fermé du côté turc mais ouvert du côté russe, le convoi s'immobilise sous des projecteurs : il est 18 h 30, nous sommes enfin en U.R.S.S. !

Des soldats blonds aux yeux clairs, venant de Minsk ou de Leningrad, entourent le wagon avec des lampes et des chiens. Il est interdit d'ouvrir la fenêtre. Nos passeports et visas sont bien en règle. On ne touche pas aux bagages, mais les soldats effectuent une perquisition minutieuse du wagon entier, des lampes aux radiateurs, des boggies aux poubelles.

Nous repartons vers Leninakan tout proche. On sent désormais que nous sommes dans un autre monde. Au milieu des Arméniens, nous entrons dans la gare : on fouille très rapidement nos bagages et le matériel ciné-photo-son. Etant officiellement archéologue et désirant faire des photographies d'art, je n'ai pas de problème pour mes appareils. Seul le carnet où j'ai commencé à noter mes prises de vues cinéma me sera saisi puis rendu une demi-heure plus tard : tout écrit peut être de la propagande antisoviétique.

Au bureau d'Intourist, un charmant employé fait revenir spécialement la caissière de chez elle pour nous changer de quoi payer le billet de train Leninakan-Tbilissi, les frais de couchette et literie, soit 14 roubles à deux (90 F) et de quoi dîner à la cafétéria de la gare. Il nous offre tout ce qu'il peut trouver comme brochures touristiques pour nous faire patienter, car un accident sur la voie a retardé le train. Nous embarquons vers 22 heures pour notre quatrième nuit de train. Le convoi ne s'ébranle, bien entendu, que vers 1 heure du matin... Comme nous avons huit heures de retard à cause de l'accident, nous n'arrivons qu'à 8 heures du matin à Tbilissi, où un guide et une voiture d'Intourist nous attendaient depuis minuit pour nous conduire à l'hôtel !

Evidemment, nous n'avons pas de bons pour l'hôtel Ivéria, car nous venons d'arriver et, à 9 heures du matin, les bureaux d'Intourist sont fermés ! Heureusement tout s'arrange, après une heure de discussion, et nous héritons de la chambre 317 [3], vue sur le nord. Prendre un bon bain et changer de linge après trois jours et demi de train font du bien. Nous nous sentions un peu « poisseux » !

---

3. La même chambre qu'un an auparavant dans cet hôtel de seize étages : Est-ce la « chambre au micro » ?

*

Je retrouve Marina, la guide qui nous avait fait visiter la région de Télavi, en août de l'année dernière. Sa coiffure est différente mais elle porte toujours les mêmes chaussures dont elle était si fière. Nous avons la journée à passer à Tbilissi avant de reprendre le train ce soir pour Bakou. Je voudrais d'abord dire bonjour au sous-directeur du Musée national, M. Djavakhishvili, qui nous avait permis de filmer tous ses bijoux d'or l'an passé. Nous prenons donc l'avenue Roustavéli, qui n'a pas beaucoup changé, toujours aussi animée. Notre ami nous reçoit chaleureusement mais il doit partir le lendemain en campagne de fouilles ; nous le laissons donc à ses préparatifs.

Au musée d'Art, le directeur, M. Abramishvili, nous autorise à prendre quelques photos d'art médiéval, notamment le superbe triptyque de Khakhouli, du XI^e^ siècle, en or, argent, pierres précieuses, perles et émaux cloisonnés, ainsi que de belles fresques d'Apôtres provenant de l'église de Sion visitée à Ateni, ou les mosaïques de Pitsounda, datant du V^e^ siècle. La guide qui nous accompagne, Nana, une jolie brunette, parle bien français. Nos prises de vues terminées à 13 heures, nous avons juste le temps d'aller déjeuner avec elle de quelques beignets au poisson, arrosés de cidre, à la *stolovaïa* d'à côté. Mais au rendez-vous du soir, Nana ne viendra pas !

En déambulant place Lénine, je suis accosté par deux jeunes gens qui me demandent en russe ce que je filme.

— L'animation piétonne et automobile, dis-je : on ne pense pas en France qu'il puisse y avoir ici de pareils embouteillages !

Je leur demande quel est leur travail ; ils me répondent ensemble :

— Chômeurs !

Ex-étudiants des Beaux-Arts, cela ne les intéresse pas d'aller dans les champs, les usines ou même d'exécuter les œuvres du canon artistique soviétique, alors ils « bricolent » au noir pour survivre !

Je me régale ensuite, sous les yeux étonnés des passants, à filmer, vingt ans après mon père, les bas-reliefs de Staline sculptés par Nicoladzé en 1938 sur l'entablement de la colonnade de l'Institut géorgien de marxisme-léninisme. On y distingue très bien la stature et les traits du dictateur géorgien.

Nous retournons prendre le métro à la station Lénine pour en descendre à Roustavéli, l'arrêt suivant, histoire de faire quelques vues intérieures comme on peut en voir sur les brochures touristiques. Si je peux filmer sans problème (mais le laboratoire gâchera au retour ma bobine dans un mauvais bain !), au moment où Dominique sort son appareil photographique, le chef de station, une grande Russe, se met à courir soudainement vers son bureau. Sentant les problèmes venir, je décide de remonter l'escalier mécanique, mais nous nous faisons doubler par quelques furies qui, sans nous voir, foncent bloquer la sortie où attendent déjà quatre miliciens. Ils nous coincent, nous accusant de faire des photos interdites. Je réponds que finalement nous n'en avons pas fait, ce qui est bien vrai. Mais le ton monte, et déjà une centaine de personnes s'agglutinent, certaines femmes s'en prenant aux miliciens. Je lance une tirade avec le nom d'Intourist. C'est alors l'empoignade générale entre fonctionnaires du métro, milice et population ! On nous intime fermement l'ordre de rentrer dans un bureau, le temps que la foule se calme. Une heure plus tard, le chef de la milice arrive, se fait expliquer notre histoire et tente de téléphoner d'abord à Intourist : il obtient la voirie ! Il tente l'hôtel Iveria et tombe sur les pompes funèbres. Il appelle enfin le service des étrangers du ministère de l'Intérieur où il dérange quelqu'un qui n'a pas l'air de plaisanter ! Furieux, le chef raccroche brutalement le téléphone et nous fait le signe impératif de décamper au plus vite avant qu'il ne s'énerve !

Nous n'avons que le temps de filer faire nos bagages à l'hôtel car à 20 h 30 la voiture d'Intourist nous attend pour nous emmener à la gare d'Orient de Tbilissi. L'accompagnateur, un jeune étudiant en langue française, travaille en « extra » pour gagner quelques roubles. Les *matriochkas* du wagon-lit nous donnent notre literie. Nous avons une voisine, jeune fonctionnaire de Bakou, qui rentre chez elle. Très content de cultiver mon russe, je discute jeux Olympiques avec elle : revenant de Moscou, elle y a assisté et trouvé cela magnifique. Mais elle s'étonne de notre attitude politisée et de la réaction des Occidentaux sur le problème afghan.

Nous dormons mal à cause du manque d'air : la fenêtre ne s'ouvre pas ! Levés tôt, et voulant respecter le sommeil de notre voisine, nous sortons dans le couloir regarder le paysage : steppes et champs de coton alternent avec les derricks. Nous sommes bien en Azerbaïdjan, la terre du pétrole !

## CHAPITRE XXVI

# BAKOU, LA VILLE DU VENT

*Bakou est une très belle ville où il est agréable de vivre et de travailler. Il est évident qu'elle fut construite et se construit toujours par un peuple qui aime ardemment sa patrie, qui conserve ses traditions nationales et en même temps donne le meilleur de lui-même pour l'édification d'une ville moderne.*

Léonid BREJNEV.

Arrivés à 8 heures à Bakou, nous sommes attendus sur le quai par une grande fille au visage sorti tout droit d'une miniature persane : Zemphyra, notre guide, qui se révélera être fine, cultivée, sensible et artiste ; une guide-interprète du pays comme on aimerait en avoir souvent !

— *Bhoch Ghialmichoiniz !* Soyez les bienvenus, nous dit-elle en azéri. Un porteur vétéran, bardé de décorations, charge nos deux mallettes sur son dos : pour un presque centenaire, il se porte bien !

Nous sommes logés à l'hôtel Azerbaïdjan, le plus moderne et le plus vaste (1 200 chambres) de Bakou. La chambre 633 offre une belle vue sur la place Lénine et l'avenue des Ouvriers-du-Pétrole qui longe la Caspienne, que l'on devine entre les arbres, derrière les nombreuses grues des docks. Face à nous, de l'autre côté de l'immense place que borde le palais du Gouvernement, se dresse la carcasse d'un immense immeuble en construction : un futur hôtel encore plus moderne.

Une longue discussion avec le bureau d'Intourist me permet d'expliquer mes desiderata : durant les cinq jours de séjour autorisé, je voudrais profiter au mieux de Bakou et de ses environs. A 15 heures, nous aurons déjà le droit à la visite de la ville comprise dans notre séjour. Demain matin seulement, nous obtiendrons une réponse à mes demandes de voir en ville le métro (officiellement cette fois-ci, pour ne pas revivre l'incident de Tbilissi !), le port du coton et du pétrole de la Caspienne, le caviar, des spectacles de folklore ou de musique azerie, les musées Nizami (littérature), Moustafaiev (art populaire) et d'Histoire, et, si possible, des centenaires [1]. Comme excursions, j'aimerais aller voir l'exploitation du pétrole en mer à Neftianyé Kamni, que mon père avait visité avec ma mère en 1966, la ville moderne du pétrole de Soumgaït, la cité médiévale de Chemaka, les gravures rupestres du Kobystan et le temple du Feu de Sourakhany. Quant au retour à Tbilissi, je souhaiterais l'effectuer en voiture *via* Chemaka, Cheki et Telavi, ou en car. L'exposé complet de nos requêtes terminé, nous allons modestement, Dominique et moi, déjeuner au restaurant de l'hôtel.

Zemphyra monte à l'avant de la Volga et, tandis que le chauffeur démarre, elle commente la longue histoire de Bakou : « Un décor génial d'un enfer terrible », d'après Maxime Gorki [2]. Un pas de valse sur les seize hectares de la place Lénine et la Volga s'arrête place des 26-Commissaires-du-Peuple, devant le monument en granit rouge que le sculpteur Merkovrov mit vingt ans à ne pas terminer, et qui représente les quatre nationalités : azerbaïdjanaise, arménienne, géorgienne et russe. La tombe des héros est surmontée du buste monumental d'un ouvrier attristé qui tient à bout de bras la flamme éternelle. Une mariée en blanc vient y déposer son bouquet, tradition constante dans toutes les villes d'U.R.S.S. Un cinéaste officiel filme comme moi la scène. Sa caméra 16 mm ressemble un peu à une boîte à savon, et il ne peut s'empêcher de venir examiner la mienne, un peu plus moderne.

Notre guide nous emmène maintenant voir le monument le plus célèbre de Bakou, la tour de la Vierge ou Kyz-Kalassy, haute de 28 mètres et épaisse de 5 mètres à la base pour 4 mètres au sommet. La légende raconte que la ravissante fille d'un khan de Bakou, poursuivie par les assiduités de son propre père, résolut de ne se donner à lui que lorsqu'une haute tour serait achevée au bord de la mer (au niveau bien plus haut à l'époque). Mais le jour de ses noces, elle se jeta du sommet de la tour dans les flots ! Sept étages de grimpette emberlificotée le long d'un escalier à vis et la vue s'étend, splendide,

1. L'Azerbaïdjan compte 840 centenaires par million d'habitants. La durée moyenne de vie est de soixante-douze ans. Chirali Mouslinov (167 ans), Medjid Agaev (142 ans), les époux Nasir et Chetchek Kasimov (127 ans) vivent-ils toujours dans leurs montagnes au climat si sain ?

2. Voir en annexe n° 4 l'histoire de Bakou.

sur toute la ville. Un large côté du panorama est occupé par la mer Caspienne. Des quartiers modernes barrent l'horizon. Les immeubles staliniens cachent les rues et avenues où la verdure a remplacé le désert qu'a connu Alexandre Dumas [3]. Les environs immédiats sont plus pittoresques car nous surplombons le cœur du vieux Bakou. Terrasses et coupoles s'enchevêtrent dans un patchwork irrégulier autour des ruelles tortueuses. Si les cheminées noircissent nombre de toits, on distingue quelques grands balcons qui disparaissent sous les treilles. Face à l'entrée de la tour, un restaurant récemment ouvert dans un antique caravansérail semble emprisonner une oasis dans ses murs aveugles. Autour de nous, le marché, transformé en musée des Inscriptions musulmanes, nous expose ses arcades restaurées. En revanche, les bains de Hadji Gayiba ne sont pas ouverts. Il serait plus adapté d'en faire un hamam qu'un musée ! Une église abandonnée jouxte un autre caravansérail où je remarque de belles portes de bois devant chaque cellule : est-il transformé en habitation ou en administration ?

D'en bas, on aperçoit nettement la plaque indiquant en persan que cette curieuse tour en forme de clef où nous sommes est l'œuvre de « Mas'oud fils de Davoud ». Les pierres érodées des assises régulières, cannelées, de cette construction du XIIe siècle forment comme un beau jeu de construction. En regardant de près les sarcophages du marché, je me rends compte de la perfection de la calligraphie arabe sculptée. Allah est grand du Maroc en Indonésie et de Bakou à Ndjamena !

Plus loin, le minaret de Synyk Kala est le plus ancien monument de Bakou : une longue inscription qui court sous l'admirable balcon aux balustrades sculptées nous apprend qu'il a été bâti l'an 471 de l'hégire (1078-1079) par « Mohamed fils d'Abubekhr ». Juste à l'angle de la ruelle aux balcons sous treillis qui mène à la mosquée de Mohamed, le musée des Tapis vient d'ouvrir. Zemphyra nous explique quelques détails de l'originalité azérie dans cet art célèbre en Orient, tandis que nous visitons des pièces aménagées comme au XIXe siècle : tapis au sol et aux murs, divans et coussins autour de la pièce, coffrets de bois aux ferrures finement incisées, plateaux d'argent ou de cuivre supportant de fines aiguières : un modeste intérieur plutôt bourgeois pour l'époque ! Sur tous les tapis — muraux ou de prière (*kilim*) — on remarque le symbole stylisé du feu ou *boutah* en forme de virgule pleine, la marque de fabrique de ce pays du feu. La couleur caractéristique de Bakou est le gris-brun, qui représente la steppe salée. Les tapis de Kouba, Shirvan, dont la capitale est Chemaka, sont

3. « Alexandre DUMAS illustré », *Impressions de voyage : Le Caucase,* avec des illustrations de Flameng, Foulquier, Moynet... édité à Paris chez A. Le Vasseur et Cie (sans date) est une source de détails sur le Caucase, souvent puisés *in extenso* dans des ouvrages plus anciens, comme César FAMIN...

plus géométriques. Un curieux coupe-moustache en cuivre argenté me fait machinalement lisser la mienne !

« Ichery Sheker », la vieille ville enclose, a beaucoup perdu de son charme depuis qu'elle a été nettoyée de tout ce qui fait le pittoresque de l'Orient : la saleté, la poussière, les odeurs, les couleurs, les cris, l'animation de la foule animale ou humaine.

— Elle a connue une cure de rajeunissement : on rase les maisons ne présentant aucun intérêt historique ou architectural ; on restaure les monuments de valeur, nous explique Zemphyra.

Il reste encore à visiter le célèbre palais des Chahs de Shirvan, l'ensemble architectural le plus complet de Bakou. Composé de trois cours ombragées, disposées sur trois niveaux, ceinturé de murailles percées de meurtrières et couvrant un hectare, il fut bâti en pierre de taille au XVe siècle par le chah de Chirvan Khalil Ullakh (1417-1462) et son fils Faroukh Nessar (1462-1501). La façade du porche de la cour supérieure, qui abrite le bâtiment octogonal du Divan Khané (Conseil du Khan), est un chef-d'œuvre de ciselures. La cour intermédiaire dessert le Harem ; quelques dizaines de pièces, sur cinquante-deux, sont transformées en un musée d'Histoire et d'Architecture de Bakou. Devant l'étrange mausolée octogonal au toit pyramidal, ou *turbé,* de l'astronome Seid Yahia Bakouvi (XVe siècle), les restes de la mosquée Key Koubada (XIIIe siècle), brûlée en 1918, abritent les sculptures de la forteresse, engloutie au Xe siècle, Sabaïl, sur le petit îlot de Baïlov qui resurgit dans le port de Bakou depuis que les eaux de la Caspienne baissent. Les six cents blocs, sculptés de caractères arabes et de représentations animales qui entouraient la base des murailles, aujourd'hui disparues, ont été récemment exhumés. On accède à la cour inférieure par un escalier glissant. A côté de la mosquée du Palais au minaret massif, l'austère tombeau des Chahs possède un porche original à arc ogival richement décoré de médaillons en forme de goutte stylisant le nom de l'architecte, Ali. En contrebas le hamam en ruine fonctionnait comme les thermes romains ; avec un pavage d'hypocauste [4] et un *ovdan* (puits d'alimentation). On savait bien vivre dans l'ancien temps ! Pour certains !

La visite se termine par la montée au parc Kirov, et à la statue du célèbre révolutionnaire, érigée en 1939, d'où l'on peut embrasser un panorama plus vaste encore que de la tour de la Vierge. Prenant notre temps, nous nous amusons à pointer nos téléobjectifs dans toutes les directions : la vieille ville, la tour, le Palais des Chahs, les quartiers staliniens, les quartiers modernes : coupoles, immeubles, verdure ; minarets, terrasses, antennes, raffineries, cheminées d'usines et derricks se bousculent à l'infini. Mais la côte de la mer Caspienne m'attire irrésistiblement. La rade est bordée de jetées, encombrée de navires, grues, docks, derricks et puits de pétrole. Port de pêche,

4. Système de chauffage au sol par air chaud circulant sous le pavage posé sur des piliers de briques.

port de commerce mais aussi port militaire : derrière cet îlot de Baïlov que m'indique Zemphyra, mon œil s'agrandit au regard d'une bonne trentaine de navires de guerre gris : la marine militaire de la Caspienne prête à intervenir en Iran...

★

Je découvre, pour la première fois, dans une salle de restaurant de l'hôtel Azerbaïdjan ouverte au public de la ville, le système de buffet self-service. Pour un 1 rouble 50 kopecks (10,20 F), l'honnête travailleur peut se gaver littéralement de dizaines de tartines, beurre et confiture, de charcuterie, poisson, œufs ou omelette, cornichons, fromages ; un vrai festin byzantin. Les plateaux de tous nos voisins croulent sous la nourriture. Habituons-nous donc aux coutumes locales !

A 9 heures la discussion recommence entre le bureau d'Intourist et nous. Ces charmantes dames (elles sont présentes dans toutes les administrations) envisagent la possibilité pour nous d'aller de Bakou à Tbilissi en voiture mais, navrées, ne m'autorisent pas à aller en bateau à Neftianyé Kamni. J'ai beau expliquer que mon père y est déjà allé en 1966 et a même filmé les installations pétrolières : ce n'est plus au programme, il faut un laissez-passer spécial. Nous continuerons plus tard nos tractations, car, à 10 heures, la voiture nous attend avec Zemphyra pour nous conduire au Kobystan, à 60 kilomètres au sud de Bakou.

Une bonne route asphaltée longeant la Caspienne, de près ou de loin, et menant à la frontière perse à 312 kilomètres de Bakou, court à travers la steppe salée. Les villages de Primorsk ou Sungatchaly somnolent le long des plages grises. Petites maisons basses à terrasses, rares arbustes, femmes vêtues de foulards et pantalons, hommes au teint basané adossés aux murs : il commence à faire très chaud. Au pied des collines rocheuses, fument quelques complexes industriels. Les ondulations ocre gris de la terre brûlée sont souvent recouvertes de puits et de pompes à pétrole. Les lagunes desséchées, aux sables blancs, sont parcourues de traînées noirâtres des déchets asphaltiques. Solitaire, un derrick dresse sa charpente métallique vers un ciel uniformément azur.

En mer, à quelques dizaines de mètres de la plage se profile toute une série de cabanes sur pilotis : une échelle d'accès, une plateforme de planches et un abri plus ou moins grand.

— Ce sont des cabanes de pêcheurs, m'informe Zemphyra, qui viennent surtout le samedi ou le dimanche aux bonnes périodes pêcher le bélouga [5]. Elles appartiennent aux familles de Bakou ou des environs.

---

5. Célèbre pour ses œufs avec lesquels on fait le meilleur caviar, l'*Acipenser ichthyocolla* ou bélouga des Russes est un esturgeon que l'on trouve dans la mer Caspienne, la Volga, la mer Noire, la mer d'Azov et dans le Danube.

L'eau à 18° n'attire personne.

Au bord de la route, un gros rocher surmonté d'une statuette futuriste en ferraille indique le Kobystan ou Gobustan, à quelques kilomètres vers les terres. Ce nom signifie « Pays des Ravines », autrefois verdoyantes, maintenant steppo-désertiques. Depuis 1939, les archéologues y ont répertorié plus de quatre mille gravures rupestres (et vingt cavernes ou abris) datant du VIIIe millénaire av. J.-C. jusqu'au XIVe siècle ap. J.-C. La plus grande partie est constituée de dessins néolithiques représentant des animaux inscrits dans le roc du mont Béioukdach (la Grande Pierre), là où les chasseurs de l'époque les traquaient pour les précipiter dans le vide. On pourrait comparer ce site à ceux du mont Bego, près de Nice, de la vallée des Merveilles ou du Val Camonica, à Bergame.

Sous un soleil accablant et une chaleur élevée pour cet automne, nous nous promenons ainsi dans ce chaos de rochers sombres qui conservent toutes ces fabuleuses images de ces temps anciens où il faisait bon brouter le long de la Caspienne.

Du VIIIe au VIe millénaire, les gravures représentent des chasseurs au torse svelte et des femmes aux seins et hanches marqués. Du Ve au IIIe millénaire, les animaux de grande ou de petite taille sont majoritaires. Puis à l'âge du bronze viennent les scènes humaines collectives : longs canots avec un soleil à l'avant, chasse à l'arc, à la lance, puis au trident et à l'épée, sacrifices, danses avec des personnages vêtus de costumes à queue ; plus récemment, scènes de récoltes, véhicules à roues... En faisant fuir un bon nombre de vrais lézards, les derniers habitants du lieu, nous nous amusons alors à débusquer, gravés en faible creux, oiseaux, poissons, chèvres, mouflons, vaches, cerfs stylisés, aux cornes effilées, aux contours bien nets, d'un réalisme admirable, d'un dessin tout moderne, parfois superposés — comme un cheval sur un bœuf — parfois affrontés.

A côté d'une petite caverne se remarquent des trous où les anciens habitants attachaient peut-être leurs animaux. Sur des rochers plats, les cupules ou récipients taillés dans le roc, avec les canaux qui s'y déversaient, servaient peut-être à recueillir le sang ou l'eau des sacrifices — ou étaient utilisés simplement pour la cuisine ? Tout près, une pierre plate porte le nom de *Chaval-tchalandach* ou *Cabal-daih* : Pierre Tambour. En frappant dessus, on en sort, en effet, des sons qui pourraient bien accompagner les danses du style des rondes ou *iallys* locales.

En dehors de quelques inscriptions en arabe et persan médiévales, Zemphyra me réserve une belle surprise : au pied du mont Béiouk-dach, un rocher, désormais enclos, porte une inscription latine ! Quelle joie surprenante de trouver trace des Romains jusqu'aux bords de la Caspienne !

| | |
|---|---|
| IMP. DOMITIA... | A l'Empereur Domitien |
| CAESARE-AUG... | César Auguste |
| GERMANIC... | Germanique |
| L-IVLIVS | Lucius Julius |
| MAXIMVS D | Maximus Centurion |
| LEC XII FVL | de la XII^e Légion Fulminante |

Une dédicace du temps où Domitien (81-96) guerroyait contre les Perses.

A côté de ce musée vivant à la belle étoile, un bâtiment abrite quelques trouvailles : outils microlithes, os, tessons et vases néolithiques. La gardienne nous offre un thé brûlant pour nous rafraîchir. Une Allemande de l'Est, à côté, préfère apparemment le blanc sec : à chacun ses traditions !

Au retour, nous croisons un long convoi d'autocars bariolés de drapeaux et de pancartes : les étudiants de Bakou en vacances vont offrir leurs bras pour la récolte du coton ! Un arrêt rapide devant le port du pétrole me confirme dans mon idée d'aller visiter la ville sur pilotis de Neftianyé Kamni, à plusieurs heures de bateau en pleine Caspienne. Tant de docks, de grues, de pompes, de derricks, de pipelines ou de pétroliers de tous tonnages, tant de noir sur fond bleu ciel : Bakou est réellement bien la ville du pétrole !

Mais, après deux heures de discussion, si je ne peux obtenir d'aller voir cette exploitation pétrolière maritime, j'obtiens celle de troquer la location de voiture pour Tbilissi, d'un prix exorbitant (700 dollars US) !), contre un circuit de trois jours en autocar avec ces Allemands entrevus au Kobystan : Bakou-Chemaka-Cheki-Telavi où je retrouverai mon itinéraire pour Tbilissi.

## CHAPITRE XXVII

# LE TEMPLE DU FEU

Nous nous empiffrons une fois de plus au petit déjeuner de la « salle des marbres », mais j'avoue que la sardine à l'huile de tournesol, accompagnée de thé et de beignets au fromage a du mal à passer avec la confiture !

Aujourd'hui, vivons la journée du pétrole. Puisque visiter Neftianyé Kamni est impossible [1], allons voir la nouvelle exploitation maritime Alexandre Serebrovski à la pointe sud de la presqu'île d'Apchéron. Nous sortons de Bakou par des quartiers neufs périphériques, puis zigzaguons entre derricks, pompes, réservoirs et tuyaux dans cette steppe salée et bitumée de Djeiranbatan (de l'Antilope). Après le poste de garde au-delà de la dernière lagune desséchée, le véhicule enfile une longue estacade sur pilotis, que longe une haie de tuyaux et pipe-lines. Puis nous doublons un certain nombre d'élargissements où se dressent les anciens derricks de forage, les cabanes et les pompes, assemblage moderniste de tubulures et manomètres. Notre Volga s'arrête sur une dernière plate-forme. Nul besoin de rechercher la rare ombre d'un derrick, il fait bon en mer. Nous sommes, en effet, à plusieurs kilomètres au large près de la maison des ingénieurs, au terminus de l'estacade routière. Au-delà, les tuyauteries et câbles forment un pont sous lequel passent les bateaux ; on n'accède à l'extrémité des pilotis qu'à pied, par des échelles.

---

1. La ville des « Pierres de Naphte », à 100 kilomètres de Bakou, en mer, est la seule ville au monde bâtie sur pilotis d'acier. C'est une cité de 5 000 « pétroliers » avec plus de 200 kilomètres d'estacades élevées à 30 mètres au-dessus des flots caspiens, près d'un affleurement rocheux. En plus de centaines de derricks, pompes, réservoirs, elle possède des maisons d'habitation, bureaux, ateliers magasins, restaurants...

A côté d'un portrait de Brejnev, une inscription en gros caractères rouges loue le courage héroïque des ouvriers marins du pétrole. Le Secrétaire général commence à être aussi populaire que Lénine, tout au moins dans les affiches. Le spectacle est curieux : mes yeux errent sur un horizon fermé d'estacades semblables à la nôtre, où cuves, derricks, cabanes et tuyaux s'accrochent par paquets, et de plates-formes isolées en mer. La côte paraît bien lointaine dans l'infini brumeux. Pas un bruit autre que celui du clapotis, pas un mouvement si ce n'est celui du vent sur cette mer étrangement calme.

Zemphyra revient avec l'ingénieur pétrolier de Bakou, Hussein Hussanof. La quarantaine, les cheveux noirs et frisés ; après avoir travaillé à l'usine « N.B.N.Z. Lénine » de transformation du pétrole, il dirige cette exploitation qui porte le nom d'un foreur de pétrole azerbaïdjanais de 1920, Serebrovski, dont on a vu la plaque et la statue à l'entrée. Sous ses ordres s'activent cent ouvriers chargés de la surveillance et de l'entretien de 183 puits, reliés à neuf stations de *dispatching* centralisant tout le contrôle. Il m'explique que, dans cette région surnommée « l'île des Sables », l'exploitation du pétrole a débuté en 1949. Le gisement appelé « Printemps » est l'un des vingt-deux centres pétroliers maritimes où l'on extrait 65 % du pétrole de Bakou. Il est donc rattaché au continent par une route artificielle. Il y a 30 kilomètres d'estacades et de nombreuses plates-formes isolées qui s'avancent jusqu'à cent mètres de profondeur en mer [2]. On fore jusqu'à 6 000 mètres de profondeur ! Le pétrole blanc, dont il présente à mes objectifs une éprouvette renfermant un échantillon assez pur, se trouve entre 2 et 3 000 mètres ; le pétrole noir, le meilleur, entre 5 et 6 000 mètres.

Les derricks ont tous 50 mètres de haut. C'est la hauteur du tube, qu'ils permettent de dresser verticalement — comme un échafaudage sur mesure — pour l'emboîter dans le tube précédent enfoncé dans l'excavation produite lors du forage à la téléforeuse à tête de diamant. Quand la tubulure atteint la zone à prospecter, le derrick est remplacé par la pompe. On insuffle sous pression, par les anciens tubes de carottage, de l'air sous tension ou du gaz naturel, dont les poches s'étalent au-dessus de celles de pétrole, ce qui fait monter le précieux liquide. Il m'indique quelques bouillonnements d'écume qui percent les vaguelettes et me les présente, avec humour, comme « du champagne caspien » : tout simplement, des échappements de ce gaz qui remonte à la surface et forme ces grosses bulles. En se penchant sur la mer, il me montre les pilotis de fer, rongés et rouillés.

— C'est un grand problème, précise l'ingénieur, la Caspienne est très salée, à treize pour mille, et le sel attaque les poutres. Mais le

2. La mer Caspienne a une profondeur maximale de 1 205 mètres et une superficie de 371 000 km². Elle est à 28 mètres en dessous du niveau de la mer Noire. Ses eaux, qui baissent régulièrement, ont monté de 46 cm, exceptionnellement, l'an dernier (1979).

plus grave problème se pose lors des forages, quand une tête de forage en diamant se casse : le prix en est si élevé que c'est une catastrophe financière. L'Etat éponge le déficit en maugréant ! La production monte et descend selon les jours, elle reste moyenne depuis l'après-guerre.

Notre guide ingénieur nous quitte car il profite de sa semaine de congé mensuelle. Les travailleurs du pétrole, comme la plupart des autres, travaillent ici trois semaines pour une semaine de vacances.

★

« C'est auprès de Bakou que se trouve le sanctuaire du Feu, Artech-gah, l'un des plus célèbres sectateurs de Zoroastre. Artech-gah est situé dans une plaine aride infectée par l'odeur du naphte. Un édifice carré où sont comprises une vingtaine de cellules servait de monastère aux adeptes du Zend-Avesta. Dans la cour du milieu s'élève un autel flanqué de quatre cheminées quadrangulaires ; au centre est un foyer que la piété des Parsis alimentait perpétuellement au moyen de naphte [3]. »

Le spectacle n'a pas changé depuis le passage de César Famin, ni même celui d'Alexandre Dumas qui compare les quatre cheminées d'angle du toit en coupole de cette sorte d'arc de triomphe en forme de baldaquin à des « créneaux, dont chacun brûle comme un énorme bec de gaz [4] ». Le feu sacré de ce remarquable « temple du Feu » était autrefois alimenté par une poche de méthane (gaz naturel) et un système de tuyaux ; après un siècle d'abandon, les flammes jaillissent de nouveau. Mais au lieu de la plaine « d'où, par cent ouvertures irrégulières, s'échappent des gerbes de flammes que le vent déploie » [5], il faut traverser la seule plantation d'oliviers d'U.R.S.S. celle de Ziria, puis stopper au centre d'un vrai bourg, Sourakhany (la Maison chaude), dans un quartier de petites maisons basses ombragées de derricks et pousser la lourde porte d'un mur d'enceinte dentelé.

C'est au VII^e^ siècle av. J.-C. que Zarathoustra (Zoroastre) révéla dans ce qui devint le *Zend-Avesta,* ou *Livre de la parole vivante,* la religion mazdéenne, fondée sur l'équilibre du bien et du mal et le culte du feu desservi par la caste des mages. Devenue religion officielle des Perses jusqu'à l'invasion arabe, le mazdéisme subsista en Azerbaïdjan, en Iran, au Pakistan et dans l'Inde du Nord. Une communauté iranienne desservit le temple de Bakou jusqu'au XVII^e^ siècle. Puis une colonie indienne s'y installa, dont le dernier yogi (mage) s'éteignit, avec la flamme, en 1880. Adorant le pouvoir magique et

3. César FAMIN, *op. cit.*
4. et 5. Alexandre DUMAS, *op. cit.*

hypnotique du gaz qui flambe de lui-même, les fidèles indiens élevèrent un ensemble de vingt-huit cellules, en 1713, comme nous l'apprend une des vingt plaques de pierre recouverte de caractères hindi (ou sanscrit pour les formules religieuses et poétiques), scellées au-dessus des portes.

Allongées, au plafond voûté en ogive, avec de nombreux renfoncements, ces cellules qui s'ouvrent toutes sur la cour servaient d'écuries, de salles d'hôtes — caravansérail où séjournèrent de nombreux voyageurs comme le baron de Thielmann [6] — ou de logements pour les mages ascétiques. Des reconstitutions nous replongent dans ce curieux monde oriental où la foi déplaçait les caravanes de marchands et de fidèles de l'Indus à la Caspienne. Le porche d'accès ne date que de 1805, tandis que le temple fut construit dans sa forme actuelle entre 1816 et 1827.

Nous tournons autour de l'Atechghiah [7] pour éviter les groupes de touristes soviétiques ou de pays frères qui entrent et sortent sans cesse. Pratiquant le tourisme individuel, nous avons le temps de nous attarder et de discuter avec la gardienne du site, une jeune égérie au type iranien et au rouge à lèvres agressif. Etudiante aux Beaux-Arts, elle a fort à faire, car les touristes visitent Bakou toute l'année.

Ce n'est pas avec elle mais en compagnie de la tout aussi charmante Zemphyra que nous déjeunons au restaurant Caravansérail. Les cellules s'ouvrent sur un patio octogonal, ombragé d'un figuier. Le bassin d'ablution sert d'aquarium à quelques poissons rouges. Très stylé, le serveur, en veste de soie traditionnelle sur un *jean* américain, nous accueille par un proverbe azéri :

« Un hôte dans la maison est une fête pour le maître ! »

Il nous ouvre une cellule ornée de tapis, meubles et bibelots et d'une cheminée « boukhary » de style local, puis nous propose quelques délices de la cuisine azerbaïdjanaise. Notre guide commente le menu :

— Voulez-vous un potage *pity, bozbach, duchbara,* préparé au bouillon de viande de mouton, ou du *chorba* de poule pour commencer ? Ensuite vous pouvez choisir un plat végétarien comme la *douga,* à base de lait caillé et de verdures, ou bien un *plof* [8] composé de mouton, volaille, riz et herbes aromatiques. Différents *chachliks,* ou brochettes de mouton, de foie ou même d'esturgeon comme le *tykia bastourma,* le *chachlik bastourma* ou le *lula kebab* sont des spécialités de la maison. Pour compléter, je recommande des *yarpag dolmassy* ou *badymdjan dolmassy* [9]. J'ai oublié les *koutabs* : pâtes farcies

6. *Le Caucase, la Perse et la Turquie d'Asie d'après la relation de M. le baron de Thielmann,* par le baron Ernouf, Paris, Plon, 1876.
7. Orthographe actuelle de l'Artech-gah de Dumas.
8. Le *plof* ou pilaf oriental est le plat traditionnel des populations d'origine turque. Nous en donnions la recette dans *les Mahuzier en Orient soviétique, op. cit.*
9. Feuilles de vigne ou tomates farcies.

de viandes aux herbes. Comme dessert, des sucreries au miel et aux amandes : *pakhlava, chacher boura* ou *chacher tchoureck*. Nous pouvons boire du thé local. Peut-être préférez-vous du vin du pays, *kara tchanarh, akstafa, chemakhy* ou *mil ?* Les meilleurs rouges sont les *chamkor, matrassa* et *kiam chirin,* les blancs *novrouzly*[10], *baïan* ou *sadilly,* plus sec. Moi, je préfère le *charbet,* un mélange de jus de fruits aromatisés. Mais il y a aussi du jus de grenade, le *nar charab.*

Zemphyra lève alors ses grands yeux sombres et brillants et, devant notre silence indécis, décide d'elle-même de commander tout un assortiment typique.

Je connaissais bien le plof, dégusté en Asie centrale avec la famille et, en fait, beaucoup de ces plats sont très proches de ceux que nous avons goûtés en Turquie.

Grâce à notre guide, je puis acheter d'intéressants ouvrages sur l'Azerbaïdjan à la librairie de la Tour et des disques de folklore traditionnel ou même de compositeurs classiques du pays. Décoré d'une jolie fresque représentant un concert dans le style miniature persane du XVI^e^ siècle, le magasin ne désemplit pas de jeunes garçons et filles semblant s'intéresser autant à la musique classique qu'à celle de variétés. Habillés de *jeans* et de polos, ils sourient en m'entendant demander à la vendeuse le nom des idoles locales. Il faut redire que les disques en U.R.S.S. sont, pour des prix raisonnables, de bonne qualité.

C'est l'heure de la sortie des classes. Des cortèges d'enfants en tenues de Pionniers, chemises blanches et foulards rouges, défilent dans les contre-allées de l'avenue des Pétroliers, derrière leurs professeurs. Certains de ceux-ci se renfrognent manifestement en constatant que nous les filmons et photographions. La plupart des enfants sont des garçons et filles du pays, bruns, bouclés, les yeux rieurs, le teint basané, mais quelques têtes rondes et blondes indiquent des Russes, quelques nez aquilins plutôt des Arméniens.

A l'heure du *paseo*[11] le long de la Caspienne, hommes en pantalons sombres et chemises claires, femmes en jupes imprimées ou noires, enfants en shorts et jupettes déambulent par groupes sous les acacias, mimosas ou pins d'Eldar. Face au musée Lénine, ma caméra enregistre le manège d'un photographe qui essaye vainement de faire poser un enfant sur une auto à pédales. Nous guettons les buveurs de *kvass,* les dégustateurs de *dondurmas*[12] ou les anxieux qui se pèsent sur la balance publique. Une animation insolite attire mon attention : des Tziganes abordent un à un les promeneurs et « font la manche » de banc en banc. La mendicité, rarissime en U.R.S.S., existe pourtant à Bakou !

---

10. Du Nouvel An perse : le 21/22 mars.
11. Traditionnelle promenade du soir dans les pays latins.
12. Crèmes glacées.

La nuit est tombée depuis longtemps lorsque nous pénétrons dans le bâtiment de l'Académie léniniste de théâtre, opéra et ballets, construit en 1910, 28 rue du 28-Avril [13]. Nous venons assister avec Zemphyra à un spectacle « *Legenda o liobvi* » (la Légende d'Amour), sur un livret de Nazim Khikmet et une musique d'Arif Melikov : le jeune maçon Farkhad tombe amoureux de Chirin, sœur cadette de la reine Mekhmenê Banou qui, elle-même, tombe amoureuse de notre Farkhad ; d'où de dramatiques pas de danse avec interventions du Grand Vizir « Iznogoud », d'un magicien nommé Neznakomets (l'Inconnu), de groupes de soldats ou d'amis de Farkhad. Tout se termine bien : notre maçon accomplit les exploits nécessaires pour emporter sa belle, et ils couleront des jours heureux ensemble.

*

*Et j'ai chanté des mots d'amour et de douleur.*
*Je suis resté tout seul et j'ai pleuré tout bas*
*En écoutant hurler la plainte des frimas...*
*Sombre dimanche* [14]...

Aujourd'hui dimanche 14 septembre 1980, journée libre, car Zemphyra doit aller voir sa vieille mère en province. Nous en profitons pour nous promener seuls. Au petit déjeuner, un serveur se tient désormais debout derrière chaque plat. Cela ne se fait plus de partir avec quinze tranches de pain, trois théières, huit œufs, trente-deux sardines et un plat entier de cornichons et de confiture comme notre voisin d'hier matin !

Nos pas nous mènent devant l'entrée d'un vieil *Univermag*. Une quantité de salles bordent une longue allée centrale sous verrière où se bousculent des centaines de personnes. Le stand des télévisions est inaccessible tant il est bondé. Je ne trouve cependant pas de piles d'1,5 volt pour le magnétophone ni de papier collant. Mais, en montant sur une borne pour filmer l'intérieur, je sens soudain une main qui m'agrippe : un milicien est déjà là ! Plus tard en visionnant cette séquence, je constaterai qu'on le voit fendre la foule dès la première image. Nous nous retrouvons donc dehors rapidement ! J'ai beau lui expliquer que nous voulions montrer que les magasins de Bakou sont beaucoup mieux achalandés que dans un grand nombre d'autres villes... peine perdue !

Flâner le dimanche dans Bakou est très instructif. La ville se transforme en une immense rue piétonnière sans les nombreux camions et véhicules de fonction habituels. Que de monde ! La pro-

---

13. Date de la proclamation du pouvoir soviétique en Azerbaïdjan.
14. Chanson hongroise de Javor Laszlo.

menade dominicale mêle toutes les classes sociales et nationalités de la capitale : du fonctionnaire du ministère de l'Industrie pétrolière au lycéen, du soldat russe de garnison en uniforme à la kolkhozienne d'origine campagnarde. Tous sont endimanchés, même les plus modestes.

Çà et là, des attroupements : ici, la foule des badauds se bouscule autour d'une Zigouli 05, jaune dernier modèle, valant 7 000 roubles : le grand lot d'un tirage spécial de la loterie ; là, une affiche pour la Caisse nationale d'épargne sert de toile de fond à un étalage de bouquiniste. Les livres sont en azéri, non en russe.

En passant par la place Nizami, nous admirons le beau musée de la Littérature, à la façade ornée de six statues d'écrivains célèbres d'Azerbaïdjan : Fizouli, Vaghif, Natavan, Akoudou, Mamed Kouli Zadeh et Djabarly. Nous pénétrons ensuite dans la vieille ville par la grande porte percée dans la muraille crénelée, construite par le khan Manoutchekhr II (1120-1160), en compagnie de trois soldats ukrainiens. Nous repassons par le beau bâtiment de la Société philharmonique Magomaev (1909) et ses immeubles voisins style Renaissance moderne ! Profitons-en pour visiter le musée d'Art Roustam Mustafaev et ses richesses en miniatures de style persan. Prenons le métro de Bakou pour rentrer à l'hôtel. Inauguré en 1967, il compte déjà onze stations. Montés au « Soviet de Bakou », nous descendons à « 26-Commissaires », près du monument où les mariés défilent toujours avec leurs bouquets de fleurs. Le métro coûte 5 kopecks dans toute l'U.R.S.S. (32 centimes !). Bouches et stations sont neuves. Les pavés de marbres, les colonnades, l'éclairage moderne en font une œuvre encore plus belle que le métro de Tbilissi, ce dont s'enorgueillit la ville.

Avant de regagner notre logis, nous visitons le nouvel *Univermag* de la place Lénine. Les vitrines sont décorées de jouets à la gloire des jeux Olympiques, déjà passés depuis deux mois, et l'intérieur grouille, comme dans tous les magasins, d'une population sans cesse à la recherche de produits de consommation nouveaux ou meilleurs.

De retour à l'hôtel, c'est l'affolement : on nous cherche partout. Un télégramme arrivé de Moscou (que je n'ai jamais vu) annoncerait que papa est au plus mal. J'essaye donc infructueusement de téléphoner en France. Puis me décide à annuler toute la suite du voyage et à rentrer précipitamment à Paris. Les services de Intourist de l'hôtel Azerbaïdjan se surpassent réellement pour arriver à me faire rembourser mes avances sur les excursions annulées. Ils me fournissent deux billets pour Moscou, pour le lendemain matin, et nous facilitent toutes choses en ce jour chômé, je les en remercie encore.

Vers 23 heures, je suis réveillé en sursaut par la sonnerie du téléphone. A cette heure-ci, qui cela peut-il être ? Encore une erreur ? Au bout du fil, la voix de Jacqueline, ma sœur aînée ! Appelant de Boulogne-sur-Seine par l'international non automatique, elle réussit à me contacter un dimanche soir au fin fond de l'U.R.S.S., un véritable exploit !

— Bonsoir, mon petit Alain, cela va-t-il bien ? Es-tu au courant...

— Que se passe-t-il ? Je n'ai reçu qu'un avis de télégramme me disant que papa n'allait pas bien ! J'ai donc fait annuler la suite du voyage et nous rentrons demain *via* Moscou.

— Eh bien, il va te falloir beaucoup de courage, papa est mort ce matin...

★

« Dans les teintes pastel de l'aurore aux doigts de rose, émergeant de la muraille ininterrompue des cimes caucasiennes, le Kazbek et l'Elbrouz enneigés à l'horizon forment comme l'avant-garde silencieuse de cet ultime convoi funèbre... »

# EPILOGUE

La *Volga* file comme une flèche, à une vitesse effarante sur l'épaisse couche de neige glacée. Katia, François et moi, frémissons en voyant le feu virer au rouge devant nous. Sans freiner, en rétrogradant vivement, le jeune chauffeur moscovite immobilise son véhicule juste à temps. Au démarrage, les roues arrière chassent horriblement. Encore quelques kilomètres de taïga gelée, et une nouvelle longue attente débutera avant d'embarquer dans notre dernier *Illiouchine*. Dehors, il fait moins trente : ma barbe se couvre de givre et des stalactites tombent de ma moustache à chaque parole ! Heureusement nous avions prévu le grand froid. Pensez-donc ; aller passer le Nouvel An au Caucase, il faut bien s'équiper pour cela !

Cet hiver 1981-1982 a pourtant été étrangement doux. L'Arménie, la Géorgie, la Kabardie et l'Ossétie n'ont pas connu les rigueurs de Moscou. Mais si l'on n'y vit pas la neige sous 2 000 m avant le 10 janvier, les conditions atmosphériques ne nous épargnèrent cependant pas des escales forcées et d'interminables stations dans les aéroports bondés. Le soleil qui éclaboussait les rives blanchies du lac Sévan nous fit oublier malgré tout qu'Erevan et l'Ararat boudaient obstinément dans la brume. Et puis l'hospitalité arménienne réchauffait les cœurs. Nos amis Avakian nous entraînaient derrière flûtistes et tambourinaires à l'école du quartier réquisitionnée pour la noce d'une cousine. Le Maténadaran ouvrait pour nous ses plus vieux manuscrits, enrubannés d'enluminures. Hagop Hagopian nous recevait dans son nouvel atelier, vaste appartement couronnant le faîte d'une HLM, avec cette modestie et cette simplicité bonhommes que savent avoir les êtres exceptionnels. Une facture dépouillée, un trait linéaire, une palette délicate de teintes grises et ocrées, une peinture sensible et intelligente au symbolisme triste, désincarnée, presque mystique, reflètent toute la spiritualité de ce peintre au regard d'enfant. Les élèves d'un cours de musique nous offraient un charmant concert, un portrait d'Aram Khatchatourian et des bouquets d'œillets. Baptêmes, mariages et bénédictions d'animaux votifs se succédaient toujours à Gayané et à Etchmiadzin, où le Catholikos défilait au milieu d'une foule aussi fervente qu'il y a trois étés.

En hiver, toque sur la tête et bottes aux pieds, habillés comme les Caucasiens, nous passions presque inaperçus. Nous nous mêlions ainsi facilement à la vie active des montagnards de Géorgie, des villageois d'Ossétie ou des bergers de Kabardie. Notre expérience soviétique s'est renforcée de nombreuses visites chez les gens. Des minuscules chambrées de Madeline ou Paulo à Erevan à la magnifique datcha du membre du Parti chez qui nous fêtions l'an nouveau à Piatigorsk, de la minable chaumière paysanne d'Omari à Kazbégui, au modeste logis de fonction d'un médecin de Sévan, du logement centenaire de Zina au jardin d'enfants multinational d'Ordjonikidzé, l'accueil était toujours aussi vibrant.

Du monastère de Ketcharis aux églises de Sévan, des stations de ski de l'Elbrouz et du Kazbek aux maisons de cure de Kislovodsk, des marchés du Baksan aux maisons-tours du Kurtatin, des sappads de Dargavs au temple de Tsei, nous rentrons une fois de plus la tête pleine d'anecdotes à raconter, d'impressions à partager sur ce Caucase — creuset de populations, de paradoxes et de contrastes...

Contrastes entre les traditions, les coutumes millénaires et la société soviétique nouvelle toute tournée vers le progrès, entre l'archaïsme d'un pays en voie de développement pour les biens de consommation les plus courants mais à la pointe de la technique dans les domaines de l'armement ou de la conquête spatiale. Contrastes entre les gigantesques réalisations du régime et cette capacité tout orientale du Soviétique à ne rien faire. Contrastes entre l'idéal altruiste du communisme et l'égoïste lutte pour la vie quotidienne, entre l'embourgeoisement progressif d'un système socialiste alors qu'inversement, comme l'avait prédit de Gaulle, l'Occident bourgeois se socialise !

Paradoxes d'une jeunesse caucasienne qui lève haut son verre à l'avenir mais s'abrutit dans l'alcool, brandit le poing pour manifester son profond désir de paix, proclame l'amitié entre les peuples et découvre à peine qu'en dehors de l'Union soviétique d'autres mondes existent. Mais nous-mêmes, Français, savons-nous comment vit l'U.R.S.S. ?

# ANNEXES

## ANNEXE N° 1

# LES ALAINS

Nombre de personnes portent en France le prénom d'Alain, mais combien en savent-elles l'origine et la signification ? Combien même d'historiens ou d'archéologues parlent-ils des Alains ? Si ce peuple venu du lointain Caucase au temps des Grandes Invasions disparut rapidement en Europe, il forma un royaume puissant en Ciscaucasie qui dura bien un millénaire. Il en reste là-bas de fiers descendants : les Ossètes, et chez nous un prénom, souvent symbole de caractère.

### HISTOIRE DU PEUPLE DES ALAINS

1°) *Un peuple indo-européen d'origine iranienne dans le Caucase du Nord.*

Pour beaucoup d'auteurs occidentaux [1], aux IIe et Ier siècles av. J.-C., les Sarmates indo-européens, apparentés aux Iraniens, éliminèrent leurs frères Scythes dont il ne resta plus que des débris en Petite Scythie ou Dobroudja, entre Crimée et Danube, que les Sarmates mêmes subjuguèrent au IIe siècle ap. J.-C. pour occuper tous les espaces steppiques entre Danube et Dniepr. Ces Sarmates occidentaux ou Iazyges occupaient la plaine de la Tisza en Hongrie, ceux du sud-ouest ou Roxolans, la Valachie. Coalisés

1. Roger RÉMONDON, *la Crise de l'Empire romain*, « *Nouvelle Clio* », n° 11, P.U.F. 1970 ; Paul PETIT, *la Paix romaine*, « Nouvelle Clio », n° 9, P.U.F. 1967 ; André CHASTAGNOL, *le Bas-Empire*, Coll. « U 2 », Armand Colin, 1969 ; Pierre RICHÉ, *les Invasions barbares*, « Que sais-je ? », n° 556, P.U.F. 1964 ; Pierre RICHÉ, *Histoire universelle*, Larousse de Poche, Livre de Poche, n° 2 313 ; Bernard S. BACHRACH, *A History of the Alans, Minneapolis*, University of Minnesota Press, 1973.

avec les Marcomans et Quades germaniques, ils étaient au contact du monde romain. Une partie des Sarmates occupa le centre du Caucase, ce furent les Osses ou Ossètes. La principale tribu orientale s'appelle les Alains.

Pour certains historiens soviétiques [2], ce n'est qu'aux Ier et IIe siècles de notre ère qu'arrivèrent aussi d'Iran les Alains. En leur langue, *Alian* signifie Iran ; en svane, dialecte d'une tribu caucasienne, *alan* est le camarade, et ami ; en turkmène, petite montagne, colline. Une partie des Alains s'installe dans le Caucase du Nord, d'autres à l'est ou à l'ouest, comme les Iasces du Don, connus depuis Strabon jusqu'aux chroniques de 965. Les Chinois connaissaient les Alains orientaux ou Aorsses, tribu belliqueuse avec laquelle ils faisaient le commerce de l'or. Ceux du Caucase apportèrent la coutume des catacombes funéraires, du sacrifice du cheval à la mort de son maître, de la déformation des crânes pour les nobles guerriers, parfois les femmes (cette coutume religieuse et esthétique était aussi développée en Chine, Asie centrale, Egypte et chez les Incas).

Au IIe siècle, les Alains occupaient la steppe aralo-caspienne qu'avaient quittée leurs parents Çaka et Kushāna pour fonder un grand empire en Inde. Au IIIe siècle, ils nomadisaient depuis les confins irano-indiens jusqu'à l'Oural et le Dniepr, la mer Noire et le Kouban. C'étaient de purs nomades cavaliers se déplaçant dans la steppe herbue sur des chevaux réputés. Considérés comme « les meilleurs cavaliers de l'Orient » par les Chinois, voilà comment Ammien Marcellin les décrit au IVe siècle [3] :

« Ils n'ont pas de huttes et ignorent l'usage de la charrue. Par contre, ils se nourrissent de viande et de lait en abondance et vivent dans des chariots dont le toit d'écorce est en forme de berceau et qu'ils ne cessent de traîner sans fin à travers les plaines. Lorsqu'ils arrivent dans une prairie, ils placent leurs voitures en cercle et se mettent à manger comme des bêtes sauvages ; puis, sitôt le fourrage épuisé, ils déplacent ces sortes de villages faits de chariots. C'est là que s'unissent hommes et femmes, là que naissent et s'élèvent les enfants ; ce sont leurs habitations permanentes, qu'ils considèrent, où qu'ils aillent, comme leur foyer naturel. Ils poussent devant eux le gros bétail, qu'ils font paître en même temps que le menu troupeau. Dans cette région, la campagne est toujours verte et parsemée çà et là d'arbres fruitiers. Aussi ne manquent-ils nulle part de nourriture ou de fourrage, grâce à l'humidité du sol et au grand nombre de cours d'eau qui y circulent.

« Tous ceux que leur âge ou leur sexe éloigne des travaux guerriers restent groupés autour des chariots, occupés à des tâches faciles. Mais les jeunes gens, rompus dès l'enfance à l'équitation, considèrent la marche comme un déshonneur, et, grâce à un entraînement varié, constituent de remarquables combattants... D'autre part, les Alains sont presque tous grands et beaux, avec une chevelure tirant sur le blond. La férocité de leur regard, quoique modérée, inspire l'effroi. Agiles et rapides à manier les armes, ils ressemblent tout à fait aux Huns, mais sont moins sauvages dans leur façon de se nourrir et de se vêtir. Rapines et chasses les entraînent çà et là jusqu'au marais Méotide (la mer d'Azov), au Bosphore

2. T. M. MINAEVA, *Histoire des Alains,* Stavropol, 1971, V. A. Kuznesov, *idem,* Moscou, 1962 (en russe).

3. *Histoire,* XXXI, 2, 18-25, dans A. CHASTAGNOL, *le Bas-Empire, op. cit.*

Cimmérien (la Crimée) et même en Arménie et Médie. Et, tandis que les hommes tranquilles et paisibles trouvent du plaisir dans le repos, eux au contraire apprécient les dangers de la guerre. Chez eux, on estime heureux celui qui a perdu la vie sur le champ de bataille, mais les vieillards et ceux qui succombent à une mort naturelle, on les abreuve d'horribles sarcasmes en les traitant de dégénérés et de lâches. Rien ne leur paraît plus exaltant que de tuer un homme, puis, en guise de trophée de victoire, de lui couper la tête dont ils prélèvent le scalp pour qu'il serve de phalère aux chevaux de combat.

« On ne voit chez eux ni temple ni sanctuaire ; on ne peut même y remarquer la moindre cabane couverte de chaume. Mais, selon un rite barbare, ils fichent en terre une épée nue qu'ils honorent avec respect comme un dieu Mars préposé aux régions qu'ils habitent. Ils ont un procédé original pour dévoiler l'avenir : ils réunissent des baguettes d'osier bien droites, puis les séparent à un moment fixé d'avance en faisant des incantations secrètes, ce qui leur révèle clairement le futur. Ils ignorent ce qu'est l'esclavage, étant tous nés d'un sang noble et, maintenant encore, choisissent pour chefs ceux dont ils ont remarqué la longue expérience de guerre. »

Ils avaient adopté l'étrier qui permet au cavalier de faire corps avec son cheval et d'aller plus vite, mieux assis. Tirant leurs chariots au toit d'écorce arrondi, ils peuvent circuler dans toute la steppe, les groupant en cercle le soir pour abriter hommes et bêtes à l'intérieur. Sans habitat fixe ni richesse immobilière, ils concentrent tout leur luxe sur les armes, les bijoux et l'harnachement des chevaux. Leurs sépultures tumulaires, les *kourganes,* fouillées de la Russie du Sud au Kouban, ont révélé d'admirables trésors de plaques de ceinturons en bronze ou niellées d'argent, représentant des courbes entrelacées ou des combats d'animaux dans la plus pure tradition de l'art des steppes. Leur armement est iranien : coiffés du bonnet conique ou du casque à fermoir, armés de l'épée en acier soudé, maniée à deux mains, et de longues lances, ou de l'arc à double courbure, ils chargent en masse avant de faire volte-face et de recharger comme les Parthes. Cavaliers et chevaux sont souvent couverts d'une cuirasse à lamelles : la cataphracte.

Ils furent, dès une haute époque, au contact des cités-Etats gréco-romaines du Bosphore cimmérien (Crimée) telles Panticapée (Kertch), Eupatoria, Olbia et Tyras aux embouchures de l'Hypanis (Boug) et du Tyras (Dniestr) dont les fouilles montrent l'importance de l'influence réciproque des cultures gréco-romaine et iranienne sur le mode de vie de ces cités ou des nomades. De même les nomades sarmates et alains influencèrent les Antes et Wendes slaves de la Volga moyenne, ainsi que les Hongrois auxquels ils apprirent l'usage du cheval. Ils vivaient comme les Huns ou Hiong-nou, comme tous les nomades ; empruntaient les voies naturelles des steppes herbeuses, de la Mandchourie à l'Alföld hongrois.

2°) *Les Alains de Ciscaucasie jusqu'à nos jours.*

Au fil des siècles, les Alains se sédentarisèrent dans le Caucase du Nord, vivant désormais de chasse, de pêche et d'agriculture, travaillant le bronze et produisant des céramiques noires comme celles utilisées pour mettre le blé dans le festin de leurs ancêtres mythiques, les « Narthes », à la poésie desquels s'est intéressé Georges Dumézil. Hérodote avait traité du culte du vase chez les Scythes (Livre IV) et de toutes les traditions scythiques proches de celles des Alains. Le musée d'Ordjonikidzé possède une gravure représentant un homme dansant sur un vase plein, avec des poignards :

« ... ils répandent sur leur tête des libations de vin, et ils égorgent (les prisonniers) au-dessus d'un vase ; ensuite ils portent le vase au-dessus de l'épée sacrée qu'ils arrosent du sang [...] Celui qui possède le plus de têtes coupées est réputé le plus vaillant [4]... »

Au IVe siècle, l'invasion des Huns repoussa toute une partie des Alains vers l'Occident (nous verrons ce qu'il en advint). Petit à petit, les tribus d'Alains du Caucase du Nord prirent un poids politique important. Ils eurent des liens commerciaux avec la Transcaucasie (Géorgie, Iran), Byzance, la Russie, jusqu'à l'Egypte (colliers de perles en pâte de verre). Le féodalisme guerrier naquit au début du VIIIe siècle : on retrouve dans les tombes de l'époque des harnachements de chevaux en or et des chapeaux de cuir orné d'or. Ils furent considérés comme les meilleurs cavaliers de l'Orient. On vient de découvrir une tombe alane près du village de Martan-Tchou, en Tchétchéno-Ingouchétie au sud de la capitale Grozny, près de l'antique cité alane de Magas, découverte par des fouilles en 1968. Il s'agit d'une tombe typique au Xe siècle d'un jeune cavalier noble : on a trouvé un anneau d'or, une ceinture ornée de plaques de bronze, des boucles d'oreilles en or et un collier avec une monnaie d'or, voisinant avec un petit sabre en acier, un étui à flèches, des étriers en fer et un harnais avec une cocarde pour fixer le panache, ainsi qu'une gamme de plaques : le même armement que depuis cinq siècles, du temps où ils étaient nomades.

En 925, ils se convertirent en masse au christianisme venu de Byzance, mais on trouve déjà des croix chrétiennes dès les IVe-VIe siècles. L'architecture, l'alphabet et la peinture byzantines se diffusèrent en Alanie : au XIe siècle, les colonnes des églises sont cependant toujours ornées de motifs géométriques et entrelacs, survivance de l'art des steppes. Au XIIIe siècle, d'après les chroniques chinoises, l'Alanie devint un Etat unifié avec un tsar à sa tête, mais cela n'est pas définitivement établi.

En 1222, l'Alanie subit la première invasion mongole des armées de Bagadour. Gengis Khan lui-même n'est jamais venu au Caucase. Après une bataille contre les Pollovtz, les Alains durent subir l'occupation et l'influence des Tataro-Mongols convertis à l'islam. A El Khotovo, sur les bords du Térek, se dressait un minaret isolé sur le site de l'ancienne Tatarto, capitale tartare où des historiens placent l'antique capitale du royaume alain Madjari. De l'an 1326 date une pierre tombale avec une inscription en caractères syriens : « L'esclave de Dieu est mort ici ». Beaucoup de princes alains, soixante-douze d'après la tradition, servirent dans les armées mongoles, principalement dans la garde du khan, comme l'avaient fait leurs ancêtres dans les gardes impériales romaines et byzantines, et se firent remarquer par leur fidélité intègre.

A l'extrême fin du XIVe siècle, Tamerlan détruisait l'Etat alain. (On a retrouvé des os décorés comme en Transoxiane.) Il extermina une grande

4. Livre IV, LXII et LXIX.

partie de ce peuple dans les défilés du Caucase où il s'était réfugié, d'autres s'installèrent dans les versants sud, côté géorgien.

Les Alains s'appelaient Ias, ce qui a donné Os et Ossètes. Les Ossètes se nomment eux-mêmes Iran [5]. Ils conservèrent, du XVe au XIXe siècle, les traditions des Alains, comme la croyance en la vie après la mort, laissant dans les caveaux des aliments, vêtements, armes, bijoux, objets de ménage. Ils pratiquaient aussi la vendetta ou extermination complète des hommes par une famille offensée, et aussi la réconciliation, c'est-à-dire que les hommes de la famille d'un meurtrier se mettaient à genoux à trente mètres de la mère de la victime, qui adoptait le meurtrier de son fils en lui faisant toucher son sein de sa main.

La maison ossète continue celle des Alains : c'est la *sakla*. On y pratiquait le culte du feu et de la chaîne de fer qui pendait au-dessus du feu pour y accrocher les chaudrons. Le fait de toucher la chaîne d'un foyer était une déclaration de guerre. Une veuve mettait la chaîne sur ses épaules en signe d'éploration. Maintenant encore, les Ossètes accrochent des rubans colorés sur les berceaux pour obtenir la fertilité. La famille est patriarcale et le fils aîné y est tout-puissant. Au rez-de-chaussée de la maison, vivent les animaux ; à l'étage, autour du foyer, le *nikhas* est la place des sages, des vieux ou expérimentés. A l'étage supérieur, le quartier d'habitation. La maison est surplombée par une tour de guet. Les murs sont en pierre mais les toits de torchis avec une armature de bois. Les plus belles sont dans la région de Dargavs, Kurtatin, le long des rivières en *-Don*, suffixe qui signifie *eau* en alain (le Don, Don-ets, Don-au (Danube), Don-ester (Dniestr), Don-esper (Dniepr) comme l'Ar-don, le Gizel-don, Karma-don...). Dans la région de Dargavs subsistent encore des cités de morts ossètes, ensembles sacrés de *sappads*, édifices funéraires où les morts en costumes se décomposent à l'air sec de la montagne. Sous un vernis islamique ou orthodoxe, les Ossètes vénéraient encore dans leurs forêts ou leurs *aouls*, villages perchés du Caucase, Falvaera, le dieu protecteur des moutons, Madi-Mayraem, la déesse protectrice des femmes, Tutyr, le dieu protecteur des loups, craignaient Amiran, le mauvais génie, et adoraient Oustardji, saint Georges ou le dieu de la guerre.

De 1740 à 1864, la Russie, par alliances ou conquêtes, étendit sa domination sur tout le Caucase puis la Transcaucasie. Les Ossètes ressentirent l'influence russe diffusée depuis Vladicaucase, forteresse fondée sous Catherine II en 1784 à l'entrée du défilé du Darial qui contrôle la route militaire de Géorgie. Dès 1747, une ambassade ossète s'était rendue à Saint-Pétersbourg pour réclamer l'annexion du pays à la Russie, rendue effective par le traité de Koutchoukaïnardjé en 1774. La forteresse devint rapidement ville ; les campagnes restaient peu touchées. En 1918, le pouvoir soviétique fut proclamé à Vladicaucase, mais l'armée Blanche de Denikine occupa le pays jusqu'en 1920. Ce fut le révolutionnaire géorgien Ordjonikidzé, ami de Lénine, qui écrasa les troupes restées loyales au tsar, dont beaucoup de nobles caucasiens et ossètes, à la tête de la XIe armée Rouge, et le 30 mars 1920, l'Ossétie devenait soviétique.

Incluse dans la République de Russie, l'Ossétie du Nord est devenue

5. Les Ossètes parlent quatre dialectes dont le principal porte le nom d'iran, le tigor est plus archaïque, le tual est employé dans les montagnes et le coudar en Ossétie du Sud.

République autonome en 1936. Elle compte aujourd'hui 600 000 habitants pour une superficie de 8 000 km². Sa capitale, devenue Ordjonikidzé, compte 300 000 habitants. Les Ossètes de Géorgie furent regroupés dans une Région autonome dépendante de la République de Géorgie : l'Ossétie du Sud, avec 3 900 km² elle compte 100 000 habitants et a Tskhinvali comme capitale. Ainsi en est-il des descendants des Alains ! qui forment 60 % de la population de leur nouvel Etat.

3°) *Les Alains en Occident du IIe au IVe siècle.*

Repoussant peu à peu leurs frères sarmates vers le Danube, les Alains furent très tôt attirés par les richesses des Etats constitués : dès 78 av. J.-C., ils entrent en conflit avec les Parthes. Au Ier siècle, ils menacent la Géorgie : en l'an 75, Vespasien fait occuper par des auxiliaires le site d'Harmozica, près de Tbilissi, en fonction de cette menace venue du nord. En 114, Trajan conquiert l'Arménie, l'Atropatène (Azerbaïdjan), le pays des Mardes (Ghilan) et assure la suzeraineté romaine sur les royaumes caucasiens de Colchide et d'Albanie (Géorgie) souvent attaqués par les Barbares nomades alains qui traversaient le Caucase par le défilé qui porte encore leur nom : le Dar-i-Al ou Darial, « Porte des Alains » en persan. Hadrien, empereur de 117 à 138, avait un cheval alain qui venait des bords du Borysthène (Dniepr) et qui s'appelait Alanus Caesarus Veredus. Albanais du Caucase et Alains de Ciscaucasie menaçaient souvent l'Empire parthe, notamment en 135, où ils franchirent massivement la chaîne. Mais les Alains auraient aussi aimé se ruer sur les trésors des villes de l'Empire Kushana des Indes. Le grand roi Kanishka (140-185) dut faire construire un système de fortifications sur les bords de l'Iaxarte (Syr-Daria) et de l'Oxus (Amou-Daria) pour les surveiller. A la même époque, Marc Aurèle voulut conquérir la Sarmatie d'entre Danube et Dniepr, mais sa mort (en 180) empêcha le projet. Ce furent les Goths de Suède qui, émigrant vers l'Europe orientale, s'installèrent vers 180-230 dans la plaine ukrainienne sous le nom de Gieutungs (Habitants des champs) ou Ostrogoths (Goths brillants) et soumirent les Sarmates. Ils s'allièrent aux Alains pour prendre Olbia en 230 et empruntèrent à ces nomades de la steppe l'emploi du chariot, du cheval et de la cavalerie lourde dans leur royaume s'étendant du Danube au Don.

Actifs autant vers le ponant que vers l'orient, les Alains furent sollicités, ainsi que les Ibères du Caucase, par le roi d'Arménie, Tiridate II (217-238), qui voulait former une alliance avec l'empereur Vasudeva (217-241) des Indes Kushana, contre Chahpuhr Ier (241-272), roi sassanide de Perse. Au même moment, Maximin (235-238) battait les Sarmates du bas Danube, repoussés par les Wisigoths qui prirent leur place en 237. Alliés à des bandes de Goths, les Alains envahirent même l'Asie Mineure jusqu'en Cilicie en 275, tandis que les Sarmates iazyges de la Tisza, bousculés, pressés contre le *Limes,* entre 269 et 278, s'alliaient avec les Vandales, Alamans, Juthunges et Burgondes d'entre Budapest et lac de Constance pour menacer l'Empire romain. Le résultat fut qu'en 334 une partie des Sarmates fut installée en Thrace, en Macédoine, en Italie du Nord et aussi en Gaule.

En Orient, les Alains aidèrent finalement les Kushana de Vasudeva II (241-280) à lutter contre les Sassanides de Braham II (276-293). Menacé par eux vers 350, Chahpuhr II fit cependant alliance avec la tribu alane des Ghilanes en 358 pour assiéger Amida, mais d'autres Alains cherchaient au même moment à franchir le Caucase pour attaquer l'Arménie occupée désormais par les Perses !

Après leur écrasement en 361 par Constance II, les Sarmates d'Occident disparurent peu à peu, englobés parmi les Goths ; ils étaient entièrement soumis à Rome vers 375.

« Les Huns ont franchi la Volga et se sont jetés sur les Alains, les Alains sur les Goths, les Goths sur les Taïfales et les Sarmates... » (saint Ambroise vers 380). Le premier grand choc qui projeta les Alains vers l'Empire romain date des années 370-375, lorsque les Huns, atteignant la Volga, la passèrent en grand nombre, bousculant ou soumettant les Alains, franchissant le Don en poussant devant eux d'autres hordes d'Alains. Ils submergèrent le royaume ostrogoth et se heurtèrent sur le Dniestr aux Wisigoths. Le 9 août 378, les Wisigoths, fuyant les Huns, traversèrent le Danube et écrasèrent l'armée romaine d'Orient de l'empereur Valens qui périt dans le combat, à Andrinople : « Renforcée par un contingent d'Alains, la cavalerie cuirassée goth fondit sur l'armée romaine comme le tonnerre sur une chaîne de montagnes... » (Ammien Marcellin).

En 380, Gratien permet aux Ostrogoths d'Alatheus et de Saphrax, mêlés à des Vandales, des Alains, des Huns, de s'installer dans certaines régions de Pannonie comme fédérés. On reprocha par la suite à Gratien la fidélité des Alains qui formaient sa garde : en 383, les oppositions à Gratien se sont accumulées, principalement celle de certains Barbares jaloux parce qu'il leur préférait les Alains ! Et Gratien finira assassiné. Théodose, après avoir combattu encore le reste des Sarmates, réunit en 388 une armée contre Maxime, constituée principalement de ces soldats goths, alains et huns. Mais en 401, les Alains et les Vandales envahissent la Rétie et le Norique. Ils seront battus en 402 en Italie du Nord par Stilicon qui les installe comme fédérés en Pannonie Première, Valérie et Pannonie Seconde. Stilicon utilisera ces Alains et Vandales pour arrêter Alaric et ses Wisigoths en 402-403.

Enfin, le 31 décembre 406, un second choc projeta les Alains au cœur de l'Occident romain, lorsqu'ils franchirent le Rhin gelé à la hauteur de Mayence derrière les Suèves, Vandales et Goths, et envahirent la Gaule. Les Alains se divisèrent alors en deux principaux groupes :

Le premier groupe, par Reims, Tournai, Meung-sur-Loire, Bordeaux, pénétra en Espagne derrière les Suèves et les Vandales en 408-410 et s'installa sur les plateaux centraux. Avec les Vandales silingues, il fut pratiquement exterminé par les Wisigoths du roi Wallia en 416-418 en Espagne occidentale. Les survivants refluèrent avec les Vandales asdingues en Espagne du Sud en 422, où ils s'opposèrent aux Suèves. Ensemble, Alains et Vandales asdingues quittèrent l'Espagne, traversèrent la Méditerranée en 429 et conquirent l'Afrique romaine entre 435 et 442 sous l'autorité du roi Genséric.

Ce royaume vandale d'Afrique fut détruit par les Byzantins de Bélissaire en 594 et, avec lui, disparurent une partie des Alains.

Les Romains d'Orient avaient déjà essayé d'intervenir en Afrique pour contenir les progrès de Genséric en 431-434. A le demande de l'impératrice Placidie, épouse de Valentinien III, Théodose II envoya des navires sous le commandement... d'un Alain ! Aspar. C'est ce même Aspar qui, avec l'armée d'Orient conduite par son père, l'Alain Ardabur, avait conservé leur trône à Placidie et Valentinien III menacés par l'usurpation de Jean (déc. 423-juin 425). L'influence d'Aspar crût de 423 à 434, année où il fut consul ; elle fut très importante de 434 à 451 et toute-puissante, toujours à Constantinople, de 451 à 471. L'Alain arien Aspar, comte et maître de la Milice, consul, à la mort de Théodose II (28 juillet 450), imposa à sa sœur, Pulchérie, Augusta depuis 414, son protégé Marcien, chef de ses buccellaires [6], proclamé empereur le 25 août 450. En 455, il fait donner la pourpre à un autre de ses clients, Léon I<sup>er</sup> (mort en février 467). La prépondérance d'Aspar et des éléments sur lesquels il s'appuie provoque le mécontentement de Constantinople. Un conflit éclate avec Léon Ier qui s'appuie sur les Isauriens de Zénon : Aspar est disgracié, puis revient en grâce, mais il est assassiné en 471. Zénon devient basileus (fév. 471-avril 491) mais devra lutter contre Théodoric Strabon, parent d'Aspar. Ainsi finit l'influence des Alains dans l'Empire romain d'Orient.

Le second groupe resta dans le nord-est de la Gaule après 407. Lorsque l'aristocratie gauloise porta l'un des siens, Jovin, au pouvoir à Mayence en 411, ce fut avec la collaboration des Burgondes et des Alains, installés sur la rive gauche du Rhin, entre la Germanie Première et la Germanie Seconde. Dans les années 428-430, ils furent de nouveau pressés par la dernière invasion des Huns. Saisis d'agitation vers 435-437 en Gaule, ils furent écrasés par Aétius en 439. Celui-ci leur concéda des terres en partie dans la région d'Orléans, sur le cours moyen inférieur de la Loire, en partie autour de Valence dans le Valentinois. C'est ainsi que, vers 445, l'évêque Germain d'Auxerre reçut un armistice entre les Celtes révoltés de l'Armorique et le roi alain Goar d'Orléans. Puis Aétius utilisa les fidèles Alains comme mercenaires pour détruire le mouvement de brigandage des Bagaudes, en Gaule, en 448. Ils luttèrent ensuite aux côtés d'Aétius contre les Huns d'Attila au Campus Mauriacus (été 451) près de Troyes.

Les Alains de Gaule disparurent, soit par destruction au V<sup>e</sup> siècle — comme après l'expédition d'Italie de 464 — soit par conquête et fusion : avec les Wisigoths d'Euric (466-484) qui conquérirent la Gaule du Sud-Ouest jusqu'au sud de la Loire ; avec les Burgondes de Gondebaud, en Savoie, vers 470 ou principalement avec les Francs de Clovis, qui conquit tous les pays de la Loire de Syagrius après 486, le territoire des Alamans après Tolbiac, en 496, et ceux des Wisigoths après Vouillé, en 507.

Au début du VI<sup>e</sup> siècle, il n'existe plus aucun groupement organisé d'Alains en Occident.

### L'HÉRITAGE DES ALAINS EN GAULE

Au début du VI<sup>e</sup> siècle, il faut penser que les Alains se christianisèrent rapidement et se mêlèrent à la population gallo-romaine et barbare.

---

6. Buccellaires : gardes du corps.

Le nom d'Alain et ses variantes Allain, Alan (forme bretonne, anglaise et méridionale) Alin, Allyns, Allen restèrent comme prénom de baptême et nom de famille d'après celui de plusieurs saints, méridionaux ou bretons, ce qui marquerait une certaine continuité de contacts entre Alains, Gallo-Romains et Celtes durant le haut Moyen Age.

— A côté d'un saint Goar, connu en Aquitaine et Germanie au VIe siècle, le premier saint Alain connu est celui de Lavaur dans le Tarn, célèbre dans la région au VIIe siècle et fêté le 25 novembre.
— Du VIIe siècle, aussi, un autre saint Alain de Courlay, confesseur en Bretagne, est fêté le 27 décembre.
— Le bienheureux Alain de la Roche, né en Bretagne en 1428. Il entre chez les dominicains de Dinan puis devient professeur à Paris. Il prônait la dévotion à Marie par l'intermédiaire du chapelet ou rosaire. Décédé en 1475, il est fêté le 9 septembre.

Ces Alains qui christianisèrent la Bretagne perpétueront ainsi le souvenir de leur peuple disparu. Leur nom deviendra un prénom populaire en Bretagne, comme en témoignent les cinq comtes, ducs et rois de Bretagne qui le portèrent du VIe au XIIe siècle :

— Alain Judual, fils du comte de Bretagne Conomor, exilé à la cour de Childebert Ier au milieu du VIe siècle.
— Alain, comte de Brovéroch, qui écrasa les Normands près de Questembert (888) et reçut le surnom de « Grand » puis les titres de duc suprême et de roi pieux et pacifique (*Rex Britanniae*). Il gouverna avec intelligence et fermeté et mourut en 908.
— Alain Barbe Torte, son petit-fils, qui vainquit de nouveau les Normands à Trans en 939 et mérita le titre de duc des Bretons (mort en 952).
— Alain III (1008-1040). Il eut un long règne tourmenté face aux Normands de Robert le Diable et lutta contre le comte de Cornouaille, Alain Caignart, et Alain le Roux, comte de Penthièvre qui, allié à Guillaume le Conquérant, obtint le comté de Richemont en Angleterre.
— Alain IV Fergent (1084-1112) qui prit part à la première croisade où il se distingua à la prise de Jérusalem. Après avoir réorganisé son duché, il se retira à l'abbaye de Redon où il mourut en 1119.

## LA SURVIVANCE DU NOM « ALAIN » DANS LA TOPONYMIE

Les noms de lieux perpétuant le nom des Alains existent en France, Suisse, Italie et Espagne au nombre approximatif de 85 dont les trois quarts sont sûrs et le quart éventuel, dans sept foyers principaux :

1) Le Sud-Ouest de la France.
2) Le Valentinois.
3) L'Italie du Nord.
4) L'Espagne.
5) Le Nord-Est de la France.
6) L'Orléanais.
7) La Savoie.

La zone 1 correspondrait à la région où les Alains s'établirent en 414 après avoir quitté les Wisigoths d'Athaulf en route vers l'Espagne, alors qu'ils les suivaient depuis la bataille d'Andrinople (378).

La zone 2 correspondrait à l'établissement d'Alains du sud-ouest dirigés par leur chef Sambida, par Aétius dans le Valentinois en 440.

La zone 3 correspondrait aux postes militaires confiés aux Alains dès 380 par Gratien puis Théodose pour protéger l'Italie du Nord.

La zone 4 représenterait les restes des terres concédées aux Alains en Espagne entre 409 et 429, après la traversée de la Gaule avec les Vandales en 407-409, et avant le passage de certains vers l'Afrique.

La zone 5 serait la zone où les Alains restés en Gaule après 407 furent implantés vers 411 sous l'autorité du roi Goar dans le nord-est.

La zone 6 correspondrait aux terres de l'Orléanais données à Goar par Aétius en 442 et au glissement vers l'ouest des établissements alains, en contacts étroits puis symbiose avec les Celtes d'Armorique.

La zone 7 repésenterait une partie des terres des Burgondes confiée par Aétius en 443 à un groupe d'Alains en Savoie.

Certains noms de lieux peuvent être postérieurs à l'établissement des Alains en Gaule au v^e siècle, comme Domalain, qui se rapporte à saint Alain, donc après le VII^e siècle, ou à des Alains plus tardifs. Certaines déformations ont été attribuées à d'hypothétiques noms germaniques comme (H)al(1)o/in ou (H)el(1)o/in, et ne sont donc présentées ici que comme dérivés éventuels du latin *Alanus-i*.

*Liste des noms de lieux pouvant se rapporter aux ALAINS* [7]

I) Le Sud-Ouest de la France :

Bouches-du-Rhône

1. ALLEINS (Alenii Castrum, x^e s.) .... *Alanus + castrum*

Hérault

2. ALIGNAN-DU-VENT (Alinia, 1127) .. *Alanus + -anum*

Lozère

3. ALLENC ........................ *Alanus + incum*

Aude

4. ALENSAN (Alancianus, 837, détruit au XVII^e s.) ..................... *Alanus + -ianus*
5. LANET (Alane, 951) ............... *Alanus*
6. MOULIN DE LANGE (Molendinum de Alanha, 1279) ............... *Alanus + -anum*
7. ALAIGNE (de Alaniano, 1129) ...... *Alanus + -anum*

Pyrénées-Orientales

8. ALENYA (Allenius en ?) ............ *Alanus*
9. LANSAC ........................ *(A)lanus + -acum*

Haute-Garonne

10. ALAN ........................... *Alanus*

---

7. Voir A. Dauzat et C. Rostaing, *Dictionnaire des noms de lieux,* Larousse 1963 et B. Bachrach, *History of the Alans, op. cit.*

Cantal et Haute-Loire

11. L'ALAGNON, riv. affluent de l'Allier, 80 km de l. .................... *Alanus + -anum*

Tarn

12. ALOS (Ecclesia de Alanis, xe s.) .... *Alanus*
13. ALGANS, autour de Lavaur (église Saint-Alain) .................... *Alanus + -anum*

II) Le Valentinois :

Drôme

14. ALLAN (Alon, 1138) .............. *Alanus*
15. ALENÇON .......................... *Alanus + -onem*
16. ALENÇON (Alansonum, 1298) ...... *Alanus + -onem*

III) L'Italie du Nord :

Val-d'Aoste

17. ALLAIN (Allein, Allianum) ........ *Alanus*
18. ALAGNA ............................ *Alanus + -anum*

Piémont

19. ALAGNA ............................ *Alanus + -anum*

Lombardie

20. ALAGNA LOMELLINA ............ *Alanus + -anum*
21. LANDRIANO (Alan d'Riano, xiie s.). *(A)lanus*

Trentin

22. VILLA D'ALLEGNO .............. *Alanus + -anum + villa*

Vénétie

23. ALANO DI PIAVE ................ *Alanus*

IV) l'Espagne :

Hautes-Pyrénées

24. BRECHE D'ALLANZ .............. *Alanus*

Huesca

25. ALANO ............................ *Alanus*

Badajoz

26. ALANJE ............................ *Alanus + -anum*

Séville

27. ALANIS ............................ *Alanus*

V) Le Nord-Est de la France :

Somme

28. ALLAINES (Alania, 1095) .......... *Alanus*
29. ALLONVILLE ...................... *Alanus + villa*
30. ALLENAY .......................... *Alanus + -acum*
31. HALLENCOURT .................. *Alanus + cortem*
32. HALLIVILLERS .................. *Alanus + villare*

Oise

33. SAMPIGNY ........ du nom alain : *Sambida + -acum*

Nord

34. ALLENNES-LES-MARAIS .......... *Alanus + -anum*

Aisne

35. ALAINCOURT (Halincurt, 1168) .... *Alanus + cortem*

Ardennes

36. ALINCOURT (Alaincort, 1219) ...... *Alanus + cortem*
37. ALLAND'HUY .................... *Alanus + dies*

Marne

38. ALLANCOURT (Halancourt, 1735) .. *Alanus + cortem*
39. SAMPIGNY (Sampiniacum, 1171) .. ............... du nom alain : *Sambida + -acum*

Meuse

40. SAMPIGNY (Sampiniacum au IXᵉ s.). .............. du nom alain : *Sambida + -iacum*

Meurthe-et-Moselle

41. ALLAIN/ALAINCOURT-AUX-BŒUFS (Alanum, 836) .................. *Alanus*
42. ALLAMONT (De Alani Monte, 1194). *Alanus + mons*
43. ALLIGNY ...................... *Alanus + -acum*
44. ALLOGNYS ...................... *Alanus + -acum*
45. HALLOVILLE .................... *Alanus + villa*

Moselle

46. ALAINCOURT-LA-COTE (Allaincourt, 1549) ........................ *Alanus + cortem*

Bas-Rhin

47. ALLENWILLER .................. *Alanus + villare*

Haute-Marne

48. AILLIANVILLE (Allenville, 1172) .. *Alanus + villa*
49. HALLIGNICOURT (Aliniaca Cortis, 854) ......................... *Alanus + -iacum + cortem*

Haute-Saône

50. ALAINCOURT .................... *Alanus + cortem*

Doubs

51. ALLENJOIE (Alenjoya, 1148) ...... *Alanus* + ?
52. L'ALLAINE, riv. affluent du Doubs, 67 km de long .................. *Alanus*

VI) l'Orléanais :

Loiret

53. ALLAINVILLE-EN-BEUCE (Aleinvilla, 1236) ..................... *Alanus + villa*

Eure-et-Loir

54. ALLAINES (Alena, 1130) .......... *Alanus*
55. COURTALAIN (Curia Alani, 1128) .. *Cortem + Alanus*
56. ALLAINVILLE-EN-DROUAIS (Alainville, 1100) ...................... *Alanus + villa*
57. ALLONVILLE (Alonis Villa, 1080) .. *Alanus + villa*

Yvelines

58. ALLAINVILLE-AUX-BOIS (Villa Alleni, IXᵉ s.) ...................... *Alanus + villa*
59. LAINVILLE déglutination d' (A)-LAINVILLE ...................... *Alanus + villa*

Eure

60. LES ALAINS ........................ *Alanus*
61. ALLAINS (Fief-aux-Alains, 1394) .... *Alanus*
62. ALAINCOURT (Alain Curia, 1242) .. *Alanus + cortem*

Calvados

63. ALLAIN ........................... *Alanus*

Indre

64. ALLOGNY ......................... *Alanus + acum*

Cher

65. ALLOGNY (Aloniacum, 983) ...... *Alanus + -acum*

Nièvre

66. ALLIGNY ......................... *Alanus + -acum*
67. ALLIGNY-COSNE (Eliniacus, VIe s.). *Alanus + acum*
68. ALLIGNY-EN-MORVAN (Aligneium, 1281) ......................... *Alanus + -acum*

Sarthe

69. LA CHAPELLE-D'ALIGNE ........ *Alanus + -acum*
70. PONTVALLAIN (De Ponte-Valani, 1098) ......................... *Pons + Alanus*

Indre-et-Loire

71. LANGEAIS (Alangaviense Vici, VIe s.). *Alanus + -anum + via*

Ille-et-Vilaine

72. DOMALAIN (De Domno Alano, 1330). *Domnus (saint) + Alanus*

Loire-Atlantique

73. ALAIN ........................... *Alanus*

Morbihan

74. ALLAIN ........................... *Alanus*
75. BODIEUC, anciennement ALANCZON (1199) ......................... *Alanus + ?*

Côtes-du-Nord

76. GOUAREC ......... du nom alain : *Goar*
77. ALLINEUX ........................ *Alanus + -acum*

VII) La Savoie :

Ain

78. ALAIN ............................ *Alanus*
79. ALEINS (Alens, 1325) ............ *Alanus*
80. ALANIERS (Alagnier au XVIIIe s.) .. *Alanus + -arium*
81. ALLAIGNE ........................ *Alanus + -acum*

Haute-Savoie

82. ALLINGES (Alingo, Xe s.) .......... *Alanus + -ing*

Rhône

83. ALLOGNY ......................... *Alanus + -acum*

Suisse-Genève

84. LA LANDON (Aqua de Alandons, 1397) .................. rivière : *Alanus + dunum*

Suisse-Vaud

85. ALLENS (Alens) .................. *Alanus*

## CONCLUSION

On ne sait rien du nombre des Alains qui envahirent l'Occident dès le IVe siècle et surtout après 406, ni combien s'établirent dans la future France. Reste-t-il dans les zones d'implantation de ce peuple iranien du Caucase beaucoup de traces dans la toponymie ou les noms de famille ailleurs qu'en France ?

En Ossétie soviétique et dans toutes les régions de ce pays contrôlées par les Alains depuis le Ier siècle avant notre ère jusqu'à nos jours par leurs descendants, les études historiques, archéologiques, philologiques... ne font que débuter, mais promettent la révélation d'une histoire passionnante d'un peuple encore inconnu et qui joua un rôle très important tant pour l'Iran, la Russie du Sud et Caucasienne que pour l'Empire romain d'Occident ou d'Orient.

Des Alains d'Occident, l'histoire n'a retenu que le portrait d'Ammien Marcellin et leur petit rôle en Gaule, Espagne et Afrique lors des Grandes Invasions barbares, et peut-être le nom d'Aspar à Constantinople.

En revanche, le prénom d'Alain est très populaire en France, surtout en Bretagne, on l'a vu, et en Angleterre sous le vocable d'Alan. Il devint nom de famille et reste parrainé par quelques personnalités illustres :

— le théologien *Alain* de Lille (1115-1203) ; l'écrivain *Alain* Chartier (1385-1433) ; le romancier *Alain* Lesage, auteur de *Gil Blas* (1668-1747) ; le philosophe Emile Chartier dit *Alain* (1868-1951) ; Henri Alban Fournier dit *Alain*-Fournier, romancier du *Grand Meaulnes* (1886-1914) ; le navigateur solitaire *Alain Gerbault* (1893-1941) ; le compositeur Jehan *Alain* (1911-1940) ; un autre compositeur, Olivier *Alain,* et l'organiste Marie-Claire *Alain ;* le coureur *Alain Mimoun,* l'historien *Alain* Decaux ; les acteurs *Alain* Delon et *Alan* Ladd ; le chanteur *Alain* Barrière ; le poète breton *Alan* Stivell, le cosmonaute *Alan* Shepard...

ANNEXE N° 2

## HISTOIRE DE LA GEORGIE ET DE TBILISSI

De race caucasienne, les Géorgiens se nomment *Kartvel-ebi* et la Géorgie *Sa-Kartvel-o,* d'après le nom du demi-dieu mythique Kartlos (de Chaldée), ancêtre des Géorgiens. (Tbilissi est la capitale de la Kartlie.) Arméniens et Perses les nomment *Virk* ou *Wyrshn,* de *Vir-Iveroi-Ibérie,* nom antique du pays d'après Strabon : les Ibériens du Caucase et ceux du pays Basque sont parents [1].

Le nom arabe est Kurj, les Occidentaux nomment le pays Géorgie, que l'on fait venir du grec *georgikos,* agriculteur, ou de saint Georges, leur patron, quand on assimila sous ce nom le dieu de la guerre, des voyageurs et éleveurs des anciens Kartles, Tetri Giorgi (Georges le Blanc) lors de la conversion du pays au christianisme sous Constantin le Grand.

Ni Indo-Européens, ni Sémites, d'aucun autre groupe racial ou linguistique, les Géorgiens actuels descendent des tribus aborigènes caucasiennes mêlées d'Indo-Européens, Scythes et Cimmériens, Grecs de Milet, Arabes, Mongols, Turcs, Persans et Russes.

Les tribus géorgiennes Mouskhi, Thobal et Kaskhi de la Bible, fuyant les invasions scythes et cimmériennes qui détruisirent les Etats néophrygiens, hittites et ourartou anatoliens, vinrent s'installer au premier millénaire av. J.-C. sur un territoire habité depuis le paléolithique.

Hérodote et Xénophon citent les Moschiens, Tibaréniens et Colchiens sous la domination perse. La conquête d'Alexandre le Grand permet l'éclosion d'Etats organisés : la Colchide, au bord de la mer Noire, l'Ibérie, en Géorgie centrale et l'Albanie, au bord de la Caspienne. Pêche, agriculture, vergers, vignobles, textiles, minerais d'or ou d'étain, métallurgie du fer et du cuivre firent rapidement de ces royaumes des contrées riches

1. Voir *infra.*

et puissantes qui commercèrent avec les colonies grecques milésiennes de Dioscurias (Soukhoumi), Phasis (Poti) et Pityonte (Pitsounda).

Menacés par Mithridate du Pont et Tigrane le Grand d'Arménie, les royaumes transcaucasiens furent conquis par les légions de Pompée en 65 av. J.-C. Fidèle à l'alliance romaine, le pays fut converti au christianisme par sainte Nino, sous le règne de Bacour d'Ibérie, en 337. L'église orthodoxe autocéphale géorgienne jouera toujours un grand rôle, créant une architecture très influencée par Byzance et l'Arménie.

Tiraillée entre Perse et Empire byzantin, prospère sous le roi Vakhtang Gourgassali (446-520), qui installe sa capitale de Mtskhéta à Tbilissi, l'Ibérie, selon Procope, est abandonnée par Justinien, en 532, au roi sassanide Chosroes Ier qui y installe un gouverneur, le marzpan. Reconquise par Héraclius en 627, la Géorgie se morcelle en petits royaumes : Abkhazie, Tao-Clardjetie, Kakhétie.

Dès 654, les Arabes envahissent la Caucasie, conquise par Mourman qui installe un émir à Tbilissi, dont l'influence diminue peu à peu au profit de dynasties Bagratides, qui unifient la Géorgie en 1010 après d'interminables luttes intestines, arbitrées par Byzance. L'œuvre des Bagrat III et IV fut menacée par l'invasion des Turcs seldjoukides (1064) qui ruina le pays. Mais le roi David III (1089-1129), surnommé « le Bâtisseur », reconquiert patiemment la Géorgie, écrase à Didgeri, en 1121, les turco-musulmans, prend Tbilissi aux Arabes, conquiert l'Arménie et le Chirvan. Un âge d'or commence pour la Géorgie ; arts et lettres se développent, monastères et églises se construisent. Cet épanouissement continue sous le règne de Georges III (1156-1184) et surtout celui de la reine Thamar (1184-1213), chantée par le poète Chota Roustavéli dans son œuvre magistrale « le Chevalier à la peau de tigre », qui unifia la Transcaucasie aux dépens des turco-musulmans et Byzantins, et en relation avec les croisés.

Mais, en 1220, une invasion mongole atteint le pays, ravagé, en 1225, par le sultan du Khorezm Djellel Ed Din, puis occupé par les Mongols de Gengis Khan, de 1236 à 1316, qui nommaient les rois. Libérée par Georges V, la Géorgie est de nouveau complètement ravagée par les Mongols de Tamerlan, entre 1387 et 1401, qui ne laissent que ruines derrière eux.

Restaurée par le roi Alexandre, la Géorgie se trouve dès lors en pleine désintégration au moment de la conquête turque ottomane de l'Empire byzantin, de la prise de Constantinople (1453) et de l'ascension de la Perse séfévide. Turcs et Perses se partagent la Géorgie en zones d'influence, en 1553, après des combats dévastateurs.

Malgré les cruautés du chah Abbas, la Géorgie orientale ou Kakhétie résiste toujours aux Perses au XVIIe siècle, tandis que la partie occidentale, morcelée, résiste aux Turcs. En pleine décadence économique, le pays se dépeuple rapidement aussi par la traite. Cherchant des appuis en Occident chrétien, les Géorgiens, déçus par une mission infructueuse dirigée par Saba Orbeliani auprès de Louis XIV, se tournent vers les Russes. Mais en 1723, quand les Turcs envahissent la Kakhétie sous mandat perse, les Russes n'interviennent pas. Le roi Iracli II unit cependant sous son autorité la Kartlie et la Kakhétie et signe avec Catherine II un traité, en 1783, mais elle ne le secourt pas lors de l'invasion perse d'Agha Mehmed Khan, en 1755.

A la mort de Georges XII, le tsar Alexandre Ier annexe la Géorgie (1801), l'occupe militairement et commence à la russifier sous l'autorité d'un gouverneur militaire qui déporte la famille royale. La défaite napoléonienne entraîne la fin des espoirs de restauration monarchique des Géorgiens, abandonnés par les Perses aux Russes par le traité de Guilistan, le 12 octobre 1813.

Peu à peu, toute la Géorgie passe sous l'autorité de Saint-Pétersbourg : Iméréthie, Gourie, Samtzkhé, Mingrélie, Svanéthie, Abkhazie. Puis tout le Caucase, malgré la révolte de Chamyl (1864), est dirigé en 1878 par un vice-roi : le premier est le comte Vorontsov.

Jusqu'à la guerre de 1914, la Géorgie connaît un marasme économique dû à la domination russe, mais les lettres connaissent alors un brillant renouveau avec les poésies d'Alexandre Tchavtchavadzé, de Nicolas Baratachvili puis d'Ilia Tchavtchavadzé (1837-1907), Tsérételli, Eristhavi, Kasbeg, Razikachvili.

Durement réprimée en 1905, la révolte sociale et nationale éclate en 1917. Le 11 novembre est proclamée l'indépendance de la République de Transcaucasie, reconnue par une diète réunie le 9 avril 1918. Menacée par la Turquie, le 26 mai 1918, l'unité transcaucasienne éclate et la République démocratique de Géorgie est proclamée, puis reconnue par les Alliés, la S.D.N. et la Russie bolchevique.

Cette dernière envahit la Géorgie indépendante, le 11 février 1921, alors que les Turcs l'attaquent par le sud. L'armée Rouge, sur ordre de Staline et Ordjonikidzé, deux révolutionnaires géorgiens, liquide la République géorgienne en un mois.

De mars 1922 à décembre 1936, la Géorgie fait partie d'une République socialiste fédérative soviétique de Transcaucasie (Z.S.F.S.R.). Répressions et révoltes alternent. Le 5 décembre 1936, la Géorgie devient République au sein de l'U.R.S.S., incluant la République autonome d'Abkhazie, celle d'Adjarie et la Région autonome d'Ossétie du Sud.

La terreur stalinienne fait disparaître nombre de jeunes Géorgiens, comme la guerre de 1941-1945. Cependant le pays, protégé par Staline, doit sa réelle prospérité au fait de ne pas avoir été envahi par les Allemands.

Actuellement, les trois quarts des Géorgiens vivent dans la R.S.S. de Géorgie (où 65 % de la population est géorgienne), le reste est disséminé en U.R.S.S., Turquie et Iran, et quelques-uns en France, comme le rappelle le communiqué suivant :

« Messes et anniversaires : A l'occasion du soixantième anniversaire de l'invasion de la Géorgie par les forces armées soviétiques, un service pour le repos de l'âme des « Combattants tombés pour la défense de l'indépendance nationale » sera célébré le dimanche 22 février, à 12 h 30, en la chapelle orthodoxe géorgienne Sainte-Nino, 6-8 rue de la Rosière, Paris (15e). » Annonce parue dans le « carnet du jour » du *Figaro* le 14 février 1981 !

★

*Histoire de Tbilissi*

Tbilissi fut officiellement fondée sous le règne du roi d'Ibérie Vakhtang Gourgassali (446-520). Mais la forteresse de Narikala était déjà mentionnée, en 368, sur un site habité depuis le néolithique. Les propriétés salutaires des sources sulfureuses attirèrent les Ibères qui peuplèrent rapidement la ville. Tbilissi supplanta ainsi, en 490, Mtskhéta, ancienne capitale depuis le IVe siècle av. J.-C. La citadelle de Chouris Tsikhé, l'église de Métekhi, celle de Saint-David, datent du Ve siècle, époque où se diffuse l'alphabet géorgien. Station de cure, Tbilissi se trouve au croisement des routes commerciales de la Russie vers la Perse et de l'Asie Mineure vers l'Asie centrale.

Au VIIe siècle fut construite l'église d'Antchiskhati. Mais, en 626, Tbilissi est prise par l'empereur byzantin Héraclius. Ravagée par les Arabes en 721, elle devient résidence de leur émir. Détruite par les Khazars en 828, puis par les Arabes, les Perses, pillée au XIe siècle, deux fois, par les Turcs seldjoukides, reprise et reconstruite par le roi David le Restaurateur en 1122, et entretenue par ses successeurs Georges III et la reine Thamar (1171-1198), Tbilissi atteignit alors son apogée littéraire, artistique et monumentale que connut Marco Polo et qui disparut avec l'invasion mongole de 1220, celle du khan du Khorezm et de Tamerlan entre 1387 et 1402.

Capitale de la Kakhétie puis de la Géorgie unifiée, elle fut placée sous mandat perse en 1736. Lors des guerres avec la Turquie, elle fut entièrement détruite, en 1795, par le chah Aga Mohammed. Siège du premier gouverneur russe en 1801, puis d'un vice-roi, en 1878, elle s'est reconstruite à la russe depuis, ayant été épargnée par la dernière guerre.

Capitale de la Transcaucasie, puis de la Géorgie indépendante entre 1917 et 1921, elle ne redevint capitale de la R.S.S. de Géorgie qu'en 1936. Tbilissi compte aujourd'hui 1 066 000 habitants.

★

*Les Basques viennent-ils de Géorgie ?*

Pour certains historiens de l'Académie des Sciences de Géorgie, les Basques font partie de la race caucasienne, comme les Géorgiens, et auraient émigré vers les Pyrénées au XVe siècle avant notre ère en provenance d'Anatolie.

Les deux langues — basque et géorgienne — ont la même structure consonantique agglutinante non indo-européenne et plus de 360 mots de vocabulaire communs. Les chants et danses sont presque identiques entre Ibères d'Ibérie et du Caucase. Une variété de blé géorgien ne se retrouve qu'en Espagne du Nord.

Une inscription indéchiffrable sur tablette, découverte à Bilbao par des fouilles archéologiques, fut traduite par un ingénieur géorgien, Chwedelid, spécialiste de l'ancien géorgien. Elle relaterait l'émigration vers l'ouest d'un peuple caucasien à la suite d'un tremblement de terre.

★

*Staline*

Iossif Djougatchvili est né à Gori en 1879. Son père, Vissarion, était cordonnier et sa mère lavandière à Tiflis. Après un séjour au séminaire orthodoxe de cette ville, d'octobre 1894 à mai 1899, où il fit un apprentissage révolutionnaire, il vivra dans la clandestinité de 1901 à 1917.

Il rédige des articles nationalistes géorgiens et adhère aux thèses bolcheviques, dès 1903, sous le nom de Koba. Arrêté et emprisonné à Batoum en 1902, condamné à la Sibérie, il s'évade en janvier 1904, en une période troublée par les défaites russes face aux Japonais et par des grèves et manifestations révolutionnaires en Géorgie.

Il rencontre Lénine à Tampere (Finlande), lors de la conférence nationale du parti bolchevik, puis à Stockholm en avril 1906, au IVe congrès du P.O.S.D.R., et à Londres en 1907 au Ve congrès du parti. Il anime ensuite le mouvement révolutionnaire chez les ouvriers du pétrole à Bakou, se faisant arrêter et emprisonner plusieurs fois. Coopté en 1912 au Comité central bolchevik, il participe à la création du journal la *Pravda* (la Vérité) puis suit Lénine à Cracovie où il signe désormais ses articles sous le nom de « Staline » (l'homme d'acier). Arrêté une fois de plus en février 1913, il est déporté quatre ans dans le nord de la Sibérie et son histoire se confond ensuite avec celle de la Révolution et de l'U.R.S.S.

De retour de déportation à Pétrograd en mars 1917, il joue dès lors un rôle important dans le parti bolchevik et à la *Pravda,* soutenant ensuite activement Lénine avec Trotski.

Nommé commissaire aux Nationalités après la Révolution du 7 novembre 1917 [2], il participe activement à la guerre civile (bataille de Tsaritsyne, en fin 1919, contre les Blancs) et apparaît comme un organisateur efficace et un dirigeant capable.

Elu secrétaire général du Parti au XIe congrès le 3 avril 1922, Staline affermit son autorité durant l'époque de la N.E.P. pour la construction du socialisme. Il dirige le Parti qui domine l'Etat grâce à la G.P.U. devenue N.K.V.D. (police politique) et engage l'U.R.S.S. sur la voie de l'industrialisation accélérée et de l'alphabétisation.

Il va gouverner par la terreur dès 1934, liquidant tous les anciens dirigeants bolcheviks et remplissant les camps de concentration d'opposants réels ou non qui feront près de douze millions de victimes [3]. Il laissera se développer son culte personnel, le stalinisme.

Staline signe avec l'Allemagne hitlérienne le pacte de non-agression, mais, le 22 juin 1941, les nazis envahissent l'U.R.S.S. Les défaites soviétiques verront Staline cumuler tous les pouvoirs civils et militaires pour mener le pays à la victoire au prix d'un effort humain inouï et de sacrifices énormes (vingt millions de morts).

Dictateur sanglant, mais aussi « Petit Père du peuple », il tire à lui tout le prestige et les bénéfices de la victoire à la conférence de Yalta (février 1945). Ses dernières années sont marquées par les difficultés de la reconstruction et de la guerre froide.

Il meurt, le 5 mars 1953, et son corps embaumé est placé dans le mausolée de Lénine jusqu'en 1961.

Il passait l'été sur les bords de la mer Noire...

---

2. Appelée révolution d'Octobre, selon le calendrier grégorien.
3. Voir *le XXe siècle raconté par Max Gallo.* Librairie Académique Perrin, 1979.

ANNEXE N° 3

# HISTOIRE DE L'ARMÉNIE

Les Hays, apparentés aux Phrygiens et d'origine indo-européenne, occupent le plateau arménien aux VII$^{e}$-VI$^{e}$ siècles av. J.-C. (c'est pour cela que les Arméniens nomment leur pays *Hayastan*). Ils fusionnent avec les autochtones ourartéens et sont ensuite dénommés par les étrangers « Arméniens ».

Le royaume d'Ourartou tombe sous les coups des Mèdes vers 590 av. J.-C. Administrée de la ville de Touchpa par la dynastie de Yervand, « l'Arménie » est alors intégrée, en 520, par Darius dans l'Empire perse achéménide et forme deux satrapies. La contrée est riche et prospère lorsque Xénophon et les Dix Mille la traversent lors de leur retraite, vers l'an 400. Mais, en 331, les Perses sont écrasés par Alexandre le Grand et l'Arménie iranienne entre en contact avec l'hellénisme.

Indépendante, sous une dynastie basée à Armavir et fondée par le roi Orontes I$^{er}$ en 322, l'Arménie est conquise par Antiochus II et intégrée à l'Empire séleucide jusqu'en 190. Après la défaite d'Antiochus à Magnésie, les satrapes arméniens se proclament indépendants : Artaxias I$^{er}$ devient roi d'Arménie Majeure et Zariadès, roi d'Arménie Mineure.

Accueillant Hannibal, Artaxias I$^{er}$ fonde une capitale, Artaxarta, et crée le premier grand royaume arménien, agrandi, à son apogée, par Tigran II le Grand (95-55) qui transfère sa capitale à Tigranakert. Epris d'hellénisme, Tigran sut s'imposer dans le nord du Proche-Orient. Il est cependant battu par Lucullus en 66 av. J.-C.

Ballotté entre suzeraineté romaine et parthe, l'Arménie échut à la dynastie Arsacide, en 64, avec le roi Tirdat I$^{er}$. Converti par saint Grégoire l'Illuminateur, Tirdat III proclame en 301 [1] le christianisme religion

1. L'Arménie est donc le premier Etat au monde, avant l'Empire romain, à adopter le christianisme.

officielle de l'Arménie. Le catholikos Nersès convoque à Achtichat, en 354, le premier synode de l'Eglise arménienne.

En 387, l'Arménie est partagée entre Théodose et Khosros III, roi sassanide de Perse. Si l'essor intellectuel est très important (création de l'alphabet arménien par Mesrop Machtots vers 406), le pays entre dans une période de partage féodal entre les grandes familles de la noblesse, après la disparition de la dynastie des Arsacides (428). Révoltés contre les prétentions perses d'imposer le mazdéisme, les Arméniens, dirigés par Vardan Mamikonian, sont écrasés à Avaraïr en 451. Mais, par le traité de Nevarsak, en 485, les Perses leur laissent autonomie et liberté de culte.

Plongée dans les luttes religieuses avec Byzance, l'Arménie est alors conquise et reconquise par les Arabes à partir de 654. Après quatre siècles et demi d'occupations, d'invasions, de luttes et révoltes ininterrompues contre Perses, Byzantins ou Arabes, l'Arménie recouvre son indépendance, en 855, lorsque le prince Achat Bagratouni fonde la dynastie Bagratounide et procure au pays une nouvelle période de splendeur, notamment dans sa capitale, Ani. Mais à la mort de Gaghik II en 1025, l'Arménie est annexée de nouveau à l'Empire byzantin lors de son renouveau.

Malheureusement, entre 1048 et 1071, l'invasion des Turcs seldjoukides détruit Ani (1064), occupe l'Arménie et écrase les Byzantins à Mandzkert. Une partie du peuple arménien émigre alors en Cilicie et, en 1080, Rouben Ier fonde le royaume de Nouvelle-Arménie, allié aux croisés occidentaux.

Cette Grande Cilicie connaît son extension maximale sous Léon II (1187-1219), face aux Byzantins, Turcs et Arabes. Le roi Hethoum Ier (1226-1270) fonde une nouvelle dynastie qui s'éteint en 1342 avec Léon V. La couronne passe alors à la maison française de Lusignan. Allié aux Mongols, de 1236 à 1254, le royaume de Nouvelle-Arménie tombe sous les coups des Mamelouks d'Egypte en 1375. Le dernier roi, Léon VI de Lusignan, meurt à Paris en 1393 et repose à Saint-Denis !

Divisée entre émirats seldjoukides et principautés indépendantes au début du XIIe siècle, l'Arménie reçoit l'appui de la Géorgie chrétienne de la reine Thamar (1184-1213). Mais les invasions mongoles des armées de Gengis Khan, de 1236 à 1245, celles de Tamerlan en 1400 et enfin des Turcomans jusqu'en 1472 détruisent la brillante civilisation arménienne.

Des centaines de milliers d'Arméniens émigrent alors vers les Balkans, puis vers Sivas en Anatolie, d'autres vers la Cicilie, la Crimée, la Moldavie, de là vers la Pologne et l'Europe austro-hongroise et jusqu'à Venise où est imprimé, en 1512, le premier ouvrage en arménien.

Les Turcs ottomans du sultan Selim Ier incluent les régions arméniennes dans leur empire, en 1516, après que les Perses du chah Ismaïl les eurent conquises sur les Turcomans. En 1555, par le traité d'Amassia, l'Arménie est même partagée entre Perse et Turquie. Cependant, de 1602 à 1620, le chah Abbas tente de reconquérir tout le pays et décide la déportation de centaines de milliers d'Arméniens vers la Perse (Ispahan et Djoulfa).

La renaissance arménienne puise sa source dans la résistance opposée aux occupants perses et turcs, mais aussi dans les idées venues d'Occident et le rôle moral de l'Eglise, notamment de l'ordre arménien des Mékhitaristes, installé à Venise, qui imprime le premier périodique en langue arménienne en 1794.

Partagée de nouveau entre Turcs et Perses en 1639, l'Arménie développe ses relations avec l'Europe et la Russie par les voyages de Mahdesi Marad à la cour de Louis XV ou celui d'Israël Ori à celle de Pierre le Grand.

En 1722, le tsar envahit la Transcaucasie au moment où les Arméniens de Syunik se révoltent contre la Perse. Pendant la guerre russo-perse de 1804-1813, les partisans arméniens luttent désormais du côté russe. Par le traité de Guilistan, le Karabagh est abandonné à la Russie. Après la guerre de 1826-1827, c'est au tour d'Erevan et de Nakhitchevan, en 1829 de Kars et Vardahau : les Arméniens commencent à émigrer vers l'Arménie russe.

Dès 1876, les Turcs entament les atrocités contre les populations arméniennes, malgré le traité de San Stefano (1878) qui leur accorde l'autonomie administrative. Le traité de Berlin imposé par l'Angleterre ne garantit plus la sécurité des Arméniens dans l'Empire ottoman. Les massacres de 1895-1896 font plus de 400 000 victimes arméniennes, ce qui entraîne des immigrations vers le Caucase, les Balkans et l'Amérique.

Les premiers partis politiques naissent avec la révolution russe de 1905, tandis que la tuerie continue en Turquie. Le génocide décidé par le sultan Abdul Hamid débute le 24 avril 1915 par le massacre des intellectuels et se traduit par la mort d'un Arménien sur quatre : 1 500 000 victimes en quelques mois !

Mais c'est la guerre mondiale et la révolution soviétique : Lénine reconnaît, en janvier 1918, l'indépendance de l'Arménie dans le cadre de la République de Transcaucasie, et cède, par le traité de Brest-Litovsk, Kars et Ardahan aux Turcs qui envahissent l'ancien Caucase russe. Ils sont arrêtés à la porte d'Erevan par la victoire de Sardarabad, à la fin de mai 1918.

Une République arménienne est proclamée le 18 mai 1918 parallèlement à celles de Géorgie et d'Azerbaïdjan. Elle est reconnue par les Turcs, le 4 juin, par le traité de Batoum : un million d'habitants pour 70 000 km². Le 28 mai 1919, les parties turques et russes, y compris Kars, sont réunies.

L'incapacité des gouvernants, le renouveau turc de Mustapha Kémal, la poussée bolchevique provoquent la disparition de la République d'Arménie. En octobre 1920, les Turcs réoccupent Kars et, le 29 novembre, le pouvoir soviétique est instauré à Erevan. Le traité de Sèvres, sous l'impulsion du président Wilson, donne aux Arméniens leurs terres occupées par les Turcs, mais le traité de Lausanne, en 1923, décidera le contraire.

Le 30 décembre 1922 est créé l'U.R.S.S., dont l'Arménie fait partie dans le cadre de la République socialiste soviétique fédérative de Transcaucasie, qui est dissoute le 5 décembre 1936, date à laquelle l'Arménie devient l'une des quinze républiques de l'U.R.S.S., mais réduite à 30 000 km², soit le sixième de l'Arménie historique.

L'Arménie se trouve donc divisée entre villayets turcs, une république soviétique et une diaspora très dispersée. La répression stalinienne en Arménie soviétique est très dure, comme les pertes dues à la Seconde Guerre mondiale sont très élevées. En 1955, un nouveau catholikos,

Vazghen Ier, est cependant élu. Depuis, au point de vue économique et social, littéraire et scientifique, l'Arménie connaît un renouveau certain.

Mais la « question arménienne » n'est toujours pas résolue pour les sept millions d'Arméniens de la diaspora qui vivent principalement au Liban, aux Etats-Unis, en Europe et notamment en France : des mouvements terroristes entendent toujours venger le massacre de 1915, la discrimination dont les Arméniens sont l'objet dans les pays musulmans comme la turquisation violente des cinq sixièmes de leur ancienne patrie.

ANNEXE N° 4

# HISTOIRE DE L'AZERBAIDJAN ET DE BAKOU

*L'Azerbaïdjan soviétique, autrefois colonie aux confins de l'Empire russe, aujourd'hui transformé en l'une des plus florissantes républiques ayant édifié le communisme dans notre pays, est une preuve convaincante de la puissante force constructive du socialisme !*

Léonid BREJNEV.
*Discours du 21 avril 1970 pour le cinquantième anniversaire de la République socialiste soviétique d'Azerbaïdjan.*

De conception récente, l'Etat azerbaïdjanais a toujours été convoité et morcelé entre Géorgie, Arménie, Turquie, Perse ou Russie.

Habité dès le paléolithique ancien (250 000 av. J.-C.) par les Néanderthaliens (restes d'Azykh en Karabakh), le territoire azéri voit les traces d'*Homo sapiens* abonder dès le mésolithique : les rochers du Kobystan conservent des pétroglyphes dont les plus anciens remontent au VIIIe millénaire. L'âge du bronze est connu par les fouilles de Chakhtakhty.

Dès le premier millénaire, apparaissent des Etats comme l'Ibérie et la Médie Atropatène (Pays du Feu), ensembles de tribus caspiennes, albanaises, ibériennes dont parlent Ptolémée et Strabon. Scythes et Assyriens y font de fréquentes incursions, avant que les commerçants grecs puis les légions romaines atteignent la mer Caspienne.

La Perse parthe et sassanide (IIe-VIIe siècles ap. J.-C.) iranise le pays et lui transmet la religion zoroastrienne qui subsistera au temple de

Souroukhany jusqu'en 1880. Au VII$^{e}$ siècle, les invasions arabes islamisent le sud alors que le nord est chrétien (Eglise de Minguétchaour). A la fin du XI$^{e}$ siècle l'installation des Turcs seldjoukides apporte la langue turque azérie dans les villes-Etats médiévales de Ghiandja, Barda, Balakou, Chemaka, Bakou, Tabriz et Ardebal, marquées par les invasions mongoles des XI$^{e}$-XIII$^{e}$ siècles qui détruisent beaucoup. La turquisation est achevée quand Marco Polo visite les « feux inextinguibles », lors de son passage à Bakou qui devient, après la chute de Chemaka (1223), la capitale des khans de Chirvan et se couvre de monuments [1]. Vivant du commerce entre Russie et Asie et de la route de la Soie, le pays s'émiette en Etats féodaux : Chemakha, Bakou, Gandja, qui sont conquis peu à peu par la Perse des Séfevides.

Durant deux siècles, l'Azerbaïdjan devient l'enjeu des guerres entre Turcs ottomans et Perses, qui ravagent le pays. Ce sont les Russes qui en tirent profit car, en 1813, le traité de Guilistan leur donne le territoire actuel de l'Azerbaïdjan soviétique, définitivement annexé en 1828. Les Perses conservent celui de Tabriz, occupé temporairement sous Staline.

L'histoire de l'Azerbaïdjan moderne est celle du pétrole de Bakou et des luttes révolutionnaires de 1905 et 1917. Occupé par les Blancs jusqu'au 28 avril 1920, le territoire fait d'abord partie de la R.S.S. fédérative de Transcaucasie en 1922, puis devient indépendant au sein de l'U.R.S.S. en 1935. L'actuelle R.S.S. d'Azerbaïdjan, vaste de 86 600 km$^{2}$, compte 5 028 000 habitants dont 74 % d'Azéris, le reste divisé en cent nationalités.

★

*Histoire de Bakou*

Le nom de Bakou signifie « ville du vent » (*Bad-Koubé*) en persan. Le vent du nord, le *khajry*, est en effet souvent frais et violent, mais il y a deux cent cinquante jours de soleil par an.

La région fut très tôt habitée et profondément iranisée (importance de la religion mazdéenne). Le site de Bakou en Atropatène (Pays du Feu) est peut-être déjà mentionné au II$^{e}$ siècle par Ptolémée, mais les découvertes archéologiques ne remontent pas au-delà du VIII$^{e}$-IX$^{e}$ siècles (céramiques, monnaies, fondations de la tour de la Vierge) après les invasions arabes qui apportèrent l'islam, mais avant celles des Seldjoukides qui apportèrent la langue turque (XI$^{e}$ siècle).

C'est le géographe arabe Al Massoudi (X$^{e}$ siècle) qui aurait mentionné le premier nom de « Bakou » et le pétrole du royaume de Chirvan, utilisé comme médicament, éclairage ou à des fins militaires.

Aux XI$^{e}$ et XII$^{e}$ siècles, la ville se couvre de monuments et le mur d'enceinte est érigé. Après la destruction de Chemaka par les Mongols, les khans de Chirvan s'installent à Bakou et font construire le palais actuel. Jusqu'au XVIII$^{e}$ siècle, la ville reste dans ses murs.

Pierre le Grand tente de s'emparer de Bakou en 1722-1724, le pétrole faisant l'enjeu de guerres dévastatrices entre la Perse et la Turquie à cette époque.

---

1. Voir ci-après : « Histoire de Bakou ».

En 1828, le khanat de Bakou est définitivement rattaché à l'Empire russe qui va développer rapidement l'exploitation de l'or noir et faire connaître une formidable transformation à la ville, grâce à l'installation de compagnies étrangères et d'une main-d'œuvre cosmopolite. Entre l'enfer des bidonvilles des ouvriers du pétrole et le quartier riche, le contraste est brutal !

Les grèves se déclenchent dès 1903. Celle du 1er mai 1905 voit monter la marée révolutionnaire après de violents troubles. Le Soviet des ouvriers de Bakou se rallie à la Révolution russe le 30 octobre 1917 et proclame le pouvoir soviétique le 25 avril 1918, mais la ville restera aux mains des Blancs de juin 1918 jusqu'au 21 avril 1920, date à laquelle la victoire soviétique est définitive.

Bakou se transforme dans les années trente, adoptant le style d'architecture constructiviste russe puis, après 1945, un urbanisme moderne planifié. C'est actuellement la cinquième ville d'U.R.S.S. [1] avec 1 550 000 habitants et le premier port de la mer Caspienne.

1. Après Moscou, Leningrad, Kiev, Tachkent.

# TABLE DES MATIERES

TROISIÈME PARTIE

## AZERBAIDJAN, TERRE DE FEU



ANNEXES



Achevé d'imprimer le 26 février 1982, sur les Presses de la Simped
pour les Presses de la Cité, éditeur à Paris

Numéro d'impression : 7 026 ; Numéro d'édition : 4 553 ; Dépôt légal : mars 1982